1934년 낭가파르바트 도전이 처참하게 끝난 후 탈진한 파상 키쿨리가 동료들의 부축을 받으며 4캠프로 돌아오고 있다. (사진: 페터 뮐리터Peter Müllritter)

1934년 낭가파르바트 원정등반에서 살아남은 4명의 셰르파 (왼쪽부터) 다 툰두, 파상 키쿨리,
키타르, 파상 픽처 (사진: 페터 뮐리터)

1956년 마나슬루 정상에 선 걀젠 노르부 셰르파. 그는 이 산을 초등했다. (사진: 이마니시 토시오
今西壽雄)

쿠드라트 알리와 샤힌 바이그가 시모네 모로의 지원을 받아 심샬에서 운영 중인 등산학교에 참가한 젊은이들 (사진: 시모네 모로Simone Moro)

파키스탄의 후세는 뛰어난 산악인들을 많이 배출한 마을이다. (사진: 사크라인 모하마드Saqlain Mohammad)

2009년 낭가파르바트에서의 니사르 사드파라. 파키스탄의 뛰어난 산악인이었던 그는 2012년 가셔브룸 1봉 동계 등반을 시도하던 중 실종되었다. (사진: 루이 루소Louis Rousseau)

2014년 K2 정상에서. (왼쪽부터) 마야 셰르파, 다와 양줌 셰르파, 파상 라무 셰르파 아키타 (사진: 앨 핸콕Al Hancock)

2021년 잭슨 그로브스가 찍은 이 드론 사진으로 마나슬루의 진짜 정상이 밝혀졌다. 전위봉을 지나 정상으로 자신의 팀을 이끌고 있는 밍마 G의 모습이 보인다. (사진: 잭슨 그로브스Jackson Groves)

2021년 안나푸르나 상부 사면의 군중들. 8000미터급 가이드 산업의 새로운 흐름을 보여준다. (사진: 파상 라무 셰르파 아키타Pasang Lhamu Sherpa Akita)

2021년 1월 16일 K2 동계 초등이라는 위업을 달성한 10인의 네팔 팀 (뒷줄 왼쪽부터) 펨 치리, 밍마 데이비드, 겔제, 다와 템바. (가운데) 밍마 G. (앞줄) 다와 텐징, 님스다이, 밍마 텐징, 소나, 킬리 (사진: 밍마 G 컬렉션 Mingma G Collection)

네팔 롤왈링 계곡 출신의 대표적인 산악인 밍마 G (사진: 밍마 G 컬렉션)

파키스탄의 전설적인 산악인 알리 라자 사드파라가 차세대 알피니스트들인 시르바즈 칸, 셰로제 카시프와 함께 포즈를 취하고 있다. (사진: 시르바즈 칸 컬렉션Sirbaz Khan Collection)

무하마드 알리 사드파라와 그의 어린 아들 사지드 (사진: 사지드 사드파라 컬렉션Sajid Sadpara collection)

자신들의 고향 산인 카라코람에서 포즈를 취하고 있는 사지드 사드파라와 사미나 바이그 (사
진: 사지드 사드파라 컬렉션)

K2 3캠프의 사지드 사드파라 (사진: 사지드 사드파라 컬렉션)

2021년 로부체 정상에 선 밍마 G와 그의 세 여동생(니마 장무 셰르파, 다와 푸티 셰르파, 체링 남갸 셰르파). 이들은 얼마 후 에베레스트 등정에 성공했다. (사진: 가오 리Gao Li)

마낭의 바르탕에서 암벽등반을 하는 네팔의 젊은 산악인 비나약 말라 (사진: 비나약 말라 컬렉션
Vinayak Malla collection)

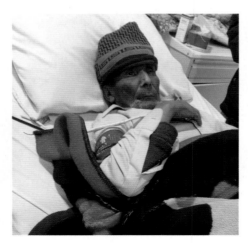

파키스탄 산악인 '작은 카림'이 2022
년 세상을 떠나기 얼마 전 병원에 누
워있는 모습 (사진: 사크라인 모하마드)

떠오르는
히말라야의
영웅들

지은이 **버나데트 맥도널드** Bernadette McDonald

20년간 밴프국제산악영화제 이사를 역임하며, 산악문화 분야를 이끌어온 세계
적인 작가이다. 2016년 울산울주세계산악영화제(UMFF) 국제경쟁 심사위원
으로 한국을 찾은 버나데트 맥도널드는 산악문화와 등산에 관해 12권의 책을 저
술했다. 이 책들은 16개 언어로 번역되었으며, 미국산악회의 H. 애덤스 카터 문
학상, 밴프국제산악영화제 그랑프리, 보드맨-테스커 상, 케쿠 나오로지 산악문학
상을 비롯해 많은 상을 받았다. 히말라야클럽, 폴란드등산협회, 한국산서회 명예
회원이며, 탐험가클럽 Explorers Club의 특별회원이기도 하다.
밴프에 살면서 다양한 주제로 대학과 축제와 산악회에서 강연을 하고 있으며, 글
을 쓰는 틈틈이 암벽등반과 하이킹, 패들을 즐기며 포도를 재배한다.
하루재클럽을 통해 우리나라에 소개된 저서로는 『Freedom Climbers』, 『엘리자
베스 홀리』, 『산의 전사들』, 『Art of Freedom』, 『Winter 8000』이 있다.

옮긴이 **김동수**

1976년 등산에 입문하여 스포츠클라이밍, 암벽등반, 빙벽등반을 즐기는 아마추
어 산악인이다. 현재 하루재클럽 프로젝트 매니저, 리리 퍼블리셔 전문 감수위
원, 히말라얀클럽 한국 명예비서를 맡고 있다. 2013년 『사이코버티컬』로 산악문
학 작품 번역의 세계에 발을 디뎠으며 현재까지 모두 39권의 책을 번역, 윤문 또
는 감수했다.

Alpine Rising

Copyright © 2024 by Bernadette McDonald
Published by arrangement with Mountaineers Books
All rights reserved.

Korean translation copyright © 2025 by Haroojae Club
Korean Translation edition is published by arrangement
with Bernadette McDonald

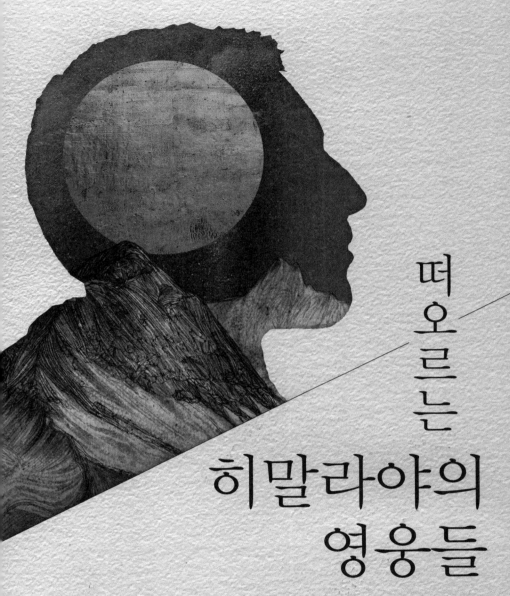

떠오르는 히말라야의 영웅들

버나데트 맥도널드 지음

김동수 옮김

하루재클럽

『떠오르는 히말라야의 영웅들』에 대한 찬사

"『떠오르는 히말라야의 영웅들』은 히말라야 등반의 숨은 진짜 영웅들을 훌륭하게 기록한 책입니다. 셰르파와 발티, 그리고 그 지역의 다른 종족들은 오랜 세월 무거운 짐을 지고 길을 뚫고 나아가 서양인 중심의 원정 등반을 성공적으로 이끌었음에도 불구하고 인정받지 못한 경우가 많았습니다. 하지만 특유의 강인함과 추진력으로, 그들은 마침내 그림자에서 벗어나 고산 등반의 선두로 나서 전 세계인들을 가이드 하고 있습니다. 저는 이런 산악인들과 동료로서 함께 할 수 있었던 것을 영광으로 생각합니다."

에드 비에스터스Ed Viesturs,
『정상에는 지름길이 없다No Shortcuts to the Top』의 저자

"버나데트 맥도널드는 오랫동안 서양인들이 세계적인 고산에 오를 수 있도록 도와준 티베트와 파키스탄, 네팔, 인도 출신 산악인들의 목소리를 통해, 그들의 역사와 관점, 그리고 높은 사망률과 남겨진 가족들의 고통 등 오늘날의 현실을 알려줍니다. 생각을 불러일으키고 때로는 충격적이기도 한『떠오르는 히말라야의 영웅들』은 산악 문학의 소중한 자산입니다."

마리아 코피Maria Coffey,
『산의 그림자가 드리워진 곳Where the Mountain Casts its Shadow』의 저자

"시의적절하고 중요한 『떠오르는 히말라야의 영웅들』은 등산 역사에 권위와 뉘앙스를 더해주는 책입니다. 이 책을 통해 페르템바, 앙 푸, 작은 카림 등과 함께 산에서 보낸 소중한 기억들을 되살릴 수 있었으며, 그들을 비롯해 수많은 사람들이 마침내 온전히 인정받고 축하받게 되었습니다."

크리스 보닝턴 경Sir Chris Bonington, 작가·산악인

"버나데트 맥도널드는 산악 문학의 저자로서 대체 불가능한 사람으로 인정받을 자격이 충분하다는 사실을 다시 한번 보여주었습니다. 『떠오르는 히말라야의 영웅들』은 산악 문학의 풍성한 역사에서 중요한 공백을 메워주는 훌륭한 책입니다."

밥 A. 셸호우트 오베르틴Bob A. Schelfhout Aubertijn, 등산 역사가

"버나데트 맥도널드는 이 용감한 책에서, 세계적인 고산 지역 산악인들의 중요한 공헌이 등산 역사에서 어떻게 지속적으로 과소평가되고 덜 보고되었는지를 밝혀냈습니다. 그녀는 현지와 외국 산악인들 간의 관계와 역동성이 어떻게 발전해서 반응을 불러일으키고, 영향을 주고, 오랜 역사를 만들어왔는지 노련하게 보여줍니다."

스티브 스벤슨Steve Swenson, 『카라코람Karakoram』의 저자

Greetings to Korean Readers!

Thank you for your interest in mountaineering literature.
As members of a great mountaineering nation,
I hope you will appreciate the stories of these brave
mountaineers from Pakistan and Nepal.

Bernadette McDonald

차례

Author's Note
지은이의 말

이 책을 쓰는 목적 중 하나는 내가 소개하는 민족들을 존중하는 의미에서 그 문화와 역할의 차이를 제대로 이해하고자 하는 것이다. 파키스탄이나 인도, 티베트, 네팔의 산악지역은 다양한 민족 집단들이 있어 상당히 복잡하다. 아시아의 고산지대에서 태어나고 살아가는 사람들을 '외국' 산악인과 구별하기 위해 '현지' 산악인이라고 자주 언급하긴 하지만, 그런 현지 산악인들은 상호 교체가 가능한 어떤 단일 집단의 사람들이 아니라는 점을 미리 일러두고 싶다.

이 책을 읽는 독자라면 분명 그런 지역과 그곳에 거주하는 사람들이 얼마나 다양한지에 대해 어느 정도는 알고 있을 것이다. 하지만 아무리 지식이 풍부한 등산 역사가라 하더라도 현재 널리 쓰이고 있는 용어들에 혼동을 느낄 수 있다. 예를 들어, '셰르파'는 전 세계 그 어떤 명칭보다도 많이 사용돼 온 단어이다. (구글에서 '셰르파'를 검색하면 처음 다섯 개의 링크는 사람과는 전혀 관련이 없는 사업과 서비스로 연결된다)

아무쪼록 다음의 간략한 설명이 이 책에 나오는 서로 다른 인종들과 그들의 역할에 대해 그 배경과 맥락을 이해하는 데 도움이 되길 바란다.

지리적 구분

- **라다키**Ladakhi _ 인도의 최북단 지역인 라다크 출신 사람. 히말라야 탐험 초창기부터 건조한 산악지역 출신의 많은 라다키들이 고용되었으며, 오늘날까지도 이들은 탐험에 계속 참여하고 있다.

- **발티**Balti _ 발티스탄 지역 거주민. 이곳은 길기트-발티스탄의 동쪽에 위치한 파키스탄 북부의 광활한 지역으로, 카라코람산맥과 힌두쿠시, 힌두라지Hindu Raj의 본거지일 뿐만 아니라 인더스강 남쪽에 있는 대히말라야의 서쪽 끝이기도 하다. 중국, 아프가니스탄, 인도와 국경을 접한 72,000평방킬로미터의 면적에는 약 2백만 명의 인구가 거주하고 있으며, 등산에 이바지한 공로로 유명해진 사람들이 많다.

- **훈자**Hunza _ 발티스탄의 서쪽, 길기트-발티스탄의 최북단 끝자락에 훈자 지역이 있다. 이 고산지역 거주민들은 카라코람에 외부인이 들어오기 시작한 이래 뛰어난 능력을 인정받아 외국 원정대에 고용되어 왔다. 훈자와 발티라는 용어가 같은 의미로 사용되는 경우가 많지만, 이들은 길기트-발티스탄 내의 서로 다른 지역 출신들이다.

- **아스토리**Astori _ 아스토르 계곡은 히말라야의 거대한 봉우리 낭가파르바트 인근에 있으며, 이 지역 출신 산악인을 아스토리라고 부른다.

- **마가르**Magar _ 마가르라는 용어는 네팔에서 세 번째로 큰 민족 언어 집단을 의미한다. 이들은 네팔 서부 출신으로 전통적으로 이 나라에서 가장 많은 구르카 용병을 배출해왔다.

- **보티아**Bhotia _ 티베트와 국경을 접한 여러 지역에 거주하며 민족 언어학적으로는 티베트인에 속한다. 다르질링에 정착한 보티아들은 그 지역을 거쳐 간 초기 탐험대에 포터로 고용되는 경우가 많았다.

- **셰르파**Sherpa _ 티베트에서 이주한 또 다른 민족으로 이들 중 상당수가 쿰부 지역을 통해 네팔로 들어왔다. 셰르파라는 용어는 '동쪽 사람'을 의미하며, 이는 이들이 기원한 티베트의 지리적 위치를 의미한다. 쿰부 지역에 거주하던 셰르파들은 1906년부터 외국 원정대가 포터와 고소포터를 고용하던 거점인 인도의 산간마을 다르질링으로 이주하기 시작했다, 이들은 곧 산악지대에서의 훌륭한 일꾼으로 두각을 나타내게 되었는데, 실제로 산악지대 일꾼이 되려면 셰르파족이어야 한다고 믿는 사람들이 생겨날 정도였다. 상당수의 셰르파족들이 여전히 산에서 일하고 있긴 하지만 반드시 그런 것만은 아니다. 특히 에베레스트를 비롯해 쿰부의 많은 산악지대 일꾼들은 계절 일자리를 찾아 넘어온 다른 소수 민족들이다. 에베레스트 지역의 등반 산업을 연구하는 학자 샤에 프리덴룬트Shae A. Frydenlund는 이들 중 상당수가 소위 "상황적 셰르파situationally Sherpa"가 되는 관행에 따라 셰르파로 통하고 있다고 지적했다.
- **라이**Rai**와 구룽**Gurung _ 여전히 셰르파가 아시아의 고산에서 일하는 네팔 산악인으로 가장 먼저 손꼽히고 널리 알려져 있긴 하지만 라이와 구룽 산악인 수도 늘어나고 있다. 라이는 네팔 동부를 비롯해 인도의 산악지역과 부탄의 서부에서 주로 발견되는 고유의 민족 언어 집단이며, 구룽은 네팔 안나푸르나 지역 출신의 고유 집단이다.

***

셰르파, 구룽, 라이는 텐지 셰르파Tenji Sherpa, 아비랄 라이Abiral Rai, 프라카시 구룽Prakash Gurung 등과 같이 이름에 출신 민족을 포함시키는 것이 전통이다.

후세와 사드파라 같은 발티 마을에서는 타키 후세Taqi Hushe, 사지드 사드파라Sajid Sadpara처럼 마을의 이름을 붙이는 것이 일반적이다.

세르파의 이름은 태어난 요일을 나타내는 경우가 많다. 예를 들어 니마Nima는 일요일, 다와Dawa는 월요일, 밍마Mingma는 화요일, 락파 Lhakpa는 수요일, 푸르바Phurba는 목요일, 파상Pasang은 금요일, 펨바 Pemba는 토요일에 태어났음을 의미한다. 이런 전통은 하나의 원정대에 여러 명의 니마와 밍마가 있을 수 있어 혼란을 불러일으키기도 한다. 쿤 데 니마Khunde Nima나 파노라마 밍마Panorama Mingma처럼 이름에 마 을이나 로지를 추가하는 경우들도 있다. 또한 영어로 옮겨지는 방식에 따라 철자가 달라지는 이름도 많은데, 예를 들어 체링은 Tsering 또는 Tshering, 도르지는 Dorj 또는 Dorjee로도 표기된다.

직업적 구분

• **포터**Porter _ 이 용어는 민족이 아니라 직업을 지칭한다. 히말라야산맥 과 카라코람산군 지대는 대부분 (지금도 마찬가지지만) 도로가 많지 않았기 때문에 거의 모든 짐을 포터가 등으로 지어 날랐다. 이런 남성 과 여성은 오지를 탐험하는 원정대에 꼭 필요한 자원이었으며, 외국인 들이 그 지역을 탐험하는 내내 바위투성이의 길을 가고, 잔해가 널린 빙하를 건너고, 눈 덮인 고갯길을 넘으며 많은 짐을 지어 날랐다. 이러 한 포터들은 모든 히말라야산맥 지역에 속해 있는 다양한 민족 출신들 이다.

히말라야 탐험의 초창기에는 포터를 종종 '쿨리coolie'라 부르기 도 했다. 쿨리는 보통 고용된 노동자로 간단하게 정의되지만, 17세기 아시아에서 거주하거나 이곳을 여행하던 유럽인들이 늘 고용하던 저 임금 현지 노동자를 연상시킨다는 이유 등으로 인해 현재는 이들을 비 하하는 표현으로 간주되고 있다. 따라서 이 책에서는 출처에서 인용하는 경우에만 '쿨리'란 용어를 사용했다.

한편 등산의 진화 과정에서 고소포터High-Altitude Porter라는 또 다른 종류의 포터가 등장했는데 이들은 종종 'HAP'라는 약어로도 불린다. 험준한 지형에서 많은 경험을 쌓게 된 포터들은 외국 산악인들의 짐을 점점 더 높은 곳까지 지어 나르기 시작했다. 네팔에서 이들은 보통 '고소포터'로 불렸지만, HAP라는 약어는 7,000미터 이상의 고소에서 일하는 파키스탄 포터들의 대명사가 되었다. 일반 포터들보다 등반 기술이 뛰어난 고소포터들은 보통은 고용인으로부터 더 좋은 장비와 더 많은 임금을 지급받았다. 이로 인해 많은 이들이 실력 있는 등반가로서 성공적이고 독립적인 경력을 쌓을 수 있게 되었으며, 결국 '포터'보다는 '산악인'으로 불리는 것을 선호하게 되었다. 따라서 이제 HAP라는 용어는 구시대의 유물이 되었다.

- **구르카**Gurkha _ 이들은 원래 인도 아대륙에서 모집되어 온 직업 군인들이지만, 지금은 네팔에서만 수급되고 있다. 영국 동인도회사가 네팔의 구르카 군인들과 싸운 1814~16년 영국-네팔 전쟁에서 이들은 뛰어난 기량과 인내와 용맹으로 명성을 얻었으며, 그 후 갈리폴리, 바그다드, 아프가니스탄 등지에서 유명한 여러 전투에 참여했다. 잘 훈련되고 강인한 구르카연대는 전투 외에도 아시아의 대산맥들을 탐험하고 등반하는 외국 원정대에 종종 고용되었다.

- **사힙**Sahib _ 외국의 탐험가와 산악인을 현지인 동료들은 보통 '사힙'이라 불렀는데, 사힙은 사회적 또는 공식적 지위가 높은 사람을 존중하는 용어로 사용되었다. 현재는 셰르파가 외국인과 대화할 때 사힙이란 용어를 거의 사용하지 않기 때문에 이 책에서는 역사적 맥락에서만 사용했는데, 이 또한 등반에서만큼은 동등함을 인정받기 위한 이들의 지속적인 노력의 일환이라 할 수 있다.

Prologue
두 세기에 걸친 하나의 정상

3캠프에 쳐진 텐트에서 네팔 산악인 10명이 기어 나왔다. K2 위로 펼쳐진 새벽하늘은 영롱한 별들로 가득했고 영하 20도를 맴도는 저세상의 공기는 얼굴을 후려쳤다. 불편한 밤을 보낸 탓에 뻣뻣해진 몸을 구부리며 그들은 아무런 말도 없이 본능과 경험에 따라 크램폰을 찬 다음 배낭을 둘러멨다. 그리고 나서 헤드램프의 동그란 불빛들이 두셋씩 짝을 지어 이리저리 춤을 추며 4캠프로 올라가기 시작했다.

이들 10명의 산악인들이 한 팀이 된 건 우연에 가까웠지만, 지금은 그 무엇도 막을 수 없는 강력한 팀이 되었다.

2021년 1월 K2에는 19개국에서 온 60명이 넘는 산악인들을 포함해 4개의 그룹이 있었는데, 이 중 세 팀이 K2 동계 초등을 노리며 하나로 뭉쳤다. 이들의 존재는 점차 증가하는 추세, 즉 고객에 대한 책임이 없는 독립적인 셰르파들의 위상을 알리는 신호탄이었다. 이제 셰르파는 스스로를 위한 등반을 한다는 것이다.

이들 중에는 널리 존경받는 밍마 갈제 셰르파Mingma Gyalje Sherpa

(밍마 G)와 그의 파트너인 다와 텐진 셰르파Dawa Tenjin Sherpa, 그리고 킬루 펨바 셰르파Kilu Pemba Sherpa가 있었다. 롤왈링Rolwaling에서 태어난 밍마 G는, 두 번의 K2 하계 등정과 한 번의 동계 시도를 포함해 8천 미터급 고봉 등반을 열거하기도 어려울 정도로 많이 해낸 인물이었다. 진지하면서 때로는 직설적이기도 한 그는 "나의 꿈이자 유일하고도 진실된 하나의 사명은, 8천 미터급 고봉의 동계 초등 목록에서 네팔 국기를 보는 것입니다."라며 자신의 의도를 분명하게 밝혔다.

그곳 K2에는 "님스다이Nimsdai" 또는 그냥 "님스Nims"로 불리는 네팔 산악인 니르말 푸르자Nirmal Purja도 있었다. 그는 자신의 블로그에 예의 그 화려한 언어를 동원해 이 등반을 "산악계에 마지막으로 남은 그랑프리이며 불가능하다고 여겨지는 위업"이라고 표현했다. 매끈한 피부에 동안의 님스는 6개월 남짓한 기간에 8천 미터급 고봉 14개를 모두 오른 2019년부터 이미 명성을 얻은 인물이었다. 그때는 보조 산소를 썼지만 이번 K2 동계 초등은 무산소로 해내겠다는 포부를 분명히 밝히기도 했다. 그런 다음 정상에서 패러글라이딩으로 내려오겠다는 것이었다. 그는 베이스캠프에 입성하자마자 트위터에 글을 올렸다. "여러분, 게임이 시작되었습니다."

님스는 밍마 데이비드 셰르파Mingma David Sherpa와 다와 템바 셰르파Dawa Temba Sherpa, 펨바 치리 셰르파Pemba Chhiri Sherpa, 겔제 셰르파Gelje Sherp, 그리고 밍마 텐지 셰르파Mingma Tenzi Sherpa 등 5명의 고소 전문가를 데려왔다.

정상 팀의 마지막 멤버는 카트만두를 거점으로 하는 세븐서밋트렉스Seven Summit Treks(SST) 소속의 프로 산악인 소나 셰르파Sona Sherpa였다. 산에서 단연코 최대 규모의 SST 팀은 이번 K2 동계 등반에 대해 완전히 상업화된 접근 방식을 제시했다.

18

네팔 산악인들은 4캠프에서 대기하며 따듯한 햇볕이 나오기를 기다렸다. 예상대로 기온이 오르자 그들의 사기 또한 올라갔다. 밍마 텐지가 앞장서서 고정로프를 설치했다. 오후 3시경 그들은 보틀넥Bottleneck이라 불리는 가파른 얼음 걸리gully를 오른 후 정상을 향해 조심스레 트래버스 했다. 그리고 정상 10미터 아래에서, 먼저 올라간 사람들은 뒷사람들이 오기를 기다렸다. 10명 모두가 동시에 정상을 밟을 수 있도록, 그래서 이 역사적 등정을 모두 함께 이루기 위해서였다. 2021년 1월 16일 오후 4시 43분 마침내 K2 정상을 오르며, 그들은 어떻게든 남은 에너지를 끌어모아 네팔 국가를 합창했다.

승리의 순간을 담은 그들의 영상은 전 세계 수백만 명을 열광시켰다. 낮게 드리워진 태양이 희망의 등대처럼 붉은색, 황금색 고소용 등산복들을 반짝이며 비추고 있었다. 정상을 향해 마지막 발걸음을 내딛는 그들의 들뜬 얼굴에서는 지친 기색이라고는 찾아볼 수 없었다. 노래하고, 외치고, 함성을 내지르는 환희의 60초였다!

그 후 몇 달 동안 소셜 미디어에는 등반 사진들이 넘쳐났다. 일부에서는 보조 산소를 사용한 건 아닌지 의심하기도 했지만 전 세계 곳곳의 많은 사람들이 축하 메시지를 올렸으며, 그리하여 10명의 네팔 산악인은 10명의 세계적인 슈퍼스타가 되었다.

⁜⁜⁜⁜⁜⁜⁜⁜

과거로 거슬러 올라가, 1954년 7월의 K2에는 아르디토 데시오Ardito Desio가 이끄는 이탈리아 원정대만 있었다. 그때까지 이 '야만적인 산'은 여러 차례의 시도에도 불구하고 어느 시즌에든 단 한 번의 등정도 허락하지 않았다. 데시오의 원정대는 11명의 이탈리아 대원과 13명의 훈자, 그리고 13톤의 물자를 베이스캠프까지 나를 '발티 포터 대대'로 시작되었다. 하지만 7월 말이 되자 정상에 도전할 수 있는 인원은 단 4명으로 줄어들었다. 데시오는 공격조로 아킬레 콤파뇨니Achille Compagnoni와 리노 라체델리Lino Lacedelli를 선택했다. 이들의 지원조는 원정대에서 가장 젊고 강인하며 믿기 힘들 정도로 잘생긴 발터 보나티Walter Bonatti였다.

베이스캠프에 머물던 데시오는 보나티에게 40킬로그램에 육박하는 산소통을 최종캠프에 있는 콤파뇨니와 라체델리에게 가져다주라고 지시했다. 보나티 혼자서는 할 수 없는 일이었으며, 그는 이 산에서 자신을 도울 수 있는 유일한 사람은 약간 슬픈 눈매를 가진 파키스탄 심샬Shimshal 계곡 출신의 고소포터, 아미르 메흐디Amir Mehdi뿐이라는 사실을 알고 있었다. 메흐디는 이에 동의했고, 그들은 8,100미터 지점에 캠프를 치고 있을 2명의 공격조에게 산소통을 가져다주기 위해 출발했다.

하지만 보나티와 메흐디가 그날 늦은 저녁 도착했을 때 그곳에는 아무것도 없었고, 어느 누구도 보이지 않았다. 그들은 좌절감에 휩싸여 소리를 지르며 주변의 사면을 샅샅이 뒤졌다. 그리고 마침내 위쪽에서 그들에게 소리치는 목소리가 들렸다. "산소통만 두고 내려가!"

그즈음 메흐디가 발을 마구 구르며 고통스럽게 울부짖었다. 두 사이즈나 작은 이탈리아 군화 안에 꽉 들어차 있던 그의 발가락들이 얼어붙기 시작한 것이다. 야간 하산은 너무 위험하다고 판단한 보나티는 아침까지 비박할 곳을 찾아 눈을 다졌다. 산악인들은 농담처럼 비박Bivouac이란 단어를 '실수라는 뜻의 프랑스어'라고 정의하기도 한다.

그날 밤하늘에는 눈 위에 비친 자신들의 모습을 볼 수 있을 정도로 수많은 별들이 눈부시게 빛나고 있었다. 온몸을 마비시키는 추위가 엄습하자 그들은 당시로서 역사상 가장 높은 곳에서의 비박, 즉 노숙을 견디기 위해 서로 껴안으며 체온을 유지했다. 하지만 눈보라가 불어닥치자

별빛은 사라졌고 휘몰아치는 눈발이 옷과 얼굴에 사정없이 달라붙었다. 절망의 밤이 계속되었다. 보나티와 메흐디는 가끔씩 자신들이 살았는지 죽었는지조차도 확신할 수 없었다.

마침내 동이 트기 직전, 메흐디는 마지막 비명을 내지르고는 350미터 이상 아래에 있는 텐트를 향해 비틀거리며 내려갔다. 혼란스럽고 어설프고 통제 불능 상태로 보이는 메흐디가 희미한 빛 속에서 사면을 힘겹게 내려가는 모습을 지켜보면서, 보나티는 과연 그가 살아서 내려갈 수 있을지 의구심이 들었다.

그의 우려는 빗나갔다. 동상으로 발이 마비되고 고통으로 얼굴이 일그러진 메흐디는 결국 비틀대며 텐트로 들어갔고, 그곳에서 또 한 사람의 훈자 고소포터인 이사칸Isakhan의 보살핌을 받았다. 그리고 몇 시간 후 보나티도 그곳에 도착했다.

바로 그날인 1954년 7월 31일 오후 6시, 콤파뇨니와 라체델리는 정상에 올라 K2 초등이라는 역사적 위업을 달성했다. 하지만 그들의 승리에는 끔찍한 대가가 뒤따랐다.

메흐디는 스카르두를 거쳐 라왈핀디의 군 병원으로 이송되었는데, 그곳에서 의사들은 그의 발가락 전부와 한쪽 발의 3분의 1을 절단했다. 그로부터 8개월 후에 그는 심샬의 집으로 돌아갔다. 이제 등반 능력을 상실한 그는 더 이상 자신의 가족을 부양할 수도 없게 되었다. 이탈리아 정부는 그에게 상을 내렸고, 콤파뇨니는 수년 간 다양한 책과 편지를 보냈다. 하지만 메흐디는 그런 것들은 아예 열어보지도 않은 채 좌절과 고통에 시달리다 1999년 어느 날 갑자기 세상을 떠났다.

||||||||

이 거대한 산의 그늘 아래서 살아온 사람들에게는 이 두 원정대의 차이

가 더욱 극명하게 다가왔다. 2021년 K2 정상을 밟은 10명의 네팔 산악인들은 소셜 미디어의 사랑을 듬뿍 받았다. 그들의 쾌거는 무수한 비디오와 승리의 사진, 특히 국가를 합창하는 스펙터클한 영상과 함께 팬데믹 슬럼프에 빠진 세상에 기쁨을 선사했다.

거의 70년 전 아미르 메흐디는 자신의 헛간으로 돌아와 구석에 피켈을 던져놓고는 두 번 다시 보고 싶지 않다고 선언했다. 그리고 남은 45년의 인생을 세상에서 잊혀진 채 가족의 보살핌을 받으며 고통스럽게 보내다 갔다.

1954년과 2021년 사이에 대체 무슨 변화가 있었던 걸까? 10명의 네팔인들은 정상에 '오른' 반면 메흐디는 단지 다른 사람들이 정상에 '오를 수 있게' 했기 때문일까? 아니면, 명령을 따라야만 했던 메흐디에 비해 그 네팔인들은 산에서 자신들의 행동을 스스로 통제하고 결정을 내릴 수 있었기 때문일까? 현지 산악인들의 기술과 야망이 엄청나게 발전한 것도 어느 정도 작용을 했을까? 서양의 관계자들이 마침내 파키스탄과 네팔 산악인들의 업적을 인정하고 박수를 보내며 상을 줄 만큼 성장한 것일까? 등산도 이제 식민주의적 관점을 넘어 보다 포괄적이고 공평하고 공정한 쪽으로 나아가야 한다는 인식이 늘어나고 있는 걸까? 그리고 이러한 변화에서 소셜 미디어는 과연 어떤 역할을 했을까?

이 책은 이름이 거의 알려지지 않은 산악인들, 즉 머나먼 오지 출신의 산악인들과 조용하고 신뢰할 수 있는 파트너로서의 산악인들, 그리고 축적돼 가는 경험으로 기대가 더 커지는 산악인들에 관한 이야기다. 그리고 궁극적으로는, 새로운 지평을 개척하고, 지도와 멘토링을 하고, 성공적인 비즈니스를 창출하고, 개인의 꿈을 실현할 수 있는 능력을 갖춤으로써 지구에서 가장 높은 산들에서 행해지는 산악활동을 변화시키고 있는 산악인들에 관한 것이다.

사힙을 말없이 모셨던 처지에서 스포트라이트를 받으며 몸을 녹이는 (가끔은 지친 모습으로) 그들의 진화를 온전히 이해하려면 1954년보다 훨씬 이전까지, 거의 19세기 말까지 거슬러 올라가야 한다. 이런 이야기 중 일부는 21세기를 살아가는 우리들의 눈과 귀에 거슬릴 수 있으며, 어쩌면 충격적일 수도 있다.

그 어느 때보다 분열이 심한 요즘 세상에서는 복합적인 태도나 역사적 관점 같은 것들에 대해 연민과 인내가 부족할 수 있다. 진실을 탐구하는 일은 어렵고 복잡한 과정이며, 그 과정에 포함돼 있는 기억들은 때로는 선택적이고 오락가락하기도 하지만 언제나 들을만한 가치가 있다. 셰르파와 훈자, 아스토리, 발티, 그리고 마가르. 나는 그들로부터 듣고 배우려 최선을 다했고, 때로는 기록들과 역사책들 사이에서 오랫동안 묻혀 있던 목소리의 메아리를 들으려 노력했으며, 어떤 때는 여전히 고소에서 살아가고 있는 주인공들로부터 직접 이야기를 듣기도 했다. 이 책은 바로 그들에 관한 이야기이다.

1

손가락 하나에
10루피

저는 말처럼 빨리 걷지 못했습니다. 날개도 없었구요. 아팠을 때도 말을 타지 못하게 했습니다. 그들은 자신들은 아주 깨끗한 사람들이라고 생각하며 저를 개처럼 취급했습니다.

굴람 라술 갈완Ghulam Rassul Galwan
『사힙들의 하인Servant of Sahibs』

압둘 바트Abdul Bhatt는 우뚝 서서 자신의 휘하에 있는 하인들과 요리사들, 말몰이꾼들의 성난 무리를 바라보고 있었다. 주름진 얼굴의 카슈미르 사냥꾼 바트는 눈을 가늘게 뜨며 태양을 흘깃 보고는 상황을 통제하기 위해 자신이 가진 모든 권한을 동원했다. 이제 막 그들은 지난 8일 동안 해왔던 시중 들기, 음식 만들기, 낭가파르바트로 가는 식량과 장비를 잔뜩 실은 조랑말 다루기에 덧붙여 짐까지 스스로 져야 한다는 사실을 알게 되었다. 길이 너무 가팔라지고 바위투성이어서 조랑말은 쓸모가 없었다.

그들은 분노했고 바트는 그 분노를 지지했다. 자긍심 강한 그들은 포터가 아니었으며, 외국 산악인들을 위해 짐을 지려 하지 않았다. 일단 그들을 진정시킨 바트는 백인의 권위에 굴복하지 않겠다는 모든 카슈미르인들을 지지한다는 의사를 분명히 나타내는 강렬한 연설을 하기 시작했다. 그들은 파업 중이었다.

문제의 백인은 빌리 메르클Willy Merkl이었다. 때는 1932년. 서른두 살의 메르클은 독일 낭가파르바트원정대의 대장이었다. 이 히말라야 봉우리의 이름을 번역하면 '벌거벗은 산'이 되지만, 암울했던 등반 역사로 인해 나중에는 '악마의 산'으로 불리게 된다.

메르클은 파업 중인 카슈미르인들을 해고하고, 훗날 파키스탄 북동부가 될 산악지역에서 대체 인력을 찾기 시작했다. 결국 아스토리 120명과 발티 40명, 훈자 30명을 찾아냈지만 모두 자신이 맡은 일을 달가워하지 않았으며, 그 산에 발을 들여놓는 것조차 두려워했다. 낭가파르바트 지역 출신의 아스토리들은 영국 산악인 앨버트 머메리Albert Mummery와 그의 구르카 동료인 라고비르 타파Ragobir Thapa, 그리고 고만 싱Goman Singh이 1895년 그 산의 측면에서 실종된 사실을 잘 알고 있었다.

어쨌거나 이 혼합 집단은 키 큰 소나무가 에워싸고 푸른 물망초가 널려있는 요정의 초원Fairy Meadow으로 마침내 길을 떠났다. 그들 위로는 낭가파르바트 북벽이 거대한 얼음덩어리로 우뚝 솟아있었다. 해발고도 8,125미터의 낭가파르바트는 8천 미터급 고봉 10개를 비롯해 6천 미터급과 7천 미터급의 수많은 봉우리들을 거느린 2,400킬로미터의 히말라야산맥 서쪽 끝자락에 위치해 있다.

하얀 피부에 수염을 기른 빌리 메르클은 바이에른식으로 잘생긴 편이었다. 알프스에서 상당한 경험을 쌓은 산악인으로 히말라야 원정은 이번이 처음이었다. 가장 큰 문제는 돈이었다. 부유한 미국인 둘을 원정대에 합류시켜 비용을 겨우 충당하긴 했지만, 다르질링 출신의 보티아와 셰르파 포터를 고용하라는 영국 산악인들의 조언은 무시하고 대신 비용이 덜 드는 대안을 택하기로 했다.

‖‖‖‖‖‖‖

영국인들은 수년 동안 히말라야를 방문해 왔으며, 주로 에베레스트에 집중하면서 벵골의 산간마을 다르질링에서 현지인들을 고용하는 방식을 조금씩 개선해나갔다. 네팔 쿰부 계곡의 셰르파들은 19세기 중반부터 야크를 기르고 혹독한 기후에 버틸 작물을 재배해야 하는 가난한 쿰부 땅을 탈출해 다르질링으로 이주했다. 다르질링으로 온 젊은이들은 대체로 가난을 면치 못했으며, 경작할 땅도 없고 키울 야크도 없어 다른 이들의 하인이 되었고 보통은 빚을 지기 일쑤였다. 그리고 이런 사람들은 ‘소인’으로 취급되었고 주인들은 ‘대인’으로 대접받았다. 날로 번성하고 있던 다르질링은 여름이면 사우나와 다름없는 저지대를 피해 올라오는 부유한 영국인과 인도인 가족의 산간 피서지였다. 폴로경기, 애프너눈 티, 디너파티, 무도회 등으로 언제나 활기가 넘치는 곳이기도 했다. 여기에 외국인 모험가들까지 점점 더 많이 모여들고 있었다. 다르질링에서 쿰부 셰르파들은 고향의 농사일보다 나은 인력거 끌기나 짐꾼 같은 일자리를 구할 수 있었고, 그런 기회를 통해 빈곤의 '작은 굴레'를 벗어날 수 있다는 희망을 품을 수 있었으며, 이것은 일종의 해방을 의미했다.

다르질링은 주로 영국인들의 전초기지였지만, 다르질링 산악인들의 가치를 1907년에 외국인들에게 처음 알린 이는 사실 두 노르웨이인이었다. 카를 빌헬름 루벤손Carl Wilhelm Rubenson과 잉그발 몬라-아스Ingvald Monrad-Aas가 8,586미터의 칸첸중가 위성봉인 카브루Kabru 등정에 거의 성공할 뻔했을 때, 그들은 다르질링 셰르파들을 대동하고 있었다. "피켈과 로프 사용법만 제대로 익힌다면, 가이드와 쿨리의 역할을 다 할 수 있는 그들이 유럽 가이드들보다 훨씬 더 쓸모가 있을 것이다."라고 루벤손은 기록했다.

다르질링 셰르파들에게 깊은 인상을 받은 건 노르웨이인들만이 아니었다. 스코틀랜드인 알렉산더 미첼 켈라스Alexander Mitchell Kellas는 1909년 칸첸중가 지역의 몇 개 봉우리에 도전하면서 다르질링 셰르파들을 고용했다. 1911년에 다시 이곳을 찾은 켈라스는 초등을 열 차례나 성공하는 등반 열정을 뿜어냈는데, 사실 그는 산악인이라기보다는 조금 얼빠진 듯해 보이는 교수였다. 대부분이 소나Sona와 투니Tuny라는 두 셰르파와 함께 이룬 것들이었으며, 노르웨이인들과 마찬가지로 켈라스는 그들의 기술과 진지한 알피니스트로서의 잠재력에 감탄했다.

1930년대에 이르러 퉁 숭 부스티Toong Soong Busti라는 다르질링 변두리의 빈민촌에서 살던 셰르파들은 인력거를 끄는 것보다 외국인들을 위해 짐을 나르는 것이 돈을 더 많이 벌 수 있다는 사실을 알게 되었다. 그들은 포터의 일에도 '위'와 '아래'가 있다는 것을 깨달았다. 즉 더 높이 올라갈 의지를 내비치면 짐이 적어지는 것이다. 그리고 짐이 적어질수록 '위' 단계로 올라서는 것이다. 멋진 등산복과 장비를 비롯한 이런 생활 방식은 빚에 쪼들리던 쿰부 생활과는 전혀 다른 세상이었다.

┊┊┊┊┊┊┊

하지만 다르질링에서 낭가파르바트까지는 기차와 도보로 며칠이나 걸리기 때문에 메르클은 다르질링 셰르파들을 고용한다는 생각을 버리고 현지의 더 싼 인력에 의존하기로 했다. 훈자들은 19세기부터 카라코람과 힌두쿠시를 탐험하던 측량사들과 모험가들을 도와온 덕분에 산악 지형을 넘나드는 데 익숙했다. 정치적 우위를 다툰 영국과 러시아가 무시무시한 산의 장벽에 가로막히게 되자, 결국은 '그레이트 게임Great Game*'으로 알려지게 된 역사의 한 시기에, 비록 세상에 알려지진 않았지만, 현지인들은 필수불가결한 인력이 되었다.

메르클 원정대는 거의 곧바로 문제에 부딪쳤다. 그는 칼로리를 조정하는 방식으로 예산을 줄였다. 서양 산악인들에게는 하루 3,000칼로리가 배분되었지만, 현지인들에게는 고작 1,800칼로리만 할당되었다. 그 1,800칼로리에는 고기나 우유, 치즈, 과일, 설탕도 들어 있지 않았다. 노동의 강도를 고려하면 1,800칼로리로는 도저히 버틸 수가 없었다. 3,000칼로리를 배분받은 서양인들도 힘겹기는 마찬가지였다. 그들은 원정등반을 하면서 적게는 10킬로그램에서 많게는 20킬로그램까지 체중이 빠졌다.

메르클은 다른 외국 원정대로부터 그 지역 포터들이 음흉하고 성질이 고약하며 신뢰할 수 없다는 경고를 들었다. 게다가 다르질링 셰르파와 비교하면 종종 합리적이지 못하고 기회가 있을 때마다 파업을 하고

---

* 1813년(러시아-페르시아 굴리스탄 조약)부터 1907년(영러협상)까지 94년간 이어진 대영제국과 러시아 제국 사이의 전략적 경쟁이다. 이때를 배경으로 한 소설이 피터 홉커크Peter Hopkirk의 『그레이트 게임THE GREAT GAME』이다.

도둑질을 하고 불평을 하는 경우가 많다는 말도 들었다. 하지만 그들의 태도가 이러한 데는 근본적으로 다른 경제적 구조가 영향을 미치고 있었다. 다르질링 셰르파들은 적은 임금이라도 자신과 가족들이 먹고살 수만 있다면 일을 했다. 반면 훈자 포터들은 족장인 '훈자의 미르Mir of Hunza'에게 진 빚을 갚기 위해 오는 경우가 많았으며, 그들의 수입 대부분이 미르에게 갔다. 설상가상으로 그들은 원정대장이 허락하지 않으면 현장을 떠날 수도 없었다. 따라서 그들이 고용주에게 시무룩한 표정을 짓고, 고약한 성질을 부리고, 더이상 신뢰할 수 없는 것처럼 보이는 것도 당연한 일이었다.

메르클 원정대의 독일인 중 한 명인 프리츠 비스너Fritz Wiessner는 현지인들이 요정의 초원에서 더이상 올라가지 않으려 하자 협상을 시도했다. 그는 그들에게 약간의 소금과 식용유를 제공하고 밀가루 배급량도 두 배로 늘리겠다고 약속했다. 하지만 포터들은 곧 운신할 수 있는 장비가 충분치 못하다는 사실을 깨달았다. 산에 머무는 동안 텐트와 침낭과 스토브를 함께 써야 했으며, 더 심각한 것은 원정등반이 끝나면 모든 걸 나눠야 한다는 사실이었다. 그들에게는 보잘 것 없는 임금보다도 장비들이 훨씬 더 가치가 있고 소중했다. 비스너가 마침내 몇몇 훈자들을 더 높이 올라가도록 설득에 성공할 때까지 실랑이는 계속되었다.

3개월 동안 7개의 캠프가 부서지고, 눈사태로 텐트가 매몰되고, 혹독한 폭풍설에 내몰리고, 고소증세에 시달리고, 허리까지 빠지는 눈을 헤치고, 끔찍한 추락을 겪으며 그들은 낭가파르바트의 북동 능선 7,000미터 지점에 도달했다. 이 무렵 대부분의 훈자들은 몸 상태가 좋지 않았다. 그들은 더 올라갈 수 있는 길을 찾긴 했지만 계절상 시간이 너무 촉박했다. 메르클과 그의 팀은 원정등반이 실패로 돌아갔다고 판단했으며, 그 원인으로 훈자들을 꼽았다. 필경사scribe로 초청되었던 (그리고 6,100

미터 이상의 등반은 허용되지 않았던) 부유한 미국인 엘리자베스 노울턴 Elizabeth Knowlton은 훈자들에 대해 "변덕스럽고 신경질적이며 신체적으로는 유럽인만큼이나 힘든 일에 민감하고, 짐 운반에 있어서는 사힙보다 강하지 않으며, 질병에도 상당히 약하다. 이런 점들을 감안하면, 산악 포터로서의 그들은 … 대단히 불만족스럽다."라고 기록했다.

그녀의 평가는 과하게 인색한 경향이 있다. 부유한 나라 출신의 크고 강한 외국 산악인들은 단백질이 풍부한 식단에 익숙해져 있었고, 그만큼 많이 먹었다. 그들은 당시 최고의 등산복과 장비를 갖춘 잘 훈련된 운동선수들이었다. 반면 체구가 훨씬 왜소한 훈자 포터들은 가난한 농민과 부족민들이었다. 아무리 강인한 그들이라 하더라도 탄수화물이 대부분인 식단으로 하루에 고작 1,800칼로리를 먹고서는 지치고 병에 걸리는 게 놀라운 일도 아니었다. 옷과 장비 또한 침낭 대신 담요에 내구성이 떨어지는 신발과 얇은 겉옷이 전부여서 서양인들의 것과 비하면 열악하기 그지없었다. 따라서 훈자들이 외국인들보다 가혹한 조건을 더욱 절감했던 것은 당연한 일이며, 게다가 훈자들은 이 산에 대한 독일인들의 집착에 가까운 무모한 도전을 도무지 이해하지 못했다.

그럼에도 불구하고 현지인들은 메르클 원정대의 '실패'에 대한 희생양으로 유용하게 쓰였다. 똑같은 실수를 되풀이하지 않기 위해, 메르클은 감당할 수만 있다면 다음에는 세르파들을 고용하기로 결심했다.

‖‖‖‖‖‖

1933년 독일 총리가 된 아돌프 히틀러Adolf Hitler는 독일 국민의 신체적 기량을 향상시킨다는 명분으로 스포츠국 장관을 임명했는데, 이때 인정받은 활동 중 하나가 등반이었다. 히말라야 등반은 "의지만 있다면 승리할 수 있다"는 나치의 집착에 완벽한 무대를 제공했으며, 1934년 두 번째로 낭가파르바트 원정등반에 나선 메르클은 나치 정권으로부터 전폭적인 지원을 받았다. 하지만 후원을 받는 운동선수라면 누구나 알고 있듯 재정적 지원에는 성공에 대한 기대가 내재되어 있다. 메르클 또한 무엇이 필요한지 잘 알고 있었다. 그의 첫 번째 임무는 다르질링에서 셰르파와 보티아 포터 35명을 모집하는 것이었다. 다르질링에서 인력거를 끌어봐야 한 달 수입은 고작 15루피 정도였다. 메르클 원정대는 그보다 두 배 이상을 주겠다며 다르질링 포터들의 관심을 끌어모았다.

그렇게 고용된 이들 중 하나가 앙 체링Ang Tsering이었다. 1904년 네팔 쿰부 지역의 타메Thame에서 태어난 앙 체링은 1924년에는 영국인들과 함께 에베레스트를, 1929년과 1930년, 그리고 1931년에는 칸첸중가를 오르는 등 고산 경험이 아주 많았다. 그리고 그런 경력들이 무색할 만큼 조용한 품성을 지닌 사람이기도 했다.

메르클이 포터들의 우두머리인 사다sirdar로 고용한 사람은 레와 셰르파Lewa Sherpa였다. 다르질링 산악인인 그는 1930년 칸첸중가에서 사다를 맡은 적이 있으며 이듬해 카메트에서는 끔찍한 일을 당하기도 했다. 5캠프에서 홀로 내려간 그가 베이스캠프에 도착했을 때 즈음에는 동상이 너무 심해 거의 움직이지도 못할 지경이었다. 그는 발을 잘라내야 할 지도 모른다는 두려움에 눈물을 흘리며 조랑말을 타고 산을 떠났다.

카메트 원정등반을 이끈 영국의 산악인이자 식물학자 프랭크 스마이드Frank Smythe는 레와의 안타까운 하차를 이렇게 묘사했다.

그는 눈물을 흘리며 심하게 흐느끼고 있었다. 고통 때문이라기보다는 존엄을 상실한 입장과 미래에 대한 걱정 때문이었으리라. 이전의 자신에 비하면 이제 그는 그림자에 불과했다. 그의 도덕적 붕괴와 고통 속에서 우리는 유럽인과 원주민 사이의 본질적인 차이를 느끼지 않을 수 없었다. 우리 중 한 사람이 동상에 걸렸다면 적어도 절제된 침착함과 불굴의 의지로 자신의 불행을 이겨내려 했을지 모른다. 하지만 원주민은 자신의 감정을 주체하지 못했다. 그저 어린아이 같았다.

유럽 산악인이라면 자신의 감정을 숨기려는 사람도 있겠지만, 아마도 레와와 달리 정상 등정을 위해 발에 동상이 걸리는 위험을 기꺼이 '선택'했을 것이다. 그리고 회복을 위한 재정적 지원을 더 많이 받을 수 있는 유럽인들로서는 장애를 안고 자신의 가족을 부양해야 한다는 두려움도 그만큼 적었을 것이다. 결국 레와는 카메트에서 발가락을 잃었다. 하지만 그의 경우, 대개의 시간을 좀 더 낮은 곳에서 포터들을 지휘할 수 있는 사다의 직책으로 산으로 돌아올 수 있었다.

셰르파와 보티아는 고소에서도 활발히 움직일 수 있는 자신들의 능력에 자부심이 있었다. 1934년까지도 그들이 '왜 그토록 잘하는지' 이유를 아는 사람이 아무도 없었지만, 의학적 연구를 통해 수백 년 동안 산소가 부족한 고지대 환경에서 살아온 사람들은 유전적으로 적응 상태가 된다는 사실이 결국 밝혀졌다. 그들의 신체는 더 많은 산소를 흡입해서 근육에 더 많이 공급하며, 저지대 사람들이 훨씬 더 오래 움직여야 가능해지는 신진대사를 효율적으로 만들어낸다.

셰르파들은 기차를 타고 캘커타(오늘날의 콜카타)로 간 다음 카슈미르로 이동해 600명의 현지 포터들과 합류한 후에 베이스캠프로 걸어 들어갔다. 첫 번째 난관은 스리나가르Sriinagar와 길기트Gilgit 사이에 있는 4,100미터의 부르질Burzil 고개를 넘는 일이었다. 20킬로그램의 등짐을 지고 16시간 동안이나 깊은 눈을 헤치고 간 포터들 대부분은 결국 설맹에 걸리고 말았다. 자외선 과다 노출로 인한 이 증상은 매우 고통스럽다. 설상가상으로 외국인들이 스키를 타고 고개를 내려갈 때 현지 포터들은 헝겊과 짚으로 된 샌들을 신고 힘겹게 걸어 내려가야 했다. 거의 한 달만에 카라반을 끝내고 산에 도착하긴 했지만 문제는 더욱 심각했다.

독일인 알프레드 드렉셀Alfred Drexel이 6월 7일 약 5,800미터 지점에서 시름시름하더니 곧 정신이 혼미해진 것이다. 대원들 중 드렉셀이 고산병에 걸렸다는 사실을 제대로 이해하는 사람은 아무도 없었으며, 이런 무지는 필연적으로 더 많은 비극을 예고했다.

간신히 2캠프까지 내려간 드렉셀은 셰르파가 저 멀리 산 아래에서 산소통을 가져오기를 기다렸다. 하지만 정작 산소통을 어디에 숨겨뒀는지 아는 사람이 아무도 없었다. 힘이 아주 좋은 다르질링 셰르파 파상 노르부Pasang Norbu(사진가의 조수로 일해서 '파상 픽처Pasang Picture'란 별명이 붙었다)가 마치 요요처럼 캠프 사이를 오르내리며 산소통을 찾는 동안 드렉셀의 상태는 더욱 악화되었다. 마침내 그날 저녁 파상 픽처는 산소통을 찾아 베이스캠프까지 내려갔다. 셰르파 가이라이Gaylay와 닥시Dakshi를 데리고 어둠 속에서 베이스캠프를 떠난 그는 등유 랜턴 불빛에 의지해 밤 10시 25분 1캠프에 도착했다. 그들을 맞이한 메르클은 다음 등반을 위해 차와 담배를 내주었으며, 셰르파들은 드렉셀에게 산소통을 전달하기 위해 자정에 다시 모험에 나섰다. 하지만 그들이 2캠프에 도착했을 때 드렉셀은 이미 죽어있었다. 그들은 그의 시신을 베이스캠프로 옮기고 나치 깃발로 감싼 채 땅에 묻었다.

그로부터 11일 후 메르클은 정상 도전에 나섰다. 이미 일정보다 한참 늦어진 데다 메르클은 등정에 성공해야 한다는 심한 압박에 시달리고 있었다. 그가 선택한 루트는 상당히 높은 고도에서 기복이 심한 긴 사면을 횡단한 다음, 위로 올라가 아봉subpeak의 어깨를 넘고, 다시 안부saddle로 내려가서 7,185미터에 있는 7캠프로 또다시 올라가는 것이었다. 너무 높은 고도에서, 너무 긴 시간이 필요했다.

산 위쪽에는 니마 도르제Nima Dorje, 앙 체링, 키타르Kitar, 닥시, 니마 노르부Nima Norbu, 다 툰두Da Thundu, 핀조 노르부Pinzo Norbu, 니마 타시Nima Tashi, 가이라이, 파상 키쿨리Pasang Kikuli, 툰두Thundu와 노르부 등의 셰르파들을 포함해 모두 19명의 산악인들이 있었다. 아래로는 일련의 캠프들이 구축되어 있어서 식량과 침낭과 지원조가 충분했다면 백업 지원도 가능했겠지만, 실상은 그렇지 못했다. 캠프들은 텅 비어 있었으며, 모든 사람과 물자는 정상 도전을 영접하기 위해 낭가파르바트의 높은 곳에 있었기 때문이다.

다음 날 아침 툰두와 노르부는 병세가 심해져 내려가야 했지만 밑에 있는 캠프까지 가기 위해서는 먼저 120미터를 등반해서 아봉을 넘고, 다시 가파른 빙벽을 횡단해야만 했다. 독일 산악인 프리츠 베흐톨드Fritz Bechtold와 함께 그들은 결국 4캠프로 기어 들어갈 수 있었다.

다음 날 폭풍설이 몰아쳐 산에 눈이 엄청나게 내리는 바람에 8캠프에 있던 나머지 사람들은 완전히 고립된 상태에 놓였다. 7,480미터에 쳐진 고산 텐트에서 발이 묶인 정상조는 눈보라가 그치길 기다리며 희망의 끈을 놓지 않았다. '파상 픽처'는 차를 끓이기 위해 눈을 녹이려 했으나 바람이 너무 강해 프리머스 스토브에 불을 붙이는 것조차 힘들었다. 때때로 그는 양은 얼마 안 되지만 너무도 소중한 차를 들고 텐트 밖으로 과감하게 나가 사힙의 텐트로 기어가곤 했다.

폭풍설은 밤새도록 계속되었고 아침이 되자 이런 상황에서는 정상 등정이 불가능하다는 것이 확실해졌다. 어떻게든 4캠프까지 탈출해야만 했다. 올라올 때 엿새가 걸린 길을 이제 하루 만에 내려가야만 한다. 그러기 위해 일단은 다시 한번 올라가 아봉을 넘어야 했다. 그래서인지 파상 픽처와 핀조 노르부는 침낭을 챙겨 넣지 않았다. 짐이 가벼우면 더 빨리 걸을 수 있을 테니까. 무게가 더 나가는 만큼의 가치가 있다고 판단한 니마 도르제는 침낭을 둘둘 말아 배낭 밖에다 매달았다.

어느 지점에 이르러 거센 돌풍에 니마 도르제의 몸이 공중으로 붕 떠올랐다. 다행히 다섯 명과 로프로 묶여 있던 그는 동료들이 납작 엎드리는 동안 로프에 매달린 채 능선 위로 한동안 떠 있었다. 하지만 훨씬 더 강한 돌풍이 그를 낚아채자 동료들은 끝없는 루팔 벽 가장자리로 미끄러지기 시작했다. 그들은 몸을 던져 니마의 다리를 잡고 그를 바닥에 고정시켰다. 덕분의 그의 목숨은 구할 수 있었지만 배낭에서 떨어져 나간 그의 침낭은 허공으로 날아갔다. 이제 셰르파들에게는 침낭이 하나도 없었다.

노출된 능선에서 탈출해 내려온 에르빈 슈나이더Erwin Schneider와 페터 아셴브레너Peter Aschenbrenner는 로프를 풀고 배낭에 매달았던 스키를 준비했다. 그곳은 눈이 훨씬 깊이 쌓이긴 했지만 바람은 강하지 않았다. 사면을 쉽고 빠르게 미끄러져 내려갈 수 있다는 사실을 알기에 부츠를 바인딩에 끼우면서 그들이 얼마나 안도했을지 충분히 짐작이 간다. 스키는 4캠프로 가는 티켓이었다. 출발하기 전 아셴브레너는 파상 픽처에게 셰르파 세 사람은 반드시 스키 자국을 따라 내려와야 한다고 알려 주었다. 하지만 어떻게? 셰르파들에게는 스키가 없었다. 그날 오후 늦게 슈나이더와 아셴브레너는 4캠프로 안전하게 내려왔고, 셰르파들은 한 걸음을 내디딜 때마다 무릎까지 빠지는 눈에서 허우적거렸다.

◦◦◦◦◦◦◦

마찬가지로 후퇴를 결심한 메르클은 울리 빌란트Uli Wieland와 빌로 벨첸바흐Willo Welzenbach를 비롯해 셰르파 앙 체링과 키타르, 닥시, 가이라이, 다 툰두, 니마 타시, 파상 키쿨리, 니마 노르부 등을 데리고 출발했다. 8캠프와 7캠프 사이 어딘가에서 폭풍설에 갇힌 그들은 침낭 3개만으로 산 위에서 비박을 해야 했다. 그날 밤 니마 노르부가 눈 속에서 사망했다.

아침에 보니 메르클과 빌란트는 둘 다 손에 동상이 걸려 있었다. 하지만 훨씬 더 심각한 문제는 닥시와 가이라이, 앙 체링이 움직이지도 못할 정도로 기력이 다한 것이었다. 결국 나머지 사람들은 자신들이 살아남고자 그들을 그곳에 남겨두었다.

독일인들보다 속도가 빨랐던 덕분에 7캠프에 먼저 도착한 키타르와 다 툰두, 니마 타시, 파상 키쿨리는 마냥 기뻐할 수가 없었다. 꽁꽁 언 눈으로 덮여있는 텐트만 달랑 하나 있을 뿐 식량도 연료도 침낭도 없었기 때문이다. 1시간쯤 후 그곳에 도착한 메르클과 벨첸바흐는 자신들이 텐트를 쓸 속셈으로 셰르파들에게 계속 내려가라고 지시했다. 빌란트는 7캠프까지 오지 못하고 30미터를 남겨둔 채 숨을 거두었다.

키타르와 다 툰두, 니마 타시, 파상 키쿨리는 6캠프를 향해 내려가다 그만 길을 잃고 말았다. 낭가파르바트 상부에서 그들은 설동을 파고 밤을 보낼 수밖에 없었다. 6,700미터 고소에서 보내는 8번째 밤이었고 폭풍설 속에서 버티는 4번째 밤이었다. 다르질링 셰르파들은 사흘째 아무 것도 먹지 못했고, 이틀 동안 물 한 모금 마시지 못했다. 하지만 아침이 되었을 때 그들은 기적적으로 살아있었다.

아봉 아래 가파른 횡단 구간에 들어서기 직전 그들은 누군가가 눈 속에서 허우적거리는 모습을 발견했는데, 바로 다 툰두의 동생 핀조였다. 그와 파상 픽처, 그리고 니마 도르제는 슈나이더와 아셴브레너가 스키를 타고 4캠프로 내려갔을 때 뒤에 남겨졌다. 이제 7명이 된 셰르파들은 아찔한 횡단 구간을 가까스로 기다시피 건너가 고정로프가 있는 곳에 도착했다. 이 고정로프는 수직에 가까운 빙벽을 내려갈 수 있게 해줄 것이기 때문에 그들은 순간 안도의 한숨을 내쉬었다. 캄캄한 바다에 등대의 불빛 같은 존재가 아닌가. 하지만 그들에게는 얼음에서 쓸 크램폰도, 고정로프에 끼워 쓸 하강기도 없었다. 대신 그들은 동상에 걸린 손가락으로 고정로프를 간신히 붙잡았으며, 손에 감각이 없는 니마 도르제는 로프를 팔에 감고 매달렸다. 그가 움직임을 멈추자 다 툰두가 계속 내려가라며 그의 몸을 흔들었지만, 아무런 반응도 보이지 않았다. 니마 도르제는 팔에 로프를 감은 상태로 사망했다. 다 툰두는 그를 두고 곧바로 위로 올라가 니마 타시에게 갔으나 니마 타시 역시 죽고 말았다. 5캠프의 텐트를 향해 계속 나아가던 그는 눈 속에서 숨이 끊겨 있는 동생 핀조 노르부를 발견했다.

심한 동상에 걸렸지만 아직 살아남은 다 툰두와 파상 픽처, 파상 키쿨리, 키타르 등 4명의 셰르파들은 마침내 7월 10일, 비틀거리며 4캠프에 도착했다.

‖‖‖‖‖

위쪽에서는 또 다른 드라마가 펼쳐지고 있었다. 8캠프와 7캠프 사이의 눈 속에서 비박을 한 앙 체링과 닥시, 가이라이는 여전히 살아있었다.

"이젠 가야 해." 가이라이가 몸에 쌓인 눈을 털어내며 말했다.

"못 가겠어, 앞이 안 보여." 앙 체링이 대답했다. "설맹에 걸렸어. 하루 지나면 좋아질 거야. 내가 길을 아니까 같이 기다려야 해."

"나도 못 움직이겠어." 닥시가 끼어들었다. "너무 힘들어, 하루는 더 쉬어야 해." 히말라야 원정등반이 처음인 가이라이는 동료들과 다투지 않고 하루를 더 머물렀다. 그가 의리 때문에 그랬는지, 아니면 혼자 내려가는 게 두려워서 그랬는지는 알 수 없는 일이고, 어쨌거나 그들은 그 자리에서 하룻밤을 더 보냈다. 다음 날 아침이 되었는데도 앙 체링은 여전히 앞이 보이지 않았으며 닥시도 상태가 호전되지 않았다. 그들은 계속

1

기다리며 피신처도 없이 사흘째 밤을 보냈다. 그리고 아침이 다시 밝았을 때 닥시는 이미 반송장 상태였기 때문에 가이라이와 앙 체링은 그를 남겨둔 채 하산을 강행했다.

비극은 거기서 그치지 않았다. 7캠프에 도착한 그들은 눈 속에서 빌란트의 시신을 발견했으며, 메르클과 벨첸바흐는 텐트 안에 살아있었다. 벨첸바흐는 곧 죽을 것처럼 보였지만 앙 체링은 모두 함께 4캠프로 내려가자고 제안했다. 메르클은 자신이 너무나 지쳐있고 틀림없이 4캠프에서 대원들이 우리를 구조하러 곧 올라올 것이라며 제안을 거절했다.

메르클과 벨첸바흐는 7캠프의 텐트 안에서, 가이라이와 앙 체링은 바깥의 눈 속에서 하룻밤을 더 보냈다. 두 셰르파에게는 그런 조건에서 맞이하는 네 번째 밤이었다. 아침이 되자 벨첸바흐가 죽었다. 여전히 구조를 기다리며, 메르클은 사망한 동료와 함께 텐트 안에서 가이라이와 앙 체링은 바깥의 눈 속에서 하루를 더 버텼다.

다음 날 아침 메르클과 가이라이, 앙 체링은 안부로 내려간 다음 6캠프를 향해 다시 위로 올라갔다. 메르클과 앙 체링은 발에 동상이 걸려 제대로 걷지조차 못했다. 그들은 비틀비틀 몸부림치며 6캠프에 거의 다다랐지만 아직 캠프는 아니었다. 탈진한 세 사람은 그대로 눈 속에 누워 하룻밤을 더 보냈다. 가이라이와 앙 체링은 벌써 여섯 번째 비박이었다. 허기지고 목마르고 저산소증에 시달려 정신이 혼미해진 그들은 체온을 유지하기 위해 서로를 껴안았다. 밤새 눈이 그들 위를 뒤덮었다. 아침이 되자 그들은 끝없이 펼쳐진 광활한 흰 땅에 놓여 있는 세 개의 눈더미에 불과했다. 7일 동안 아무것도 먹지 못했고, 6일 동안 물도 마시지 못했다.

추위로 굳은 다리가 납덩이처럼 무겁고 아플 만큼 배가 고픈 채로 그들은 눈 덮인 관에서 기어나왔다.

"가이라이, 네가 내려가서 도움을 요청해." 앙 체링이 설득했다. "4

캠프로 가서 사람들을 올려 보내."

"아니, 네가 가는 게 나아. 나보다 강하니까 더 빨리 내려갈 수 있을 거야. 난 여기서 시힙과 함께 있을게, 네가 가."

4캠프로 혼자 내려온 앙 체링은 결국 살아남았다.

내려오는 동안 그는 마치 끔찍한 죽음의 퍼레이드처럼 그 자리에 얼어붙은 시신들을 하나씩 지나쳤다. 동상에 걸린 발로 비틀거리며 고정로프를 붙잡고 계속 내려와 어둠 속에서 5캠프를 지나쳤다. 어느 지점인지, 길을 잃고 미끄러진 앙 체링은 크레바스 가장자리에서 겨우 멈출 수 있었으며, 급박한 상황에서 소리를 내질렀다. 결국 그의 비명을 들은 4캠프 대원들이 그를 텐트로 끌고 내려왔다. 그는 뻣뻣하게 얼어붙은 손으로 뜨거운 찻잔을 들고 한 모금씩 천천히 홀짝였다. 그러면서 메르클과 가이라이가 아직 살아있기 때문에 구조해야 한다고 알렸다. 한 명의 외국 산악인과 두 명의 포터가 마지못해 메르클과 가이라이를 구출하려 했으나, 실제로는 어느 누구도 위로 올라갈 힘이 남아있지 않았다고 앙 체링은 회상했다.

그로부터 4년이 지난 1938년, 독일 원정대의 파울 바우어Paul Bauer는 낭가파르바트 상부의 눈 위에 누운 채 얼어붙어 있는 가이라이의 시신을 발견했다. 그의 곁에는 앉은 자세로 죽은 메르클이 있었다.

외국 산악인들은 이 가슴 아픈 이미지를 가이라이가 메르클에게 너무나 충성한 나머지 그와 함께 있기 위해 목숨을 버렸다는 증거로 삼고 싶어 했다. 하지만 우리로서는 전체적인 맥락을 알 수도 없고, 가이라이가 뒤에 남은 이유도 알지 못한다는 게 진실이다. 물론 충성심이 발동했거나, 아니면 불교적 자비심에서 비롯된 것일 수도 있다. 하지만 그보다는 더 단순한 이유가 아니었을까? 둘 다 정신이 혼미한 상태에서 가이라이가 명확한 판단을 내렸는지 여부는 알 수 없는 일이다. 그는 완전히 지친 상태라서 남았을 수도 있다. 그 상황에서는 사실 앙 체링이 가장 힘이 셌기 때문에 4캠프로 내려가 구조대를 올려보내는 게 최선이 아니었을 까? 훗날 앙 체링은 텐징 노르가이Tenzing Norgay에게 자신과 가이라이는 무사히 하산할 수 있으리라 믿었다고 털어놓았다.

‖‖‖‖‖‖‖

낭가파르바트에서의 결정과 행동에 대한 진실은 결코 알 수 없겠지만, 몇몇 사진들은 이 비극적인 원정의 마지막 결과를 잔인하리만치 명확하 게 보여준다. 그중 하나에는 슈나이더와 아셴브레너, 프리츠 베흐톨드, 페터 뮐리터Peter Müllritter가 베이스캠프로 귀환한 장면이 담겨 있는데, 사진에서 그들은 바닥에 앉아 팔짱을 끼고 서로를 위로하고 있다. 무슨 생각을 하고 있었을까? 슈나이더와 아셴브레너는, 핀조 노르부와 파상 픽처, 니마 도르제를 내버려둔 채 스키에 부츠를 달고 잽싸게 내뺀 순간 을 회상하고 있었을까? 로프를 함께 묶었던 동료를 구하지 못했다는 후 회의 감정은 들었을까? 죄책감은? 자신들은 여전히 살아있다는 안도감 이 먼저였을까?

두 번째 사진은 끔찍한 고정로프에서 살아남은 4명의 셰르파를 보 여준다. 파상 키쿨리, 키타르, 파상 픽처, 그리고 다 툰두가 그들이다. 동 상에 걸린 손과 발에는 붕대가 감겨 있다. 그들은 모직 속옷을 입고 함께 앉아있다. 서로를 껴안은 모습 같은 건 없다. 서로를 만지지도, 아니, 쳐 다보지도 않는다. 충격과 고통에 휩싸인 모습이다. 몹시 지쳐 보이는 다 툰두는 눈을 떨구고 있다. 다른 사람들은 카메라나 서로를 쳐다보지 않 고 멍하니 먼 곳을 바라보고 있다. 그들은 무슨 생각을 하고 있었을까? 손가락도 발가락도 없이 가족을 어떻게 먹여 살려야 할지에 대한 고민? 고정로프에 매달린 채 얼어 죽은 동료들? 며칠 밤을 눈 속에서 버틴 악몽

같은 시간?

어쩌면 그들은 너무나 지쳐서 그런 생각조차 할 수 없었을지도 모른다.

✶✶✶✶✶✶✶

예상대로 독일 대중은 원정등반의 실패와 참혹한 결말에 맹렬한 비난을 퍼부었다. 생존자들과 사망한 원정대장 메르클에 대해서도 수많은 비난이 일었다. 하지만 아이러니컬하게도 이 엄청난 규모의 비극은 낭가파르바트와 독일 사이의 연결고리를 오히려 강화시켜서 당국은 초등에 대한 새로운 지원을 약속했으며, 그리하여 다음 도전에 대한 계획이 거의 즉시 수립되었다.

셰르파들 대부분이 살고 있는 퉁 숭 부스티에서는 인명 피해 소식에 대한 반응이 엇갈렸다. 텐징 노르가이는 "퉁 숭 부스티의 많은 가정에 애도와 슬픔이 넘쳐흘렀지만, 우리 사람들이 견디며 성취해낸 일에 대한 자부심도 매우 컸다."라고 설명했다.

살아남은 셰르파들은 동상에 걸린 몸을 치료해야 했다. 앙 체링은 발가락을 모두 절단했다. 그가 다르질링에 있는 빅토리아병원에 도착했을 때 간호사들은 손가락이 붙어있던 구멍들에 구더기가 살고 있는 것을 발견했다. 병원에서 6개월을 보낸 후 그는 계속되는 고통의 삶 속으로 던져졌다. 훗날 셰르파들은 동상으로 절단한 신체의 일부에 대한 보상을 받게 되었는데, 손가락 하나에 10루피, 검지와 엄지, 또는 엄지발가락은 20루피였다. 1934년 당시에는 없었던 일이다.

절단 수술을 했음에도 불구하고 다 툰두와 파상 픽처는 새로운 독일 팀과 함께 낭가파르바트로 돌아왔다. 1937년 6월 15일 4캠프에는 16명이 모여 있었는데, 파상 픽처를 비롯한 셰르파 9명과 외국인 7명이었다.

새벽 0시 10분, 엄청난 눈사태로 캠프가 완전히 묻히는 바람에 모두가 떼죽음을 당했다. 우연히도 다 툰두는 당시 아래 캠프에 있었다.

수십 년이 지난 후『설원의 호랑이들Tigers of the Snow』의 저자 조너던 닐Jonathan Neale이 다 툰두의 미망인 라무 이티Lhamoo Iti에게 물었다.

"산악인들이 살아남는 데 가장 중요한 요소가 뭘까요? 체력, 지능, 아니면 행운?"

"행운입니다."라고 그녀는 대답했다.

1937년 낭가파르바트에서 다 툰두가 목숨을 건진 건 순전히 행운이 었다.

1938년 낭가파르바트로 다시 돌아가자는 제안을 받았을 때, 그는 거절했다.

◖◗◖◗◖◗◖◗

앙 체링은 니마 도르제의 미망인 파상 디키Pasang Diki와 결혼한 다음, 그녀의 아들 다와 템바Dawa Temba를 집으로 데려와 정성껏 보살폈다. 그 후 25년 동안 그들은 일곱 명의 자녀를 더 낳았으며, 대부분의 시간을 앙 체링은 산에 가고 파상이 혼자 살림을 꾸려나갔다. 인도의 역사학자 난디니 푸란다레Nandini Purandare가 다르질링에서 셰르파 아내들에게 1930년대에 등반에 참가한 남편들의 안전에 대한 걱정 때문에 스트레스를 얼마나 심하게 받았는지 물었을 때, 그녀는 그들의 대답에 깜짝 놀랐다. "그들은 그런 질문에 어떻게 대답해야 할지 알지도 못했습니다. 너무 바빠서 걱정할 시간조차 없었던 겁니다."

2001년 퉁 숭 부스티의 거리를 걷던 텐징 노르가이의 손자 타시 텐징Tashi Tenzing은 허름한 집의 문간에서 발을 질질 끌며 걸어 나오는 한 노인을 발견했다. 오랫동안 무거운 짐을 지느라 허리는 굽어 있었고, 수

많은 밤을 눈 속에서 보낸 탓에 관절도 삐걱대고 아파 보였으며, 주름이 깊게 파인 얼굴을 새하얀 머리칼이 둘러싸고 있었다. 그는 아흔세 살의 앙 체링이었다. 에베레스트, 칸첸중가, 카메트, 낭가파르바트 등의 원정대에서 영국인과 인도인, 독일인, 스위스인들을 위해 일하며 끝끝내 살아남은 바로 그 앙 체링이었다. 그는 무거운 짐을 지어 나르고, 후에는 사다 역할을 하면서 수십 명의 셰르파 포터들을 이끌었다. 그리고 동상으로 발가락을 모두 잃었다. 초창기 전문 셰르파 중 하나였던 그는 위험과 고난과 부상을 모두 이겨내고, 자신을 존경하며 돌봐주는 지역사회에서 조용히 살아가고 있었다. 이듬해인 2002년 그는 숨을 거두었다.

2

검은색의 얇은 지갑
─K2의 비극

이야기란, 존재하는 여러 이야기들을 담아야 하고, 그 이야기들을 밝혀내는 것이어야 한다. … 또한 일방적 존재에서 다각적인 존재로 우리의 인식을 전환시키는 데 초점을 두어야 한다.

파상 양지 셰르파Pasang Yangjee Sherpa
『알피니스트Alpinist』 51호

동상을 두려워하지 않는 고산 등반가는 아무도 없다. 충분히 그럴 만도 한 것이, 영하의 날씨에서 벙어리장갑mitten을 잃어버리거나 부츠가 발에 맞지 않으면 정도의 차이만 있을 뿐 동상에 걸리는 건 거의 확실하기 때문이다.

높이 올라갈수록 산소 흡입량이 급감해 신체의 열 생성 능력이 떨어진다. 탈수, 영하의 기온, 바람, 탈진과 함께 혈액 내 혈장이 감소하면 혈전이 생겨 혈액의 흐름이 느려진다. 신체의 생존 본능은 말초혈관에 수축 신호를 보내 주요 기관에 더 많은 혈액이 공급되도록 한다. 이러한 혈액의 재분배로 등반가의 생명은 구할 수 있지만, 손가락이나 발가락, 또는 노출된 뺨이나 코는 부수적인 손상을 입을 수 있다.

그다음에는 정말 오싹한 단계가 펼쳐진다. 일단 세포 주변 공간에 얼음 결정이 형성되기 시작하고, 세포에서 수분이 없어지면서 세포가 파괴되기 시작한다. 그러면 혈관이 더 이상 제대로 기능하지 않는다.

처음에는 동상 부위가 하얗게 변하면서 아프거나 따끔거린다. 그러다 별 느낌이 없어진다. 그리고 동상이 심해지면, 손가락 끝이 나무토막처럼 딱딱해진다.

가장 좋은 방법은 동상의 징후를 알아차리자마자 즉시 텐트로 들어가 파트너와 함께 얼어오는 부위를 배나 겨드랑이에 비벼 따뜻하게 하는 것이다. 따뜻한 물을 마시고 휴식을 취하면 손상을 줄이는 데 도움이 된다. 증세가 멈추지 않는 경우 차선책은 계속 움직여서 혈액순환을 최대한 촉진시키는 것이다. 최악의 시나리오는 피난처도 없고 움직이지도 못하는 것이다. 높은 고도에서의 노천 비박이 바로 이런 경우이다.

신체가 따뜻해지면 손상된 부위는 물집과 출혈을 일으켜 극심한 통증을 유발한다. 동상이 심하면 말단 부위가 죽어 검게 변하기 때문에 절단해야만 한다.

이것이 바로 파상 키쿨리를 비롯한 셰르파들이 1934년 낭가파르바트에서 절망적으로 탈출한 후 감당해내야 했던 했던 고통이었다.

▍▍▍▍▍▍▍

1911년 외딴 롤왈링 계곡에서 태어난 파상 키쿨리는 어린 나이에 다르질링으로 이주해 포터로서의 삶을 시작했다. 작은 몸집에 의외로 강한 그는 방금 참담한 소식이라도 들은 것처럼 늘 슬픈 표정이었다. 1929년, 1930년, 그리고 1931년에는 칸첸중가, 1933년에는 에베레스트, 1934년에는 낭가파르바트 등 열여덟 살 무렵부터는 이미 그를 찾는 곳들이 많아졌다.

동상 부위를 절단하여 온전치 못한 몸인데도 불구하고 파상 키쿨리는 낭가파르바트에서 돌아온 지 2년 후에 영국 탐험가 빌 틸먼Bill Tilman과 미국 산악인 찰리 휴스턴Charlie Houston의 부름을 받았다. 그들은 사람의 발길이 닿지 않은 신비한 봉우리인 난다데비 원정대의 공동대장이었다.

이 원정은 모든 것이 힘들었다. 어프로치, 깊은 협곡의 높은 절벽에 아찔하게 나 있는 가파르고 좁은 길, 급류를 이룬 계곡물에 음식까지…. 팀원 여러 명이 이질에 걸려 상태가 좋지 않았지만 경험이 풍부한 키타르마저도 베이스캠프에 도착하자 심각하게 아팠으며, 결국 얼마 지나지 않아 사망하고 말았다. 훗날 틸먼은 키타르에 대해 "우리에게는 그다지 바람직한 유형의 셰르파는 아니었던 것 같다."라고 썼다. 냉정해 보일지 모르지만, 이는 당시 틸먼의 많은 유럽 파트너들이 좋아하던 과묵한 리더십을 보여준다. 난다데비 팀에 있었던 파상 푸타르Pasang Phutar는 무신경해 보이는 틸먼의 리더십 스타일에 비판적이었다. 그는 키타르의 사망 책임을 틸먼에게 돌렸다. 앙 체링도 틸먼을 결코 용서할 수 없다며 이에 동의했다. 이후 그는 신체적으로는 장애가 있지만 총명한 키타르의 아들을 집으로 데려와 돌봐주고 적절한 교육을 받을 수 있게 해주었다.

파상 키쿨리는 난다데비에서 키타르보다 일을 더 잘했다. 틸먼은 그가 뛰어난 일꾼이며 "진지한 프로젝트에서 한 자리를 차지할 자격이 있는 유일한 사람"이라고 치켜세웠다. 미국인 아트 에먼스Art Emmons도 파상 키쿨리는 "최고의 포터이자 훌륭한 하인이며 매사에 열심이고 활기찬 사람"이었다고 그를 칭찬했다.

1936년 8월 29일, 빌 틸먼과 영국의 산악인이자 지질학자인 노엘 오델Noel Odell이 7,186미터의 난다데비 정상에 올라 당시로서 최고봉 등정의 신기록을 세웠다. 등정에 성공한 휴스턴은 틸먼과 함께 롱스태프 콜Longstaff's Col(5,910m)을 통해 난다데비 성역을 벗어나고자 했는데, 그 길은 그때까지 아무도 넘보지 못했던 높은 고갯길이었다. 파상 키쿨리도 그들과 함께했으며, 그는 원정 기간 내내 휴스턴의 개인 셰르파 역할을 했다. 당시 일반적인 관행이었지만 휴스턴에게는 낯설게 여겨지기도 했다. 그럼에도 두 사람은 잘 지냈고, 그들의 관계는 힘들게 고개를 넘는 동안 얼음이 얇게 낀 바위, 눈사태가 발생하기 쉬운 깊은 눈에 이르기까지 모든 상황과 맞닥뜨리며 더욱 가까워졌다. 칼날같이 날카로운 모레인과 급류는 산에서 벗어나는 여정을 들어올 때만큼이나 끔찍하게 만들었다.

❖❖❖❖❖❖❖❖

그로부터 2년 후인 1938년, 미국산악회가 찰리 휴스턴에게 미국 최초의 K2 원정대를 맡기자 그는 파상 키쿨리를 사다로 임명했다.

K2는 4개의 8천 미터급 봉우리와 30개가 넘는 7천 미터급 봉우리, 셀 수 없이 많은 6천 미터급 봉우리가 포진해 있는 웅장한 카라코람산군

에 있다. 하지만 카라코람은 높이뿐만 아니라 산세 역시 매우 비범해서 뾰족한 칼끝 같은 첨탑이 4개의 거대한 빙하에 둘러싸인 채 검푸른 하늘을 배경으로 우뚝 솟아있다. 현재 파키스탄 북부에 해당되는 광활하고 외진 이 지역은 인구밀도가 매우 희박하여, 최근까지도 발트의 주민들은 끊임없는 정치적 긴장과 어려운 접근으로 외부 세계와 단절된 채 살아가고 있다.

탐험가들이 50년도 넘게 이곳을 드나들긴 했어도 세계에서 두 번째로 높은 산에 진지하게 도전하는 것은 이번이 최초였다. 1886년으로 거슬러 올라가, 프랜시스 영허즈번드Francis Younghusband가 K2 서쪽에 있는 5,500미터의 험난한 고개 무즈타그 패스Mustagh Pass를 넘었다. 이것이 가능했던 것은 왈리Wali라는 이름의 아스콜리Askole 마을 출신 가이드와 4명의 발티 포터, 몇 명의 라다키 포터, 그리고 13마리의 말 덕분이었다. 이전에 고개를 넘어본 왈리는 가장 가파른 곳에 도달했을 때 어떻게 해야 할지 알고 있었다. 그는 터번과 허리띠, 말의 끈 조각을 연결해 카라반을 위한 일종의 안전띠를 만들었다. 길이 몹시 미끄러우면 그는 피켈 끝으로 발판을 깎아 고개를 내려갈 수 있도록 했다. 영허즈번드는 "솔직히 말해 혼자 힘으로는 하산을 시도할 수도 없었고, 게다가 (영국인인) 나로서는 제일 앞에 나서기도 두려웠다. 운 좋게도 가이드들이 나보다 더 잘 뽑힌 사람들이었다."라고 인정했다.

이탈리아의 로베르토 레르코Roberto Lerco는 1890년 K2 주변 지역을 탐험했고, 마틴 콘웨이 경Sir Martin Conway은 1892년 4명의 구르카를 대동하고 이곳에 온 적이 있었다. 1902년에는 공개적으로 등반을 목표로 한 최초의 원정대가 나타났는데, 아버지가 독일에서 영국으로 이주한 반골 성향의 등반가, 오스카 에켄슈타인Oscar Eckenstein이 대장이었다. 그의 파트너는 산악인이자 마술사이고 시인이며 신비주의자이기도 한 앨리스터 크롤리Aleister Crowley였다. 그들이 절충해 뽑은 대원 하나가 말라리아로 한바탕 홍역을 치른 데다 크롤리가 한 대원에게 권총을 들고 맞서면서 그들은 신체적 폭력 위협에까지 시달렸다. 당연히 그들의 K2 도전은 실패로 돌아갔다.

그로부터 7년 후 아브루치 공작Duke of the Abruzzi이 이끄는 이탈리아 원정대가 도착했다. 그의 팀에는 역사상 가장 유명한 산악 사진가 중 한 명인 비토리오 셀라Vittorio Sella가 있었는데, 그의 매혹적인 산 사진에는 골격이 드러나면서도 기하학적으로 완벽한 구조가 잘 포착돼 있었다. 하지만 카라코람의 이 거대한 산을 등반한다는 것은 엄청난 노력을 필요로 하는 일이다. 그들 중 하나였던 과학자 필리포 데 필리피Filippo De Filippi는 포터들에게 할당된 배급량이 하루 약 900그램에 불과하다는 데 경악을 금치 못했다. 그들의 능력에 감탄한 그는, "이토록 혹독한 기후에서 질적으로나 양적으로나 빈약하기 짝이 없는 영양 섭취를 하며 같은 양의 일을 해낼 수 있는 다른 인종은 없을 것이다."라고 기록했다.

경험이 풍부한 4명의 산악 포터를 비롯해 500명에 달하는 포터의 지원을 받은 이탈리아인들은 이 산의 남동쪽 능선을 따라 6,000미터가 훨씬 넘는 곳까지 도달했다. 그러나 계속되는 낙석에 기가 죽은 포터들은 현명하게도 더 높은 곳으로 짐을 지어 나르기를 거부했다.

1929년과 1937년에 이 지역을 찾은 다른 탐험가들이 있긴 했지만, 1909년과 1938년의 휴스턴 원정대 사이에 진지하게 등반을 시도한 사람은 아무도 없었다. 그럼 모두 어디에 있었을까? 영국인들은 에베레스트에 꽂혀 있었고 독일인들은 낭가파르바트와 칸첸중가에 정신이 팔려 있었다.

파상 키쿨리를 비롯한 다르질링 셰르파들은 외국 산악인들이 어느 산을 선택하든 그들을 도와주고 있었고, 그러는 사이 K2는 영광스러운 고독 속에서 조용히 때를 기다리고 있었다.

⫶⫶⫶⫶⫶⫶

이 당시 셰르파와 서양인의 관계는 사힙을 주인으로, 셰르파를 하인으로 보는 관행을 따랐다. 휴스턴의 미국 원정대 대원이자 고등교육을 받은 로버트 베이츠Robert Bates는 이렇게 썼다. "셰르파들은 체격은 작지만 강인하고 의지력이 강하며, 무엇보다도 등산에 대한 열정이 대단하다. 그들에게 있어 높은 산을 오르는 일은 순례의 행위이며, 백인 산악인은 성자에 가까운 사람들이다." 현대인의 귀에는 그의 말이 거만하고 엘리트주의적으로 들릴지 모르지만(사실 그렇기도 했지만), 베이츠는 당시 백인 산악인들의 태도를 반영했을 뿐이다.

　카슈미르의 도시 스리나가르에서 휴스턴 팀은 6명의 다르질링 셰르파들을 만났는데 파상 키쿨리, 체 텐드룹Tse Tendrup, 파상 키타르Pasang Kitar, 펨바 키타르Pemba Kitar, 핀수Phinsoo, 그리고 소남Sonam이 바로 그들이었다. 베이츠는 자신들의 어프로치를 "백만장자들의 탐험 행렬"이라고 묘사했다. 셰르파들은 바닥을 다지고, 텐트를 치고, 에어매트리스에 바람을 넣고, 개인적으로 모시는 사힙의 침낭을 펴고, 일기장과 화장지를 제자리에 놓은 다음 "주인이 허락하면 부츠를 벗겨주는데, 문명국가에서는 꿈도 꾸지 못할 사치였다."

　파상 키쿨리는 사다로서 다르질링 셰르파는 물론이고 베이스캠프까지 짐을 나르기 위해 고용한 75명의 현지 포터들까지 책임지고 있었다. 하지만 발토로 빙하를 힘겹게 올라간 지 불과 며칠도 되지 않아 포터들의 장비가 형편없다는 사실이 여실히 드러났다. 그들은 미국인들이 "쿨리 목발coolie crutch"이라고 부르는 어정쩡한 나무 장비를 짊어진 채 짚과 염소가죽 단화를 신고 얼음 위에서 고군분투했다. 그들은 이 목발을 얼음에 발판을 만들거나 무거운 짐무게를 덜기 위해 잠시 서서 기대는 용도로 쓰기도 했다. 셰르파들과 미국인들은 징이 박힌 가죽 부츠, 울 양말, 적절한 스노고글뿐만 아니라 단열과 방풍이 잘되는 옷 등 훨씬 더 좋은 장비로 무장했다. 그 후 원정대들도 고소 셰르파로 고용한 이들에게 계획과 예산을 좀더 공평하게 책정했던 것 같다. 하지만 포터들이 베이스캠프까지 짐을 지어다준 덕분에 원정등반이 가능했는데도 불구하고 그들의 요구는 제대로 받아들여지지 않았다. 그들은 끔찍한 고통을 겪었다.

셰르파들은 끝없이 가파른 K2에서 물자를 지어 나르고 텐트사이트를 평편하게 다지는 등 임무를 잘해냈다. 파상 키쿨리, 핀수와 체 텐드룹은 스타였다. 그들은 아브루치 능선을 계속 올라가 7월 5일에 3캠프, 7월 13일에 4캠프를 구축했다. 그리하여 마침내 미국인 셋과 셰르파 셋이 K2의 가장 높은 지점에 머물게 되었다. 미국인들이 셰르파들의 등반 능력이 한계에 다다랐다며 하산을 결정하자, 파상 키쿨리는 더 높이 올라갈 수 있게 해달라고 애원했다. 휴스턴은 망설였다. 바람이 폭주기관차처럼 으르렁대며 대원들을 패대기치는가 하면 텐트를 찢고 감각을 무디게 만들어 사기를 꺾었다. 그러나 아이러니컬하게도 그들을 패퇴시킨 건 바람이 아니었다. 그건 바로 최종캠프에서 스토브에 불을 붙일 때 필요한 성냥개비를 잘못 계산한 탓이었다. 성냥개비가 다 떨어진 것이다.

비록 1938년의 등정 시도는 실패로 돌아갔지만, 찰리 휴스턴이 이끈 미국인들과 파상 키쿨리가 이끈 셰르파들은 이듬해 프리츠 비스너의 도전을 위한 토대를 마련했다.

▌▌▌▌▌▌▌

1939년의 원정등반에 대한 평가는 다양하게 나뉘지만 대부분이 부정적이다. 서로 돌아서고, 의사소통이 안 되고, 균형이 맞지 않고, 경험이 부족한 데다 비극적이기까지 했다. 독일 태생의 프리츠 비스너는 1929년 미국으로 이민을 간 후 미국 최고의 등반가가 되고자, 특히 암벽에서 최고가 되고자 열심히 노력했다. 그는 강인한 체력과 강철 같은 의지를 지닌 강력한 지도자였다. 어떤 사람들은 그가 '너무' 강하다고 생각했으며, 또 한편으로는 그의 스타일을 "게르만 민족 특유의 기질Teutotic"이라고 평하는 사람들도 있었는데, 이는 그의 민족적 기원에 대한 불공평한 언급이었다. 하지만 그와 함께 등반한 경험이 있는 대부분은 등반과 인간관계에 대한 그의 외골수적이고 권위적인 접근방식에 주목했다.

비스너에게는 안타깝게도 첫 번째 대원 선발은 잘되지 않았다. 그가 선발한 대원들이 하나둘씩 포기해 결국에는 누가 봐도 경험이 부족한 사람들과 자기만 남게 되었기 때문이다. 사실 미국 산악계의 많은 이들은 더 강력한 팀을 꾸릴 때까지 그가 원정을 미룰 것으로 짐작했다.

그들과 달리 비스너가 알고 있었던 한 가지는 바로 팀의 힘이 다르질링에서 나온다는 것이었다. 그가 모집한 아홉 명의 셰르파들 중 다섯은 전년도에 휴스턴과 함께 움직인 사람들이었다. 파상 키쿨리, 핀수와 체 텐드룹은 모두 아브루치 능선을 오르며 짐을 지어 나른 경험이 있었다. 그리고 펨바 키타르와 키쿨리의 동생 소남이 합류하면서 K2를 다시 가는 셰르파 팀이 구성되었다. 새로운 셰르파로는 파상 키타르, 체링 노르부Tsering Norbu, 다와 톤둡Dawa Thondup, 그리고 마지막으로 파상 다와 라마Pasang Dawa Lama가 있었다. 스리나가르에서 찍은 셰르파들의 사진에는 자긍심과 자신감이 넘치는 모습이 잘 드러나 있다. 이 셰르파들의 힘을 생각하면 1939년의 원정대는 매우 강력했고, 장차 히말라야 원정대의 힘(그리고 이후의 리더십)이 외국 산악인이 아닌 셰르파들로부터 나올 것이라는 신호탄이기도 했다.

1938년과 마찬가지로, 파상 키쿨리는 대장의 개인 셰르파는 물론이고, 능선에서 작업할 다른 셰르파들과 베이스캠프까지 짐을 나르기 위해 아스콜리에서 고용한 122명의 포터들을 관리 감독하는 사다 역할을 맡았다.

장엄한 풍경 속에서 그들의 카라반이 펼쳐졌다. 신록의 살구 과수원이 양귀비밭으로 바뀌고, 빙하에서 흘러나온 우윳빛 강물이 거칠게 포효하고 있었으며, 커다란 돌멩이들이 좁고 구불구불한 계곡으로 떨어져 내리고 있었다. 마침내 카라코람의 높이 치솟은 암봉들이 시야에 들어왔다. 행군이 계속되고 마을이 멀어지면서 상황은 더욱 열악해졌다. 하루에 고작 몇 푼 받는 포터들은 역시 형편없는 차림이었다. 어떤 이는 맨발이었고 폐타이어로 만든 샌들을 신은 이들도 있었다. 그나마 야크 가죽으로 만든 신발을 신고 있는 사람조차 몇 되지 않았다. 그들의 옷은 누더기에 더러웠으며, 밤에 기온이 급격하게 떨어지면 담요 조각으로 몸을 감쌌다. 비스너의 빠듯한 예산으로는 모두에게 스노고글을 지급해줄 수가 없어서, 포터들은 따가운 자외선으로부터 눈을 보호하기 위한 임시방편으로 골판지 조각에 구멍을 가늘게 뚫어 사용했다. 그런 상황에서도 아직 볼 수 있는 사람들이 설맹에 걸린 사람들을 인도했다.

며칠 동안 빙하의 잔해와 얼음 위를 걸어 올라간 그들은 발토로와 비그네, 고드윈-오스틴, 그리고 가셔브룸 서쪽 빙하가 합류하는 지점 가까이에 도착했으며, 이곳에서 포터들은 파업을 선언했다. 이들의 파업이 드문 일은 아니었다. 일당을 더 받거나 아니면 더 좋은 장비(이번 경우에는 스노고글)를 지급받기 위한 일종의 협상 전략이었으며, 이처럼 서양인들의 관점에서는 상상도 할 수 없는 가장 불편한 장소에서 종종 파업이 발생하곤 했다.

일당을 더 주기로 약속하고 파업을 해결한 원정대원들이 마침내 빙하들이 합류하는 지점을 돌아서자, 바위와 눈으로 된 거대한 피라미드인 K2가 시야에 들어왔다. 하루를 더 걸어 들어간 그들은 베이스캠프 사이트에 도착했고, 그곳에서 포터들은 임금을 받은 후 살아남았다는 안도감에 기뻐하며 각자의 마을로 달아났다. 그리하여 이제 그곳에는 미국인들과 셰르파들만 남게 되었다.

****

자신이 이끄는 원정대의 미국인들이 약하다고 생각해서인지, 혹은 예의 그 외골수적인 추진력 때문인지 어쨌든 비스너는 선두에 서서 대원들을 이끌었다. 그는 길을 뚫고, 캠프사이트를 고르고, 발판을 깎으며 루트를 만들어나갔다. 그리고 셰르파들의 지원을 받아 몇 개의 캠프를 구축하고 그곳에 스토브와 연료, 식량, 침낭, 그리고 매트리스 등을 비축했다. 하지만 미국 대원들은 고산병과 동상, 탈진에 시달리며 사기가 꺾여 있었다. 정상 등정에 대한 비스너의 추진력을 함께 나눈 유일한 사람은 명문가 출신의 체구가 큰 더들리 울프Dudley Wolfe뿐이었다. 울프가 K2 원정대에 뽑힌 이유에 대해서는 말들이 많았지만, 그의 재산이 작용했을 가능성이 컸다. 어쨌거나 울프는 비스너를 지원하며 궁극적인 목표를 달성하기 위해 점점 더 높이 자신을 끌어올렸다.

비스너와 울프, 그리고 셰르파들이 안전한 베이스캠프를 벗어나 훨씬 더 높이 올라가는 동안 나머지 대원들은 다시 후퇴해버렸기 때문에, 두 팀 간에는 물리적으로 큰 격차가 발생하고 의사소통도 불가능해졌다. 정보를 주고받을 수 있는 무전기도 없어서 높은 곳에 있는 대원들에게 어떤 일이 벌어지고 있는지, 낮은 캠프에 있는 사람들이 어떤 일을 대비해야 하는지 전혀 알 수 없었다. 셰르파들은 자기들 말이 아닌 다른 언어로 캠프들 간에 메시지를 전달하는 임무를 부여받았다.

게다가 셰르파들은 서양인들 없이 까다로운 지형을 오르는 데 익숙하지 않았는데, 이는 K2처럼 가파르고 어려운 산에 숙련되지 못한 그들의 안전을 위해 함께 움직이는 게 일종의 전통이었기 때문이다. 비스너와 울프를 제외한 미국인들은 더 올라갈 능력이 없거나 흥미를 잃어버렸기 때문에, 셰르파들은 산을 오르고 루트를 찾는 결정을 스스로 내려야만 했다. 그들은 산에서는 잘 해냈지만 물자 공급과 통신 체계는 모두 무너졌다.

7월 14일, 7,700미터의 8캠프에는 비스너와 울프, 체 텐드룹, 파상 키타르, 그리고 파상 다와 라마가 있었다. 아직 동상에서 회복하지 못한 파상 키쿨리는 그들과 함께 하지 못했다. 파상 다와 라마와 더들리 울프를 선택한 비스너는 정상 공략을 위해 봉우리의 완만한 측면이 거의 끝나는 지점에 캠프를 하나 더 구축했다. 갈라진 크레바스가 길을 막았을 때 비스너와 파상 다와 라마는 간신히 건넜지만 울프는 그러지 못했다. 그는 8캠프로 후퇴했다. 비스너와 파상 다와 라마는 정상 670미터 아래까지 전진해 최종캠프를 쳤다. 그들에게는 작은 텐트 하나, 침낭과 매트리스 두개, 스토브와 연료 하나, 그리고 6일분의 식량이 있었다.

7월 19일, 비스너와 파상 다와 라마는 텐트에서 기어 나와 위로 향했다. 여느 때처럼 비스너가 앞장을 섰다. 얼음으로 뒤덮인 보틀넥을 올려다본 그는 왼쪽의 바위 절벽이 더 안전하다고 판단했다. 하지만 비스너의 뛰어난 암벽등반 실력에도 불구하고 그들의 속도는 현저히 떨어졌다. 피톤과 카라비너, 식량과 여벌의 옷을 챙긴 비스너가 먼저 올라가고 파상 다와 라마는 크램폰 두 조와 여분의 로프를 가지고 그 뒤를 따랐다. 물론 그 둘에게는 보조 산소가 없었다.

비스너는 모든 구간을 앞장서며 얼음으로 뒤덮인 절벽에 피톤을 박고, 카라비너를 걸고, 로프를 통과시키고, 다음 동작을 정하기 위해 바위를 살피며 9시간 동안 조금씩 올라갔다. 그러는 사이 파상 다와 라마는 밑에서 그를 지켜보며 확보를 본 다음 뒤따라 올라갔다. 다행히 기온이 영상이어서 섬세한 동작이 필요할 때면 비스너는 종종 벙어리장갑을 벗곤 했다.

저녁 6시 30분, 그들은 8,383미터에 도달했다. 정상에서 불과 230미터 정도 떨어진 지점이었다. 이제 옆으로 조금만 더 가면 정상의 설원 위로 올라설 수 있을 것이고, 성공은 확실해 보였다. 하지만 태양이 지평선 너머로 사라지자 기온이 곤두박질쳤다. 비스너가 위로 올라가려 하자 로프가 팽팽했다. 파상 다와 라마가 따라오지 않은 것이다.

"안 돼요, 사힙!" 그가 말했다. "내일 해요."

"무슨 소리야?" 비스너가 아래를 향해 소리쳤다. 지금에 와서 어떻게 그만둔단 말인가?

"너무 늦었어요. 돌아서야 해요." 파상 다와 라마는 단호했다.

비스너는 로프를 풀고 혼자 계속 올라갈지 고민했다. 하지만 파상 다와 라마는 어떨까? 그에게 다른 선택의 여지는 없었다. 그 셰르파는 9캠프까지 아주 까다로운 부분을 혼자 내려가야 할 것이다. 형편없는 부츠를 신은 채 고산에서 밤을 지새운다면 발가락을 잃을 것이 뻔했고, 어쩌면 목숨이 위태로울지도 모를 일이었다. 비스너는 마지못해 파상 다와 라마의 결정을 받아들였고, 그들은 내려오기 시작했다. 식량도 충분했으며 무엇보다 그들에겐 내일이 있었다.

비스너는 그날 밤 파상 다와 라마의 행동에 대해 처음에는 공로를 인정하지 않았지만, 아마도 덕분에 둘 다 살 수 있었을 것이다. 비스너 역시 파상 다와 라마를 혼자 내버려두는 대신 함께 내려왔기 때문에 마찬가지였다고 할 수 있다.

로프에 계속 의존해 내려와야 하는 하산은 지루하기 짝이 없었다.

어느 지점에서는 파상 다와 라마의 배낭에 달린 크램폰에 로프가 걸려, 그가 복잡하게 얽힌 로프를 푸는 동안 둘 다 정신이 아득해지기도 했다. 그리고 새벽 2시 30분, 마침내 두 사람은 9캠프로 돌아왔다.

지칠 대로 지친 그들은 깊은 잠에 빠졌다. 사실 그들은 고소의 햇살 아래서 하루 대부분을 나른하게 잤다. 그리고 7월 21일, 그들은 두 번째 도전에 나섰고, 이번에는 바위 절벽 대신 보틀넥을 오르기로 했다.

눈은 단단하고 얼음에 덮여 있었다. 크램폰이 있었다면 완벽했으련만 그들에겐 없었다. 플랜 B를 가동할 시간이었다. 비스너는 8캠프로 내려가 크램폰을 가져오기로 했다. 그런 다음 9캠프로 올라가면 다음 날 다시 시도할 수 있을 것 같았기 때문이다. 날씨가 안정적이어서 그 정도 차질은 대수롭지 않아 보였다.

하지만 파상 다와 라마의 생각은 달랐으며, 그는 비스너에게 자기 대신 다른 사람을 등정 파트너로 삼으라고 요구했다. 비스너도 여기에 동의했다. 내려가면서 파상 다와 라마는 자신의 침낭과 매트리스와 옷을 챙겼다. 비스너는 8캠프에서 새로운 파트너와 함께 그날 바로 9캠프로 돌아올 계획이라서 배낭을 더 가볍게 챙겼다. 물론 파트너가 누가 될지는 확신하지 못했다.

하지만 8캠프에는 더들리 울프만 남아있었고, 그는 분명 적절한 등정 파트너가 아니었다. 비스너는 연료와 식량도 가져오고 파트너도 찾을 겸 7캠프로 내려가기로 했으며, 그리하여 그들 셋은 아래로 향했다. 비스너가 선두에 서서 발판을 깎았다. 시간이 지나자 기온이 떨어지면서 안개가 몰려들어 시야가 흐려졌다.

그 후, 무엇 때문에 사고가 일어났는지는 확실치 않다. 다만 그들 셋은 순식간에 미끄러져 그대로 사면을 굴러떨어졌다. 비스너가 가까스로 그들의 추락을 멈추었으나 울프의 침낭이 날아갔다.

어두워진 후 그들은 오들오들 떨면서 절뚝거리며 간신히 7캠프에 도착했다. 놀랍게도 그곳에는 사람도 침낭도 에어매트리스도 크램폰도 없었다. 게다가 텐트 입구는 활짝 열려 있었고 안에는 눈이 잔뜩 들어차 있었다. 폐허가 된 캠프 주변에는 음식 찌꺼기들이 흩어져 있었다. 놀란 그들은 텐트 하나를 간신히 일으켜 세우고는 안으로 기어들어가 파상 다와 라마의 침낭 아래에서 몸을 떨었다.

이제 정말 절박해진 비스너는 플랜 C를 가동했다. 그와 파상 다와 라마가 6캠프로 계속 내려가는 대신 울프는 파상 다와 라마의 침낭을 가지고 7캠프에 남기로 한 것이다. 왜 그런 결정을 내렸는지는 확실치 않다. 울프가 지쳤을 수도 있다. 결국 그도 정상 도전이 가능한 후보자였으니까. 아니면 비스너가 자신의 등정 시도를 위태롭게 하지 않기 위해, 6캠프로 내려간 다음 가능하면 빨리 더 높은 캠프로 돌아가고자 했을지도 모른다. 울프를 데리고 내려가면 속도가 느려지는 건 뻔한 일이었다.

7월 23일 오전 11시, 비스너와 파상 다와 라마는 7캠프의 텐트에서 기어 나와 6캠프로 내려갔다. 그리고 그곳에는 또다시 충격적인 일이 벌어져 있었다. 6캠프의 텐트 두 동은 약간의 식량과 연료만 남은 채 무너져 있었다. 침낭도 에어매트리스도 없었다. 5캠프도 마찬가지였다. 4캠프에도 역시 침낭은 없었다. 3캠프는 완전히 텅 비어있었다. 심지어 2캠프에조차 침낭 하나 없었다.

지치고 혼란스럽고 사기가 떨어진 두 사람은 밤 동안 텐트로 몸을 감싼 채 체온을 유지했고, 다음 날 비틀거리며 베이스캠프로 돌아왔다. 며칠 전 굴러 떨어져 갈비뼈에 금이 간 파상 다와 라마는 신장이 손상되어 소변에서 피가 섞여 나왔다.

그제야 비스너는 자신의 팀이 얼마나 분열되어 있는지 알게 되었다. 그와 파상 다와 라마가 K2 정상을 향해 힘거운 발걸음을 옮기는 동안,

두 미국인이 셰르파들에게 캠프를 철수하도록 지시한 후 원정대를 떠나버린 것이다. 아스콜리로 돌아가는 트레킹을 위해 포터들이 이미 도착해 있었고 원정대는 철수 단계에 들어간 것처럼 보였다.

분노한 비스너는 설명을 요구했다. 하지만 어느 누구도 나서지 않았고 오히려 혼돈만 있을 뿐이었다. 언어의 장벽 때문이기도 했고, 산 위쪽에서 벌어진 일들에 대해 오해한 탓이기도 했다. 손가락질과 비난, 변명이 쏟아졌다. 그러나 더들리 울프를 제외한 모든 사람은 베이스캠프에 있었고, 울프 혼자서는 산을 내려올 수 없다는 사실이 더 큰 문제였다.

원정대는 구조 모드로 전환했다.

7월 25일, 핀수, 다와 톤둡, 파상 키타르와 미국 산악인 잭 듀런스Jack Durrance가 산 위로 출발했다. 첫날 2캠프까지 간 그들은 이튿날 4캠프까지 진출했다. 다와 톤둡은 몸이 좋지 않았고 듀런스는 고소로 애를 먹었기 때문에 그들은 신중하게 하산하기로 결정했다. 4캠프를 떠나기 전 듀런스는 핀수와 파상 키타르에게 7캠프를 향해 계속 올라가라고 했지만, 파상 키타르는 자신과 핀수로는 (둘 다 호리호리했다) 울프를 아브루치 능선 아래로 데리고 내려올 수 없다며 거절했다. 그의 입장을 이해한 듀런스는, 자신과 다와 톤둡이 베이스캠프로 내려가서 구조작업을 돕도록 비스너와 파상 키쿨리를 올려보내기로 했다. 하지만 비스너는 고소에서 시간을 너무 많이 보낸 터라 몹시 지쳐있었다. 어쩔 수 없이, 발가락에 동상이 걸린 파상 키쿨리가 체링 노르부를 데리고 위로 올라가는 데 동의했다.

7월 28일 파상 키쿨리와 체링 노르부는 파상 키타르와 핀수와 합류하려고 베이스캠프를 출발했다. 엄청난 노력 끝에 6시간 만에 1,500미터를 오른 두 사람이 4캠프에 도착했을 때, 놀랍게도 그곳엔 아무도 없었다. 파상 키타르와 핀수가 마음을 바꾸어 계속 위로 올라간 것이 분명해

보였기 때문에 파상 키쿨리와 체링 노르부도 그렇게 했다. 그들은 580미터를 더 올라가 6캠프에 도착했다. 5,030미터에서 7,100미터까지 하루만에 올라가는 건 상상도 할 수 없는 일이었다. 베이스캠프에 남은 사람들은 그들의 움직임을 쌍안경으로 지켜보고 있었다. 7월 29일에는 6캠프와 7캠프 사이에 있는 가파른 쿨르와르를 세 사람이 올라가는 모습이 보였다. 그리고 얼마 후에는 세 사람이 그 쿨르와르를 다시 내려오고 있었다. 어떤 세 명일까? 무슨 일이 있었던 걸까?

훗날 밝혀진 이야기는 이러하다. 체링은 6캠프에 남아 울프 등 사람들을 위해 차를 끓이고 있었다. 파상 키쿨리와 핀수와 파상 키타르가 정오쯤 7캠프에 도착해 보니 울프는 정신이 혼미한 상태로 침낭에 누워있었다. 보조 산소도 없이 6,700미터 이상에서 38일을 보낸 데다 며칠 동안 음식도 물도 섭취하지 못했다. 텐트 안은 배설물로 얼룩져 있었다. 그는 하루만 더 쉬면 함께 내려갈 수 있다며 다음 날 다시 돌아와 달라고 애원했다.

그들 셰르파 셋은 6캠프로 내려왔다. 그런데 다음 날 폭풍설이 몰아쳐 텐트에서 한 발도 벗어날 수 없었다. 7월 31일 그들은 울프를 구출하기 위해 다시 한번 위로 향했으며, 이번에도 체링 노르부는 차를 끓이기 위해 뒤에 남았다. 그는 동료들이 캠프 위의 가파른 쿨르와르를 올라가는 모습을 지켜본 다음, 텐트의 스토브로 돌아와 몇 시간 후면 분명히 돌아올 지친 동료들을 위해 눈을 녹여 차를 끓였다. 그는 기다렸다. 그리고 차를 다시 데웠다. 사면을 훑어보았지만, 아무도 나타나지 않았다.

8월 1일, 그는 계속 기다리며 차를 더 끓였다. 하지만 여전히 아무도 나타나지 않았다. 그리고 8월 2일, 그는 허겁지겁 베이스캠프로 내려왔다.

8월 5일이 되자 폭풍설이 산을 뒤덮어 7캠프에 있는 사람들이 살아내려올지도 모른다는 희망은 사라졌고, 울프는 파상 키쿨리, 핀수, 파상 키타르와 함께 실종되었다. 그리고 이틀 후, 나머지 산악인들과 셰르파들은 아스콜리로 돌아가는 포터들과 함께 슬픈 카라반에 들어갔다.

⫶⫶⫶⫶⫶⫶⫶

미국으로 돌아가는 일정을 늦춘 비스너는 1939년 9월 1일 독일이 폴란드를 침공했을 때도 여전히 스리나가르에 머물고 있었다. 원정대를 공식후원한 미국산악회(AAC)는 10월 말 이 비극적 사고에 대한 조사에 들어갔다. 매우 이례적이었던 이 조사는 독일 태생인 비스너의 영향을 받았을 가능성이 컸다. 비스너는 "히말라야의 산은 결국 전쟁터 같아서 얼마간의 사상자를 예상해야 한다!"라며 스스로를 변호했다.

찰리 휴스턴은 조사에 참여하지 않았지만, 그 비극에 상당한 영향을 받았다. 친구이자 등반가이며 사진가이기도 한 브래드포드 워시번 Bradford Washburn에게 보낸 편지에서 그는 자신의 입장을 분명하게 밝혔다. "전부는 아니더라도 대부분의 사고에 대해 비스너는 마땅히 책임을 져야 하고, 난 그를 결코 용서할 수 없어. 울프는 잘 모르지만 파상(키쿨리)과 핀수는 내가 잘 알고 정말 좋아했던 사람들이야. 그리고 그들이 '자기들끼리' 그토록 용감하게 해낸 일은 결코 잊지 못할 거야."

K2로 가기 전 비스너는 휴스턴에게 이렇게 털어놓았다. "목숨을 바쳐서라도 이 산을 오를 작정이야. 그리고 집으로 돌아와서 부잣집 아가씨와 결혼하고 은퇴할 거야." 그의 계획은 뜻대로 되지 않았다. 미국산악회에서 불명예스럽게 쫓겨난 비스너는 훗날 복권되어 말년까지 등반을 계속해나갔다.

파상 다와 라마 역시 히말라야 원정대에 더 많이 참가하면서 동시대 최고의 셰르파 등반가 대열에 오르게 되었다. 1954년 그는 네팔과 티베트 국경에 위치한 8,188미터의 초오유를 초등했다. 그의 오스트리아인 파트너 헤르베르트 티히Herbert Tichy는 자신의 원정등반 동기가 업적을 쌓기 위해서가 아니라 그 전해에 네팔을 탐험할 때 둘이 모닥불 주위에 둘러앉아 나눈 아이디어에서 나온 것이라고 털어놓았다.

훗날 티히는 아이스폴 바로 밑 6,900미터에 설치한 초오유 3캠프에서의 일화 하나를 글로 남겼다. 그와 파상 다와 라마, 아드지바 셰르파Adjiba Sherpa는 긴 하루의 등반을 마치고 오후 늦게 캠프사이트에 도착했다. 여기서 텐트를 치고 밤을 보낼 생각이었던 티히는 "파상에겐 아무런 얘기도 들리지 않는 것 같았다. … 그는 마치 모욕이라도 당한 듯 아이스폴만 노려보았다."라고 회상했다. 며칠 후 의욕에 가득 찬 파상은 부족한 물자를 구하러 남체바자르 마을로 떠났다. 초오유로부터 50킬로미터 떨어진 말룽에 도착한 그는 스위스 팀이 초오유 등반 준비를 하고 있다는 소문을 전해 듣게 되었다. 격분한 그는 베이스캠프로 한걸음에 달려와 3캠프까지 곧장 올라갔다. 단 이틀 만에 50킬로미터를 걷고 3,000미터가 넘는 고도를 올라간 것이다. 그리고 다음 날 그는 심한 동상에 걸린 두 명의 오스트리아인 티히와 제프 요흘러Sepp Jöchler를 정상으로 이끌었다.

1939년 K2의 높은 곳에서 프리츠 비스너를 되돌아서도록 설득한 파상 다와 라마는 이렇게 정상에서의 순간을 맞이했으며, 1958년 다시 한번 초오유를 등정하게 된다. 그는 고소에서 짐을 나르는 사람에서 고소 산악인으로, 그리고 다시 고소 가이드로 단계를 높여나갔다. 이것은 미숙련 노동자에서부터 지구상 가장 높은 고도에서 노련한 리더로 전환하는 또 하나의 중요한 단계였다.

||||||||

1993년, 영국 산악인 로저 페인Roger Payne은 K2 베이스캠프 근처에서 뼛조각과 옷가지들을 발견했다. 그로부터 2년이 지난 후 미국 등반가 스콧 존스턴Scott Johnston은 K2 베이스캠프 위의 빙하를 걷다 얼음 위에 이상한 물건, 즉 검은색의 얇은 지갑이 놓여 있는 것을 보게 되었다. "지갑 안에는 오래된 영국 동전 몇 개, 안전핀 몇 개와 단추 몇 개가 들어있었습니다."라고 그는 말했다. 존스턴이 몇 걸음을 더 가자 그곳에는 척추, 갈비뼈, 목 등 얼음 위로 튀어나온 몸통이 있었다. "옥스퍼드 천으로 된 줄무늬 셔츠 위에 회색 울 스웨터를 입은 유골이었습니다. 가죽으로 된 배낭끈이 있었지만 배낭은 없었습니다." 그는 그 유골이 핀수 또는 파상 키쿨리이고, 영국 동전들은 그들이 산에서 고되게 일하고 받은 임금일 것으로 추측했다. "몸통이 아주 작았습니다."라고 그는 덧붙였다.

젊은 과부와 어린 두 자식을 남겨두고 K2에서 실종되었을 때 파상 키쿨리는 겨우 스물여덟 살이었다.

●●●●●●●

고산에서의 비극은 종종 미스터리에 휩싸인다. 객관적인 증거가 부족해 진실을 알아내기가 어렵고, 고소와 탈진으로 합리적인 생각을 끌어내기도 힘들다. 기억은 선택적이며 일반적으로는 비난 일색이다. 하지만 결국 K2의 첫 번째 희생자 네 사람에 대해서는 어느 누구도 책임을 지지 않았다.

이런 초창기 드라마는 그 시대 서양인의 보고서에 묘사된 것처럼 아시아 고산의 희박한 공기 속에서 자신을 증명하는 단순한 개인의 영웅담이 아니다. 물론 충성과 희생에 대한 일방적 이야기도 아니다. 외국 산악인의 경우, 고소가 미치는 영향에 대한 지식 부족과 마찬가지로 애국적인 자부심과 식민주의적인 태도가 그들의 의사결정을 흐리게 했을 수도 있다. 현지 일꾼들의 경우에는 빈곤과 일자리 부족으로 인해 안전이 위협받을 수 있는 명령도 받아들여야 했다. 다양한 관점과 기억에서 진실을 삼각측량 한다는 건 실로 어려운 일이다.

대신, 인류학자 파상 양지 셰르파Pasang Yangjee Sherpa는 이렇게 제안한다. "이야기란, 존재하는 여러 이야기들을 담아야 하고, 그 이야기들을 밝혀내는 것이어야 한다. … 또한 일방적 존재에서 다각적인 존재로 우리의 인식을 전환시키는 데 초점을 두어야 한다." 다 툰두와 앙 체링, 더들리 울프, 프리츠 비스너, 빌리 메르클, 페터 아셴브레너, 라무 이티, 파상 디키, 파상 키타르, 핀수, 그리고 파상 키쿨리…. 이들은 모두 이런 여러 이야기들의 일부로서 존재해야 하는 사람들이다.

3

다르질링의
호랑이들

우리는 히말라야라는 경이롭고 웅장한 세계를
마음껏 즐겼다.

앙 타르카이|Ang Tharkay
『셰르파―앙 타르카이 회고록Sherpa: The Memoir of Ang Tarkay』

앙 타르카이가 에베레스트에 첫발을 내디딘 것은 1933년으로 영국 원정대와 함께 티베트 쪽에서 접근했다. 어린 데다 경험이 부족했던 그는 포터들 중에서도 서열이 낮아 베테랑들로부터 괴롭힘도 당했다. 그들은 그를 힘도 쓰지 못하고 건강도 좋지 않고 쓸모도 없는 놈이라고 놀렸다.

　기관지염을 앓고 있어서 힘이 약하고 아팠던 것은 사실이었다. 하지만 분명 쓸모가 없지는 않았다. 일당으로 12아나(35센트 정도)를 받은 그는 깊은 눈을 뚫고, 얼음이 있는 곳에서 발판을 깎고, 크램폰과 로프 사다리를 사용했는데, 그에게 생소한 이런 일들은 복잡하고 힘든 작업이었다. 앙 타르카이는 6,000미터의 2캠프, 6,400미터의 3캠프, 7,830미터의 5캠프까지 차례차례 올라갔다. 동상에 걸려 4캠프로 내려간 그는 곧바로 되돌아서 8,350미터의 6캠프까지 줄곧 짐을 날랐다. 그곳에서 그는 담배 50갑과 성냥 12갑이 들어있는 이름 모를 소포와 함께 아내가 다르질링에서 바람을 피우고 있다는 허무맹랑한 편지 한 통을 받았다.

　앙 타르카이에게 영국 고용인들의 첫인상은 그리 좋지 않았다. "원정대 사람들은 우릴 사람 취급도 하지 않았습니다. 구덩이를 파서 만든 변소는 '사힙'만 쓸 수 있었구요."라고 그는 말했다. 하지만 후에 5캠프에서 동상으로 고생하면서 그들에 대한 평가도 달라졌다. "사힙들은 우리에게 아주 잘 대해주었습니다. 붕대도 감아주고 먹을 것도 주었으니까요."

　에베레스트에서 역사에 길이 남을 짐 수송을 했던 것은 앙 타르카이만이 아니었다. 그곳에는 다 체링Da Tsering, 니마 도르제, 앙 체링, 키파 리마Kipa Lima, 파상 키쿨리, 체링 타르케Tsering Tarke, 린징Rinzing 등 다른 7명의 셰르파도 있었다. 그들이 짐을 부리는 동안 폭풍설이 몰아닥치자 영국 산악인 존 롱랜드John Longland는 5캠프에서 그들을 데리고 북쪽 능선(그때는 전혀 알려지지 않은 루트)을 따라 4캠프로 내려왔다. 결국 그들은 모두 지쳐 쓰러졌다.

1933년 원정등반은 엘리트 산악인 셰르파의 1세대인 앙 타르카이에게 길고 빛나는 경력의 시작이었다. 그리하여 그는 오늘날 우리가 아는 바와 같이 현대 셰르파 가이드의 아버지가 되었다.

‖‖‖‖‖

독일인들이 낭가파르바트에, 미국인들이 K2에 몰두하는 동안 영국인들은 에베레스트를 계속 장악해나갔는데, 이 산은 네팔인들에게는 사가르마타로, 셰르파들에게는 초모랑마로 알려져 있었다.

에베레스트에 대한 영국인들의 관심은 무려 1857년 영국산악회 창립 때로 거슬러 올라간다. 이때부터 그들은 지구에서 가장 높은 산을 오를 수 있는지 가능성을 타진해보기 시작했다. 그리고 1904년 세실 롤링 Cecil Rawling 대위가 이끄는 측량 팀은 어렴풋이 그 가능성을 찾아냈다. "눈이 하얗게 빛나는 에베레스트가 수천 미터 높이로 우뚝 솟아있었다. 그 엄청난 높이와 눈부신 순백의 빛깔, 그리고 그 압도적인 크기는 이 세상에서는 비할 수 있는 것이 없어서 어떤 생각을 한다는 것 자체가 불가능했다."라고 롤링은 기록했다. 하지만 그로부터 10년도 되지 않아 세계의 대부분은 전쟁이라는 최악의 혼란에 빠져들었다.

베르사유조약으로 제1차 세계대전이 공식적으로 끝나고 2년이 지난 후인 1921년, 에베레스트위원회(왕립지리학회와 영국산악회의 공동 프로젝트)는 에베레스트에 새로운 정찰대를 파견했는데, 이 팀의 전술은 얼마 전까지 그들의 삶을 지배했던 바로 그 전쟁의 방식을 따랐다. 즉 군사적 방식을 채택한 영국인들은 더 정확하게는 '공격'이라 할 수 있는 방식으로 원정대를 이끌었다. 장군의 역할은 영국인들이 맡았고 참호에 투입된 병사들은 앙 타르카이를 포함한 셰르파들이었다.

영국 팀에는 서른다섯 살의 교사인 조지 허버트 리 맬러리George Herbert Leigh Mallory가 있었다. 호리호리하고 우아하며 관능적으로 잘생긴 맬러리는 훗날 에베레스트의 가장 상징적인 인물 중 하나가 되지만, 1921년 당시에는 그렇지 않았다.

네팔과 티베트 국경에 걸쳐있는 에베레스트는 지금은 보통 양쪽에서 다 오르고 있다. 하지만 네팔 왕국이 국경을 봉쇄했던 1921년에는 티베트를 통해 들어가는 것이 유일한 선택이었다. 영국 산악인들은 우선 배를 타고 캘커타로 가서 기차로 다르질링까지 이동한 다음, 마침내 인도 북동부 시킴 주의 열대우림을 통과해 황량한 티베트까지 6주간의 카라반에 들어갔다. 그들의 목표는 에베레스트 베이스캠프 사이트를 찾는 것이었다. 그곳에는 그들과 함께 다르질링에서 온 38명의 셰르파 산악인들이 있었다. 맬러리는 주변의 산을 탐사하는 원정대의 시도에 대해 폭넓게 기록했지만, 함께 산에서 일한 다르질링 출신 사람들에 관해서는 거의 언급하지 않았다.

이듬해의 원정대는 상당한 규모로 더 진지하게 도전했다. 다르질링에서 출발한 일행에는 유럽인 13명, 티베트 통역인 1명, 구르카 5명, 셰르파 40명 외에도 요리사들과 수많은 포터들이 있었다. 그들이 산에 도착했을 때 대장은 '진격', '보급창고', '승리'와 '패배', '공격'과 '승패' 등 전쟁에서와 유사한 전략들을 구사했는데, 결국은 대부분 인명 손실에 관한 것들이었다.

6월 7일 맬러리는 17명을 네 팀으로 나눠 노스콜까지 이끌었다. 하지만 그 사면에는 폭풍설로 눈이 많이 쌓여 있어 결국 우려했던 사태가 발생하고 말았다. 다르질링 셰르파 7명(락파, 템바, 상게, 도르제, 펨바, 파상과 노르부)이 눈사태에 휩쓸려 사망한 것이다.

맬러리는 개인적으로 아내 루스Ruth에게 너무나 후회스럽다고 말했지만, 그의 공식 보고서는 동정심도 찾기 힘들뿐더러 다소 부정확했다. "포터들은 우리 원정대에 지분을 갖고 자발적으로 나서서 성실하게 임무를 수행하다 사망했다." 그의 동료 소머벨T. H. Somervell은 매우 안타까워했다. "셰르파와 보티아들만 죽었다. 왜 그랬을까? 아니, 왜 그들과 운명을 함께한 사람이 우리 영국인들 중에는 아무도 없었을까?" 이 비극에 대한 프랜시스 영허즈번드 경의 반응은 소름 끼치는 대조를 이룬다. "그들은 아주 잘해냈기 때문에 특히나 운이 나쁜 셈이다. 하지만 천만다행으로 유럽인은 목숨을 잃지 않았다."

사고에 대한 보상으로 에베레스트위원회는 사망한 산악인의 유족에게 250루피씩 지급했다. 이는 남성의 1년 평균임금에 해당하는 것으로, 당시 영국 통화로는 17.50파운드(오늘날로 치면 50달러 정도)에 불과했다.

1922년의 도전이 비참하게 막을 내렸음에도 에베레스트위원회는 이듬해 곧바로 그 산으로 돌아갈 수 있는 허가를 내달라고 티베트 정부에 요청했다. 원정등반은 1924년으로 연기되었고, 이전과 마찬가지로 맬러리가 포함되었다. 이 무렵 그는 일종의 슈퍼스타이자 아이콘, 제국이 저물어가는 시기의 마지막 희망이었기 때문에 그가 없는 영국 팀은 상상조차 할 수 없었다. 원정대에서의 이러한 그의 입지는 미래의 등산이 지역 산악인들과 포터들을 배경 삼아 서양의 개별적 영웅에 초점을 맞추는 쪽으로 전개될 것이라는 조짐이기도 했다. 영국을 떠나기 얼마 전 맬러리는 이렇게 선언했다. "이것은 모험이라기보다는 차라리 전쟁에 가깝습니다. 살아 돌아오리라 기대하지 않습니다."

영국인들은 또다시 다르질링에서 셰르파들을 고용했다. 그들이 베이스캠프에 입성했을 때 최강의 셰르파 중 한 명인 온디Ondi가 폐렴에 걸렸다. 상태가 악화되자 그는 고도가 낮은 곳으로 옮겨졌다. 아무도 그가 살아남으리라 기대하지 않았다. 그러나 4주 후 온디가 무거운 등짐을 지고 베이스캠프에 돌아와 다시 산에서 일하고 싶다고 하자 모두 깜짝 놀랐다. 나중에 앙 타르카이는 그를 좋아한다며 이렇게 설명했다. "조용히 살고자 하는 사람에게는 고통스러운 시련이겠지만, 이런 거친 사람들은 폭풍과 스트레스의 시기에 진정한 추진력을 발휘한다. 온디는 언제든 다르질링 경찰과 실랑이를 벌일 여지가 있는 사람이다. … 그는 쓰러진 바로 그날 불평 한마디 없이 1캠프까지 짐을 지어 날랐다."

강력한 팀과 8,140미터의 6캠프에 도달한 노르부 예세Norbu Yeshe, 락파 체디Lhakpa Chedi, 셈춤비Semchumbi 등 200명이 넘는 셰르파와 포터의 도움에도 불구하고, 그들은 산을 오르지 못했다. 두 포터 샴셰르 Shamsher(구르카)와 만바하두르Manbahadur(부츠 수선 담당)가 원정 초기에 사망하긴 했지만 1924년에 셰르파 중 목숨을 잃은 사람은 아무도 없었다. 이 원정에서 훨씬 더 알려진 부분은 조지 맬러리와 샌디 어빈 Sandy Irvine이 안개 속으로 사라지면서 맬러리의 끔찍한 예측이 들어맞게 되고, 두 사람이 정상에 올랐는지 여부에 대해서는 오늘날까지도 산악인들 사이에서 추측이 분분하다는 사실이다.[*]

당황하긴 했어도 결코 포기하지 않은 에베레스트위원회는 1926년도 입산 허가를 신청했지만 티베트 당국은 콧방귀도 뀌지 않았다. 그들은 존 노엘John Noel 대위가 자신의 탐험 영화 「에베레스트 서사시The Epic of Everest」에서 티베트인들이 이를 잡아먹는 등 역겨워 보이는 행위를 하는 장면을 집어넣자 격노했다. 훨씬 더 충격적인 것은 노엘이 여섯 명의 신성한 라마승들을 네팔에서 영국으로 데려와, 이 영화의 런던 시사회에서 '춤추는 라마'로 무대에 올린 일이었다.

---

[*]   이 실종 사건을 배경으로 한 산악소설의 걸작이 『신들의 봉우리』 유메마쿠라 바쿠 지음, 이기웅 옮김(리리 퍼블리셔, 2020)이다.

네팔뿐만 아니라 티베트까지도 문호를 닫아버리자 에베레스트위원회는 다르질링에서 80킬로미터도 채 되지 않는 또 다른 산 칸첸중가(8,586m)로 관심을 돌렸다.

아시아에 있는 고산에 대한 관심이 높아지자 1928년 여러 산악인들이 '히말라얀클럽Himalayan Club'을 결성했다. 인도에 기반을 두고 있긴 해도 이 클럽은 현지인을 위한 것이 아니었다. 회원자격은 초청에 의해서만 부여되며, 초청은 외국인으로 한정돼 있었다. 이 클럽은 원정대 물류의 전반적인 모든 측면을 지원하고 조언하며, 다르질링 포터와 산악인들을 고용하는 데 반드시 필요한 구조적 부분을 제공했다.

그 후 몇 년 동안은 대부분의 등반 활동이 칸첸중가로 집중되었는데, 대개는 독일 출신들이 주축을 이루었다. 다르질링 셰르파들은 무거운 짐을 지어 나르고, 캠프를 설치하고, 열악한 복장과 장비만으로 미지의 지형에서 높이 올라가는 중요한 역할을 했다. 가장 경험이 많은 셰르파는 '호랑이Tiger'로 불렸는데, 하루에 0.5루피를 더 받을 수 있는 명예로운 자리였다. 하지만 안타깝게도 호랑이라는 신분이 안전을 보장해주지는 않았다. 히말라야 원정등반에 두 번이나 호랑이로 참가했던 체탄 셰르파Chettan Sherpa가 1930년 5월 8일, 칸첸중가에서 눈사태로 사망했다.

얼마 지나지 않아 셰르파들은 파업을 벌였다. 자신들의 가치를 알아차린 그들은 협상 능력을 발휘하기 시작했다. 하지만 놀랍게도 그들의 이슈는 산에서 죽을지도 모르는 위험이 아니라 고소 작업에서 보티아들을 몰아내고 시장을 장악하는 것이었다.

1931년 칸첸중가로 향하던 독일 원정대는 가까스로 합의에 도달했지만, 이는 실로 유감스러운 일이 되고 말았다. 그렇지 않았다면 4명이 죽지 않을 수도 있었기 때문이다. 산에 도착하기도 전에 바부 랄Babu Lall이라는 포터와 롭상 셰르파Lobsang Sherpa라는 사다가 열대성 고열로 사망했다. 그로부터 몇 주 후 파상 셰르파Pasang Sherpa가 8캠프에서 독일 산악인 헤르만 샬러Hermann Schaller와 함께 550미터를 추락함으로써 원정등반은 그대로 종료되었다. 그 원정대에서 살아남은 사람 중 하나가 앙 타르카이였다.

∎∎∎∎∎∎∎∎

앙 타르카이는 네팔 쿰부 지역의 3,840미터쯤에 위치한 쿤데 마을에서 1907년에 태어났다. 장남이었던 그는 방 두 개짜리 허름한 돌집에서 부모님을 모시며 동생들과 함께 살았다. 자신의 회고록에서 그는 아버지를 눈이 맑고 솔직한 분으로 술은 입에도 대지 않으면서 담배는 항상 물고 다니는 분이었고, 어머니는 그 마을의 여느 셰르파 여인들과 마찬가지로 이따금 술에 취하는 걸 좋아하는 분이었다고 회상했다. 그들은 척박하고 헐벗은 땅에서 키운 감자와 순무, 당근으로 입에 겨우 풀칠하며 살았다.

"고립된 히말라야의 고지대를 사방에서 넘나들었습니다. 언제나 어디서나 눈에 보이는 것이라곤 하얀 봉우리들뿐이었지요."라고 훗날 앙 타르카이는 말했다. "우리의 작은 세상을 지배하는 신들에 대한 경외감을 갖게 되었습니다. 그들의 신성한 거처를 찾는 건 ⋯ 금지된 일이었어요. 당시 전 미래의 직업이 어린 시절의 믿음을 거스르는 일이 될 거라곤 생각지도 못했습니다."

앙 타르카이가 맡은 일은 집의 염소를 치는 것이었지만, 아버지와 함께 양털과 소금을 교환하러 티베트의 높은 고개를 넘는 여행이 훨씬 흥미진진하다는 사실을 알게 되었다. 그가 얼떨결에 고산병을 처음 경험한 곳은 해발 5,714미터의 고개 낭파 라Nangpa La였다. 지독한 두통과 현기증, 일시적인 시력 상실로 그는 점점 더 희박한 공기 속으로 모험을 떠나게 될 산악인으로서의 미래의 인생을 조금이나마 맛볼 수 있었다.

3 _____

어느 날, 다르질링에서 돌아온 마을 친구가 외국 원정대와 함께 고산에 간 흥미진진한 이야기를 들려주었다. 앙 타르카이는 귀가 솔깃했다. 왜소한 데다 안짱다리인 젊은 타르카이는 얼마 후 모험을 찾아 다르질링으로 향했으며, 1931년 독일 칸첸중가 원정대에서 포터 자리를 하나 얻었다. 그리고 2년 후에는 에베레스트에서 8,350미터까지 올라갔다. 사진에서의 환한 미소를 보면 자신이 직면한 위험 따위는 아랑곳하지 않는 것 같다.

그 후 앙 타르카이는 두 가지 일로 운 좋게 휴식을 취할 수 있었는데, 어린 신부 앙 양진Ang Yangjin을 만나 결혼을 하고, 영국의 탐험가이자 산악인인 에릭 십턴Eric Shipton을 만난 일이 그것이다. 산에 대한 검소한 접근 방식과 최면에 걸린 듯한 파란 눈으로 유명한 십턴은 인도에서 두 번째로 높은 봉우리이자 미등으로 남아있던 난다데비로 1934년 함께 탐험에 나설 포터 몇 명을 찾고 있었는데, 앙 타르카이도 그 중 하나로 선택되었다. 그들은 6개월 동안 빌 틸먼과 함께 여행하면서 마침내 리시 협곡의 수직에 가까운 미로를 통해 꽃이 만발한 난다데비의 성역으로 이어지는 희미한 길을 찾아냈다. 그들 위로 우뚝 솟은 장엄한 산에 대해 앙 타르카이는 "찬란한 광채에 그대로 압도당했다."라고 회상했다.

앙 타르카이는 등반을 하는 방법, 고소에서 텐트를 치는 방법, 그리고 미니멀리즘 스타일로 원정대를 조직하고 전략을 짜는 방법 등 십턴의 모든 것을 흡수했다. 그는 심지어 십턴과 틸먼과 함께 식사를 하고 텐트를 쓰고 문제를 해결하면서 우정을 키웠다.

이들의 유대는 셰르파가 일부 서양 산악인들과 누리기 시작한 상호 유익한 관계의 일례였다. 인류학자 셰리 오트너Sherry Ortner는 자신의 과제에서 이러한 행동패턴을 면밀히 연구했다. "셰르파들에게는 약자가 성공할 수 있도록 돕는 후원자, 혹은 보호자를 뜻하는 '진닥Zhindak'이라는 개념이 있다. … 진닥은 재산이나 사회적 지위 등 성공에 직접적으로 개입하지 않고, 단지 영웅이 될 만한 사람이 그걸 스스로 이룰 수 있도록 도와줄 뿐이다." 진닥과 셰르파 사이에 힘의 불균형이 있긴 하지만, 셰르파의 관점에서 볼 때 이 관계는 여전히 상호적이었다. 셰르파가 사힙을 잘 모신다면 사힙도 셰르파를 잘 돌볼 것이기 때문이었다. 이 관계에서는 양측 모두에게 존중과 존엄을 요구했다.

하지만 앙 타르카이 회고록 영어판에 서문을 쓴 타시 셰르파는 이렇게 지적했다. "행간을 잘 읽어야 한다. 거기에는 인명손실이나 동상 등 늘 존재하는데도 불구하고 … 셰르파와 사힙이 서로 축하하는 관계 속에 조용히 어느샌가 묻혀버리는 매우 미묘한 여러 가지 상황들이 존재하기 마련이다."

자기 입장에서 십턴은 동료 앙 타르카이의 가치를 충분히 이해하고 있다고 생각했다. "이후 그는 나의 히말라야 여행을 줄곧 함께 했습니다. 내가 누린 성공과 기쁨의 대부분은 온전히 그의 덕분이었습니다."

난다데비 탐험이 끝나갈 무렵 십턴은 앙 타르카이에게 다른 원정에 함께할 의향이 있는지 묻자 타르카이는 조금도 망설이지 않고 그렇다고 대답했다. 십턴은 1935년 에베레스트 정찰대를 이끌었는데, 그 기간 동안 앙 타르카이는 자신의 집에 세 들어 사는 젊은 텐징 노르가이(훗날 수많은 고산 모험을 떠나게 된다)와 처음으로 팀을 이뤘다. 그들은 원정등반 내내 같은 텐트를 공유했으며 때로는 2인용 침낭을 함께 쓰기도 했다.

이듬해 앙 타르카이는 자신의 관리 감독을 받는 10명의 포터와 함께 에베레스트로 돌아왔다. 그 중 하나인 린징 보티아Rinzing Bhotia는 4명의 영국인과 3명의 셰르파를 7,022미터의 노스콜로 이끌어 두각을 나타냈다. 셰르파가 이 고도의 산에서 선두로 나선 건 아마도 처음이었을 것이며, 이는 미래에 대한 신호탄이었다.

1936년 에베레스트 원정대는 정상에 오르지 못했다. 영국인들은 매우 실망했지만, 린징 보티아와 앙 타르카이에게는 분명 소중한 경험이었다.

그해 말, 앙 타르카이는 난다데비 지역으로 한 번 더 여행을 떠나는 십턴 팀에 합류했다. 그곳에는 그들 말고도 센 텐징Sen Tensing으로 알려진 젊은 친구 소남 텐징Sonam Tensing이 있었다. 틸먼이 최근에 이미 그 산을 올랐기 때문에 특별히 그럴 계획은 없었지만, 그들은 그 지역을 탐험하며 할 수 있는 만큼 여러 봉우리들을 올랐다. 그리고 그중 하나가 난다데비 성역의 외곽에 있는 7,066미터의 아름다운 피라미드, 두나기리Dunagiri였다. 훗날 앙 타르카이는 이렇게 기억을 더듬었다. "십턴 선생님은 제가 정상에 오르지 못할 거라고 내기를 걸었습니다. 그래서 저는 도전을 받아들였지요." 세 번째로 함께한 원정에서의 이들의 우호적인 관계를 분명하게 짐작할 수 있는 말이다.

하지만 두나기리보다 더 중요한 것은 모험에 대한 전반적 분위기였다. "이번 원정은 정말 행복했습니다."라고 앙 타르카이는 말했다. "이전과는 사뭇 달랐어요. … 우린 흥미로운 등반만 했습니다. … 히말라야라는 경이롭고 웅장한 세계를 마음껏 즐겼습니다."

신나게 등반을 한 앙 타르카이와 센 텐징은 봄베이에서 십턴의 연인 파멜라 프레스턴Pamela Preston을 만났는데, 그곳에서 두 셰르파는 산을 떠나 있을 때의 사힙의 상상할 수 없을 정도로 호화로운 생활을 처음으로 엿볼 수 있었다. 십턴의 전기 작가 피터 스틸Peter Steele은 이렇게 묘사했다. "셰르파들은 마님의 호텔 침실 밖 바닥에서 잠을 잤다. 그리고 오전 내내 엘리베이터를 타고 오르내렸다." 탐험 기간에는 모든 걸 공유했던 십턴과 셰르파들이지만 그러한 평등과 동료의식은 도시에서는 적용되지 않는 듯했다. 십턴과 헤어진 후 그들의 모험에는 불행이 찾아왔다. 기차를 타고 다르질링으로 향하던 중 캘커타에서 번 돈을 모두 강탈당한 것이다. 결국 그들은 떠났을 때와 마찬가지로 빈털터리가 되어 집으로 돌아왔다.

1937년 앙 타르카이와 십턴은 카라코람으로 훨씬 더 큰 모험을 떠났다. 그곳에서 그들은 스리나가르부터 샥스감 계곡Shaksgam Valley까지 광범위한 지역을 탐험했다. 발토로 빙하에 들어선 앙 타르카이는 주변의 풍경에 압도당했다. "빙하와 거대한 봉우리들, 특히 가장 높은 K2의 존재는 에베레스트나 히말라야 동부의 다른 어떤 봉우리들보다도 상상할 수 없을 정도로 더욱 아름다웠습니다."

이듬해 그는 '고향의 산' 에베레스트로 돌아왔다. 이번에는 틸먼이 대장이었다. 앙 타르카이는 다른 임무들도 잘했지만, 이제 영국 산악인들이 최종캠프로 가는 최선의 루트를 결정하는 데 도움을 줄 수 있을 정도로 경험도 충분했다. 이는 고소로 두통에 시달리며 아버지와 함께 처음으로 높은 고개를 넘어 티베트로 갔을 때는 상상조차 하지 못했던, 그의 경력에 있어 또 한 단계 큰 성장이었다.

에베레스트 원정대에 네 번이나 참가하고 매번 더 많은 책임을 맡게 되었지만, 앙 타르카이는 여전히 산에 대해 목말라했다. 하지만 그가 다시 산으로 돌아오기 전에 여러 가지 커다란 사건들이 연달아 터지고 말았다.

첫 번째는 제2차 세계대전이었다. 1939년과 1945년 사이에는 아시아의 고산으로 원정등반을 오는 팀이 거의 없었기 때문에 여느 다르질링 셰르파들처럼 앙 타르카이는 다른 일자리를 찾아야 했다. 그는 다르질링으로 오는 소규모 여행자들을 위해 말과 포터와 요리사를 알선해주는 일로 먹고 살았다.

앙 타르카이의 삶도 바꾸고, 남아시아의 지역 산악인들에게도 영향을 끼친 두 번째 사건은 1947년 영국의 인도 통치가 종결된 것이었다. 그리고 그 자리에 인도와 파키스탄이라는 두 개의 독립 국가가 등장했다. 전대미문의 인류 대이동을 야기한 이 '분할'은 수많은 사람들이 삶의 터전을 잃고 수백만 명이 사망한 피비린내 나는 사건이었다. 인도와 파키스탄 사이의 계속되는 분쟁으로 발토로 지역은 수년간 출입이 금지되었다. 그리고 마침내 다시 개방되었을 때 다르질링 셰르파들은 자신들이 카라코람에서 더 이상 환영받지 못한다는 사실을 깨달았다. 그곳을 탐험하는 원정대에게는 카라반에서는 물론이고 고소에서도 파키스탄 산악인들이 유일한 선택이었다.

히말라야 원정등반에 큰 영향을 끼친 세 번째 사건은 1950년 티베트가 문호를 닫아 에베레스트에 대한 북쪽 접근이 불가피하게 차단된 것이었다. 그와 동시에 네팔의 라나 정권도 무너졌다. 네팔에 왕이 있긴 했지만 형식적인 자리에 불과했고, 지난 100년 동안 실질적 권력은 엄격하고 잔인하게 통치한 라나 가문에 있었다. 그들이 권력을 잃자 네팔은 문호를 개방해 외국인들이 국경 내 산에 접근할 수 있도록 했다.

그리고 그 산들 중에는 고산 등반의 역사와 앙 타르카이의 인생을 바꾸게 되는 8천 미터급 고봉, 안나푸르나가 있었다.

4

현대
셰르파 가이드의
아버지

셰르파로 산다는 건 결코 쉬운 일이 아니다.

앙 타르카이Ang Tharkay
『셰르파—앙 타르카이 회고록Sherpa: The Memoir of Ang Tarkay』

앙 타르카이는 그들에게 첫눈에 반했다. "준수한 외모와 공손한 태도에 깊은 인상을 받았습니다. 그토록 친절하고 운동능력도 뛰어나고 인상적인 외모를 가진 산악인들은 처음이었어요. 그들의 침착함과 우아한 옷차림에 겁을 먹긴 했지만 정작 화가 나는 것은 그들의 말을 알아들을 수 없다는 사실이었습니다." 자신을 고용한 프랑스 산악인들에 대한 말이었다.

히말라야로 원정대를 보내고자 하는 다른 국가들이 부럽게도 네팔 국경 안에 있는 8천 미터급 고봉을 오를 수 있는 허가를 처음 받은 나라는 프랑스였다. 그 대상지도 하나가 아니라 둘이었는데, 칼리간다키 협곡 양쪽에 위치한 8,167미터의 다울라기리와 8,091미터의 안나푸르나로, 두 곳 모두 어느 누구도 오른 적이 없는 곳이었다. 게다가 어떻게 가야 하는지 아는 사람도 전무했다.

1950년의 프랑스 원정대는 리옹 출신의 엔지니어 모리스 에르조그 Maurice Herzog가 이끌었다. 그리고 그와 함께 루이 라슈날Louis Lachenal과 리오넬 테레이Lionel Terray, 가스통 레뷔파Gastton Rébuffat 등 프랑스 최고의 산악인들이 합류했다. 그들은 일당 7루피에 앙 타르카이를 사다로 고용했다.

에르조그는 처음부터 팀원들에게 복종의 서약을 요구했으며, 향후 5년 동안 원정등반에 대한 어떤 내용도 출판하지 못하도록 했다. 그리하여 그는 안나푸르나 이야기를 완전히 독점하게 된다. 하지만 바질 노턴Basil Norton이라는 수수께끼 같은 서양 공동저자와 함께 훗날 자신의 모험 이야기를 쓴 앙 타르카이에게도 같은 요구를 할 생각은 못했던 것 같다.

앙 타르카이는 모두에게 반한 게 틀림없었는데, 그중에서도 에르조그가 최고였다.

우리는 특히 우리와 비슷한 그의 갈색 피부에 사로잡혔다. 그의 매너는 세련되고 지성으로 가득 차 있었다. 빛나는 눈동자와 헝클어진 검은 머리칼, 세세한 부분까지 완벽하게 사랑스러운 얼굴형, 아름답게 조각된 코, 그리고 항상 미소 짓는 입 때문에 우리가 처음 만난 바로 그 순간부터 그를 좋아하지 않을 수 없었다. 우리 셰르파들은 원초적이며 따라서 미와 힘에 대한 직관이 있기 때문에 틀리는 경우가 거의 없다. 우리의 대장은 곧바로, 그리고 자연스럽게 우러나오는 마음으로부터 존경과 충성을 받았다.

앙 타르카이의 면밀한 관찰은 에르조그에게만 국한된 것이 아니었다. 키가 크고 마른 체격에 첫인상이 위협적으로 보였던 리오넬 테레이는 그에게 아프가니스탄 파탄의 산악인을 상기시켰다. 루이 라슈날은 경험과 자신감이 넘쳤고, 가스통 레뷔파는 키가 매우 커서 그를 올려다보려면 목을 옆으로 길게 빼야 할 정도였다고 앙 타르카이는 기록했다.

그의 셰르파 팀에는 앙 다와Ang Dawa, 앙 체링, 다와 톤둡, 사르키Sarki, 포우 타르카이Fou Tharkay, 아일라Aila, 그리고 아드지바가 있었다. 그들은 모두 합해 31번의 아시아 고산 원정등반에서 살아남은 이들이었다. 이와는 너무도 대조적으로 프랑스 원정대에서는 촬영감독인 마르셀 이샤크Marcel Ichac만이 단 한 번 히말라야를 탐험한 경험이 있었다. 결국 프랑스 원정대가 셰르파 팀을 잘 선택한 셈이다.

셰르파 입장에서도 사힙을 잘 선택한 것 같았다. 카라반을 하면서 그들은 프랑스 요리를 맛볼 수 있었는데, 앙 타르카이는 그 진수성찬에 대해 이렇게 설명했다. "저녁때가 되자 사힙들이 생전 맛보지 못한 요리를 나눠주었습니다. … 이토록 이국적인 맛을 지닌, 이토록 훌륭한 요리를 만들어내는 프랑스는 분명 멋진 나라겠지요." 프랑스인들은 요리를 잘했을 뿐만 아니라 힘든 일도 마다하지 않았다. 원정대원들의 행동을 관찰하는 데 도가 튼 앙 타르카이는 이 외국인들이 사소한 일에도 기꺼이 나서는 것에 놀라움을 금치 못했다.

프랑스 팀은 고소 경험이 부족했지만 앙 타르카이는 프랑스 알프스의 가파른 벽에서 갈고 닦은 그들의 등반 기술이라면 충분히 통할 것으로 생각했다. "그들이 사용하는 장비나 도구는 처음 보는 것들이어서 우리 셰르파들은 크램폰과 피켈과 스키를 사용하는 그들의 기술과 용기에 끝없이 감탄했습니다. 그만큼 전문적인 등반가들은 생전 처음이었어요."라고 그는 회상했다.

그럼에도 불구하고 미지의 복잡한 지형에서 막다른 루트를 힘겹게 오르내리며 몇 주를 허비한 그들은 5월이 되어서야 비로소 안나푸르나라는 산의 잠재적 루트인 북벽 아래 자리를 잡았다.

눈보라와 눈사태의 위험이 도사리는 무자비한 시즌임에도 그들은 5월 28일 7,160미터에 4B캠프를 구축했다. 언어의 장벽에도 불구하고 프랑스인들과 셰르파들은 서로 잘 협력했다. 앙 타르카이가 나중에 인정했듯이 에르조그는 "내가 기억하고 있는 유일한 프랑스어 '봉주르 Bonjour'를 가르쳐주었다. 나는 이게 사람을 만날 때 쓰는 인사말로 생각해서 지금까지 쓰고 있다."

5월 31일, 에르조그와 라슈날, 앙 타르카이와 사르키가 정상 등정에 나섰다. 그들은 이전의 최고점을 지나 5캠프를 칠 곳을 찾았다. 그리고 6월 2일, 한 치 앞을 내다볼 수 없을 정도로 심한 폭풍설이 몰아치는 가운데 그들은 7,500미터쯤에 텐트를 쳤다. "눈이 너무 깊게 쌓여 허리까지 빠졌습니다."라고 앙 타르카이는 말했다. "한 걸음을 내디딜 때마다 눈에 파묻힐 위험은 물론이고 심장과 폐에 너무 무리가 가서 이게 마지막은 아닌지 두려울 지경이었습니다."

바로 이곳에서 에르조그는 앙 타르카이에게 정상에 함께 갈 수 있는 기회를 주었다.

"내일 아침 라슈날 사힙과 바라 사힙이 안나푸르나 정상에 간다." 에르조그가 선언했다.

"예, 나리." 앙 타르카이가 대답했다.

"넌 사다이고 셰르파들 중에서 경험이 가장 많다. 네가 우리와 함께 간다면 매우 기쁠 것이다."

"고맙습니다."

"우리는 함께 승리해야 한다. 같이 가겠는가?"

잠시 후 앙 타르카이가 대답했다. "대단히 고맙습니다, 바라 사힙. 하지만 제 발이 얼어붙기 시작했습니다."

"알겠다."

"… 그래서 저는 4캠프로 내려가고 싶습니다."

"좋다, 앙 타르카이. 원하는 대로 해라. 그렇게 할 거라면 시간이 늦지 않도록 즉시 내려가라."

"고맙습니다, 나리."

자신의 회고록에서, 앙 타르카이는 조금 과장된 이 대화를 다음과 같이 자세히 설명했다.

나는 엄청난 프로젝트에 그와 진심으로 함께였으며, 결정적인 순간에 그를 남겨둔 채 떠난다고 생각하니 마음이 편치 않았다. 하지만 발이 아파오기 시작했고 동상에 걸릴지도 모른다는 생각에 두려웠다. 나는 나의 영웅인 대장의 단호한 얼굴을 똑바로 쳐다보았다. 아! 나는 그와 함께 비할 바 없는 영예를 나눌 자격이 되지 않아 의무를 다하지 못하고 있었다. … "죄송합니다, 바라 사힙." 나는 그에게 애처롭게 말했다. "하지만 전 이 위대한 일을 감당할 자격이 없습니다. 저에게 주신 영광에 깊이 감사드립니다. 이 순간을 평생 잊지 않겠습니다. … 나리와 용감한 라슈날 사힙에게 신의 가호를 빕니다!"

역사가들과 산악인들은 8천 미터급 고봉을 함께 초등하자는 에르조그의 제안을 받아들이지 않고 사르키와 함께 내려가기로 한 앙 타르카이의 결정을 오랫동안 면밀히 조사하고 분석하고 추측해왔다. 앙 타르카이는 과연 야망이 없었을까? 그 제안이 얼마나 중요한지 이해하지 못했을까? 혹시 허락하지 않을지도 모르는 신화 속 산의 여신이 두려웠을까? 그것도 아니면, 현실적인 선택이었을까? 앙 타르카이에게 동상에 걸린다는 건 일을 해서 가족을 부양할 능력을 잃는다는 의미였을 것이다. 신체 절단에 대한 보상금은 여전히 손가락 하나당 10루피에 불과했다. 그리고 사망하는 경우 기혼 남성은 1,000루피, 독신 남성은 500루피, 여성 포터는 기혼이든 미혼이든 500루피였다.

소득도 제대로 없이 먹고살기 위해 발버둥치는 많은 가족들을 그는 알고 있었다. 1951년에 발간된 『히말라얀저널Himalayan Journal』의 다르질링 셰르파 명단에는 175명의 이름이 올라있는데, 그중 51명은 죽고 24명은 산에서 사망했다. 당시 다르질링에서 산에 갈 수 있는 사람은 29명에 불과했다.

앙 타르카이의 결정은 신중하고 현명한 것으로 드러났다. 그와 사르키가 4캠프로 내려가는 동안 에르조그와 라슈날은 불편한 밤을 보냈다. 멈추지 않는 바람 때문에 눈 쌓인 텐트의 일부가 무너져내린 것이다. 6월 3일 아침, 바람은 잠잠해졌지만 공기가 몹시 차가웠다. 그들은 전날 밤 차를 조금 마셨을 뿐 아무것도 먹지 않았으며 이제 차조차도 번거로 웠다. 오전 6시경 그들은 이동하고 있었다.

동상에 더 취약해지긴 하겠지만 프랑스인들은 보조 산소를 사용하지 않고 올라갈 작정이었다. 하지만 실제로 거의 즉시 가죽 부츠를 뚫고 라슈날의 발에 추위가 느껴지기 시작했다. 동상에 걸릴까 봐 걱정한 그는 몇 번이나 등반을 멈추고 부츠를 벗어 발을 비비고 언 발가락을 주무르며 감각을 되살리려 애썼다. 발의 감각이 점점 무뎌지자 그는 에르조그에게 자신이 돌아서면 어떻게 하겠냐고 물었다. 훗날 에르조그는 그 순간에 들었던 생각을 이렇게 털어놓았다. "목표가 눈앞이었다. 한두 시간만 지나면 승리는 우리의 것이 될 것 같았다. 그런데 포기해야 한다고? 안 돼! 나의 온 존재가 그 생각에 저항했다. 나는 마음을 굳게 먹었다. 이상을 추구하고 있는 우리는 어떤 희생이라도 감수해야 했다. 내 안의 내가 분명하게 말하는 소리가 들렸다. '혼자서라도 계속 올라가.'" 라슈날의 대답은 간단했다. "그럼 뒤따라 올라갈게."

라슈날은 그 과정에서 발을 잃을지도 모른다고 생각했다. 하지만 만약 에르조그가 혼자서 정상에 오른다면 결코 돌아오지 못할 것이라고 확신했기 때문에 그는 계속 올라갔다. 라슈날의 행동은 '로프로 묶인 형제애brotherhood of the rope'로 알려진, 충실한 등반 파트너의 가치를 보여준다.

1950년 6월 3일 오후 2시, 두 사람은 안나푸르나 정상에 올라 새로운 역사를 썼다.

그들은 그 순간을 영상으로 기록한 후 하산하기 시작하고, 모든 상황은 최악으로 치달았다. 에르조그가 배낭에서 무언가를 꺼내려 끈을 풀기 위해 장갑을 벗어서 옆의 눈 위에 내려놓은 지 몇 초 후, 갑자기 돌풍이 불더니 장갑을 낚아채 멀리 날려버렸다. 사태는 심각했다. 여분의 장갑이 없었던 그는 급한 대로 배낭에서 양말 한 켤레를 꺼내 급속히 얼어붙는 손을 감쌀 수도 있었을 것이다. 하지만 고소에서 오래 머문 데다 산소도 희박하고 무얼 먹거나 마신 지도 오래되어 판단력이 흐려진 에르조그는 맨손으로 계속 하산했다.

레뷔파와 테레이는 5캠프에서 그들을 기다렸고, 앙 타르카이와 사르키는 4캠프에 머물러있었다. 정상에 오른 두 산악인은 하산길에서 서로 헤어지고 말았다. 5캠프에 먼저 도착한 에르조그는 테레이의 환영을 받았다. 테레이는 대리석처럼 딱딱하게 언 에르조그의 손을 보고 하얗게 질렸다. 라슈날은 어디에도 보이지 않았다. 캠프 100미터 아래에서 테레이가 마침내 그를 발견해냈을 때 그는 모자도 장갑도 피켈도 없이 크램폰 한 짝만 신고 있었다.

라슈날은 원정대 의사가 동상에 걸린 자신의 발을 치료할 수 있도록 2캠프로 계속 내려가게 도와달라고 애원했다. 하지만 깜깜한 밤에 하산을 한다는 건 불가능한 일이었기 때문에 테레이는 그를 달래 5캠프의 텐트로 데리고 올라갔다. 그곳에서 테레이가 라슈날의 발을 감싼 얼어붙은 가죽 부츠를 잘라내보니 그의 발은 설화 석고처럼 하얗게 변해있었다. 게다가 발이 너무 부어서 다시 신길 수도 없었다. 산을 내려가기 위해서는 두 사이즈나 더 큰 자신의 부츠를 그에게 줘야 한다는 사실을 테레이는 깨달았다. 하지만 그렇게 되면 라슈날의 부츠가 작아서, 게다가 온전치도 못해서, 자신의 발이 고통스러울 게 너무도 뻔했다. 어떻게 하지? 또 한 번의 동료애가 발휘되어야 할 때였으며, 다만 이번에는 라슈날에 '의해서'가 아니라 라슈날을 '위해서'였다.

다음 날 거센 폭풍설이 몰아치는 바람에 4명의 프랑스 산악인은 눈과 바람을 피해 크레바스까지 갈 수밖에 없었다. 침낭과 스토브가 하나씩밖에 없었던 그들은 그날 밤 살아남기 위해 필사의 노력을 기울였다.

그리고 설맹과 동상, 탈진과 탈수에 시달리며 6월 5일 4캠프에 비틀거리며 도착했다.

나머지 하산길은 점점 더 암울한 시련의 과정으로 전개되었다. 프랑스 산악인들은 훨씬 작은 체구의 셰르파 동료들에게 엎혀서 가고, 셰르파들은 그들이 발을 질질 끌면서 미끄러져 내려갈 수 있도록 안간힘을 썼다. 앙 타르카이는 "저보다 키도 크고 덩치도 큰 그(테레이)가 마치 아들처럼 제 목에 매달렸습니다."라고 말했다. 베이스캠프에 도착했을 때쯤에는 에르조그도 라슈날도 더 이상 전혀 걸을 수 없는 상태였다. 원정대 의사 자크 오도Jacques Oudot는 동상에 걸린 손가락이 더 썩어 들어가지 않도록 복부에 연달아 아주 고통스러운 국부 마취 주사를 놓았다. 하지만 그는 곧 날마다 조금씩 절단을 해야만 했다. 앙 타르카이는 "(에르조그의) 끔찍한 비명을 들을 때마다 몸서리치지 않은 셰르파는 단 한 명도 없었습니다."라고 말했다. "우리 모두는 그를 위해 기도를 올렸습니다."

다음 한 달 동안, 셰르파와 포터들은 조를 짜서 번갈아 에르조그와 라슈날을 들것에 싣고 네팔 저지대와 정글을 헤쳐 나갔다. 오도는 그들의 발을 세척하고 자르고 붕대를 감는 일과를 계속했다. 치료소는 보통 먼지, 거머리, 피, 고름, 역겨운 악취, 그리고 어디에나 존재하는 파리들이 들끓는 숲속의 공터였다. "위에서 날 내려다보는 셰르파들과 쿨리들의 시선이 느껴졌다."라고 그는 말했다. "그들의 눈동자에는 이전에 보지 못했던 새로운 표정이 담겨 있었다. 동정심이었을까? 슬픔이었을까? 아니면 친절한 무관심이었을까?" 델리로 가는 기차 안에서도 오도는 한 번에 하나씩 절단을 계속해야 했다. 결국 라슈날은 발가락 모두를 잃었고, 에르조그는 손가락과 발가락을 모두 잃었다.

놀랍게도 에르조그는 이 산을 위해 너무나 많은 것을 희생했다는 육체적·심리적 공포에도 불구하고, 이 등반과 그에 따른 모든 일에 대한 희열을 간직하고 있었다. "새롭고 멋진 인생이 내 앞에 펼쳐졌다." 그리고 실제로 에르조그의 경력은 처음에는 기업가로, 그다음에는 정치인으로 꽃을 피웠다. 그의 책 『초등 안나푸르나Annapurna』는 40개 이상의 언어로 출판되어 1,100만부 이상이 팔리면서 등산 문학에서 가장 상징적인 작품이 되었다. 하지만 그의 동료들은 그만큼 잘 활약이 좋지 못해서 8명의 대원 중 오직 2명(장 쿠지Jean Couzy와 리오넬 테레이)만이 히말라야를 다시 찾았다. 라슈날은 절단에도 불구하고 결국 알프스에서 등반을 할 만큼 회복되었지만, 1955년 샤모니 근처의 발레 블랑쉬에서 스키를 타고 내려오다 눈 덮인 크레바스 속으로 굴러떨어져 사망하고 말았다.

다르질링으로 돌아온 앙 타르카이와 그의 셰르파 팀은 한 번에 몇 달씩 가족의 곁을 떠나 지구에서 가장 높은 산에서 고소포터로 일을 계속했다.

3년 후 앙 타르카이는 마르셀 이샤크 감독의 영화 「안나푸르나에서의 승리Victoire sur l'Annapurna」 파리 상영회에 초대되었다. "비행기를 타고 유럽으로 간다는 건 셰르파로서 바랄 수 있는 최고의 일이었습니다." 라고 앙 타르카이는 말했다. "알프스 상공을 날아갈 때 거대한 히말라야 봉우리들이 생각났습니다. … 세상을 지배하는 사람들이 사는 이 이상하고 경이로운 나라에 가까워지자 마치 망명이라도 하는 듯 형언할 수 없는 감정이 복받쳤습니다. 오랜 기간 그들의 히말라야 원정등반에 함께하며 나는 내가 모셨던 하얀 피부의 사힙들에게 심한 열등감을 느꼈습니다." 이샤크가 공항에서 앙 타르카이를 마중했다. "마르셀 이샤크는 내 짐 보따리를 들어주겠다고 고집을 피우며 결코 잊을 수 없는 한마디 말을 해주었습니다. '앙 타르카이, 히말라야에선 당신이 우리의 포터였지만 오늘은 내가 당신의 포터입니다!'"

4

앙 타르카이의 자기비하적인 말은 에르조그에 대한 그의 헌신과 마찬가지로 21세기를 사는 우리들에게는 낯설게 들릴지도 모른다. "우리 셰르파들은 우리 겸손한 히말라야 원주민들이 이제껏 모신 알피니스트 중 가장 위대한 그야말로 경의를 받을 자격이 있다고 말하는 것으로써 그를 예우하는 수밖에 없습니다." 그러나 앙 타르카이의 말이 서양인 공동 저자에 의해 각색되거나 편집되었을 가능성은 어느 정도 감안할 필요가 있다.

모든 사람이 앙 타르카이와 의견이 같지는 않았다. 원정등반에서 마지막으로 살아남은 셰르파 중 하나인 포우 타르카이는 1998년 파리로 초대되었다. 기자회견 장소에서 에르조그는 48년 동안이나 보지 못한 포우 타르카이와 잠시 인사를 나누었으며, 그로부터 얼마 되지 않아 안나푸르나 다큐멘터리를 만들고 있던 버나드 조지Bernard George가 포우 타르카이와 인터뷰했다. 조지는 8천 미터급 고봉 초등이라는 역사를 쓴 에르조그와 힐러리 경이 네팔 사람들에게 미친 영향을 어떻게 생각하는지 물었다. 힐러리는 셰르파 사회와 협력해 학교와 병원을 지으면서 산악인이었을 때보다 인도주의자로서 훨씬 더 많은 것들을 이루어냈다. 포우 타르카이는 아주 솔직하게 대답했다. "힐러리는 네팔의 영웅이지만 에르조그는 그렇지 않다고 생각합니다. … 난 그 사람을 입에서 단내가 날 정도로 업어 날랐는데, 오늘 그는 나에게 단 몇 분밖에 시간을 내주지 않았습니다. 정말 너무한 거죠."

안나푸르나 초등 이후 에르조그처럼 새롭고 화려한 삶이 펼쳐지진 않았지만, 앙 타르카이는 다르질링 공동체의 구성원 중에서 가장 존경받는 사람이 되었다. 당시만 해도 그는 히말라야에서 활동하던 소수의 외국인들을 제외한 외부 세계에는 거의 알려지지 않은 인물이었다.

그를 높이 평가한 사람들 중에는 에릭 십턴이 있었다. 이 영국 탐험가는 새롭게 개방된 네팔 쪽에서 에베레스트에 접근하는 정찰대를 조직하고자 1951년 다르질링으로 돌아왔을 때 앙 타르카이를 찾아갔다. 십턴은 이렇게 회상했다. "1939년 그를 마지막으로 보았을 때만 해도 그는 셰르파 포터에 불과했습니다. … 이제 그는 다른 영역으로 올라갔고, 나는 어떤 상황과 마주칠지 다소 불안했습니다. 왜냐하면 적어도 성공은 세련된 사람들만큼 쉽게 이 순진한 사람들을 망치는 경향이 있기 때문입니다. 멋지게 땋은 머리를 자르고 옷도 걱정되리만큼 단정했지만, 또렷이 기억하는 예의 그 수줍은 과묵함과 은근한 유머를 발견하고 안도했습니다. … 유럽인들과 지속적으로 접촉했는데도 영어를 거의 익히지 못했다는 건 뜻밖이었습니다." 십턴은 프랑스어로 그와 인사를 나눠야 했다. 앙 타르카이도 에르조그가 그에게 가르쳐준 말은 기억하고 있는 것 같았다. "봉주르!"

1954년, 앙 타르카이는 다르질링에 새롭게 설립된 히말라야등산학교의 강사가 되었다. 다르질링의 후배 산악인들을 가르치고 이끄는 일 외에도 그는 초오유, 다울라기리, 눈, 마칼루, 카메트와 에베레스트로 향하는 원정대에서 일을 계속했다. 쉰다섯 살의 나이로 콜리Kohli 대위가 이끄는 1962년 인도 에베레스트 원정등반에 참가한 앙 타르카이는 사우스콜에 올라 당시 거의 8,000미터를 오른 최고령 산악인이 되었다. 일종의 르네상스형 인간인 그는 트레킹 사업을 했고, 시킴에서 도로 건설 계약자로 일했으며, 회고록도 펴냈다. 심지어 은퇴를 한 후에도 생산적인 일을 계속했는데, 다르질링에 머무는 대신 카트만두 남쪽 다만Daman 근처의 숲과 무성한 풀이 있는 땅을 조금 사서 그곳에 집을 짓고, 과일과 채소를 재배하고 가축을 기르며 노년을 보냈다. 이전의 공동체를 잊지 않은 그는 집이 없는 몇몇 가족들을 다르질링에서 자신의 농장으로 데려와 살게 하기도 했다.

"아버지는 단순하고 아주 열심히 일하는 분으로 얼굴에는 항상 미소를 띠고 계셨다."라고 그의 아들 다와 셰르파Dawa Sherpa는 기록했다. "집에서는 당신이 갔던 산과 원정등반에 관한 이야기는 많이 하지 않으셨다. … 매우 온화한 분이어서 누군가를 욕하거나 비판하는 것을 들어본 적이 없다." 정신적으로는 강인하고 가족에게는 헌신하고 관대하고 겸손한 이 사람은 또한 실용주의자이기도 했다. "아버지는 말씀하시곤 했다. '더 나은 직업과 더 나은 삶을 위해서는 학교에 가서 교육을 받아야 한다. 원정대 셰르파로 산에 가는 건 생각지도 말아라. 셰르파로 산다는 것은 결코 쉬운 일이 아니다. 정말 힘들고 돈도 많이 벌지 못한다.' 이제와 생각하니 그런 아버지를 둔 나는 정말 운이 좋은 사람이었다."

앙 타르카이는 짧은 투병 끝에 1981년 일흔넷의 나이로 세상을 떠났으며, 유족으로는 부인 앙 양진과 딸 하나와 아들 넷이 있었다. 그는 명성을 위해서가 아니라 몇 푼의 루피와 다음 시즌에도 일자리를 얻기 위해 해마다 자신의 목숨을 걸었다. 그의 이름은 탐험과 원정을 동료처럼 함께한 십턴과 틸먼 같은 사람들과 영원히 연결될 것이다. 앙 타르카이의 경력은 안나푸르나에서 정점을 찍었다. 그곳에서 그는 프랑스 팀이 초등을 해낼 수 있게 도왔고, 그 후 하산 과정에서 그들을 돌보는 일에 모든 경험과 헌신을 쏟아부었다. 그러나 히말라야 등반역사에 대한 그의 대단한 공헌에도 불구하고, 단지 대원이 아니었다는 이유 하나로 『알파인저널』은 그의 사망 부고조차 싣지 않았다.

어쨌거나 앙 타르카이는 결국은 채워지고 넘어서게 될 기준을 세웠으며, 한때 자신의 집에 세 들어 산 젊고 유망한 젊은이를 조용히 이끌어 셰르파 최초의 슈퍼스타가 탄생하게 되는데, 그가 바로 텐징 노르가이였다.

5

최초의 슈퍼스타

내가 에베레스트를 올랐는데 너까지 그럴 필요가 있겠느냐….

잠링 텐징 노르가이Jamling Tenzing Norgay, 브로턴 코번Broughton Coburn 공저
「텐징 노르가이―내 아버지의 영혼을 따라Tenzing Norgay from Touching my Father's Soul」

텐징 노르가이와 레이몽 랑베르Raymond Lambert는 에베레스트 남동 능선 8,400미터쯤에 있는 좁고 평편한 바위지대에 텐트를 치고 있었다. 1952년 5월 27이었다. 그들에게는 양초와 작은 캔과 약간의 식량만 있을 뿐 침낭과 스토브는 없었다. 깜빡이는 불꽃의 미미한 온기로 그들은 눈을 조금 녹여 물을 만들었다. 그리고 체온을 유지하기 위해 서로를 비벼주고 두드려주었다. 나중에 텐징은 라디오 인터뷰를 통해 출트림 초펠 Tshultrim Chopel에게 이렇게 말했다. "그는 너무 크고 뚱뚱해서 제 손이 거의 쓸모가 없었습니다."

1937년 몽블랑에서 동상으로 손가락 네 개와 발가락 모두를 잃은 스위스 가이드 랑베르는 텐징의 발을 걱정했다. "난 발가락이 없어서 괜찮아. 넌 네 발가락을 살려야 해!" 허접한 텐트가 밤새도록 흔들리고 덜컹거렸지만 그들은 잠을 자지 않았다. 너무도 위험한 일이었기 때문이다.

아침 하늘은 실망스럽게도 차가운 회색빛이었고 주변 봉우리들은 안개로 가려졌다. 오전 6시 두 사람은 텐트에서 기어 나와 상황을 살폈다. "랑베르는 눈짓을 하며 엄지를 능선 쪽으로 슬쩍 가리켰고, 저는 미소를 지으며 고개를 끄덕였습니다."라고 텐징은 회상했다. "포기하기에는 너무 멀리 와버렸습니다. 시도하는 수밖에는 없었어요."

그들은 더듬더듬 크램폰을 차고 산소통을 멘 다음 능선을 오르기 시작했다. 시간은 흐르고 한 사람 뒤에 또 한 사람이 있을 뿐이었다. 문제가 생긴 산소 밸브와 씨름하던 그들은 결국 쓸모가 없어진 산소통을 버렸다. 번갈아 가며 길을 뚫었고, 능선이 가팔라지면 랑베르가 피켈로 발판을 깎았다. 텐징은 파트너에게 감탄했다. "랑베르는 정말 훌륭했습니다. 발이 작은 데다 발가락이 없는 그는 마치 염소처럼 아주 좁은 곳에서도 설 수 있었습니다." 몇 시간 후 그들은 바람에 날리는 눈에 숨이 턱턱

막히며 네 발로 기다시피 하면서 서로가 아는 몇 마디 말로 의사소통을 했다. "괜찮아?Ça va bien?" 랑베르가 말했다. "괜찮아요.Ça va bien." 텐징이 대답했다. 그러나 전혀 '괜찮지' 않았던 것이, 정상까지는 아직도 몇 시간을 더 올라가야 했다.

마침내 두 사람이 멈추었을 때 남봉(8,749m)이 어렴풋이 시야에 들어왔다. "우린 더 올라갈 수도 있었습니다."라고 나중에 텐징은 말했다. "어쩌면 정상까지도 갈 수 있었습니다. 하지만 그럼 다시 내려올 수 없었을지 모릅니다. 계속 올라가는 건 죽음이나 마찬가지였으니까요. … 최선을 다했지만 그것만으론 부족했습니다. 우린 말없이 돌아섰습니다."

비록 에베레스트 정상 등정에는 실패했지만 텐징은 고맙게 생각했다. "대단한 노력이었습니다. 그리고 저는 훌륭한 친구를 얻었습니다."

그들의 우정은 텐징의 삶에 지대한 영향을 끼쳤지만, 텐징이라는 놀라운 사람을 만드는 데는 다른 이들의 역할도 컸다. 앙 타르카이는 텐징이 무일푼의 10대였을 때 그를 자신의 집으로 받아들였다. 에릭 십턴은 1935년 에베레스트 원정등반에서 그에게 산에 올라갈 수 있는 기회를 처음 주었다. 텐징의 두 번째 부인 앙 라무Ang Lhamu는 돈도 없고 개인적인 상실감에 몹시 괴로워하던 가장 암울한 시기에 그를 도와주었다. 랑베르의 관대한 영혼은 텐징에게 자신감과 믿음을 심어주었고, 결국은 지구상에서 가장 높은 산에 오를 수 있게 해주었다.

1952년 가을 스위스 팀의 에베레스트 도전은 또다시 실패로 돌아갔으며, 랑베르는 초등은 이제 물 건너갔다는 사실을 깨달았다. 다음해에 쓸 수 있는 유일한 허가서는 영국인들이 가지고 있었기 때문이다. 스위스 팀이 철수 준비를 하고 있을 때 랑베르는 자신의 상징인 빨간 스카프를 건네주면서 만약 영국인들이 초청하면 그들과 함께 올라가라고 당부했다. 텐징은 스위스 팀이 다시 허가를 받는 1956년까지 기꺼이 기다리겠노라고 고집을 부렸지만, 랑베르는 텐징이 그 산에 얼마나 많은 노력을 쏟아부었는지 잘 알고 있었다. 에베레스트에 여섯 번이나 간 자신의 친구이자 맞수인 텐징은 마땅히 정상에 오를 자격이 있었다.

****

텐징은 1914년 네팔 쿰부 지역의 타메에서 태어났다고 말하곤 했지만 그건 사실이 아니었다. 실제로 그는 에베레스트 동쪽에 있는 신성한 카마 계곡 호수 가장자리에 자리 잡은 천막에서 태어났다. 우뚝 솟은 산으로 둘러싸인 푸르고 한적한 4,500미터 높이의 이 계곡은 국경에서 티베트 안쪽으로 몇 킬로미터 떨어진 곳에 있었다.

몇 년 후, 티베트의 선조들이 1500년대 중반부터 그랬던 것처럼, 텐징의 어머니 독모 킨좀Dokmo Kinzom과 아버지 강 라 밍마Ghang La Mingma는 보잘 것 없는 살림살이와 야크들과 함께 어린 아들과 13명의 자식들을 챙겨서 네팔 쿰부 계곡을 향해 낭파 고개를 넘었다. 그곳은 셰르파들의 땅이었으며, 셰르파 이웃들은 그들을 하층민으로 얕잡아보았다. 그런 사람들은 '캄바Khamba'로 불렸다. 텐징은 14명의 자식 중 11번째였고, 그들 중 8명이 어렸을 때 죽었다. 그와 그의 가족은 돌로 된 2층 집에서 비좁게 살았는데, 1층에서 복닥거리는 야크의 입김으로 따뜻해지는 곳이었다. 야크 똥은 가장 추운 계절에 연료로 쓸 수 있도록 벽에 붙여 햇볕에 말렸다. 텐징은 자신들이 '다르게 사는 법은 몰랐기 때문에 행복하고 만족스러웠다'고 기억했다.

킨좀과 밍마는 텐징을 라마로 키우고자 사원으로 보내 공부를 시켰다. 하지만 그는 지루하고 반복적인 기도와 기계적인 학습을 견디지 못하고 사원을 탈출해 부모님 곁으로 돌아왔다. 사실 그건 텐징이 교육을 받을 수 있는 유일한 기회였다. 상당히 총명하고 야망이 컸던 그는 글을 읽고 쓰지 못하는 것을 두고 평생 후회했다.

라마가 될 기회를 잃은 텐징은 자신이 쿰부에 남아 야크를 키우고, 농사를 짓고, 가끔은 높은 고개를 넘는 짐꾼 일도 하기를 가족이 원한다는 사실을 알게 되었다. 하지만 호기심과 타고난 카리스마를 가진 그는 더 많은 것을 원했다. 그는 다르질링에서 큰돈을 벌고 돌아오는 젊은 셰르파들이 외국 원정대의 세계에 흥분해 눈을 반짝이는 모습을 부럽게 지켜보았다. 텐징은 자신도 그렇게 하고 싶었다.

1933년 에베레스트 원정대를 위해 영국인들이 포터를 구한다는 소문이 돌자 텐징은 여자 친구 다와 푸티Dawa Phuti를 설득해 다르질링으로 도망쳤다. 훨씬 더 좋은 상대와 짝을 지어주고 싶었던 부유한 푸티의 아버지에게는 실망스럽게도, 그 둘은 10명의 쿰부 친구들과 함께 기회의 땅으로 떠났다. 다르질링 위쪽에 자리한 셰르파 빈민촌 퉁 숭 부스티에서 젊은 텐징을 자신의 집으로 맞아들인 사람은 다름 아닌 앙 타르카이였다.

텐징은 지낼 곳이 있어 행복했지만 다르질링 아래쪽에 있는 현란한 세계에 눈길이 끌렸다. 정교하게 층을 이룬 사원들, 찻집의 은은한 향기, 웅장한 정부 청사 기둥 사이로 영국인들과 부유한 인도인들을 위해 지어진 높고 고급스러운 별장들이 보였다. 게다가 무엇보다 그곳에는 영국인들만 드나들 수 있는 사교 공간 '플랜터스클럽Planters Club'이 있었는데, 앞으로 있을 원정을 위해 포터들을 일상적으로 고용하는 곳이었다. 너저분한 옷에다 머리를 길게 땋은 셰르파 무리들이 안락한 의자에 앉아 다르질링 차를 홀짝이는 외국인들이 자신을 선발하기를 바라며 그늘진 베란다 아래에 길게 늘어서 있었다.

플랜터스클럽에 대한 첫 번째 시도가 실패로 끝나자 텐징은 소를 치는 곳으로 돌아왔지만 오래가지는 않았다. 고산에서의 경험이 없어 서양인들에게 신뢰를 얻지는 못했지만 텐징 노르가이는 활기가 넘쳤다. 아마도 다와 푸티와의 결혼으로 인해 눈이 반짝이고 얼굴에 환한 미소가 넘쳤을 것이다. 에릭 십턴은 1935년의 소규모 에베레스트 원정대를 위해 젊은 셰르파들을 훑어보던 중 텐징에게 시선이 끌렸다. "100명의 신청자 중 다르질링에서부터 원정대와 동행할 15명의 셰르파를 뽑았다. 물론 앙 타르카이와 파상, 쿠상을 비롯한 대부분이 오랜 친구였지만 그곳에 열아홉 살의 티베트 신출내기도 있었는데, 그는 무엇보다 미소가 매력적이었다. 그의 이름은 텐징 노르가이였고 사람들은 보통 텐징 보티아라 불렀다." 텐징 보티아라는 이름은 티베트 전통에 따른 것이었다. 그런 미소 외에도 텐징은 집주인이자 친구인 앙 타르카이로부터 적극적인 추천을 받았다.

원정대는 에베레스트 정상에 오르지 못했지만 텐징은 꿈을 이루었다. 비천한 목동에서 이제 고소포터가 된 것이다. 그의 새로워진 위상에는 부츠, 파카, 침낭, 스노고글, 심지어는 피켈 같은 다양한 혜택들이 뒤따라왔다. 에너지와 열정이 넘치는 그는 허리가 휘는 무거운 짐을 지고도 노스콜까지 줄곧 올라갔다. 다른 포터들과 달리 고도를 점차 높여도 큰 영향을 받지 않는다는 사실을 알고 그는 마음이 설렜다. 그리고 이러한 사실은 그를 더욱 고무시켰다. "에베레스트에 있을 때면 다른 생각은 하지 않습니다."라고 그는 말했다. "한 걸음 한 걸음 더 높이 올라가고 싶은 마음뿐입니다. 그건 꿈이고 필요이며 내 피에 흐르는 열정입니다."

등장과 동시에 눈에 띄게 활동한 텐징은 어려움 없이 1936년 에베레스트, 1937년 가르왈, 1938년 난다데비 지역, 그해 다시 에베레스트, 그리고 1939년 티리치 미르 등 더 많은 일자리들을 얻을 수 있었다.

다르질링에서 다와 푸티는 아들 니마 도르제Nima Dorje를 낳았다. 둘째로 낳은 딸은 펨 펨Pem Pem이라고 이름 지었으며, 이어 셋째딸 니마

Nima도 얻었다. 제2차 세계대전이 발발하자 원정등반이 중단되면서 다르질링 셰르파 고용 역시 마찬가지 신세가 되었다. 진취적인 텐징은 인도의 서쪽 끝에 있는 치트랄 지역에서 정찰대대를 지휘하고 있던 E. H. 화이트E. H. White 소령의 개인 전령 자리를 얻었다.

하지만 텐징의 행운도 바닥을 드러낼 때가 되었다. 네 살 난 아들이 이질로 사망한 데다, 가족들을 치트랄로 데려오면서 아내 다와 푸티의 건강이 악화되었다. 그리고 1944년 그녀는 텐징과 어린 두 딸을 남겨놓고 세상을 떠났다. 몹시 상심한 텐징 노르가이는 1945년 다르질링으로 돌아왔다.

그곳에서 텐징은 다르질링 토박이 앙 라무와 우정을 키웠다. 그보다 네 살 더 많은 앙 라무는 런던에서 유모로 일하는 등 세상 경험이 풍부했다. 똑똑하고 실용적이며 아이를 가질 수 없었던 그녀는 기꺼이 텐징의 두 딸의 새엄마 역할을 받아들였다. 이 부부의 이미지는 무척 인상적이었는데, 바위를 닮은 앙 라무 위로 키가 크고 잘생긴 텐징이 우뚝 솟아 있었다. 그리고 이것이 바로 전쟁 후의 궁핍한 몇 달 동안 텐징에게 그녀가 필요했던 요인이었다. "힘들고 쓰라린 그 시절에 아내가 우리 모두에게 해준 일을 결코 잊지 못할 겁니다."

1947년 봄 캐나다 태생의 전기기사 얼 덴먼Earl Denman이 에베레스트를 티베트 쪽에서, 그것도 혼자서 오르겠다는 대담한 계획을 갖고 다르질링에 나타났을 때, 텐징은 가능성이 거의 없을 거라 생각했지만 그래도 어쨌든 그에게는 일이 절실히 필요했다. 한 달 후 그는 산을 오르는 데는 실패했지만 400루피라는 소중한 돈과 덴먼이 준 바라클라바 울 모자를 갖고 다르질링으로 돌아왔다. 그리고 훗날 전 세계 수백만 명의 사람들은 텐징을 유명하게 만든 사진에서 이 모자를 보게 된다.

옷 갈아입을 시간도 거의 없이 그는 또다시 집을 떠났다. 이번에는 인도의 강고트리 지역으로 가는 스위스 원정대였다. 텐징은 스위스 산악인들이 영국인들보다 더 편안하며, 형식과 지위에 덜 집착하고, 일반적으로 더 재미있다는 사실을 발견했다. 강고트리 여행은 즐거웠지만 다르질링으로 돌아오는 길은 전혀 그렇지 않았다. 원정기간 동안 영국의 인도 통치가 끝나고 나라가 인도와 파키스탄으로 갈라진 탓에 쉽고 편안한 여행은 머나먼 추억이 되어버린 것이다. 결국 다르질링의 집으로 돌아오는 데 번 돈을 다 쓰고 말았다. 하지만 한 번 더 앙 라무 덕분에 그는 이런저런 잡일을 하며 빚을 갚았다.

그 후 몇 년 동안 텐징은 닥치는 대로 일을 했다. 하지만 바로 이웃 네팔에서는 그의 미래에 지대한 영향을 끼칠 변화의 바람이 불고 있었다. 외국 산악인들에게 네팔의 미등봉을 탐험할 수 있다는 것은 커다란 초콜릿 상자를 여는 것과 같았으며, 그중에서도 가장 구미가 당기는 것은 에베레스트를 남쪽에서 오를 수 있는 가능성이었다.

∷∷∷∷

1950년 찰리 휴스턴을 비롯한 몇몇 미국인들과 함께 틸먼이 쿰부를 정찰하러 왔다. "틸먼과 함께 황금빛 가을 속을 걸으며, 우리가 목격했던 것들과 우리 같은 사람들이 순진하고 아름답고 낙후된 이 나라에 어떤 피해를 입혔을지 등을 되새기던 일을 생생하게 기억한다."라고 휴스턴은 말했다. "우리는 독특하고 야생적인 무언가의 종말과, 거대한 위험과 엄청난 변화의 시대가 시작되고 있음을 목격하고 있다는 사실에 모두 슬퍼했다." 휴스턴과 틸먼은 에베레스트의 남쪽을 훑어보고는, 산 위쪽으로 올라가는 길을 막는 기울어진 세락과 히든 크레바스로 이뤄진 위험한 지대인 쿰부 아이스폴로 인해 이 등반이 비현실적이라는 결론을 내렸다.

하지만 십턴과 앙 타르카이는 1년 후 별도의 정찰 활동에서 이와는 다른 판단을 내렸다. 바야흐로 에베레스트를 향한 경주가 시작된 것이다.

영국이 인근의 초오유에 집중하는 사이, 스위스가 1952년 에베레스트를 남쪽으로 오를 수 있는 허가서를 받아냈다. 앙 타르카이가 영국 팀에 합류하는 바람에 스위스는 텐징을 자신들의 사다로 초청했다.

어린 시절 텐징은 룽북 계곡에서 에베레스트의 거대한 북벽을 바라본 적이 있었다. 그리고 10대 때는 쿰부 지역의 높은 목초지에서 야크를 치던 중 늦은 오후의 햇살에 반짝이는 산의 위쪽 능선을 얼핏 본 경험도 있었다. 그는 그 산을 초모룽마, 사가르마타, 그리고 에베레스트라고 알고 있었다. 하지만 그에게 가장 진실되게 다가왔던 그 산의 이름은 어머니 킨좀이 알려준 "너무 높아서 새도 넘지 못하는 산The Mountain So High No Bird Can Fly Over It"이었다.

그는 13명의 포터를 모집한 후 원정대원들과 함께 다르질링에서 자신의 고향 계곡을 거쳐 에베레스트로 걸어 들어갔다. 계곡 사람들은 그들의 옷을 보고 입을 다물지 못했다. 복장과 장비, 창백한 스위스인의 얼굴 등 모든 게 낯설고 이국적이었다. 다르질링 셰르파들은 매우 단정한 차림새에 자신감이 넘쳤고 걷는 모습도 위풍당당했다. 무일푼의 10대로 마을을 떠난 그들은 이제 성공의 상징이 되어 있었다.

젊은 밍마 체링Mingma Chering은 사람들 속에 서서 이국적인 외국인들을 쳐다보던 순간을 기억하고 있었다. "너무나 황홀해서 말을 하거나 움직이는 사람이 아무도 없었습니다." 그는 목을 길게 빼고 한참을 구경했다고 한다.

무엇보다 인상적이었던 것은 텐징의 어머니 킨좀이었다. 여든 살이 된 그녀는 아들과의 다정한 재회를 위해 타메에서 남체바자르까지 걸어왔다. 조용하고 내성적이지만 자부심이 넘치는 그녀가 텐징에게 다가갔다. "아마 라Ama la!" 텐징이 어머니에게 인사했다. "마침내 제가 여기 왔어요." 그들은 서로 껴안았다.

스위스인들은 틸먼과 휴스턴을 좌절시킨 아이스폴에 루트를 개척하며, 곧 에베레스트와 로체, 그리고 눕체가 말발굽 모양으로 둘러싼 원형의 권곡빙하 웨스턴 쿰Western Cwn으로 올라갔다. 자신의 자서전에서 밝혔던 것처럼 텐징은 사다인 데다 랑베르와 로프를 함께 묶는 정식 '원정대원'이 되자 감격스러워했다. 종종 텐징은 자신들이 파트너가 된 건 우연이었다고 주장했지만 그럴 가능성은 별로 없다. 그 산만 벌써 네 번째인 그는 분명 랑베르의 좋은 파트너였다. 카리스마가 넘치는 랑베르가 로프를 함께 묶자고 제안했을 때 텐징은 조금도 주저하지 않았다. "그건… 제게 주어진 가장 큰 명예였습니다. 그럴 자격이 있다는 걸 보여줘야겠다고 마음속으로 다짐했습니다."

두 사람은 최선을 다했지만, 1년에 그 산을 두 번이나 도전한 랑베르는 스위스로 돌아갔고, 다가오는 영국 팀에 합류하라는 랑베르의 격려에도 불구하고 실패해서 기가 죽은 데다 피로를 느낀 텐징은 다르질링으로 돌아갔다. 체중이 거의 10킬로그램이나 빠지고, 말라리아에 걸려 열이 나는 바람에 약을 먹어야 했던 그는 파트나에 있는 선교사 병원을 들른 다음 회복을 위해 가족의 곁으로 돌아갔다.

집으로 돌아온 지 얼마 되지 않아, 히말라야위원회의 찰스 와일리 Charles Wylie 소령으로부터 1953년 영국 에베레스트 원정대에 초대한다는 편지가 도착했다. 다시 한 번 사다도 맡고 등반도 해야 하는 자리라서 그는 갈등에 빠졌다. 랑베르와 함께 그 산을 오르고 싶은 마음이 간절했지만, 그가 거절한다면 앙 타르카이가 사다 자리를 차지할 것 같았다. 그가 우왕좌왕하자 앙 라무가 마침내 인내심을 잃었다. 이때 주고받은 그들의 대화는 지울 수 없는 인상을 남겨서, 나중에 텐징은 모든 것을 기억하고 있다고 회고록을 통해 밝히기도 했다.

"당신은 너무 약해." 그녀가 주장했다. "다시 병이 들거나, 얼음에서 넘어지거나, 추락해서 죽고 말 거야."

"아냐, 내가 알아서 조심할게." 내가 대답했다. "지금껏 그랬던 것처럼 말이야."

"위험이 너무 많아."

"돈 받고 등반하러 가는 거잖아. 논다고 돈을 주진 않아. 받은 만큼 일을 해야지."

"무모하기 짝이 없어." 그녀가 말했다. "나나 애들은 생각지도 않고. 당신이 죽으면 우린 어떻게 살란 말이야."

"나도 신경 써, 이 여편네야. 하지만 이게 내 일이고 내 삶이야. 그것도 몰라?"

"그러다 죽을 거야."

"알겠어, 죽어버릴게." 이쯤 되자 나도 화가 치밀었다. "난 죽어도 이 집구석이 아니라 에베레스트에서 죽을 거야!"

우리는 싸우고 화해하고 또 싸웠다. 하지만 마침내 앙 라무가 내 결심을 알아차리고 이렇게 말했다. "좋아, 당신이 이겼어."

아내와의 싸움에서 승리한 텐징은 몸을 만들기 시작했다. 담배도 술도 끊었다. 다르질링 주민들은 돌멩이를 가득 채운 배낭을 메고 근처의 언덕을 오르내리는 그의 모습을 어리둥절하게 쳐다보곤 했다.

마침내 떠날 시간이 되었다. 1953년 3월 1일 수십 명의 친구와 이웃들이 텐징과 라무가 사는 집으로 몰려들었다. 호기심 많고 따뜻한 심성의 그들은 무슨 일이든 도와주겠다며 다양한 조언을 해주고, 의식용

카타 스카프를 그의 목에 감아주었다. 훗날 그는 이날의 작별을 달콤하고도 씁쓸했던 것으로 기억했다. 위험천만하지만 결과는 장담할 수 없는 또 한 번의 원정등반. 딸 니마는 아버지의 정상 등정을 기원하며 소중한 학용품 중에서 빨강과 파랑으로 된 연필을 선물했다.

멋진 베레모를 쓰고, 군복식 반바지를 입고, 푸티(보호와 지지를 위해 발목에서 무릎까지 감싸는 천 조각)를 두른 서른아홉 살의 텐징은 어느 모로 보나 사다로 보였다. 그의 팀은 17세의 조카 나왕 곰부Nawang Gombu부터 47세의 베테랑 다와 톤둡까지 다양하게 구성되었다. 부사다인 다와 텐징Dawa Tenzing은 텐징 노르가이보다 나이가 약간 많은 데다 스타일 면에서 사뭇 다른 인물이었다. 자제력도 있고 조용한 다와 텐징은 전통적인 복장에 길게 땋은 머리를 하고 있었다. 이런 차이에도 불구하고 텐징은 그의 신체와 성격의 강점을 인식하고 있었으며, 그가 자신의 완벽한 파트너라는 사실도 알고 있었다.

텐징 노르가이가 영국 팀에 대해 우려한 것 중 하나는 그들이 산에서도 계급을 강요할지 모른다는 것이었으며, 이런 우려는 크게 벗어나지 않았다. 카트만두의 영국 대사관에 도착한 영국인들은 당연하다는 듯 대사관 건물을 사용했고, 셰르파들은 이전에 마구간으로 쓰던 화장실도 없는 창고로 밀려났다.

자신들의 편안한 방을 기대하며 첫 진토닉 잔을 기울이고 있을 때 영국 산악인들이 어떤 생각을 하고 있었는지, 혹은 여기에 대해 생각이라도 하고 있었는지는 알 수 없다. 하지만 셰르파들은 생각을 하고 있었고 이를 기분 나쁘게 받아들였다. 다음 날 아침 그들은 대사관 앞 도로에서 용변을 보았고, 말 그대로 영국식 대소동이 일어났다. 이 일은 영국 원정대의 공식 보고서에는 기록되지 않았지만 텐징은 훗날 자신의 자서전에 다음과 같이 상세히 기술했다.

헌트 대령(대장)은 … 이런 다양한 문제를 거의 언급하지 않았다. 어쩌면 그가 옳을지도 모르겠다. 왜냐하면 그의 기록이 공식 보고서이고, 그는 영국인으로서 영국인을 위해 썼기 때문이다. 에베레스트 등반과 비교하면 분명 우리의 어려움은 아무것도 아니었다. 하지만 사람이란 인생을 스스로 살아가기 때문에 자신의 관점으로 자신의 이야기를 쓰는 법 아닌가? 게다가 내 이야기는 '공식적인' 것도 아니다. 나는 영국인이 아니라 셰르파일 뿐이다. 나는 내가 직접 보고 경험한 걸 말해야만 한다. 그렇지 않다면 내 책은 정직하지도 않을뿐더러 아무런 가치도 없을 것이다.

텐징은 난처한 입장에 처했다. 그는 셰르파 팀을 이끄는 사다였고, 정상에 오르겠다는 불타는 야망을 가진 산악인이었다. 그는 자신의 팀인 셰르파를 옹호해야 했지만, 모두의 노력 없이는 에베레스트 정상에 아무도 오르지 못한다는 사실을 잘 알고 있었기 때문에 그들을 달래야 했다. "샌드위치 빵 두 조각 사이에 낀 것 같았습니다."라고 그는 말했다.

하지만 『더 타임스The Times』 기자로 원정대에 파견된 쟌 모리스Jan Morris*가 텐징 노르가이에게 받은 인상은 사뭇 달랐다. "이 유명한 사람을 바로 그의 나라에서 처음 보았을 때를 나는 언제나 즐겁게 기억하고 있다. 대단히 예리하고 멋지고 때 묻지 않은 … 그는 건강한 산간 생활의 화신처럼 보였다."라고 모리스는 자신의 감정을 거침없이 쏟아냈다.

일단 산에 오르자, 가장 야심차고 가장 뛰어난 체력의 소유자이면서 '아웃사이더'인 두 산악인은 서로를 재빨리 알아차렸다. 바로 에드먼드

---

* 제임스 모리스James Morris라는 이름의 남자로 태어난 그는 1960년대 후반 성전환 과정을 거쳐 쟌 모리스라는 여성으로 다시 태어났다. 그녀가 쓴 책 중에는 『쟌 모리스의 50년간의 세계여행 I, II』 박유안 옮김(도서출판 바람구두, 2011)이 있다.

힐러리Edmund Hillary와 텐징 노르가이였다. 모리스는 "기린처럼 이상하리만치 우아하게 움직이는" 키가 큰 뉴질랜드인 힐러리와 날렵하게 차려입은 "히말라야의 패션모델" 텐징이 함께 움직이는 모습을 "이상하게 어울리는 한 쌍"이라고 표현했다. 기린과 모델은 산을 잽싸게 오르내리며 캠프를 건너뛰고 속도 기록을 갈아치웠으며, 가장 중요하게는 대장인 존 헌트John Hunt에게 깊은 인상을 남겼다.

마침내 정상 공격조를 발표하는 시간이 되었다. 대원들이 주방 텐트에 모여들자 "텐징은 제우스 앞에서 뽐을 내는 반신반인처럼 우아한 모습으로 조용히 경청하며 그곳에 앉아있었다."라고 모리스는 말했다. "나머지 사람들은 흥분한 모습을 감추지 못했으며 두 팀의 공격조가 호명될 때는 갑작스런 긴장감이 느껴졌다. 1차 공격조는 영국 산악인 찰스 에번스Charles Evans와 탐 부어딜런Tom Bourdillon, 2차 공격조는 힐러리와 텐징이었다. 나는 '텐징의 얼굴에 만족스러운 빛이 살짝 스쳐지나간 것 같다'고 느꼈지만, (나중에 알게 된 바로는) 사실 그는 양쪽 모두에 셰르파가 있어야 한다고 생각하고 있었다." 에번스와 부어딜런이 정상 도전에 실패하자 모든 것은 힐러리와 텐징의 몫으로 남겨졌다.

정상 등정의 상황은 아주 여러 번 수많은 언어로 소개되었기 때문에 세부적인 내용을 또다시 언급할 필요는 없겠지만, 결정적이고 역사적인 그 사건을 무시하는 것 또한 실례가 될 것이다.

||||||||

1953년 5월 29일 오전 6시 30분, 텐징과 힐러리는 마지막 텐트를 떠났다. 텐징의 발은 아내인 앙 라무가 짠 양말로 따뜻했고, 후드 속에는 얼덴먼이 준 바라클라바가 있었으며, 목에는 레이몽 랑베르의 빨간 스카프가 감겨 있었고, 니마의 학교 연필은 배낭 한쪽에 들어있었다. 두 사람은

얇게 얼음이 덮인 깊고 부드러운 눈을 부츠로 다지며 느릿느릿 걸어 올라갔다. 눈이 쌓인 사면은 언제라도 무너져 내릴 것처럼 불안정하게 느껴졌다.

"어떻게 생각해, 텐징?" 힐러리가 물었다.

"아주 나빠요, 매우 위험해요."

"그런데도 계속 가야 할까?"

"좋으실 대로 하세요."

그들은 계속 올라갔다. 오전 9시, 두 사람은 어느덧 전위봉인 남봉에 올랐으며 이제 그들은 더 이상 말을 주고받을 필요가 없었다. 하지만 결과적으로 남봉과 정상 사이에서 그들 간에 정확히 어떤 일이 있었는지 등에 대해서는 많은 의문들이 있을 것이다. 텐징은 그들이 동등한 입장에서 등반했고, 같은 정도로 서로를 도왔다고 회상했다. 그는 함께 등반한 마지막 구간에 대한 힐러리의 후기를 보고 불쾌감을 느꼈다. "솔직히 말하면, 이후에 힐러리가 한 발언이 정확하다고 생각하지 않습니다. 제가 자기보다 더 헉헉거렸고 자기 도움이 없었다면 숨이 막혀 죽었을지도 모른다고 했더군요."

팽팽해진 로프로 텐징을 마지막 바위 구간* 위로 끌어올리자, 그 셰르파는 마치 '커다란 물고기'처럼 파닥거렸다는 등의 무례한 표현도 있었다. 아마 두 사람 다 등반 도중 여러 곳에서 파닥거리는 물고기와 비슷한 모습이었을 것이다. 이것은 힐러리가 결국 후회하게 되는, 안타까운 표현이었다.

오늘날, 이렇게 상반된 보고서에서 우리가 알 수 있는 것은 복잡성이다. 텐징은 동등하다는 입장을 강조한 반면, 의도했든 아니든 힐러리

---

* 12미터 정도 되는 힐러리 스텝Hillary Step을 말한다.

는 서양인으로서 자신의 지위를 강조하고 있는 듯했다. 또한 이 상징적인 등정에서 그들 각자가 자신의 세부적인 성과에 가치를 부여하고 있다는 사실도 분명하다. 둘 다 약하거나 무능하게 보이고 싶지는 않았을 것이다.

마지막 순간은 그다지 드라마틱하지 않았다. 두 사람은 짧게 로프로 연결하고 텐징이 나머지를 손에 감아 들고 힐러리를 따라갔다. "우린 일정한 속도를 유지하며 천천히 올라갔습니다. 그러자 마침내 정상이 나타났습니다. 힐러리가 먼저 올라갔고 제가 그 뒤를 따랐습니다." 그들은 악수를 했다. 그리고 서로를 껴안고는 몇 차례 주먹으로 쿵쿵 쳤다. 그들은 몸을 돌려가며 로체, 눕체, 마칼루, 칸첸중가, 티베트 고원까지 광대한 전망을 감상했다. 힐러리가 옷 속에서 카메라를 꺼내들자 텐징은 한 발을 다른 발보다 위쪽에 놓고 유엔, 영국, 네팔, 인도 국기가 가벼운 바람에 펄럭이며 매달려 있는 피켈을 높이 들어 포즈를 취했다.

◆◆◆◆◆◆◆

힐러리도 텐징도 아래에서 무슨 일이 일어날지 전혀 상상하지 못했다. 그들은 이 등정이 그들의 삶을 어떻게 바꿀지 예측조차 하지 못했다. 어떻게 영원히 각광을 받으면서 끝없이 조사를 받고, 숭배되면서 비방을 당하고, 부러움을 받으면서 미움을 받고, 축하와 찬양을 받을 것인지를…. 그 산의 정상에서 그들이 해야 할 일은 단 하나, 즉 안전하게 내려와 동료들과 재회하는 것이었다.

두 사람이 베이스캠프에 도착하자 모두 기쁨에 휩싸였는데, 모리스에게는 텐징을 맞이하는 셰르파들의 반응이 특히 인상적이었다. "그 작은 종족의 가장 위대한 사람이 다가가자 그들은 한 명씩 앞으로 나가 그를 축하했다. 텐징은 겸손한 왕자처럼 그들을 맞았다. 어떤 이들은 몸을 앞으로 숙이고 마치 기도를 하듯 두 손을 모았으며, 또 어떤 이들은 조심스럽게 악수를 했는데 손가락은 거의 닿지 않았다. 검은 머리를 길게 땋아 뒤로 늘어뜨린 어느 베테랑은 정중하게 몸을 굽혀 자신의 이마를 텐징의 손에 댔다."

다음 날 아침, 조금 더 나이가 들고 살이 빠져 보이는 텐징은 베이스캠프를 빠져나와 어머니를 만나러 타메로 걸어 내려갔다.

모리스가 『더 타임스』의 편집자들에게 암호화된 메시지를 보낸 덕분에 등정 소식이 영국 전역에 퍼졌다. 다르질링에 있던 텐징의 딸 펨 펨은 나트말Natmal이라는 키 큰 남자가 집 앞에 찾아왔던 때를 기억하고 있었다. "6월 2일이었죠. 엄마와 니마와 전 집에 있었습니다. 그가 말했어요. '부인, 좋은 소식을 전하러 왔습니다. 텐징이 에베레스트를 올랐답니다!'" 소문은 금세 퍼졌고 그들의 집은 곧 행운을 빌어주는 사람들로 북적거렸다. "얼마나 기뻤는지 이루 말할 수 없었습니다."라고 앙 라무는 말했다. "너무 기뻐서 아무 생각도 나지 않았습니다. 솔직히 말하면 심장이 멎어버리지는 않을까 두려울 정도였습니다."

텐징과 원정대원들이 카트만두에 도착하자 그들은 자신들이 이루어낸 위업이 얼마나 대단한지 깨닫기 시작했다. 수십 명의 기자들이 그들에게 달려들었다. 현지 언론이 힐러리의 정상 등정에는 아랑곳하지 않고 오직 텐징에게만 관심을 보이자 영국 산악인들 사이에서는 거의 즉각적으로 분노가 일어났다. 이런 사태에 대비한 사람은 아무도 없었는데, 특히 텐징이 그랬다. 그는 서명을 하도록 압박받은 문서를 읽지도 못했다. 그는 자신이 먼저 정상에 올랐다고 주장하도록 압박을 받았고, 그다음에는 자신이 인도인이라고 말하도록 괴롭힘을 당했다. 그러러 국적이 네팔이라고 선언하도록 물고 늘어지는 사람들도 있었다. 그는 탈식민지 시대의 긍정적 변화의 상징이 되었지만, 이 기쁜 일이 그에게는 악몽으로 변하고 있었다.

얼마 지나지 않아 그의 온 가족은 기념행사에 참석하기 위해 영국으로 여행을 떠났다. 원정등반에서 고생한 다른 셰르파들은 어느 누구도 초청받지 못했다. 그리하여 다르질링으로 돌아간 그들은 소외감을 느꼈으며, 일부는 자신들은 왜 주목받지 못하냐며 텐징을 비난했다.

한편 텐징과 그의 가족은 여왕을 알현했다. 여왕은 앙 라무에게 텐징의 성공 소식을 듣고 나서 어떻게 했는지 물었다. "남편에게 줄 선물을 샀습니다."라고 앙 라무는 말했다. 궁금해진 여왕이 무엇을 샀는지 물었다. 앙 라무는 씩 웃으며 얼굴을 붉히더니 "연유 한 통."이라고 속삭였다. 그들의 대화는 헨리 8세로 넘어갔다. 그가 어떻게 생겼는지 앙 라무가 궁금해 하자 엘리자베스 2세 여왕은 그녀를 실물 크기의 초상화 앞으로 데려갔다. 호기심이 더 커진 앙 라무는 그곳에 걸려 존경 받고 있는 그의 여섯 아내의 초상화에 대해서도 물었다.

|||||||

에베레스트 이후, 텐징은 월급과 수당과 연금이 지급되는 히말라야등산학교의 야외훈련 감독이 되었다. 그는 자신을 초청하는 많은 행사에 참석하기 위해 유럽 각국의 도시로 날아가는 등 광범위하게 여행했고, 칸첸중가가 한눈에 들어오는 넓은 집으로 이사했다. 그는 세계적인 슈퍼스타가 되었다. 그러나 에베레스트 이후의 삶에 어려움이 없었던 것은 아니었다.

그는 등산학교에서 일하는 젊고 발랄한 포터 다쿠Daku와 사랑에 빠졌으며 그녀가 임신하자 1961년에 결혼식을 올렸다. 다쿠는 텐징 노르가이의 집으로 들어가 앙 라무, 펨 펨, 니마와 함께 살았다. 일부다처는 셰르파들 사이에서 처음 있는 일은 아니었지만 다르질링 사람들은 눈살을 찌푸렸다. 이웃들이 남편의 행복을 위해 자존심을 버리고 슬픔에 잠긴 앙 라무의 편에 서면서 공동체 내에서 텐징의 위상도 흔들렸다.

그로부터 3년 후, 폐암에 걸린 앙 라무는 건강이 급속히 악화되면서 집에서 숨을 거두었다. 텐징과 다쿠는 노르부Norbu, 잠링Jamling, 데키Deki와 다메이Dhamey라는 네 명의 자녀를 두었다. 늘어나는 가족과 넓은 집, 그리고 잦은 여행 탓에 텐징은 자신의 수입만으로는 더 이상 지출을 감당할 수 없게 되었다. 설상가상으로 인도 정부는 1976년 그에게 등산학교를 그만두도록 압박을 가했다. 아이들이 기숙학교에 가고 없는 동안 다쿠는 카트만두에서 더 많은 시간을 보내기 시작했다. 커다란 집에 홀로 남겨진 텐징은 점점 더 외톨이가 되고 우울해져 술에 의지하게 되었다. 그의 곁에 친구로 계속 남은 유일한 사람은 딸 펨 펨이었다.

●●●●●●●

큰 성공을 거둔 후 이를 감당하지 못한 셰르파는 텐징만이 아니었다. 1953년 원정대에서 그의 부사다는 다와 텐징Dawa Tenzing이었다. 그는 텐징 노르가이의 명성에 완전히 파묻히고 말았지만, 당대 최고의 셰르파 산악인이었다.

하나로 땋아 늘어뜨린 긴 머리와 특징적인 청록색 귀걸이 등 전통적인 모습을 유지한 채 매우 조용한 다와 텐징은 지적이고 세심하기로 유명했다. 그는 8천 미터급 고봉의 여러 원정대에서 사다로 일하면서 뛰어난 경력을 쌓았으나 말년은 비참했다.

아들인 밍마Mingma가 등반 중 사고로 죽었는데 다와의 부인은 남편과 아들이 모두 죽은 것으로 잘못 알고는 슬픔에 잠겨 강물에 몸을 던졌다. 다와는 가난과 술에 빠졌다. 몇 년 후, 그가 두 번째 아내와 함께 인도로 불교 순례를 갔을 때는 버스가 깊은 계곡으로 추락했다. 그 사고로 모두 32명이 사망했는데 거기에는 그의 또 다른 아들과 며느리도 포함돼 있었다. 다와 텐징과 그의 부인은 중상을 입었다. 오른팔을 움직이지 못한 그는 2년 후 잠을 자던 중 숨을 거두었다.

다와 텐징은 외톨이 등반 셰르파가 되어 쇠락하는 말년을 고통스럽게 살았고, 텐징 노르가이는 스포트라이트를 받으며 시들어갔다. 텐징 회고록의 공동저자인 제임스 램지 울먼James Ramsey Ullman은 이렇게 기록했다. "그는 명성의 대가를 고스란히 치르고 있다. 자신의 말처럼 그는 동물원의 동물, 어항 속의 물고기다. 어항이 그를 환히 드러내면 이로 인해 그는 또 포로가 된다. … 그는 명성뿐만 아니라 자신의 존재에 대한 대가를 치르고 있다."

텐징은 야망이 컸지만 그건 어느 정도까지였고, 그는 단지 에베레스트를 처음으로 올라가보고 싶었을 뿐이다. 결국은 압박감이 너무 심했다. 아들 잠링이 에베레스트 원정대에 합류하는 걸 허락해달라고 하자 텐징은 이렇게 말했다. "내가 에베레스트를 올랐는데 너까지 그럴 필요가 있겠느냐. … 잠링아, 에베레스트 정상에서 온 세상을 다 볼 순 없단다. 그곳에서 바라보는 풍경은 세상이 얼마나 넓은지를, 또 보고 배울 게 얼마나 많은지를 일깨워줄 뿐이란다." 그래도 잠링은 그곳에 올랐다.*

텐징 노르가이는 오늘날 여러 가지 이유로 존경받고 있지만, 아마도 그가 남긴 가장 큰 유산은 전 세계에 셰르파의 존재를 알린 것일지 모른다. 오늘날 수많은 슈퍼스타 셰르파들이 있지만 텐징이야말로 최초의 슈퍼스타였으며 앞으로도 영원히 빛날 것이다. 그는 수많은 네팔인, 인도

---

* 텐징 노르가이는 세 번 결혼했다. 젊은 시절 사랑에 빠져 쿰부에서 다르질링으로 함께 도망친 다와 푸티, 에베레스트 초등 당시의 앙 라무, 등산학교에서 사랑에 빠진 다쿠가 바로 그의 세 부인이었다. 다쿠와 낳은 아들 잠링이 1996년 에베레스트를 올랐고, 다와 푸티와 낳은 딸 펨 펨의 아들 타시 텐징이 1997년, 2002년, 2007년(티베트 쪽으로) 에베레스트를 세 번 올라, 이들 집안은 삼대가 에베레스트를 오른 기록을 세웠다.

인, 티베트인들에게 희망과 자부심의 상징이 되었고, 전 세계 사람들에게 존경의 대상이 되었다.

1986년 5월 9일, 펨 펨은 텐징의 하인으로부터 빨리 와달라는 전화를 받았다. 텐징의 상태가 위독하다는 것이었다. 그녀가 급히 달려갔을 때 아버지는 뇌출혈로 이미 세상을 떠난 후였다.

6

잊혀진 영웅

배우들은 모두 서양에서 온 사람들이었다. 온통 집중하며 그 모습을 지켜본 우리는 모두 동양의 사람들이었다. 이 암울한 산의 그림자 속에서 동양과 서양은 서로 만났을 뿐만 아니라, 하나가 되었다.

모하마드 아타―울라Mohammad Ata-Ullah
『두 세상의 시민Citizen of Two Worlds』

자기 일로 한창 바쁘던 모하마드 아타-울라Mohammad Ata-Ullah는 어느 날 미국 산악인 찰리 휴스턴으로부터 한 통의 편지를 받았다. 의사인 아타-울라는 영국 육군의 의무대에서 근무하는 동안 키베르 패스Khyber Pass라는 고개에서 길고 위험한 시간을 견뎌낸 인물이었다. 그의 다음 도전은 유혈이 낭자한 1947년의 분할에서 살아남는 것이었다. 하룻밤 사이에 그는 더 이상 인도인이 아니었다. 휴스턴이 연락을 취했을 때 그는 파키스탄 대령이었는데, 휴스턴은 그를 1953년 K2 원정대에 초청했다.

1938년 휴스턴은 이 장엄한 산에 오르지 못했지만 그렇다고 해서 그가 초등의 꿈을 포기한 건 아니었다. 제2차 세계대전과 분할로 인해 수년간 카라코람에서의 등반 활동이 금지되었다. 하지만 파키스탄 주재 미국 대사의 도움으로 K2 등반 허가를 받은 휴스턴으로서는 떠나고 싶은 마음이 간절했다. 인도와 파키스탄이 우호적인 관계가 아니어서 다르질링 셰르파를 고용하는 것은 불가능했다. 그래서 휴스턴은 아타-울라에게 연락장교로 일하면서 팀의 물류를 원활하게 하고, 허가지역을 벗어나지 않도록 해달라는 초청의 편지를 보낸 것이었다.

아타-울라의 답장은 솔직하고 친근했다.

귀하의 팀에 합류하고 싶은 마음은 너무도 간절하지만 나이와 육체로 인해 많은 역할을 하지는 못할 것입니다. 기술적인 등반에 대해서는 경험도 전혀 없을뿐더러 어떤 지식도 없습니다. 이런 말들이 완전히 거짓 핑계가 될 것을 약속드리며, 저는 귀하의 원정대의 일원이 되어달라는 초청을 정중히 받아들이겠습니다.

M. 아타-울라 올림

파키스탄 대령은 즉시 작업에 착수했다. 그는 로프로 매듭을 연습하고, 집 뒤에 있는 배수로의 무너져 내리는 가파른 흙벽을 오르내렸다. 그리고 피켈을 빌려 그 벽에서 발판을 깎는 연습까지 했다. 다만 한 가지 아타-울라의 마음에 걸리는 문제는 자신의 체중이었다. 그는 먹는 걸 좋아해 식사를 거의 거르지 않았다. 약간 볼록한 배가 이전에는 문제가 되지 않았지만 K2에서는 분명 다를 것 같았다.

오랜 수소문 끝에 그는 목욕탕 저울인 듯한 물건을 빌려줄 사람을 마침내 찾아냈다. 그리고 트럭 짐칸에 실려 온 초대형 저울을 보고는 기겁을 했다. 가족의 도움을 받아 집에서 그것을 들여놓을 수 있을 만큼 넓은 유일한 공간인 식당으로 저울을 옮겼다. 그리고 그곳에서 하루에도 몇 번씩 체중 감량 프로그램의 결과를 확인했다.

아타-울라는 베이스캠프로 짐을 나를 발티 포터들과 산에서 일할 10명의 훈자들을 다독이며 스카르두에서 K2까지 행군을 이끌었다. 새벽 3시 30분에 일어나 아침을 먹고, 캠프를 해체하고, 짐을 다시 싸서 나눠주고, 동이 틀 무렵 출발하는 것이 그가 해야 할 일이었다. 처음에는 분위기도 좋고 민주적이어서 미국인들을 포함한 모든 사람들이 짐을 나르는 등 캠프 주변에서 자신들의 몫을 다했다. "미국인들은 모두 똑같이 움직였다. 텐트를 치고, 물을 길러오고, 설거지를 하고, 아침에 가장 먼저 일어나고, 모든 것을 확인한 후에 잠자리에 들었다."라고 아타-울라는 회고록에 기록했다.

하지만 점차 그들의 행동이 조금씩 변해갔다. "어느 시점에서 그 고상한 결심이 흔들렸는지는 알 길이 없다. 하지만 얼마 지나지 않아 훈자들은 미국인들의 시중을 들고 그들은 게으르기 짝이 없는 무굴 황제처럼 굴었다. 이제 사힙은 정신이 바짝 든 훈자가 텐트 안으로 넣어주는 차 한 잔을 마시는 걸로 아침을 시작한다."

8일간의 행군 끝에 그들은 아스콜리에 도착했다. 흐리해진 아타-울라의 몸매는 이제 더욱 날씬해졌고, 발에 생긴 물집이 낫자 살갗이 더욱 단단해졌으며, 아픈 근육은 유연하고 강해졌다. 이토록 대단한 모험에 전념한 그는 이제 베이스캠프에서 한두 달을 보내는 것보다 더 많은 일을 하고 싶었다. 그는 오르고 싶었다.

얼마 지나지 않아 그는 장비와 식량 배치를 조율하며 2캠프까지 올라갔고, 그 사이에 휴스턴과 미국인들은 아브루치 능선 위로 더욱 높이 올라갔다. 이제 7,770미터의 8캠프에 도달한 미국인들에게는 딱 사흘간의 좋은 날씨만이 필요했다. 아타울라는 이렇게 회상했다. "그 사흘은 결코 오지 않았다. 대신, 무전기를 통해 인도 아대륙을 비롯해 수천 킬로미터 떨어진 아라비아해까지 영향을 끼치고 있는 태풍과 홍수 소식이 날아들었다. 우리의 특별 보고서는 지겹도록 규칙적으로 찾아오는 매일의 암울한 날씨에 대한 것들이었고, 나는 이 모든 것들을 휴스턴에게 되풀이하는 게 싫었다." 베이스캠프에 갇히고 8캠프에 발이 묶인 원정대의 두 축은 2,750미터의 바위와 얼음으로 분리된 채 어떻게든 움직일 수 있을 정도로 상황이 바뀌기만을 기다렸다.

8월 7일, 아타울라는 무전기를 통해 휴스턴의 불안한 목소리를 들었다.

"여기는 8캠프, 대령 나와라!"

"예, 찰리. 무슨 일입니까?"

"나도 잘 모르겠는데 아트Art의 상태가 좋지 않다. 의사인 너의 조언이 필요하다."

아트 길키Art Gilkey는 다리가 너무 아파 일어서려다 그만 기절하고 말았다. 혈전정맥염일 가능성이 높았다. 그가 살 수 있는 유일한 방법은 산을 내려와 치료받는 것뿐이었다. 혈전은 그의 폐로 쉽게 옮겨갈 수 있었다. 한편 8캠프의 다른 사람들은 발에 걸린 동상으로 고통스러워했다.

오도 가도 못하는 채로 폭풍설은 계속되었고, 시간이 흐를수록 상황은 더욱 악화되었다.

휴스턴과 아타-울라는 해결책을 찾기 위해 하루에 두 번씩 무전을 주고받았다.

"베이스캠프 나와라. 베이스캠프 나와라. 여긴 8캠프다. 내 말 들리나?"

"잘 들립니다, 찰리. 아트는 어떻습니까? 이 폭풍설을 어떻게 견디고 있습니까?"

"우린 아주 좋다, 아타… 오늘 아트는 좀 좋아진 것 같다. 다만 오랫동안 등반하진 못할 것 같다. … 어떻게 치료해야 하나, 아타?"

"찰리, 그건 제 전문이 아닙니다."라고 안과 전문의 아타가 대답했다. "지금까지 해온 것 외에 달리 말할 게 없습니다. 제가 올라가면 어떻겠습니까? 아트 외에도 동상에 걸린 사람이 두셋 있지 않습니까? 제가 돕고 싶습니다. 이상"

"아타, 이런 날씨에 여기로 올라온다고?" 아타의 제안이 너무 고마워 찰리 휴스턴은 눈물을 흘렸다.

"예, 해보겠습니다."

아트 길키의 가슴 통증이 색전증의 폐 전이로 나타나자 상황은 절박해졌다. 그들은 아주 가파른 산의 높은 곳에 있었고, 아래로는 어렵고 복잡한 지형이 펼쳐져 있었다. 폭풍설이 몰아치는 가운데 그들은 몹시 쇠약해진 동료를 데리고 내려와야만 했다.

이후로 전개되는 드라마틱한 이야기는 궁극적인 '로프로 묶인 형제애', 궁극적인 피켈 확보, 그리고 아래에서 기다리는 사람들의 궁극적인 무력감 등으로 등산역사에 길이 남게 된다. 휴스턴과 그의 팀은 아트 길키를 침낭으로 싸서 모르핀으로 진정시킨 다음 K2 아래로 내리는 힘들고 위험한 작업에 돌입했다.

그들의 첫 번째 시도는 눈사태 위험이 너무 높아져서 포기할 수밖에 없었다. 두 번째 시도에서 조지 벨George Bell은 동상에 걸린 발이 자신도 모르게 비틀리는 바람에 넘어져 로프에 묶인 7명의 동료들을 차례차례 끌고 미끄러졌다. 하지만 맨 뒤에 있던 피트 쇼닝Pete Schoening이 피켈을 바위 뒤에 꽂은 다음 피켈과 허리에 로프를 감았다. 다른 사람이 미끄러지는 모습을 목격한 그는 피켈을 몸으로 눌렀다. 로프는 피아노 줄처럼 가늘게 늘어났지만 잘 버텨주었다. 사태를 수습하고 밤을 지새울 비박지를 만든 그들은 부상을 당하고 정신이 멍해진 상태임에도 별도의 로프로 묶어 고정시켜 놓은 아트 길키를 데리러 사면을 횡단했다. 하지만 그는 그곳에 없었다.

아래의 베이스캠프에서는 아타-울라와 그의 훈자 동료들이 소식을 기다리고 있었다. "우리는 인내와 헌신의 서사시를 목격했다. 숭고함과 웅장함에 있어서 그 어떤 무대도 이보다 더 빛날 수는 없었다."라고 나중에 아타-울라는 기록했다. "배우들은 모두 서양에서 온 사람들이었다. 온통 집중하며 그 모습을 지켜본 우리는 모두 동양의 사람들이었다. 이 암울한 산의 그림자 속에서 동양과 서양은 서로 만났을 뿐만 아니라, 하나가 되었다."

그들은 서성거렸다. 기도도 했다. 그리고 무전기에 대고 소리치며 미국인들과 연락을 시도했다. 길고도 긴 50시간이 지난 후, 마침내 그들은 소식을 들을 수 있었다.

필사적인 구조작업이 거의 끝나갈 무렵 미국인들은 자신들을 맞이하기 위해 2캠프로 올라온 훈자들의 환영을 받았다. 훈자들은 지친 산악인들을 껴안고 기도하며 흐느껴 울었다. 그들은 배낭을 받아들고 그들에게 밥과 파라타paratha와 차를 내주었다. 밥 크레이그Bob Craig는 "그것은 내가 이제껏 인간과 함께 한 경험 중 가장 깊은 경험이었습니다."라고 말했다.

아타-울라는 아트 길키를 기리기 위해 일종의 추모비를 만들어야 한다고 생각했다. 베이스캠프에서 멀리 떨어지지 않은 고드윈-오스틴 빙하와 사보이아 빙하가 만나는 지점 약간 위쪽에서 그들은 작은 능선을 찾아냈다. 그리고 그곳에서 아트 길키뿐만 아니라 K2에서 목숨을 잃은 다른 사람들을 위한 추모비 역할을 하게 될 3미터 높이의 바위를 발견할 수 있었다.

이제 구조 임무를 수행해야 해서 원정대를 이끄는 역할은 휴스턴에게서 아타-울라에게로 옮겨졌다. K2를 떠나는 그들의 모습은 안쓰러운 광경이었다. 그 지역 산악인들과 포터들(자파르 알리Zafar Ali, 타키Taki와 이름이 기록되지 않은 다른 이들)이 부상당하고 동상에 걸린 미국인들을 도우며 후송했다. 최악의 상태인 조지 벨은 아예 걷지도 못했다. 빙하에서 그는 임시변통의 들것을 든 4명의 포터에 실려 후송되었는데, 길이 아주 가파르고 좁아지자 결국 모하메드 후세인Mohammed Hussein이라는 포터의 등에 업혔다. "그 지점에서 덩치가 크고 힘이 좋은 세르파가 신발을 벗고 들것 옆에 앉아 온화한 미소를 지으며 나를 보고 업히라고 했습니다."라고 벨은 말했다. "팔을 그의 어깨에 걸쳐 가슴을 감싸 안은 채 등에 업힌 상태에서 나는 그의 어깨 너머로 앞을 정확히 내다볼 수 있었습니다. … 시간이 지나자 나는 마치 두 발로 걷고 있는 듯 그의 강한 등이 매우 안전하다고 느꼈습니다. … 힘이 들어 나를 내려놓을 동안 그는 동정어린 소년 같은 미소를 지으며 돌아서서 '티크 사힙Tik sahib?'(괜찮아요, 사힙?)이라고 물었습니다. 그렇지 않다고는 차마 말할 수가 없었습니다."

바위덩어리들이 널브러진 곳을 지나고, 진흙을 깎아 만든 좁은 길을 따라가고, 브랄두의 거센 강물 위에 어렴풋이 드러난 위험한 절벽 아래를 통과하는 11일간의 후송은 결코 유명하지도 부유하지도 않은 사람들에 의해 이루어졌다. "우리는 낯선 사람으로 산에 들어갔지만 형제가 되어 그곳을 떠났다."라고 휴스턴은 회상했다.

∎∎∎∎∎∎∎

그로부터 1년 후인 1954년, 아타-울라는 또다시 편지 한 통을 받았다. 이번에는 이탈리아의 아르디토 데시오가 보낸 것이었다. 데시오는 여전히 미등으로 남은 K2를 오르고 싶어 했다. 그는 13명의 훈자 산악인들과 수많은 발티 포터들을 고용하고 관리할 누군가가 필요했다. 다시 한번 아타-울라는 그 제안에 동의했다.

데시오와 11명의 산악인으로 구성된 그의 팀에는 베이스캠프로 옮겨야 할 13톤의 물자가 있었다. 산에서 전면적인 공략이 필요할 것 같았기 때문이다. 권위적이고 융통성이 없는 군대식 등반 스타일의 데시오 대장은 이 일을 위해 확고한 통제가 필요하다고 느꼈다. 그래서 베이스캠프에 머물며 산에 있는 산악인들에게 지시를 내리는 방식으로 원정대를 지휘하고자 했다.

언어 장벽에도 불구하고 아타-울라는 새로운 이탈리아 친구들에게 매료되었다. "활기 넘치고 열정적인 젊은 발터 보나티, 날렵한 몸짓의 리노 라체델리, 강하고 굳건하고 은근한 마리오 푸초Mario Puchoz, 활달하고 민첩한 세르지오 비오토Sergio Viotto, 정중한 매력의 우발도 레이Ubaldo Rey, 냉정한 낙관주의자 아킬레 콤파뇨니, 예술적 재능이 풍부한 마리오 판틴Mario Fantin, 진심을 다해 도와주는 피노 갈로티Pino Gallotti." 하지만 그는 곧 문제를 발견했다. 쓰고 다닐 스노고글이 충분치 않아 포터들이 눈물을 흘리고 눈이 충혈되고 부어올라 고통스러워했다.

화도 나고 두렵기도 한 포터들은 비명을 지르며 짐을 내던지고 집으로 도망쳤다.

마침내 K2에 도착하자 데시오는 미국 팀의 접근방식과는 사뭇 다른 계획을 훈자들에게 통보했다. 현지 산악인들이 아직 높은 고도의 어려운 지형을 오를 수 있는 기술이 충분치 않다고 판단한 휴스턴은 훈자들에게 2캠프까지만 짐을 나르도록 했었다. 더 위로 가도록 요구하는 건 위험하고 무책임하다는 것이 그의 이유였다. 데시오는 생각이 달랐다. 그는 훈자들이 훨씬 높은 곳까지 올라갈 수 있을 것으로 기대했다.

1954년 7월 말, 파키스탄 북부에 있는 심샬 계곡 출신의 아미르 메흐디는 정상 등정을 노리는 이탈리아인들과 함께 7,740미터에 있었다. 메흐디는 이전의 원정대에서 그랬던 것처럼 산에서의 임무를 잘 수행했다. 사실 그와 하지 바이그Haji Baig는 그 전해에 오스트리아의 유명한 산악인 헤르만 불Hermann Buhl이 낭가파르바트를 단독으로 초등하고 베이스캠프로 귀환할 때 그를 도와준 적이 있었다. 라체델리와 콤파뇨니의 최종캠프인 해발 8,100미터의 미리 약속된 지점으로 산소통을 가져다주라는 임무를 부여받은 보나티는 자신과 함께 무거운 짐을 질 수 있는 사람이 있다면, 그가 바로 메흐디라고 생각했다. "그 사람은 훈자들 중에서도 최고일 정도로 뛰어났습니다."라고 보나티는 회상했다. "내 생각에 그는 최고의 네팔 셰르파들과 견줄 수 있는 유일한 인물이었습니다." 문제는 그를 설득하는 일이었다.

보나티는 원정등반이 성공적으로 끝날 경우 금전적 보상을 해주겠다며 이야기를 시작했다. 메흐디는 듣기만 할 뿐 대답하지 않았다. 그러자 보나티는 솔깃해 할 조건을 추가로 제시했지만 메흐디는 받아들일 의사를 내비치지 않았는데, 그 모호한 제안은 그가 이탈리아인들과 함께 정상까지 계속 올라갈 수도 있다는 것이었다. 보나티는 "미묘한 문제이긴 해도 꼭 필요한, 아주 약간의 진실이 담겨 있는 속임수였습니다."라고 인정했다.

고소용 부츠조차 없었지만 메흐디는 그 제안을 받아들였다.

그들의 극적인 이야기는 너무도 유명하지만, K2의 초등으로 이어진 진짜 동기, 교활한 전략, 무한한 야망, 그리고 아미르 메흐디에게 닥친 비극적 결말에 대한 진실이 완전히 밝혀지기까지는 몇 년이 걸렸다. 데시오는 원정등반에 참가한 모든 사람들에게 일기를 제출할 것을 요구하고 자신의 등반 보고서에서 원래의 이야기를 각색했지만 진실을 완전히 덮을 수는 없었다. 시간이 지남에 따라 사건의 대한 그의 버전은 왜곡되고 부정확하며 불완전한 것으로 드러났다.

라체델리와 콤파뇨니는 영웅이 되어 이탈리아로 돌아왔다. 보나티도 돌아왔지만 정상에 오르지 못해 실망한 데다 자신과 메흐디의 이타적 헌신으로 성공했는데도 불구하고 그에 대한 평가가 부족하다는 사실에 씁쓸해했다. 보나티가 자신의 산소통을 슬쩍 썼다고 콤파뇨니가 비난하자 보나티는 그를 명예훼손으로 고소했다. 훗날 라체델리는 자신과 콤파뇨니가 9캠프 사이트를 왜 다른 곳으로 정했는지 설명하려고 했다. 그 장소는 보나티와 메흐디가 볼 수도 없고 올라갈 수도 없는 곳이었다. 만약 보나티와 메흐디가 원래 약속된 장소에서 자신들의 텐트를 찾았다면, 훗날 라체델리가 고백한 바와 같이, 마지막 정상 공격은 콤파뇨니 대신 보나티가 나섰을 가능성이 아주 컸다. 그런 결과를 받아들일 수 없었던 콤파뇨니는 잘 보이지 않는 다른 곳에 9캠프를 설치했다. 특히 정상 공격에 나설 두 산악인 모두 보나티와 메흐디가 처한 위험을 충분히 이해했을 것이기 때문에 그건 아주 터무니없고, 계산적이고, 냉정한 전략이었다. 그리하여 그들은 결국 아무런 보호도 받지 못하고 밤을 지새울 수밖에 없었다.

원정대가 의기양양하게 카라치에 도착하자 의구심을 품은 파키스탄 언론인들이 영광의 순간을 함께하지 않고 정상 아래에서 기다리게 하는 바람에 결과적으로 메흐디가 심한 동상에 걸리게 되었다며 콤파뇨니를 비난했다. 이에 응답해 파키스탄 주재 이탈리아 대사가 조사를 벌였으며, 이 자리에 보나티, 콤파뇨니, 라체델리, 아타-울라 등 제각기 조금씩 주장이 다른 많은 사람들이 참석하였지만 아미르 메흐디는 초청받지 못했다. 결국 그로부터 10년이 지나서야 요청받은 아미르 메흐디의 증거는 보나티와 그의 변호사들, 그리고 법원에 의해 혼란스럽고 신뢰할 수 없다며 무시되었다. 더욱 부끄러운 사실은 등반에서의 그의 역할이 보나티와 데시오, 콤파뇨니의 보고서에 거의 언급조차 되지 않았다는 것이다. 아타-울라의 회고록에서도 산에서 누구보다도 많은 고통을 겪었다고만 언급하며 메흐디의 역할을 가볍게 넘기고 있다.

그럼에도 불구하고 K2 초등은 이탈리아와 파키스탄 모두에서 마케팅 붐을 불러일으켜 K2 우표, K2 초콜릿, K2 담배, K2 호텔, K2 스푸만테spumante, K2 이유식 등이 등장했다. 원정등반 영화는 이탈리아 전역의 가정에 판매되며 커다란 성공을 거두었으며, 데시오와 콤파뇨니, 라체델리는 영웅으로 칭송받았다. 아타-울라 역시 일이 잘 풀려 풍족한 삶을 살았다. 그는 이후에 국가의료시스템을 재정비한 공로를 인정받아 파키스탄 정부로부터 훈장을 받기도 했다. 보나티의 삶은 세 이탈리아 동료들과의 격렬한 분쟁으로 이어졌다. 결국 그는 고산 등반을 포기하고 저널리즘 분야에서 경력을 쌓으며 알프스에서의 난이도 높은 등반에 집중했다. 하지만 그는 적어도 육체적으로는 온전했다.

알다시피 아미르 메흐디는 잘 지내지 못했다. 마침내 집으로 돌아온 그는 피켈을 헛간에 내던지고는 다시는 보고 싶지 않다고 가족들에게 말했다. 그의 아들 술탄 알리Sultan Ali는 샤제브 질라니Shahzeb Jillani와의 인터뷰에서 "그 피켈은 아버지에게 당시의 고통을, 그리고 추위 속에 어떻게 죽도록 남겨졌는지를 생각나게 했을 겁니다."라고 밝혔다. 메흐디가 목발에 의지해 걷는 법을 배우기까지는 수년이 걸렸다.

1994년, 이탈리아인들은 초등 40주년을 기념하기 위해 메흐디와 술탄 알리를 이슬라마바드로 초청했다. 콤파뇨니와 라체델리 역시 그곳에 있었다. 술탄 알리는 아버지와 이탈리아인들 사이에는 통역을 통해서조차 단 한 마디 대화도 없었다고 회상했다. 어쩌면 그때가 누군가 메흐디에게 사과할 수 있는 적절한 때였을지도 모른다. 그러나 그는 사과를 요구하지 않았고, 어떤 사과도 이루어지지 않았다.

"아버지는 K2 정상에 파키스탄 국기를 꽂은 최초의 파키스탄인이 되고 싶어 하셨습니다."라고 그의 아들은 말했다. "하지만 1954년 아버지는 자신이 돕고자 했던 사람들에게 실망했습니다." 1999년 사망 이후 몇 년 동안 그는 '무명의 영웅', '배신당한 사람', 'K2의 순교자'로 추앙받았다. 그러나 생전의 아미르 메흐디는 단지 부수적으로 피해를 입은 사람으로만 취급되었다.

7

알라가 아니라
작은 카림

산에 가자 나의 길이 분명해졌습니다.

작은 카림Little Karim

K2를 다시 오르는 데는 23년이라는 긴 시간이 걸렸다. 카라코람의 8천 미터급 고봉들이 포진한 카슈미르 지역을 둘러싼 파키스탄과 인도 사이의 긴장은 분할 이후 계속 고조되었다. 이 지역이 갈수록 전략적 요충지가 되어가고 외국인의 눈에 민감한 지역으로 비춰지자 파키스탄 정부는 1961년부터 1974년까지 등반을 금지시켰고, 주민들은 염소를 키우는 일로 다시 돌아갔다.

하지만 문호가 완전히 닫히기 전에 이 지역으로 슬그머니 들어온 원정대들이 몇몇 있었는데, 이로 인해 가끔씩 예측할 수 없는 일들이 벌어지곤 했다. 1957년 오스트리아 브로드피크 원정대의 4명이 사실상 두 개의 파벌로 나뉘어 경쟁을 벌였을 때 파키스탄 정부연락관이었던 카데르 사이드Qader Saeed는 매우 바쁘게 움직여야 했다. 쿠르트 딤베르거 Kurt Diemberger의 행동에 진저리가 난 사이드는 파키스탄 정부에 그를 추방해달라고 요청했다.

이와는 대조적으로 미국인 닉 클린치Nick Clinch는 카라코람으로 원정대를 두 번 이끌었는데(1958년 가셔브룸1봉 초등과 1960년 마셔브룸 초등), 두 경우 모두 현지인과 외국인의 관계는 무척 화기애애한 분위기였다. 해발 7,821미터의 마셔브룸에서 파키스탄 육군 대위 자웨드 아크테르 칸Jawed Akhter Khan은 두 번째 공격조로 클린치 팀에 합류해 카라코람의 주요 봉우리 정상에 오른 최초의 파키스탄 산악인이 되었다. 첫 번째 공격조였던 윌리 언솔드Willi Unseold는 『아메리칸 알파인저널』에 보낸 보고서에서 파키스탄 산악인들에 대한 찬사를 보냈으며, 이 글에서 현지인을 '고소포터High-Altitude Porters(HAP)'라고 최초로 언급했다. 당시에는 이것이 존중의 표현이었지만, 결국에는 포터보다 산악인으로 불리기를 좋아하는 사람들에게 논쟁의 빌미가 되기도 했다. 언솔드는 특히 모하메드 후세인을 "그중 최고"라며 찬사를 아끼지 않았는데, 그는 바로 1953년 K2에서 발에 동상이 걸려 더 이상 걸을 수 없게 된 조지 벨을 후송했던 그 사람이었다.

14년 동안 외국 원정대의 출입을 금지한 파키스탄은 1975년 문호를 다시 개방했다. 특히 파키스탄 관광성은 그해에만 19개의 원정대에 카라코람으로 들어갈 수 있는 입산허가서를 발부했으나, 이에 대비한 사람은 아무도 없었다. 편안한 도시 사무실에서 이런 결정을 내린 관광성 관리들은 발토로의 외지고 척박한 계곡에 그토록 많은 방문자가 몰리리라고는 전혀 예상치 못했다. 그들은 관광 붐이 일기를 기대했지만 결과는 완전히 달라서 식량 부족, 연료 부족, 노동력 부족에 인플레이션이 만연하게 되었다. 포터들은 현금을 잔뜩 챙겨 마을로 돌아갔지만, 토지는 경작하지 않고 힘들게 번 돈은 쓸 곳이 없어서 외국인들이 떠난 후에도 주민들의 후유증이 오랫동안 지속되었다.

그해 문호가 새로 개방된 지역에 처음 들어온 팀들 중에 미국 K2 원정대가 있었는데, 외국인들과 그들의 발티 포터들 사이의 마찰로 팀 내의 갈등이 불거졌다.

문제는 걸어 들어갈 때부터 시작되었다. 600여 명이나 되는 젊은 포터들은 동물의 털로 짠 가는 줄로 짐을 등에 붙들어 맸다. 너덜너덜한 면과 손으로 짠 모직 옷을 입고 맨발에 싸구려 플라스틱 신발을 신은 그들은 잘 차려입은 고용주들과 극명한 대조를 이루었다. 그들은 30-40명씩 무리를 지어 구불구불한 길을 따라 올라갔다. 그들이 마을을 휩쓸고 지나가면서 목가적인 고요는 혼돈으로 얼룩져갔다. 임금 논쟁, 장비에 대한 불만, 일 처리 능력에 대한 실망, 그리고 결국에는 파업으로 일정이 지연되면서 원정대 예산이 바닥났다.

미국인들은 평균보다 돈을 더 많이 주고 있기 때문에 포터들이 감사해야 한다고 생각했다. 하지만 그들은 임금뿐만이 아니라 더 많은 것, 즉 더 좋은 옷과 더 많은 식량, 그리고 더 진지한 존중도 요구했다. 영어에서 우르두어로, 우르두어에서 발트어로, 다시 우르두어로, 그리고 다시 영어로, 논쟁은 계속 되풀이되었다.

이 팀의 유일한 여성인 다이앤 로버츠Dianne Roberts는 다른 관점을 갖고 있었다. "대원들은 우리가 얼마나 바가지를 쓰고 있는지 이야기하고 있다. 젠장! … 우리가 그들에게 많은 돈을 주고 있다 이 말이지. 그래서 어쩌란 말인가? 우리는 이곳 사람들에게 해준 것보다 훨씬 더 많은 것을 가지고 이 나라를 떠나잖아. … 우리는 이들의 땅과 문화를 침범하면서 모든 게 미국식으로 되기를 기대하고 있다. 맙소사! 우리에게는 사람과 산을 향한 겸손이란 게 필요하다. 이 얼마나 거만하고 냉정한 사람들인가."

갈등은 사실 훨씬 더 복잡했다. 미국 산악인들은 네팔에서 겪은 경험을 바탕으로 파키스탄에 왔다. 그들은 식량과 장비를 운송하기 위해 카트만두에서 수백 명의 포터를 고용했는데, 네팔 포터들은 무엇이든 등에 짊어지고 나르는 지역에서 살아온 사람들이었다. 길은 없어도 이동하는 동안 음식을 나눠 먹으며 우정을 키울 수 있는 찻집과 마을이 있었다. K2 베이스캠프로 가는 트레킹은 전혀 달랐다. 그곳에는 찻집도 마을도 없고 심지어는 잘 정비된 길 대신 바위와 얼음과 폭풍설만 있었다. 힘들어 보이는 포터들은 그저 춥고 두려워서 그랬을 가능성이 크다. 그들 중 막내는 마지막 원정대가 그 지역에 왔을 때 겨우 여섯 살에 불과해 경험이 적을 수밖에 없었다. 게다가 그 시즌에만 18개의 원정대가 더 들어올 예정이었다. 그들은 일자리가 부족하지 않으리라는 사실을 잘 알고 있었다.

HAP가 산에서 고산병에 시달리자 미국 팀은 파키스탄인들이 자신들의 고산 경험을 제대로 발휘하지 못하고 있다고 생각했다. 그렇게 '낙담시킨' 사람들 중에는 바샤 계곡의 아란두 마을에서 온 아크바르 알리 Akbar Ali도 있었다. 그는 미국인들을 위해 짐을 나를 뿐 아니라 K2도 오르고 싶었지만, 대신 심한 탈수증과 고산병에 시달렸다. 그러나 가장 큰 문제는 복통이었다. 회복을 위해 2캠프에서 베이스캠프로 내려간 그는 조금 쉰 후 길이가 최소 25센티미터는 되는 회충 25마리를 토해냈다.

불편했던 이유를 알게 됐다며 안도한 아크바르 알리는 이제 문제가 끝났다고 생각했다. 조금만 더 쉬면 산으로 돌아갈 수 있을 것도 같았다. 하지만 장의 한 부분에 구멍이 뚫리면서 그의 상태는 더욱 악화되었다. 안에 들어있던 내용물의 일부가 복강으로 새어나오자 그는 쇼크 상태에 빠졌다. 그가 살기 위해 몸부림치는 동안 의료진은 그에게 정맥주사를 놓아주었다. 그의 체온은 며칠 동안 40도를 웃돌았다. 마침내 안정이 되긴 했어도 그는 여전히 몹시 쇠약한 상태였다.

그의 혈압이 다시 한번 위험할 정도로 떨어지자 원정대는 후송을 위해 군용 헬기를 요청했다. 하지만 헬기가 착륙할 수 있는 장소가 있긴 할까? 국방성에 따르면, 알리는 베이스캠프에서 발토로 빙하와 고드윈-오스틴 빙하의 합류지점인 콩코르디아Concordia까지 옮겨져야 했다. 12명의 포터들이 그를 썰매에 태워 최대한 아래로 끌어내렸다. 길이 가팔라지자 그들은 발을 질질 끌면서라도 내려갈 수 있도록 양쪽에서 그를 부축했다. 이제 바윗덩어리들이 제멋대로 널려있는 모레인 지대로 들어서면서 알리가 더 이상 걸을 수 없게 되자, 1953년 조지 벨을 업어 내렸던 바로 그 모하메드 후세인이 알리를 등에 업고 까다로운 지형을 통과했다. 쉰의 나이에도 후세인은 여전히 K2에서 사람을 업어 나를 수 있었다.

아크바르 알리는 살아남았고, 등정에 실패한 미국 팀 역시 놀랍게도 살아남았다. 1975년 서로를 불구대천의 원수로 여기고 K2를 떠난 그들은 불화를 해결하고 1978년 다시 그 산으로 돌아왔다.* 그들은 1975년 원정등반에서 몇 가지 중요한 교훈, 즉 원정등반에 대한 식민지시대의 낡은 접근방식을 버리고 인간을 존중해야 한다는 교훈을 배웠다. 또한 HAP뿐만 아니라 모든 포터에게 기본적으로 안전장비를 제공해야 한다는 사실도 깨달았다. 그리고 감사와 존중의 작은 몸짓 하나가 협력과 성과를 향한 디딤돌이 될 수 있다는 것도 알게 되었다.

∎∎∎∎∎∎∎

미국인들이 돌아오기 전, 파키스탄 산악인 아쉬라프 아만Ashraf Aman은 1977년 일본 원정대에 합류했다. 그리고 1977년 8월 9일 아만은 아미르 메흐디의 염원, 즉 그 나라에서 가장 높은 산을 오른 최초의 파키스탄인이라는 타이틀을 따냈다.

1938년 훈자 계곡의 알리아바드에서 태어난 아쉬라프 아만은 산악인이 될 운명이었던 것 같다. 해발 2,206미터의 거친 환경에서 자란 그는 산이 너무나 편안했다. 어린 시절 그는 알리아바드에서 길기트까지 65킬로미터를 걸어서 학교를 다녔는데, 학기 중에는 기숙사에 머물고 주말에는 다시 알리아바드의 집으로 걸어서 돌아갔다.

일본 원정대에 합류해달라는 요청을 받았을 때 그는 이미 1962년에 독일인들과 함께 낭가파르바트에 간 적이 있었고, 히말라야와 카라코람, 그리고 힌두쿠시에서 가이드 역할을 하며 등반한 경험이 있었다. 키가 크고 호리호리하고 진지한 그가 K2의 정상에서 파키스탄 국기를 머리 위로 들어 올리고 국가를 부르는 사진은 파키스탄 대중을 열광시켰으

---

* 이때 3명의 동료와 함께 K2를 무산소로 등정한 사람이 릭 리지웨이Rick Ridgeway이다. 울산울주세계산악영화제의 세계산악문화상 초대 수상자가 되어 2017년 한국을 방문한 그는 K2 정상에서 가져온 작은 돌을 영화제에 기증했다.

7

며, 대통령 표창도 받게 되었다. 훗날 그는 얼음과 눈과 바위의 피너클인 그 산의 정상에 선 순간 지상의 모든 것들이 이렇게 속삭이며 기도하는 것 같았다고 회상했다. "산은 나의 영혼입니다. … 산은 순례자에게 진정한 행복을 선사합니다."

하지만 아만의 K2 등정에 문제가 없었던 것은 아니다. 일본인 대원 하나가 보틀넥을 내려오다 쓰러지자 아만은 4캠프로 가는 길의 절반을 그를 데리고 내려왔다. 하지만 두 사람이 들어가기에는 텐트가 너무 작아 아만은 혼자서 계속 아래 캠프로 내려왔다. 마침내 베이스캠프에 도착한 그는 발가락에 동상이 걸렸다는 사실을 알게 되었다. "발이 화끈거렸습니다." 파키스탄 기자 야살 무님Yasal Munim과의 인터뷰에서 그가 말했다. 하지만 아만은 당황하지 않았다. "그럴 줄 알았어."라고 그는 친구들에게 털어놓았다. 그에게는 고소용 부츠가 없었다. "그런데도 난 정상에서 아무런 통증도 느끼지 못했어. 산 정상에 서면 힘이 마구 치솟거든. 다른 건 중요하지 않아."

아쉬라프 아만은 자신의 미래를 보장받기 위해 K2 성공에 안주하지만은 않았다. 그는 교육의 가치를 잘 알고 있었고, 이후 전기공학을 공부해 학위를 받았다. 모험을 끝낸 후에는 산악인, 원정대장, 엔지니어, 그리고 잘나가는 여행사의 사장으로서 뛰어난 경력을 쌓았다. 그런 과정에서 그는 파키스탄에 무언가가 부족하다는 사실을 알 수 있었다. 네팔의 셰르파들에 비해 파키스탄 고소포터들은 까다로운 지형을 안전하게 잘 돌파하는 데 필요한 훈련을 받지 못했던 것이다. 그래서 그는 등반에 관심을 보이는 소년 소녀들을 가르치기 시작했다. 그의 제자 무하마드 알리 사드파라Muhammad Ali Sadpara는 파키스탄에서 가장 유명한 산악인이 되었는데, 그가 바로 이 책을 쓰도록 영감을 준 사람이었다.

아쉬라프 아만은 사실 외부 세계에는 잘 알려지지 않았지만, 훈련 캠프에서 일한 또 한 명의 파키스탄인은 곧 국제적인 명성을 얻게 되었다.

나지르 사비르Nazir Sabir는 세상에서 유일하게 닮은 사람이 자신밖에 없었기 때문에 지금도 바로 알아볼 수 있다. 그의 덥수룩한 눈썹은 검은 곱슬머리의 거친 후광에도 확연히 돋보인다. 그가 웃을 때면 넓은 얼굴이 둘로 갈라지고 검은 눈동자는 유머로 반짝인다. 그는 명성을 이해하고, 받아들이고, 영원히 이용할 줄 아는 최초의 파키스탄 산악인이었다.

1955년 훈자 계곡의 길기트 인근에서 태어난 나지르는 집 주위의 산을 오르내리며 모험을 즐겼다. "카라코람의 안방이라고 할 수 있는 바로 그곳에서 태어났으니 운이 상당히 좋은 사람이죠. … 저는 라카포시, 울타르, 그리고 그만큼 거대한 산의 그림자 속에서 어린 시절을 보냈습니다."라고 그는 파키스탄 기자 소냐 레흐만Sonya Rehman에게 말했다. "산은 항상 저에게 아주 신성한 곳이었고, 훨씬 나이가 들어서야 이해할 수 있게 된 매우 영적인 장소였습니다. 하지만 어렸을 때부터 그 너머에 무엇이 있을지, 비밀의 세계일지, 마을을 둘러싸고 있는 네 개의 암벽으로 가려진 신비의 세계일지 궁금하긴 했었습니다." 일설에 의하면 나지르는 산꼭대기에 올라가면 미국이라는 나라를 볼 수 있다는 믿음에서 등반을 시작했다고 한다.

1976년 그는 6,660미터의 파유피크Payu Peak를 초등하는 놀라운 기록을 세웠는데 이는 의미가 매우 큰 등정이었다. 파키스탄 산악인에 의한 파키스탄 내에서의 초등인 데다, 그 팀 내의 유일한 미국인인 앨런 스텍Allen Steck이 스타 산악인으로서가 아니라 파키스탄 산악인에 대한 멘토 역할로 초청되었기 때문이다. 이듬해 나지르는 아쉬라프 아만과 함께 일본의 K2 원정대에 초청되었다. 아쉬라프의 공격조가 정상에 오르는 동안 나지르의 공격조는 정상 도전을 포기해야 했는데, 이는 분명 야망이 넘치는 젊은이에게 쓰디쓴 약이 되었을 것이다.

하지만 이때의 실망은 3년 후 형 이나야트 샤Inayat Shah가 나가르 계곡에 위치한 7,266미터의 디란Diran을 오르던 중 눈사태에 휩쓸려 사망한 충격에 비하면 아무것도 아니었다. 그럼에도 불구하고 나지르는 일본 와세다대학의 1981년 K2 원정대에 합류해달라는 요청을 거절하지 않았다. 이번에는 연락장교 역할도 하고 등반도 하는 것이 그의 역할이었다. 그들의 목표는 미등의 어려운 서쪽 능선이었다.

8,050미터의 5캠프까지 마지막 네 피치를 선두에서 올라가는 동안 나지르는 끔찍한 현실과 맞닥뜨렸다. 손가락과 발가락이 얼기 시작한 것이다. 로프 파트너인 오타니 에이호시大谷映芳에게 내려가야 할 것 같다고 말하자 오타니는 포기하지 말라며 그의 말을 들어주지 않았다. 대신 오타니는 대장인 마쓰우라 테루오松浦輝夫*에게 무전을 보내 더 큰 사이즈인 그의 부츠를 올려보내달라고 요청했다. 베이스캠프에 있는 마쓰우라에게는 그 부츠가 필요 없을 것 같았기 때문이다. 나지르는 부츠를 가지러 2캠프로 내려갔다. 부츠는 발에 잘 맞았다. 그는 마쓰우라의 부츠를 신고 다시 위로 올라갔다. "다음 날 4캠프까지 곧장 올라가 동료들과 합류했습니다."라고 그는 말했다.

1981년 8월 6일 새벽 5시, 오타니 에이호시와 나지르 사비르, 그리고 야마시타 마츠시山下松司가 정상을 향해 출발했다. 그들 셋 모두 처음 5시간은 보조 산소를 사용했지만, 능선 위로 올라서자 만만치 않은 그곳

---

* 마쓰우라 테루오(1934-2015)는 1970년 우에무라 나오미와 함께 일본인 최초로 에베레스트를 오른 산악인이다.

에서 무거운 산소통을 지고 등반하는 것이 너무 번거롭다는 것을 깨닫고는 모두 버렸다.

저녁 6시가 되었지만 고도는 불과 8,400미터였다. 그들은 설동을 파기 시작했다. 3시간 후 그들은 안으로 기어들어가 체온을 유지하기 위해 옹송그렸다. 그들에게는 양초 말고는 몸을 녹일 것이 아무것도 없었다. 식량도 연료도 물도 침낭도 없었다. 나지르는 양초를 "지상에 남은 마지막 열과 빛의 근원"이라고 묘사했다. 그날 밤 그는 실수로 동굴의 벽을 차서 동료들 위로 무너뜨렸다. 하지만 그들은 살아남았고 오전 6시, 달팽이처럼 느릿느릿 위로 올라가기 시작했다.

나지르의 무전기가 지직거렸다. 마쓰우라가 베이스캠프에서 호출하고 있었다. 그들의 느린 전진에 걱정이 된 원정대장은 돌아서라고 명령했다. 나지르에게는 그 말이 차마 믿기지가 않았다. "그다음 45분 동안 K2의 높은 곳과 베이스캠프 사이에서는 극적인 감정 다툼과 혼란이 벌어졌습니다."라고 그는 말했다. "'원정대장이 한 말은 잊어버리자. 지난번에도 K2를 눈앞에서 놓쳤잖아, 난 내려가지 않을 거야.' … 파키스탄에선 저 밑에 앉아있는 대장의 말은 듣지 않는다고 저는 말했습니다."

야마시타를 뒤에 남겨둔 채 오타니와 나지르는 오전 11시 30분 정상에 올랐다. 존중의 표시로 오타니는 나지르에게 먼저 올라가라고 양보했지만 그는 거절했다. 그리하여 둘은 손을 맞잡고 정상을 향해 마지막 발걸음을 옮겼다. "베이스캠프를 호출한 오타니는 흐느꼈습니다."라고 나지르는 회상했다. "1977년부터 함께한 4명의 친구와 더불어 꿈을 좇다 산에서 목숨을 잃은 모든 이들을 위해 기도를 올렸습니다." 사흘 후 그들은 베이스캠프로 귀환했다.

이 등반을 다룬 다큐멘터리 영화 「50일간의 사투Fifty-Day Struggle」가 일본 전역에서 상영되었고, 나지르는 일본과 파키스탄 모두에서 유명세를 탔다. 산악계에 명성이 퍼지면서 그는 야심 찬 엘리트 산악인들이 즐겨 찾는 등반 파트너가 되었다. K2를 등반한 지 불과 1년 만에 그는 라인홀드 메스너Reinhold Messner와 함께 가셔브룸2봉과 브로드피크를 속공으로 등반했다. 그들은 고정로프나 캠프를 사용하지 않고 각자의 식량과 장비만 갖고 하는 알파인 스타일로 두 봉우리를 일주일 만에 등반했다. 나지르는 또한 미등인 머메리 립Mummery Rib의 동계 등반을 비롯해 낭가파르바트를 몇 차례 시도했으며, 1977년 파키스탄인들로만 구성된 팀을 이끌고 에베레스트에 도전하기도 했다. 그 팀은 성공하지 못했지만 그로부터 3년 후인 2000년 5월 17일, 나지르는 세계에서 가장 높은 봉우리에 올라선 최초의 파키스탄인이 되었다. "어떻게 보면 편집증에 걸린 거죠."라고 그는 말했다. "하지만 마지막 발걸음을 내딛자마자 … 마치 정상이 나에게서 도망치기라도 하는 양 그 위에 눌러앉았습니다. … 가족과 여동생들과 부모님이 생각났습니다. … 또한 모든 파키스탄인들이 저를 에베레스트의 마지막 부분까지 밀어 올리는 것 같았습니다."

잠시 후 그는 8천 미터급 고봉들을 모두 빌린 부츠를 신고 올랐다는 사실을 상기했다.

나지르 사비르의 세계적인 명성은 파키스탄 산악인에게는 드문 일로, 그의 이력만큼 성격과도 관련이 있다. 열정적이고 자신감이 넘치며 사교적인 그는 타고난 지도자로서 파키스탄산악회 회장과 파키스탄 정부의 교육 및 관광 고문을 역임했다. 심지어 그는 1994년 길기트-발티스탄 입법의원으로 선출되어, 산악인들 덕분에 그 자리를 차지한 최초의 평민이 되었다. 권력을 얻게 된 그는 부패를 척결하기 위해 온힘을 쏟았고 학교와 도로를 만들었는데, 그중에는 심샬의 오지 마을로 가는 50킬로미터의 지프 도로도 있었다. 그전까지 방문자들은 절벽에 나 있는 위험한 도로를 사흘 동안이나 걸어 들어가야 했다. 종종 "세상에서 가장 위험한 길"이라고도 불리는 이 도로는 거칠고 험준한 지형을 가르며 3시간을 달려야 하는 곳이다.

사업에서도 성공을 거둔 그는 현재 모험여행사를 운영하며 가능할 때마다 심샬의 산악인을 가이드로 고용하고, 강사와 영화제 심사위원, 만능 산악 정치가로 전 세계를 여행하고 있다. 그는 파키스탄과 전 세계 산악단체로부터 상도 여러 차례 받았다.

조국에 대한 충성심이 강하고 솔직하기로 유명한 나지르는 2013년 6월 22일 밤 무장 세력이 낭가파르바트 베이스캠프를 급습해 세계 각국에서 온 산악인들을 살해한 테러 공격에 분노를 표했다. 희생자들 중에는 차라쿠사 계곡 출신의 경험 많은 산악인이자 원정대의 일꾼 알리 후세인Ali Hussein도 있었다. 나지르는 자신의 페이스북에 "소위 인간으로 위장한 15명의 추악한 악마가 벽 아래의 베이스캠프로 쳐들어와 친한 친구들을 포함해 개인적으로 아는 11명의 무고한 생명을 잔인하게 살해했습니다."라고 올렸다. "산악 역사와 파키스탄 역사에서 가장 큰 비극입니다. 그들은 비무장 상태의 무고한 사람들을 죽였고, 사실상 우리 모두를, 파키스탄 전역의 평화를 사랑하는 사람들과 특히 북부 산악지대의 순진무구한 공동체 사람들을 죽였습니다. … 파키스탄 국민들은 이 불행한 비극을 애도합니다. … 우리는 이런 야만과 테러에 맞서 싸울 것이고, 파키스탄을 세계로부터 고립시키려는 그들의 의도가 실패하게 만들 것이며, 전 세계에 있는 친구들과 함께 우리의 아름다운 지구에 평화를 구축할 것입니다. 예, 우리는 끝까지 싸울 것입니다."

이제 70대에 들어선 나지르 사비르는 지구상에서 가장 과소평가된 모험 장소인 파키스탄의 산들을 홍보하고, 훈자 계곡의 야생동물을 보호하기 위해 노력하고, 시아첸 빙하에서의 군사적 충돌에 따른 환경과 인간의 재앙을 반대하는 목소리를 높이는 등 지금도 매일같이 그 싸움을 계속하고 있다.

⫶⫶⫶⫶⫶⫶⫶

나지르 사비르와 모하마드 카림Mohammad Karim은 신체적으로 사뭇 대조적이다. 160센티미터의 키에 미소가 아름다운 카림은 '작은 카림'으로 불렸다. 1954년 후세 계곡의 외진 마을에서 태어난 카림은 학교에 다닐 기회는 없었지만 여섯 살 때부터 부모님이 가축을 기르는 걸 도우며 산을 돌아다닐 시간이 많았다. 파키스탄 기자 오바이드 우르 레흐만 압바시Obaid Ur Rehman Abbasi에게 그는 "그때부터 뛰어난 가이드와 고소포터가 되고 싶었습니다."라고 말했다.

그가 어렸을 때 후세는 한적한 곳이었지만 파키스탄이 외국 원정대에 문호를 다시 개방하면서 사람들이 밀려들기 시작했다. 작은 카림은 후세 계곡의 높은 고개 곤도고로 라Gondogoro La에서 친구들과 놀다가 외국 산악인들을 보게 된 순간을 파키스탄 작가 샤비르 미르Shabbir Mir에게 이렇게 말했다. "한 무리의 산악인들이 방하를 내려왔습니다. 그쪽에서 내려온 사람을 본 적이 없어서 신나게 달려가 반갑게 인사했습니다. 제가 다섯 살쯤 되는 아이로 보였는지 그들은 사탕과 비스킷을 한 줌 가득 주었습니다. 산악인이라는 독특한 유형의 스포츠맨을 처음 본 순간이었습니다."

포터라는 일자리를 얻기 위한 그의 첫 시도는 잘되지 않았다. 당시 열여섯 살이었던 이 조그마한 10대는 짐을 지지도 못할 어린아이로 보였기 때문이다. 그가 스카르두에서 후세로 돌아가는 길고 실망스러운 여정을 막 시작하려 했을 때 포터가 매우 부족했던 스위스 팀이 그를 고용했다. 일단 기회가 주어지자 그는 무거운 짐을 지고 높이 올라가고, 언제나 쾌활한 태도를 보이며 모든 사람의 기대를 뛰어넘었다. 그의 해맑은 웃음은 스위스인들의 기운을 북돋워 주었다.

그가 영국 산악인 크리스 보닝턴 팀에서 일자리를 얻으려 했을 때 보닝턴은 너무 작아서 쓸모가 없다고 일축했다고 한다. 40년 후에 발표된 그의 프로필에 따르면 작은 카림은 "덩치 큰 영국인 남자(보닝턴)의 다리 사이에 머리를 끼운 채 2미터 달하는 그 영국인을 어깨에 메고 넓은 땅을 내달렸다. 주위의 포터들은 폭소를 터뜨렸지만 보닝턴은 그 테스트에 깊은 인상을 받았다. 그리하여 카림은 소원대로 K2 원정대의 일원이 되었다"

K2를 오르는 데는 실패했지만 그 원정등반은 작은 카림에게 전환점이 되었다. "영국 팀과의 등반은 행운의 신호탄이었고 얼마 지나지 않아 성공에 이르는 모든 문이 열렸습니다."라고 그는 말했다.

그가 작은 카림으로 알려진 건 1979년 프랑스 K2 원정대에서 일할 때였다. 카림은 파키스탄에서 흔한 이름이어서 그 원정대에만 카림이 셋이나 있었다. 누군가가 "카림!" 하고 부르면 셋이 모두 대답했다. 결국 원정대장은 체구에 따라 그들 각각에게 '큰, 중간, 작은'이라는 이름을 붙여 문제를 해결했고, 그리하여 그는 작은 카림이 되었다.

1981년 나지르 사비르와 함께 일본의 K2 원정대에 합류했을 때 그는 7,100미터에서부터 정상 공격조가 오도 가도 못하게 된 8,100미터까지 식량과 산소통을 나르는 초인적인 노력을 기울였다. 덕분에 그들은 다음 날 정상 등정에 성공했다. 나지르가 나중에 알라가 그들에게 물자를 가져다줬다고 말하자 작은 카림은 정색을 했다. "알라가 아니라 작은 카림이야."

1985년 그는 가셔브룸2봉에서 프랑스 팀을 위해 짐도 나르고, 장-마크 부아뱅Jean-Marc Boivin의 25킬로그램짜리 행글라이더를 정상까지 끌고 올라가 부아뱅이 하늘로 날아오를 수 있도록 해서 더 많은 환심을 하게 되었다. 프랑스 다큐멘터리 영화감독인 로랑 슈발리에Laurent Chevallier는 「작은 카림Little Karim」이라는 제목의 영화를 만들어 그를 조명했다. 가셔브룸2봉 정상에 선 작은 카림의 초상은 전 세계에서 상을 받으며 큰 성공을 거두었다. 프랑스 오트랑Autrans 마을에서 열린 산악 영화제에 게스트로 참석한 그는 늘 웃는 얼굴과 겸손함, 그리고 산을 사랑하는 사람들에게 전하는 감사로 관객들에게 훈훈함을 선사했다.

항상 웃는 스타일의 작은 카림이지만, 등산 세계에서 일어나고 있는 변화에 대해서는 거침없는 비판을 쏟아냈다. 최근 에베레스트를 다녀온 그는 혐오감을 느끼며 그곳을 떠났다고 한다. "5,000미터에서 2,500명의 사람들이 보조 산소를 사용하며 길게 늘어선 모습을 보았습니다. 저는 마냥 기다릴 수밖에 없었습니다."라고 그는 말했다. "그런 무리들의 행태를 보고 저는 이만 작별을 고했습니다." 이와는 대조적으로 후세 산악인들에 대해서는 특별한 자부심을 나타냈다. "8천 미터급 고봉을 여러 번 오르면서도 보조 산소를 전혀 사용하지 않은 알리 두라니Ali Durrani가 있어 저는 매우 행복합니다. 이것이야말로 진정으로 산을 오르는 길이지요. 보조 산소를 사용하는 건 도시에서 시장을 돌아다니는 것과 같습니다."

오늘날 작은 카림은 자신의 체중보다 더 무거운 짐을 나른 것으로 유명하지만, 브로드피크 7,300미터에서의 독일 산악인, 브로드피크 3캠프에서의 오스트리아 여성, K2의 8,300미터에서의 스페인 산악인, 가셔브룸2봉에서의 프랑스인 시신 수습 등 그의 구조 활동 또한 빼놓을 수 없다. "정상에 오르기는 쉽지만 이런 책임들을 다하는 게 더 중요합니다."라고 그는 주장했다.

평생을 산에서 보낸 작은 카림은 60대에 들어서자 속도를 늦췄다. "지난 10년 동안 건강이 나빠져 산을 그만 다녀야 했습니다."라고 설명한 그는 익살스럽게 웃으며 이렇게 덧붙였다. "하지만 전 의사의 반대에도 불구하고 몇 개의 봉우리를 더 올랐습니다."

캐나다 산악인 이안 웰스테드Ian Welsted는 라파엘 슬라빈스키 Raphael Slawinski와 함께 K6 서봉을 등반하고 돌아오는 길에 후세에 들렀다. "후세의 작은 카림을 만나 무척 기뻤습니다."라고 그는 말했다. "인정받지 못한 고소에서의 위업에 대한 카림의 얘기를 듣고 나서 제 분수를 깨달았습니다."

웰스테드는 작은 카림의 이야기와 그의 폭넓은 경험에 놀랐다. "예순 살의 발티 곁에 앉아 그의 등반역사를 듣고 있자니 딴 세상에 온 듯했으며, 이로 인해 그는 세계 최고의 산악인으로 보였습니다. 언론에서 카림의 등반은 일반적으로 돈을 받는 아시아 산악인에 대한 완곡한 표현, 즉 '고소포터로 동행했다' 정도로만 기록됩니다. 대화를 마치고 저는 마치 눈속임을 당한 것 같은 기분을 느꼈습니다."

작은 카림 자신은 유명하지도 않고 부자도 아니라는 사실을 전혀 개의치 않는다는 점 또한 웰스테드에게는 매우 인상적이었다. 그는 만족스러워 보였다. 그의 아들 하니프Hanif는 "아버지는 사실 사회복지사입니다. 아버지는 단순한 사람이고, 인생에서 아무것도 필요로 하지 않아요. 누구나 이름을 남기고 싶어 하지만 아버지는 그렇지 않습니다. 아버지는 정직하게 일해서 번 돈을 자식과 지역 사회에 썼고, 그런 다음 자신을 위해 썼습니다." 하니프의 말은 과장이 아니었다. 2008년 스페인의 한 NGO는, 나이가 들면 수입원이 될 수 있도록 카림을 위해 호텔을 지어주었다. 그는 그 호텔을 지역 사회에 기부했고, 지역 사회는 그 수익을 지역의 보건 및 교육 시설을 개선하는 데 사용했다. "아버지는 가족보다는 주위에 있는 사람들을 더 생각하고 돌봅니다."라고 하니프가 말했다. "많은 사람들이 아버지에게 왜 그토록 열악한 환경에서 사느냐고 묻습니다. 그럼 아버지는 웃으시지요. 아버지는 진정한 인간은 자신이 가진 것을 사용해서 필요한 사람들을 돕는 사람이라고 말합니다."

작은 카림은 제대로 교육을 받지 못한 것을 가장 아쉬워했다. "한 번은 영화를 찍기 위해 캐나다에 간 적이 있었습니다."라고 그는 말했다. "호텔 방에 혼자 남겨진 저는 9시간 동안이나 문 여는 방법을 알지 못했습니다. … 바로 교육을 제대로 받지 못한 탓이었습니다. 제 방을 찾는 것도 손잡이에 끈을 걸어놓은 다음 방의 숫자를 세어가며 찾아야 했습니다. 그때 저는 교육을 받지 못하면 차라리 죽는 게 낫다고 생각했습니다. 그래서 저는 후세에 돌려주고 후세의 아이들에게 투자하기로 마음먹었습니다." 그리고 그는 그대로 실천해서 호텔 수익으로 300명이 넘는 학생들에게 장학금을 주었다. 롤렉스가 그에게 고급 시계를 주었을 때는 그 시계를 팔아 학교에 기부했다.

"누군가가 저에게 투자를 했고 저에게 기회를 주었습니다. 그래서 저도 그렇게 해야겠다고 다짐했습니다."라고 그는 말했다.

2022년 겨울의 막바지에 작은 카림이 이슬라마바드의 한 병원에서 숨을 거두자 많은 파키스탄인들이 그를 애도했다. 전 세계의 산악인들은 겸손하고 명랑하며 너그러운 이 영혼과 함께 보낸 시간에 대해 감동적인 글을 올렸다. 파키스탄 군대가 그의 시신을 후세로 운구했을 때는 마을의 장로들과 산악인들, 포터들, 노동자들, 목동들이 줄을 서서 기다렸고, 장례행렬이 작은 카림의 마지막 안식처로 향했을 때는 장엄한 카라코람의 보초병들이 조용히 그의 곁을 지켰다.

8

전환점

변방의 우리나라에 대해 이상하게 쓰는 것
말고 당신들은 우리에게 관심이 거의 없는
것 같습니다.
그래서 우리를 생뚱맞게 묘사하지만, 우리는
원시적이지도 괴상하지도 않습니다.

린첸 라모Linchen Lhamo
『우리 티베트인들We Tibetans』

1960년 페르템바 셰르파Pertemba Sherpa가 루클라공항의 작업장에서 주방을 청소하고 있을 때 헬기가 날아오는 익숙한 소리가 들렸다. 그는 기계를 감상하기 위해 걸어가다가 붉은 피부의 남자가 경쾌한 밀집모자를 쓰고 다가오는 것을 보았다. 그 남자는 호기심이 많은 듯했다.

"어이, 이름이 뭐야?"

"페르템바 셰르파입니다."

딱딱한 영국식 억양의 서양인은 페르템바를 주의 깊게 살펴보면서 그와 가족에 대해 물었다. 주방을 청소하기에는 운동 능력도 있고 강인해 보였지만 본인은 별로 개의치 않는 것 같았다.

이 외국인은 자신을 지미 로버츠Jimmy Roberts 대령이라고 소개하고는 매력적인 제안을 하나 했다. "내 사업을 도와줄 건장한 청년을 찾고 있는데, 관심 있나?"

그건 사실이었다.

"페르템바, 카트만두로 오면 일자리를 하나 마련해줄게."

그로부터 2주 후 페르템바는 카트만두에서 일할 준비가 되어 있었다. 훗날 그는 네팔 기자인 카필 비싯Kapil Bisht에게 "그의 제안을 받아들였을 때 저는 돈이나 미래에 대한 전망, 혹은 더 나은 삶 등은 생각하지 않았습니다. 그는 무슨 일인지 설명하지 않았고, 저도 묻지 않았습니다."라고 말했다.

||||||||

1948년 네팔 쿰부 지역의 쿰중에서 태어난 페르템바는 처음에는 사원에서, 그 후에는 에드먼드 힐러리가 세운 학교에서 공부하기 위해 어린 시절을 친척 집에서 보냈다. 하지만 뛰어난 학생이 아니었던 페르템바는 장학금을 받지 못해 학업을 이어가지 못했으며, 대신 그는 일자리를 찾

아 루클라를 떠돌아다녔다. 그리고 지미 로버츠를 만나 인생이 극적으로 바뀌게 된 것이다. 그는 곧 트레킹과 원정등반에 고용되었으며, 시간이 지나자 히말라야 탐험의 황금기 동안 세계 정상급 산악인들과 동등한 등반 파트너로 성장했다.

타고난 재능과 놀라울 정도로 체력이 좋은 페르템바는 산에서 뛰어난 기량을 발휘했다. 그는 1970년 영국군과 네팔군의 안나푸르나 합동 원정대, 지미 로버츠가 이끈 1971년 에베레스트 남서벽 국제 원정대, 그리고 크리스 보닝턴의 1972년 에베레스트 도전 및 남서벽 원정대에서 셰르파로 일했다. 이 원정등반들은 복잡한 물류와 어려운 등반으로 일이 만만치 않았으며, 끊임없는 낙석과 낙빙, 눈사태의 위협 속에 여러 캠프로 날라야 할 짐들도 수백 개는 되었다.

1975년 보닝턴이 에베레스트의 남서벽으로 돌아왔을 때 페르템바는 그의 사다였다. 그는 겨우 스물일곱 살에 불과해 그 자리를 맡기에는 어렸지만, 셰르파 팀을 관리하는 일뿐만 아니라 등반도 할 수 있는 인물로 보닝턴의 인정을 받고 있었다.

1970년대에는 외국 산악인들이 상당한 수준으로 장비와 기술을 개선한 덕분에 히말라야 원정등반의 본질 자체가 극적으로 바뀌었다. 아주 야심찬 산악인들은 노멀 루트를 올라가는 대신 상상을 초월할 정도로 어려운 미등의 루트에 더 많이 도전했다. 더불어 현지인들에 대한 그들의 기대 역시 그만큼 높아졌다.

원정대뿐만 아니라 새로운 종류의 여행자들인 트레커들이 네팔로 들어오기 시작했는데, 이 여행 방식을 창안하고 키우고 완성한 사람이 바로 지미 로버츠 대령이었다.

머리가 반쯤 벗겨지고 얼굴에 늘 의아한 표정을 짓고 있는 로버츠는 1916년 인도에서 태어났다. 직업군인이 된 그는 카트만두에 있는 영국 대사관의 무관으로 임명된 후 그 나라의 수도를 통과하는 원정대에 재빨리 참여했다. 그는 틸먼부터 1960년대에 이르기까지 수십 년간에 걸친 주목할 만한 탐험 목록을 수집했다. 로버츠는 극한의 고도에서 특별한 성공을 거두지는 못했는데, 이러한 결과는 그의 태도와도 어느 정도 관련이 있을 것이다. "전쟁의 지루함, 완전하고 극심한 비참함, 그리고 가끔씩 가치 있는 것처럼 보이게 만드는 몇 안 되는 진실의 순간들은 고소에서의 등반과 아주 엄밀하게 비교됩니다."라고 그는 말했다.

하지만 그가 진정으로 즐긴 것은 탐험이었다. 원정에서 '끔찍한' 부분인 고소 등반이 끝나면 그는 인접 계곡을 돌아다니고 작은 봉우리들을 오르며 시간을 보냈다. 그리하여 네팔의 구석구석을 잘 알게 된 그는 1964년 네팔에 트레킹과 등산 회사를 최초로 만든 다음, 그 이름을 '마운틴트래블네팔Mountain Travel Nepal'이라고 지었다.

그가 파고든 시장은 모험에 대한 욕구는 있지만 물류는 다른 사람이 맡아주기를 바라는 부유한 여행자들이었다. 그는 그 나라에서 경험이 가장 풍부한 셰르파와 구르카 산악인을 고용했고, 그 결과 그의 서비스를 받고자 하는 수요가 급격히 늘어났다. 게다가 그는 이전의 군사훈련 덕분에 조직을 잘 구축할 수 있었다. 네팔을 잘 아는 그는 자신과 함께 일할 최고의 셰르파들을 모집할 수 있었으며, 자신도 그런 대모험에 종종 참가하고 싶어 했다. "1950년부터 1964년까지 네팔은 등반과 탐험의 황금기였습니다."라고 그는 회상했다.

〰〰〰〰

영국인과 유고슬라비아인, 일본인, 프랑스인 등 모두가 셰르파를 필요로 하는 야심찬 계획을 갖고 있었지만 이전과는 미묘한 차이가 있었다. 셰르파는 점점 더 단순한 고용인이 아니라 모험을 함께하는 동료로 간주되었다.

이를 분명하게 보여주는 사례가 1963년 노먼 다이렌퍼스Norman Dyhrenfurth*가 이끈 미국인 최초의 에베레스트 원정이었다. 그때 두 개의 서로 다른 루트로 8,230미터 이상의 캠프에 올라간 셰르파들은 모두 16명에 달했다. 그중 정상까지 올라간 사람은 가슴이 통통하고 강인하기로 소문난 나왕 곰부로, 그는 텐징 노르가이의 조카였다. 나왕과 짐 휘태커Jim Whittaker는 5월 1일 오전 11시 30분 정상 바로 아래에서 잠시 멈춰섰다.

휘태커가 나왕에게 먼저 올라가라는 몸짓을 했다.

"아닙니다. 먼저 올라가세요."라고 나왕이 말했다.

"그럼, 함께 올라가자." 휘태커가 대답했다. 그리하여 그들은 정상까지 마지막 몇 미터를 나란히 걸어 올라갔다. 나왕은 1965년 5월 20일 다시 정상을 밟아 에베레스트를 두 번 오른 최초의 사람이 되었다.

∎∎∎∎∎∎∎∎

지미 로버츠가 '마운틴트래블네팔'에서 가장 많이 의존한 사람은 페르템바 셰르파였다. 하지만 1975년의 유명한 에베레스트 남서벽 원정대에 로버츠가 고용한 사람은 페르템바만이 아니었다. 고소 셰르파들 모두가 그의 회사 직원으로, 그중에는 존경받는 산악인 앙 푸Ang Phu와 앙 푸르바Ang Phurba도 있었다. 원정대장 크리스 보닝턴은 이렇게 회상했다. "지미 로버츠의 '마운틴트래블네팔' 셰르파들은 산악 가이드들처럼 보였다. 그들은 우리가 준 옷을 입고도 거들먹거리지 않았으며, 더 우아하다

---

*   미국산악회 회원인 노먼 다이렌퍼스(1918-2017)는 한국산악회 명예회원(1965년 1월 25일. 회원번호: HM02)이다. 그는 한국산악회 초청으로 1964년 1월 한국을 방문해 1963년 미국의 에베레스트 원정 등에 대해 강연을 했다.

고 생각되는 어프로치 장비를 선호했다. 그들 중 일부, 특히 페르템바는 앞챙이 달린 맵시 있는 모자를 쓰고 짧은 바지를 입어 프랑스 가이드를 연상시켰다."

현지의 산악인들과 가이드들은 이제 고용주를 사힙이라 부르지 않고 대신 그들의 이름을 불렀다. 게다가 때때로 예의를 차리긴 했어도 늘 그런 것도 아니었다. 셰르파들이 이런 등반에 꼭 필요한 상황이었지만, 그들에 대한 외국인들의 태도는 여전히 갈 길이 멀었다. 보닝턴은 공평하고 친절하려고 최선을 다했지만, 적어도 문화적으로 민감한 사람들에게는 그의 어조가 거만하게 들릴 수 있었다. "그들은 일용직 노동자들과 다를 바가 없다. 그리고 영국의 일반적인 공장 노동자와 닮은 점이 많다. 그들이 복종뿐만 아니라 열정을 따르려면 단순한 돈 이상의 것이 필요하다. 즉 그들은 일에 대한 가치를 느낄 필요가 있다. 또한 고용주와의 우정을 돈독히 하고, 자신들의 노력이 충분히 인정받고 있다고 느낄 필요가 있다."라고 그는 말했다.

자신감 넘치고 멋지게 차려입었다고 해서 셰르파들이 맡은 바 임무가 중요하다는 사실을 간과한 것은 아니었다. 원정대 의사인 찰리 클라크Charlie Clarke는 산으로 들어가는 길에 쿰데Kumde 마을을 떠나던 순간을 이렇게 회상했다.

세르파 하나가 가족과 헤어지는 감동적이고 엄숙한 장면을 목격했다. 향나무로 불을 피운 가운데 그의 부인과 세 아이가 주위에 둘러섰다. 그리고 가족의 품으로 다시 돌아오기를 바라는 나지막한 기도 소리가 들렸다. 전장으로 떠나는 군인, 의미 없는 전쟁, 다른 누군가를 위해 싸우는 전쟁. 쿰데를 떠나는 우리 모두가 무사히 돌아올 수 있다면 얼마나 좋을까.

보닝턴은 등반 내내 페르템바와 앙 푸에게 크게 의존했다. 훗날 보닝턴은 "매 단계마다 페르템바와 상의했고, 셰르파가 할 수 있다고 생각하는 일에 대해서나, 심지어 루트 선택을 하는 데 있어서도 페르템바의 조언을 받아들이는 바람에 우리를 이끄는 대원들을 짜증나게 한 적도 있었다."고 기록했다. 보닝턴은 두 사람에게 등정에 성공할 경우 영국으로 초대할 것이며, 둘 중 하나에게 정상에 오를 기회를 주겠다고 약속했다. 결국 페르템바는 누가 어떤 정상 공격조에 들어갈지 결정해야 했으며, 자신은 두 번째 공격조를 직접 선택하고 앙 푸에게 세 번째로 나서게 했다.

첫 번째 공격조는 더그 스콧Doug Scott과 두걸 해스턴Dougal Haston이었다. 9월 24일 남서벽에서 그들이 먼저 나섰고, 두 번째 공격조인 마틴 보이센Martin Boysen, 믹 버크Mick Burke, 피터 보드맨Peter Boardman, 그리고 페르템바 셰르파는 그 아래 6캠프에서 대기하고 있었다. 이틀 후 새벽 4시 30분 그들은 텐트를 기어 나왔다. 밤은 고요했다. 자욱한 안개가 서쪽 지평선을 따라 지나가고 아래로는 뭉게구름이 웨스턴 쿰으로 몰려들었다. 정상에 오른 후 비박을 하지 않고 캠프로 돌아오려면 재빨리 움직여야 했다. 고정로프가 그대로 있어, 그들은 각자의 생각에 잠긴 채 보조 산소를 흡입하며 자기 속도에 맞춰 올라갔다. 보이센이 레귤레이터에 문제가 생겨 돌아서자 결국은 셋만 남았다.

고정로프는 남봉으로 구불구불 이어지는 걸리에서 끝이 나고, 이제 폭풍설이 더 빠른 속도로 다가오고 있었다. 바람이 세차게 불어 그들 주위로 눈과 얼음의 결정체가 소용돌이쳤다. 버크가 뒤처진 가운데 보드맨과 페르템바는 계속 올라갔다. 정상에 올라서니 오후 1시 10분이었다. 페르템바는 그해 초 중국 팀이 정상에 세워놓은 삼각대에 네팔 국기를 매달았다. 보드맨은 그 장면을 담기 위해 배낭에서 작은 테이프 레코더를 꺼냈다. "페르템바, 시청자들에게 한 마디 해주시겠습니까?" 산소마스크로 인해 그의 대답을 알아듣기 힘들었지만, 나중에 페르템바는 날씨가 너무나 걱정돼서 정상 등정 파트너에게 녹음기를 치우라고 한 것으로 기억했다. 보드맨은 지치지 않았냐고 계속해서 물었고, 페르템바는 "아뇨!"라고 단호하게 대답했다. 그들은 초콜릿과 케이크 한 조각으로 축하를 나누고 하산했다.

정상 수백 미터 아래에서 그들은 눈 위에 앉아 쉬고 있는 믹 버크를 발견했다.

"믹, 괜찮아?" 보드맨이 물었다.

"좋아, 좀 느려졌을 뿐이야. 난 괜찮아."

"우리와 함께 내려가자. 정상까진 아직 갈 길이 멀어. 시간도 늦었고."

"아니, 괜찮아. 정상을 찍고 올테니 남봉에서 만나자. 거기서 기다려줄 수 있어? 난 정말 좋아, 좀 쉬기도 했고. 오래 걸리지 않을 거야."

내키진 않았지만 그들은 버크를 남겨두고 하산을 계속했다. 그리고 뼛속까지 파고드는 찬바람을 피하기 위해 바위 옆에 쭈그리고 앉아 남봉에서 얼마간 그를 기다렸다. 하지만 시간이 지날수록 폭풍설이 더욱 거세졌다. 마침내 빛이 희미해지면서 사방이 어둑해지자 그들은 아래로 향했다.

두 사람은 어둠 속에서 악전고투하며 고정로프가 설치되어 있는 걸리의 초입을 간신히 찾아낸 후, 마침내 고정로프가 있는 곳으로 내려섰다. 날뛰는 눈보라 속에서 350미터를 하강하는 동안 그들은 위쪽 경사면에서 반복적으로 쏟아져 내리는 눈사태의 잔재들을 뒤집어썼다. 고정로프가 끝나는 지점에서는, 어둠 속에서 캠프로 돌아가는 길을 찾으며, 바위틈에 달라붙은 얼음과 눈 조각을 크램폰 발톱으로 아슬아슬하게 딛고 까다로운 트래버스를 해야만 했다. 저녁 7시 30분 그들은 마침내 6캠프에 비틀비틀 도착해 텐트 안으로 쓰러지듯 들어갔다.

믹 버크는 두 번 다시 나타나지 않았고, 따라서 세 번째 정상 공격은 무산되고 말았다. 원정등반은 그대로 끝이 났다. 믹 버크의 죽음에 충격을 받은 페르템바는 4년 동안 등반을 하지 않았다.

이전에 셰르파들이 에베레스트 정상에 오른 적은 있었지만, 페르템바의 남서벽 등반은 현지인과 외국인들 간의 관계에 하나의 전환점이 되었다. 이제 셰르파들은 전혀 알려지지 않은 극한의 지형에서 외국인 동료들과 함께 등반하는 대가로 그에 합당한 보상, 즉 더 많은 임금과 최첨단의 의류 및 장비뿐만 아니라 정상에 올라갈 수 있는 기회까지 기대하게 된 것이다.

〰〰〰〰〰

그로부터 4년 후, 강력한 유고슬라비아 원정대가 에베레스트를 미등의 서쪽 능선으로 곧장 올라가기 위해 또 한 명의 셰르파를 두 번째 공격조에 포함시켰다. 페르템바의 남서벽 등반 파트너였던 앙 푸가 슬로베니아의 스타네 벨라크 슈라우프Stane Belak Šrauf와 크로아티아의 스티페 보지치Stipe Božić와 함께 1979년 5월 15일 정상 등정에 성공해, 에베레스트를 서로 다른 루트로 오른 최초의 셰르파가 되었다. 하지만 그는 8,300미터에서의 노천 비박을 극복하고 하산하던 중 사망하고 말았다.

그 소식이 쿰중 마을에 알려지자 슬픔이 들불처럼 번졌다. 앙 푸의 사촌은 유고슬라비아 팀에 항의하기 위해 베이스캠프로 쳐들어갔고, 도대체 어떻게 된 일인지 알기 위해 동분서주했다. 그는 그들을 무능하다고 욕하면서 캠프의 일부를 부숴버리기까지 했다.

롤왈링 계곡의 가우리샹카르 초등을 노리던 미국 팀에서 공동 사다를 맡고 있던 페르템바는 앙 푸의 죽음을 전해 들었다. "그가 죽은 지 몇 년이 지나도록 그의 어머니를 뵐 면목이 없었습니다."라고 훗날 그는 말했다. "우린 산에서 죽은 이들의 자녀들을 위해 뭐든 해보려 하고 있지만 결코 충분하지 않습니다."

페르템바는 1985년 크리스 보닝턴 원정대를 포함해 에베레스트 정상에 두 번이나 더 올랐지만 끝내 살아남았다. 그 등정은 지난 몇 년간 서로의 주위를 맴돌며 각자가 사랑하는 산에서 놀라운 성과를 거둔 두 등반가에게 잘 어울리는 마지막 행위였다.

페르템바는 고소 등반을 그만두고 트레킹 회사를 차린 다음 여러 곳을 여행했다. 히말라야재단과 카트만두 환경·교육 프로젝트, 히말라야구조협회 그리고 네팔등산협회에 자신의 경험과 시간을 자발적으로 봉사한 그는 네팔 산악계에서 존경받는 인물이 되었다. 가장 큰 업적이 무엇이라고 생각하느냐는 비싯의 질문에 그는 사회사업이라고 대답했다.

"죽을 때 아무것도 가져가지 않을 겁니다."라고 페르템바는 말했다. "저는 산과 동물과 사람을 사랑하고, 그들과 유대감을 갖고 있습니다. 제가 태어난 곳과 그곳의 동식물 환경을 개선하고 싶고, 또 보존하고 싶습니다. 가만히 앉아 구경만 하고 있을 수는 없습니다. 그래서 저는 사회를 구축하고 사람을 돕는 일에 자부심을 느낍니다." 네팔의 많은 미래 세대 산악인들에게 멘토가 된 그는 자신의 차례가 되었을 때 산에서 일하고, 자신의 전문 지식이 다른 곳에서 더 가치가 있을 때 그 역할에서 물러난 사람의 전형이다. 이제 네팔 산악계에서 '원로' 대접을 받고 있는 그는 이것을 큰 의미로 받아들이고 있다.

9

바벨탑

찬바람에 사방에서 돈이 날려도 어느 하나
자신에게 달라붙지 않은 상황에서 죽음, 아
니면 빈곤이라는 선택의 기로에 서야 한다
는 것은 매우 잔인한 일입니다.

제미마 디키 셰르파Jemima Diki Sherpa
「두 가지 생각Two Thoughts」, 알피니스트 제47호

4캠프의 텐트에서 산악인들이 하나둘씩 기어 나왔다. 그들은 쭈그려 앉아 크램폰 끈을 단단히 조인 다음 배낭을 멨다. 몇 주 동안 불어 닥친 폭풍설에 지치긴 했어도 날씨가 잠깐 좋아지자 그들의 사기 또한 올라갔다. 2008년 8월 1일 이른 아침, 헤드램프가 어둠을 가르자 모두에게는 K2 정상이라는 오직 하나의 생각만 떠올랐다.

10개의 팀과 30명의 산악인들, 그리고 거의 그만큼의 서로 다른 언어들. K2에 이렇게 많은 사람들이 몰린 것은 전례없는 일이었다.

그 전해에 세간의 이목을 끈 일련의 자살폭탄 테러는 파키스탄의 관광산업을 마비시켰다. 그에 대한 대책으로 파키스탄산악회는 관광성에 로비를 해 8천 미터급 고봉의 입산료를 인하하고, 카라코람 원정등반의 횟수 제한을 없애는 데 성공했으며, 그러자 사람들이 몰려들었다.

****

원정대는 독립적으로 움직였지만 날씨가 잠시라도 좋아지면 산의 높은 곳에 사람들이 붐빌 것은 누가 봐도 뻔한 일이었다. 즉 그들은 협력할 필요가 있었다. 성공의 열쇠는 산악인들이 오르내리는 과정에서 안전을 담보할 고정로프가 될 것이었고, 이 점에 대해서는 대부분이 동의했다. 다만 그들이 제대로 해결하지 못한 것은 고정로프의 설치 문제였다. 누가 무엇을 어떤 순서로 할 것인가?

선두로 나선 산악인들이 보틀넥으로 접근했다. 그 구간은 위쪽에 매달려 있는 거대한 얼음덩어리인 세락 때문에 매우 위험한 곳으로 악명이 높았다. 정상 등정에는 완벽한 날씨인 것처럼 보였다. 하지만 곧 날씨가 풀리기 시작했다. 실수, 잘못된 의사소통, 현실과 동떨어진 기대, 서로 다른 수준의 기술과 체력 등이 모두 요인으로 작용했고, 결정적으로 세락이 붕괴되었다. 그로부터 36시간이 지난 후 모두 11명이 사망했다. 어떤 사람들은 손가락질당하고 비난받았으며, 어떤 사람들은 영웅이 되었다. 그리고 모두가 자기만의 진실을 주장했다.

그날 K2의 높은 곳에는 심샬 출신의 샤힌 바이그Shaheen Baig와 메흐반 카림Mehrban Karim, 그리고 제한 바이그Jehan Baig라는 산악인 셋이 치링 도르제 셰르파Chhiring Dorje Sherpa, 펨바 갈제 셰르파Pemba Gyalje Sherpa, 주믹 보테Jumik Bhote, 파상 라마Pasang Lama 등 몇몇 네팔인들과 함께 있었다. 나머지는 한국의 플라잉점프원정대 대장 김재수, 바스크 알피니스트 알베르토 세라인Albetrto Zerain, 네덜란드 노리트Norit* 팀의 리더 빌코 반 루이엔Wilco van Rooijen, 아일랜드 산악인 제라드 맥도넬Gerard McDonnell, 이탈리아의 마르코 콘포르톨라Marco Confortola, 세르비아의 드렌 만디치Dren Mandič, 노르웨이의 부부 롤프 바에Rolf Bae와 세실리 스코그Cecilie Skog 등 외국인들이었다. 그들의 생사는 K2에서 극적으로 갈렸다.

᛫᛫᛫᛫᛫᛫᛫᛫

시작부터가 혼란스러웠다. 그날 K2에는 공식 가이드가 없었다. 하지만 모두는 아니어도 일부를 도와주는 고소포터들은 여러 명이나 있었고, 고정로프 설치는 그들의 일이었다. 2000년대 초부터 원정대는 K2에 깔린 다양한 고정로프에 의존해온 터라 누가 설치를 했고 누가 비용을 댔느냐에 상관없이 모두가 그것을 사용할 수 있을 것으로 기대했다. '아이스폴 닥터IceFall Doctor'로 알려진 셰르파들은 악명 높은 쿰부 아이스폴에 고정로프를 설치하고, 그것을 이용해 에베레스트로 올라가는 산악인들에게 사용료를 받아서 이런 문제를 해결했다. K2에서도 고정로프는 똑같

---

*   네덜란드 팀을 후원한 정수회사 이름

이 중요했지만, 그 작업을 어떻게 할지에 대한 공식적 합의가 8월 1일 그 곳에 있었던 산악인들 사이에서는 전혀 없었다.

고대하던 날씨가 되자 샤힌 바이그가 앞장섰다. 나지르 사비르는 그를 "주위에서 가장 안전하고 … 파키스탄에서도 최고로 안전한 산악인 중 한 사람"이라고 불렀다. 샤힌은 험난한 도로를 지프로 달리면 거의 마지막에 나타나는 해발 3,100미터의 심샬 마을 출신이었다. K2를 잘 아는 그는 2004년에 무산소로 등정한 적도 있었다. 이번에 샤힌은 공식적으로 세르비아 팀에 고용되어 있었지만 곧 모든 팀의 책임자이자 권위 있는 대변자가 되었다. 일단 파업을 중재한 그는 산의 상단부에 설치할 고정로프에 대한 다양한 계획을 제시했다.

샤힌은 심샬에서 영향력 있는 산악인일 뿐만 아니라 산악인들로 가득 찬 지역사회에 큰 도움이 되는 등반 강사였다. 따라서 그들은 당연히 샤힌 주위로 모여들었다. 그의 제자 메흐반 카림과 제한 바이그도 그날 아침 K2에 있었다. 두 젊은이는 어렸을 때부터 가축을 높은 곳의 목초지로 몰고 다니며 산을 돌아다녔다. 하지만 그들은 자신들의 미래가 농업이 아니라 등반이라고 생각했다. 샤힌 바이그가 그 증거였다. 그는 미국 작가 아만다 파도안Amanda Padoan과 피터 주커먼Peter Zuckerman에게 "카림과 제한은 친동생이나 마찬가지였습니다."라고 말했다. "저는 화이트혼White Horn이라는 산에 까다로운 루트를 만들어놓고, 그들로 하여금 반복해서 오르게 했습니다."

그 둘은 곧 스스로의 경력을 쌓기 시작했다. 가셔브룸2봉에서 일본 산악인을 구조해 존경과 찬사를 받았던 제한 바이그는 이곳 K2에서 싱가포르 팀을 위해 일하고 있었다. 메흐반 카림은 2005년에 프랑스 고객 위그 장-루이 마리에 도바레드Hugues Jean-Louis Marie d'Aubarède와 함께 낭가파르바트 정상에 올랐다. 그에게 만족한 도바레드는 다시 한번 그와 함께 K2에 오르려 하고 있었다. 그 둘은 2006년과 2007년에도 시도했지만 실패했었다. 하지만 도바레드는 포기하지 않았고, 자신을 도와줄 있는 사람은 바로 메흐반이었다.

메흐반의 부인 파르빈Parveen은 남편의 고객이 예순 살이어서 마음이 썩 내키지 않았다. "남편을 말렸습니다."라고 그녀는 말했다. "간곡히 빌었습니다." 그의 아버지도 똑같이 느꼈다. 아버지는 아들에게 집에서 목공 경력이나 쌓으라며 만류했다. 하지만 메흐반은 가족의 우려를 진정시키며 2008년 시즌에는 돈도 벌고 성공도 할 것이라고 장담했다.

샤힌이 K2의 일정을 제안했다. 다들 정상으로 올라가는 첫날, 고정로프를 설치할 첫 번째 팀이 자정에 캠프를 떠나 새벽에는 보틀넥까지 설치를 끝내자는 것이었다. 다음 팀이 1시간 늦게 출발해 앞선 팀이 설치한 고정로프로 보틀넥까지 진출하면, 6시간 안에 모두가 정상에 도착할 것이었다. 모든 등반자들의 반환 시점이 오후 2시라면 날이 훤할 때 4캠프까지 고정로프를 타고 내려올 수 있으며, 만약 그렇게 되면 3캠프에서 대기하는 두 번째 팀이 4캠프로 올라가 날이 좋을 때 정상에 도전할 수 있다는 것이었다. 원활한 교신을 위해 모두의 무전기를 같은 주파수로 맞춰두는 게 어떨까? 다들 여기에 동의했다.

하지만 산에서는 계획대로 되는 경우가 거의 없다. 모두가 간과한 건 언어 문제였다. 베이스캠프의 조용한 텐트에서는 서로 다른 언어와 문화를 가진 사람들도 어떻게든 소통이 가능했다. 하지만 4캠프에서 정상으로 가던 사람들은 지직거리는 무전기를 통해 각자 교신했는데, 그 언어는 대여섯 개에 달했다. 최선의 의도였음에도 불구하고, 그건 사실상 바벨탑이나 다름없었다.

더욱 심각한 두 번째 사태는 2캠프에서 발생했다. 날씨가 좋을 것으로 예상한 그들은 7월 28일 정상으로 향하기 시작했다. K2는 오르기 힘들 정도로 가파른 산으로 알려져 있다. 하지만 캠프를 설치하기에도 마찬가지로 가파르고 위험한 산이기도 하다. 특히 캠프사이트가 불안정한 산의 하단부에서는 끊임없이 떨어지는 낙석을 피하기 위해 바위 밑에 구축하는 경우가 많고, 그런 작은 사이트는 혼잡스러워서 위생 문제가 발생하기 쉽다.

샤힌 바이그와 치링 도르제 셰르파가 2캠프에 도착했을 때 그곳은 이미 포화상태였다.

⫶⫶⫶⫶

치링 도르제 셰르파는 그 주에 독립 팀에 속해 K2에 도전한 두 네팔인 중 하나였다. 보통 외국인에게 고용되어 그들의 지시를 받으며 히말라야의 가장 어려운 루트들을 등반했던 이전 세대의 네팔 산악인들에 비하면 이것은 커다란 변화였다. 치링은 8월의 그날 독립적으로 등반하고, 게다가 자신의 개인적인 목표를 이루기 위해 모든 비용도 감수했다.

롤왈링 계곡의 높고 외진 마을 베딩에 있는 단칸집 바닥에서 1974년에 태어난 치링은 믿기 힘든 역경을 극복해왔다. 여동생 둘과 남동생 하나가 어린 나이에 사망한 데다 어머니마저 사산아를 낳다 세상을 떠났다. 그의 아버지는 계속되는 트라우마에 시달리다 끝내 쓰러지고 말았고, 그리하여 남은 동생 넷은 치링이 보살펴야 했다. 당시 그의 나이 겨우 열두 살이었다. 그는 가축도 팔고 식량을 구하려 일도 했지만 더 많은 돈을 벌어야 했으며, 2년 후 결국 일자리를 찾아 카트만두로 향했다.

그의 삼촌 소남 체링 셰르파는 아일랜드피크까지 짐을 지어 나르는 일거리를 그에게 구해주었고, 한 달 후 치링은 90달러라는 큰돈을 난생처음 손에 쥐었다. 이듬해 삼촌은 그에게 크램폰을 착용하고 피켈을 사용하는 방법을 가르쳐주었다. 그는 30킬로그램의 짐을 에베레스트 사우스콜로 지어 날라 450달러를 벌었다. 450달러는 당시 네팔인의 1년 평균수입보다도 많은 액수였는데, 그는 이것을 한 달 만에 벌 수 있었다.

체력이 좋은 치링은 고정로프를 설치하고, 길을 뚫고, 짐을 지어 나르는 고소 작업을 계속하면서 많은 돈을 벌었다. 그는 에베레스트와 다른 8천 미터급 고봉들을 여러 번 올랐으며, '롤왈링여행사Rolwaling Excursion'를 차려 고향의 젊은이들을 고용했다. 그리고 남체바자르 출신의 다와 푸티와 결혼해 가정을 꾸리고는 현대적 편의시설을 두루 갖춘 카트만두의 멋진 타운하우스로 이사했다.

사업에 성공한 치링은 등반으로 다시 관심을 돌렸다. 그에게는 K2를 무산소로 오르고자 하는 한 가지 중요한 목표가 있었다. 다와 푸티는 그런 터무니없는 환상을 갖기에는 서른넷으로 나이도 많고 뚱뚱한 데다 지금이 너무 좋지 않냐며 그를 말렸지만, 소용이 없었다.

이제 그와 샤힌 바이그는 다닥다닥 붙은 텐트에 들어박힌 채, 30여 명이 제대로 움직이지도 못하고 모두가 고소를 느끼는 2캠프에 있었다. 얼마 지나지 않아 캠프사이트 여기저기서 흘러내리는 구토물과 대소변들을 피하기 힘든 지경이 되었고, 결국 몇몇 사람들은 병에 걸리게 되었는데 샤힌도 거기 포함돼 있었다.

그의 상태는 급속히 악화되었다. 폐가 그르렁거리며 피가 나오기 시작했는데, 바로 고소폐부종의 징후였다. 산에서 가장 경험이 많고 고정로프 설치 전략을 설계한 장본인이 더 이상 지휘를 할 수 없게 되었다는 사실을 이제 모두가 알게 되었다.

폐부종에 걸리면 낮은 곳으로 내려가야 하는 데도 자신의 책임이 막중하다고 느낀 샤힌은 상태가 좋아지기를 바라며 하산을 미루었다. 너무 오래 기다렸다는 사실을 깨달았을 때는 이미 심각한 상태였다. 이제는 스스로 몸을 움직일 수조차 없었지만, 그는 자신의 구조작업에 수반되는 위험을 잘 알고 있었다.

샤힌은 세르비아 팀의 베이스캠프 쿡인 나디르 알리 샤Nadir Ali Shah에게 무전해 상황을 설명하고 산에 있도록 해달라고 요청했다. 자신의 실수를 받아들이고 그 결과 또한 감내하려 했던 것이다.

나디르는 그의 요구를 묵살했다. 산악인도 아닌 그는 베이스캠프를 돌아다니며 2캠프까지 함께 올라갈 사람을 찾았지만 아무도 나서지 않았다. 할 수 없이 그는 장비를 챙겨 자정쯤 혼자 베이스캠프를 떠났다. 그러면서 올라가고 있다는 사실을 알리기 위해 샤힌에게 무전을 시도했지만 아무런 응답이 없었다.

1캠프에 도착한 나디르는 다시 무전을 시도했다. 그래도 여전히 묵묵부답이었다. 이튿날 정오 그는 텅 빈 2캠프에 도착했다. 모두 위로 올라간 걸까? 그렇다면 샤힌은 어디에 있을까? 기적적으로 좋아진 걸까? 마침내 나디르는 태아처럼 눈 위에 웅크리고 있는 그를 발견했다. 베이스캠프 쿡은 샤힌에게 덱사메타손dexamethasone*을 주사하고 약간의 물과 함께 먹는 항생제를 건네주었다. 샤힌은 이것을 삼키고 나서 토하더니 의식을 잃었다.

나디르에게는 이제부터가 진짜 비상사태였다. 그는 의식을 되찾은 샤힌을 고정로프가 있는 곳으로 끌고 갔다. 샤힌의 하강기를 밀고 당기고, 내리고 조작하고, 지시하고 격려하면서 나디르는 그와 함께 천천히 내려갔다. 정신이 혼미한 샤힌은 산에 있게 내버려달라고 애원했지만 나디르는 멈추지 않았다.

그들이 마침내 베이스캠프에 도착하자 샤힌의 상태가 조금 호전되었다. 자신에게 이번 등반은 여기가 끝이라는 사실을 깨달은 그는 발토

---

* 염증 억제작용이 있는 합성 부신피질호르몬제

로 빙하를 내려가는 긴 트레킹을 시작했다. 본인의 상태에 충격을 받은 그는 높은 곳에서 벌어질 수 있는 일들을 훨씬 더 두려워하게 되었다.

좋은 날씨가 유지되는 날이 하루가 짧아졌고 산에 있던 모든 사람들이 일정을 수정했다. 몇몇을 제외한 모두가 같은 날 정상에 올라갈 계획을 세우고 4캠프로 몰려들었다.

●●●●●●●

펨바 걀제 셰르파가 사람들 앞에 나섰다. (훗날 그는 미국인 작가 프레디 윌킨슨Freddie Wilkinson에게 당시 자신에게는 어떤 팀에 책임이 있었던 것도 아니고 고정로프 계획에 대한 권리도 없었다고 설명했다.) 조용한 성격의 독실한 불교신자인 그는 K2를 무산소로 오르고 싶어 했다.

펨바는 그날 순전히 자신을 위해 K2에 오른 두 번째 네팔인이었다. 네팔 동부의 에베레스트에서 남쪽으로 50킬로미터 떨어진 해발 3,000미터의 팡코마에서 태어난 펨바는 산으로 둘러싸인 환경에서 자랐다. 그는 집안의 농사일을 돕다 열여섯에 등반을 시작했고, 원정대에서 일을 하면서 주기적으로 정상에 올랐다. 네팔과 유럽, 그리고 북미에서 훈련을 받은 그는 네팔에서 가장 존경받는 가이드이자 사다 중 한 사람이 되었으며, 이 모든 경험을 바탕으로 K2를 오르고자 했다.

"우리는 유연해질 필요가 있습니다."라고 그는 다른 산악인들에게 강조했다. "8명이 함께 루트를 뚫고나가고, 그 선두는 50미터마다 바뀌어야 합니다. 그래야 체력을 항상 유지할 수 있습니다." 만약 고정로프 설치 팀이 빠르고 효과적으로 산을 올라가면서 생명선을 깔지 못한다면 산악인들이 그들을 따라잡을 것이고, 그렇게 되면 보틀넥을 위협하는 치명적인 세락 아래에서 줄을 서게 될 터였다.

펨바는 너무나 걱정스러워 잠을 이루지 못했다. 7월 31일 밤 10시반, 그는 이미 일어나서 4캠프를 돌아다니며 고정로프 설치를 시작해야 한다고 사람들을 깨웠다. 고정로프 설치인력이 부족하다는 사실을 깨달은 그는 치링에게 같이 가자고 부탁했다. 바스크 산악인 알베르토 세라인도 함께 돕겠다고 나섰다. 세라인은 가능하면 정상에 빨리 오른 다음 내려오고 싶어 했다. 이제 고정로프 팀에 3명의 독립 산악인이 함께 하게 되었는데, 그들은 모두 보조 산소 없이 등반하는 사람들이었다. 펨바와 치링은 아이러니컬한 상황에 고개를 내저었다. 에베레스트에서였다면 상당한 보수를 받는 작업인데 여기서는 무보수였다.

보수를 받는 다른 네팔인들과 파키스탄인들은 의사소통에 어려움을 겪었다. 더욱 심각한 문제는 그들이 서로를 매우 싫어했다는 것이다. 2004년에 보틀넥까지 고정로프를 설치했었고 이제 세르비아 팀을 위해 일하고 있던 무하마드 후세인Muhammad Hussein은 화가 났다. "부당했죠. K2는 우리 산입니다. 그리고 샤힌은 우리 형제이며, 이 지역에서 가장 위대한 산악인입니다. 그는 우리에게 불교신자와 외국인들을 존경하라고 가르쳤습니다. 하지만 셰르파들은 우릴 그렇게 대하지 않았어요."

반목과 의사소통 문제, 그리고 리더십의 부재로 혼란은 가중되었다. 고정로프 설치는 4캠프에서 불과 30분 떨어진 곳에서 시작되었는데, 이렇게 비교적 완만한 지형에서는 일반적이지 않은 일이었다. 하지만 한국 팀이 그렇게 요청했다. 불행히도 한국인들은 3캠프와 4캠프 사이에도 고정로프를 설치한 터라 이제 로프가 더 이상 남아있지 않았다. 그런데 가장 어렵고 위험한 지형이 아직 그들 앞에 놓여 있었다. 400미터의 로프를 이미 설치해서 보틀넥의 전 구간에 쓸 로프는 결국 200미터만 남아 있었고, 더 필요할지도 모를 일이었다. 그리하여 치링은 어둠 속에서 아래쪽 로프를 걸으러 내려갔다. 그리고 주믹 보테를 만났다.

주믹 보테는 형인 펨바 보테Pemba Bhote가 학교에 보내려고 카트만두로 데려왔다. 그들은 아룬 계곡 상류에 있는 훈공Hungong 마을 출신으로, 그곳은 마오이스트들이 마을을 장악한 이후 학교를 영구적으로 폐쇄시킨 곳이었다. 네팔에서 마오이스트 운동은 훨씬 이전에 발생한 사건들에 의해 부상하게 되었는데, 특히 2001년에는 마약에 중독된 플레이보이 디펜드라 왕세자에 의한 왕실 가족 학살사건이 있었다. 유혈사태 이후 그의 삼촌 갸넨드라가 왕이 되었지만, 곧 그 자리에 적합하지 않는다는 게 밝혀졌고, 그러자 마오이스트 반군이 기회를 잡았다. 사치스럽고 많은 비난을 받았던 왕실은 권력을 잃었고, 반군은 아룬 계곡 상류같이 외진 지역들을 침략하기 시작했다. 그들은 학교를 부수고, 관리와 교사들을 살해하고, 청년들을 강제 징집했다. 그러자 구타와 암살, 고문, 성범죄가 일상화되었다.

마오이스트들은 가난한 네팔인들에게 더 나은 공정한 삶을 약속했지만, 그들의 행동은 선전과 달랐다. 내전을 일으킨 그들은 17,000명이 넘는 사람들을 죽이고 150,000명 이상의 피란민을 만들었다. 불안이 관광산업의 붕괴로 이어지면서 실업률은 50퍼센트까지 치솟았고, 카트만두에서 택시 운전으로 생계를 꾸려온 펨바를 비롯해 많은 사람들에게는 빈곤의 악순환이 되풀이되었다.

온 가족이 카트만두의 아파트로 이주하자 주믹은 일자리를 얻기 위해 펨바와 합류했다. 여러 트레킹 회사에서 포터로 일을 시작한 그는 2006년에 에베레스트 원정대에서 자리를 하나 얻었다. 그리고 그는 정상에 올랐다. 1년 후 그는 다시 정상에 올랐다. 한국 원정대의 대장 김재수는 2008년 봄 세계에서 4번째로 높은 로체에 그를 초청했다. 그리고 그해 늦여름에는 자신의 K2 원정대에 사다로 임명했다.

주믹은 임신한 애인 다와 상무Dawa Sangmu에게 작별을 고하고, 훈공 출신의 산악인 파상 보테Pasang Bhote와 파상 라마, 그리고 동생 체링도 끌어들여 함께 K2로 떠났다. 이렇듯 일약 유명해진 주믹의 경력은, 거대하고 위험한 그 산에서 직면하게 될 책임의 수준을 고려할 때 조금 더 많은 훈련과 경험이 필요했을지도 모른다.

⸙⸙⸙⸙⸙⸙⸙

산의 상부에서 산악인들은 계속 위로 올라갔다. 희미한 햇살이 주변 봉우리를 황금빛으로 물들이며 그들에게 닿자 조금은 따뜻해졌다. 고정로프 팀의 선두에서 작업하고 있던 펨바 걀제가 뒤를 돌아보니 적어도 20명은 되어 보이는 사람들이 4캠프와 보틀넥 사이에서 생명줄에 의지한 채 길게 늘어서 있었다. 그들이 따라붙고 있었다.

곧이어 모두가 보틀넥에 달라붙어 서로 아우성쳤다. "계속 가. 서 있을 자리가 없어. 무슨 문제야?"

세르비아 산악인 드렌 만디치는 노르웨이 여성 산악인 세실리 스코그보다 더 빠른 속도로 가고 있었기 때문에 보틀넥의 가장 가파른 곳에서 그녀를 앞지르려 했다. 그렇게 하려면 고정로프에서 주마jumar를 뺀 다음 다시 걸어야 했는데 그 과정에서 그는 그만 중심을 잃고 미끄러졌다. 그가 스코그를 붙잡자 둘 다 넘어졌는데, 스코그는 고정로프에 통과되어 있었지만 그는 그렇지 않았다. 엎드린 채 미끄러지던 그에게는 피켈로 자기제동을 할 기회가 있었다. 그때 그의 크램폰 한쪽이 바위에 걸렸다. 그러자 몸이 거꾸로 뒤집힌 그는 보틀넥을 머리부터 빠르게 미끄러지다 헬멧이 바위지대에 심하게 부딪혔다. 그는 공중으로 날아올라 한 바퀴 돌며 눈 더미 위로 떨어졌고, 그곳에서 숨을 거둔 채 멈추었다. 산소

부족으로 머리가 혼미해진 산악인들은 그저 멍하니 바라볼 수밖에 없었다.[*]

⫼⫼⫼⫼

스물다섯의 파상 라마는 보틀넥의 꼭대기를 지나 정상을 향한 트래버스 구간에 고정로프를 설치하며 그 위쪽에 있었다. 그는 산소방출기를 통해 얕고 가쁘게 호흡하면서 깊은 신설을 헤치고 나아가고 있었으며, K2의 높은 곳에서 전 세계에서 몰려든 사람들을 위해 고정로프를 설치하고 있는 스스로에게 감탄하고 있었다.

파상은 포터 일을 하지 않을 때는 부모님과 형제자매, 친척들과 함께 카트만두의 방 하나짜리 아파트에서 내전의 난민 가족을 혼자 부양하며 생계를 꾸려나갔다. 네팔의 관광산업 침체에도 불구하고 위험을 무릅쓴 몇몇 원정대가 들어오자, 파상은 베이스캠프까지 짐을 지어 나르는 일로 하루에 3달러의 수입을 올렸다.

하지만 하급 포터로 계속 머물 생각이 없었던 그는 고산에서 고정로프를 설치하고, 캠프를 세우고, 물자를 운반하는 일을 시작했다. 2006년에 에베레스트를 오른 그는 포르체Portse에 새로 설립된 쿰부클라이밍센터Khumbu Climbing Center(KCC)에서 2주간의 등반과정을 이수했다. 알렉스로우자선재단이 설립한 KCC는 네팔 산악인들에게 등반 기술과 산에서의 안전, 구조 및 야외 응급처치 등을 가르쳤다. 파누르 셰르파 Panuru Sherpa 같은 지역 강사들의 도움을 받은 KCC의 훈련프로그램은 파상에게 곧 있을지도 모르는 기회에 사용할 기술을 제공했다.

로체에서 만난 한국 산악인 고미영은 그를 K2로 초청했다. 처음에

---

[*] 이 사고에 대한 설명은 『K2의 눈물』 이원섭 지음(도서출판 어드북스, 2016)과 조금 다르다. 이 책 52-55쪽 참조

그는 망설였다. 4명의 그의 사촌들, 즉 체링 보테Tsering Bhote, 파상 보테, 은가왕 보테Ngawang Bhote, 그리고 주믹 보테가 이미 한국 팀에서 일할 계획이었기 때문이다. 그들 대부분이 가족이 있었고 파상 라마는 일이 잘못될 경우를 걱정했다. 하지만 그는 결국 거절하지 못했다. 그러기에는 보수가 너무 좋았기 때문이다.

◆◆◆◆◆◆◆

몇 시간이 흘렀다. 파상으로서는 사면이 이제 완만해졌고 더 이상 고정로프도 필요치 않았다. 그는 정상에 이미 오른 후 재빨리 하산하는 알베르토 세라인에게 인사를 건넸다. 정상에 오른 파상은 산소통을 잠근 후 그곳에 홀로 있었다. 오후 5시 30분, 방금 전에 떠오른 것 같은 태양이 어느덧 지평선 너머로 사라지고 있었다. 그는 몸을 천천히 돌려 K2가 카라코람 산군에 짙게 드리우는 긴 그림자를 바라보며 발밑에 펼쳐진 파노라마를 감상했다. 잠시 후 펨바가 도착했고, 이어 치링이 모습을 나타냈다. 먼저 정상에 오른 넷 중 셋에게는 보조 산소가 없었다.

얼마 지나지 않아 주믹과 그의 고객 김재수가 올라왔다. 그들은 담배를 나눠 피웠다. 메흐반은 그의 고객 도바레드와 함께 도착했는데, 두 사람 저산소증에 시달리고 있었다.

아래의 보틀넥에서는 헛된 작업이 진행되고 있었다. 세르비아 팀은 사망이 확실한 만디치의 시신을 수습하고자 했다. 제한은 도바레드를 위한 여분의 산소통을 갖고 보틀넥 꼭대기에 있었다. 그는 수습 팀이 있는 곳으로 로프를 타고 내려가, 그들이 만디치의 시신을 4캠프로 끌어내리는 작업을 도와주기 시작했다. 하지만 다른 사람들은 제한에게 문제가 생긴 것을 알아차렸다. 비틀거리며 혼란스러워 보였기 때문이다. 고소의 영향을 받기 시작한 것 같았지만 스스로는 아직 깨닫지 못하고 있었다.

제한은 넘어지면서 미끄러졌고, 차갑게 식은 만디치의 시신을 붙잡고 가까스로 버텼으나 결국 손을 놓치고 뒤집어지면서 가속도가 붙어 낭떠러지 밑으로 사라졌다.

이제 그곳에서 두 사람이 목숨을 잃었다.

****

그들 위쪽에서는 많은 사람들이 정상에 오른 후 늦게서야 필사적인 하산을 시작했다. 샤힌이 반환 시간이라고 말한 오후 2시로부터는 거의 6시간이나 지난 시점이었다. 김재수는 산소가 떨어지자 파상의 산소통을 가리켰다. 그 몸짓의 의미를 알아차린 파상은 그에게 산소통을 넘겼다.

어둠이 내리자 하산을 하던 산악인들은 혼란에 빠져 길을 잃었다. 지형은 가파르지 않았지만 특징이 없었다. 파상은 로프를 임시로 설치해 겁에 질린 사람들이 올바른 방향으로 함께 움직이도록 했다. 그는 정상까지 가져갔던 여분의 로프 한쪽 끝을 피켈에 묶었다. 그런 다음 반대쪽 끝을 주믹에게 묶고 풀어주면서 먼저 내려가도록 해서 다른 사람들이 길을 알 수 있도록 했다. 그들은 한 사람씩 로프를 손으로 잡았다. 치링은 그들 옆에서 따라 내려가면서 로프를 꼭 붙잡으라고 독려했다. 일단 모두가 주믹이 있는 곳에 모이면, 파상은 그들을 지나쳐 로프를 풀면서 내려가 그 과정을 반대로 되풀이했다. 속도는 느렸지만 안전했고, 결국은 고정로프에 닿을 수 있을 것이었다.

마지막 단계에서 파상은 로프를 단단히 붙들어 매기 위해 눈 속에 자신의 피켈을 꽂았다. 보틀넥에는 고정로프가 거미줄처럼 얽혀 있어 피켈이 필요하지 않을 것 같았기 때문이다. 이제 완만한 경사까지 로프를 타고 내려가면 4캠프로 쉽게 돌아갈 수 있을 것 같았다.

갑자기 위에서 굉음이 울리더니 기울어진 세락의 얼음덩어리가 떨어져 내렸다. 얼음덩어리는 주믹을 강타해 그를 뒤집고 그의 장갑과 부츠 하나를 벗겨낸 다음 한국인 한 사람의 머리를 쳤다. 이제 팽팽해진 로프에 중상을 입은 주믹과 한국인이 매달려 꼼짝도 하지 못하는 상황이 되고 말았다.

또 한 차례 굉음이 울렸다. 이번에는 훨씬 더 컸다. 두 번째의 거대한 얼음덩어리는 롤프 바에에게 곧장 날아들었다. 그 얼음덩어리는 고정로프에서 그를 떨쳐낸 다음, 사면에 있는 로프들을 산산조각 내더니 모든 것들을 수많은 잔해로 덮어버렸다. 위에 있던 그의 부인 세실리는 새파랗게 질렸다.

그 광경을 목격한 또 다른 산악인 라스 네사Lars Nessa가 그녀가 있는 곳으로 내려가, 배낭에 있던 50미터짜리 비상용 로프를 꺼내 짧은 하강 로프를 만들었다. 그들은 하강을 하고 보틀넥의 나머지 구간을 다운클라이밍으로 내려와 4캠프로 안전하게 돌아왔다.

⦁⦁⦁⦁⦁⦁⦁

정상을 등정하고 하산하던 위쪽 사람들은 아래에서 벌어지고 있는 참사를 전혀 알지 못했다. 피켈이 없는 파상은 마침내 고정로프가 설치된 곳을 찾자 안도의 한숨을 내쉬며 로프 하강을 했다. 로프가 어지럽게 끊어진 지점에 이른 순간 그는 운이 좋게도 한눈에 그걸 알아차렸다. 도대체 무슨 일이 벌어진 걸까?

어리둥절해진 그는 주변을 수색하다 아이스스크루에 연결된 다른 로프를 발견했다. 모든 것이 그가 기억하는 올라왔을 때와는 완전히 딴판이었지만 그는 해야 할 일을 했다. 즉 하강기를 로프에 끼운 다음 보틀넥의 시작지점으로 곧장 내려갔다. 하지만 로프는 50미터뿐이었다.

완전히 당황한 파상은 헤드램프로 사면을 살폈다. 그는 수직에 가까운 지형의 작은 얼음 턱 위에 서 있었다. 분명 보틀넥 안에 있는 게 틀림없는데, 그럼 고정로프는 어디로 갔을까? 그는 얼음 턱 아래를 크램폰 발톱으로 디뎌보았다가 화들짝 물러섰다. 보틀넥의 얼음은 유리처럼 단단해서 피켈이 없이는 도저히 내려갈 수 없을 것 같았다.

위에서 불빛 하나가 내려왔다. 펨바가 50미터 길이의 로프를 타고 내려온 것이다. 이어 치링이 도착했다. 좁은 턱에 모여 선 세 사람은 대체 이게 무슨 일인지 알아내려 애를 썼다. 우리 모두 저산소증에 걸린 걸까? 불과 몇 시간 전 분명히 여기에 고정로프를 설치했었는데?

펨바가 먼저 나섰다. "로프를 찾아볼게."라고 말한 그는 가파른 얼음을 조심스러우면서도 자신 있게 다운 클라이밍 하기 시작했다. 펨바가 시야에서 사라지자 치링이 소리쳤다. 하지만 대답이 없었다. 그는 4캠프로 안전하게 돌아왔다.

이제 작은 얼음 턱 위에는 두 사람이 서 있었다. 한 사람은 피켈을 가지고 있었고, 다른 한 사람은 그것조차도 없었다. 상황을 파악한 파상은 치링이 먼저 내려가도록 했다. "너도 할 수 있어."

훗날 치링은 이때 파상의 얼굴을 텅 빈 체념의 표정과 초점이 풀어진 눈동자였다고 회상했다. 잠깐 시간을 가진 후 그는 이렇게 대답했다. "우린 죽어도 함께 죽는 거야." 그는 자신의 확보줄을 파상의 하네스에 연결하고 피켈을 얼음에 힘껏 박았다. 그런 다음 얼음 턱 아래로 내려섰다.

이것이 얼마나 엄청난 결정이었는지는 반드시 짚고 넘어가야 한다. 그들은 어둠 속에서 각자 보틀넥의 가파른 얼음을 내려갔다. 물론 추락하면 그들을 붙잡아줄 고정로프도 없었다. 한 발을 내려설 때마다, 크램폰을 디딜 때마다, 치링이 피켈을 박을 때마다, 실제로는 혼자 내려갈 때보다 위험이 두 배나 더 커졌다. 서로 연결되어 있었기 때문이다.

그들은 체계적으로 하강을 했고, 한동안은 잘 들어맞았다. 그리고는 넘어지고, 구르고, 미끄러지고, 몸을 다시 일으켜 세우는 과정을 반복했다. 그들은 한 번에 1미터씩 디디고 찍으며 내려갔다. 위에서 눈사태가 일어나는 소리가 언뜻 들려서 몸을 바싹 숙이고 충격에 대비했지만, 잔해는 치링의 헬멧을 아슬아슬하게 스쳐지나갔다. 그들은 몸을 일으키고 계속해서 내려갔다. 자정쯤 두 사람은 4캠프에 도착했다. 그들의 동시 하강은 '로프로 묶인 형제애'의 또 다른 전형이었다.

◦◦◦◦◦◦◦

이튿날 아침 일찍, 전날 3캠프에서 올라온 파상 보테와 체링 보테가 보틀넥으로 올라갈 준비를 했다.

"무슨 일이야?" 그들을 본 펨바가 물었다.

"보틀넥으로 올라갈 거야." 파상이 대답했다.

"보틀넥? 왜? 거긴 너무 위험해."

"간밤에 뒤따라 내려온 건 한국인 둘뿐이야. 한국인 둘과 네덜란드인 하나. 우리 팀의 셋이 주믹과 함께 실종됐어. 김(재수)이 우리 보고 그들을 도와주래."

"세락 밑에서 위로 올라가진 마." 펨바가 주의를 주었지만 파상과 체링은 대답하지 않았다. "그리로 올라가면 너무 위험해." 펨바가 한 번 더 당부했다.

"해야 해. 그게 우리 일이니까⋯. 무전기 켜놔."

상황은 암울했다. 네덜란드인, 한국인, 이탈리아인, 아일랜드인, 프랑스인, 파키스탄인, 네팔인 등 많은 산악인들이 여전히 실종된 상태였다.

파상과 체링은 보틀넥 밑의 사면에 누워있는 누군가를 발견했다. 살아있는 것처럼 보였는데 한국인은 아니었다. 따라서 그들의 임무가 끝난 것은 아니었다. 그들은 펨바에게 무전해 의식이 없는 그 남자를 구조하라고 요청했다. 그의 옷차림을 들은 펨바는 이탈리아인 마르코 콘포르톨라일 것으로 추측했다. 펨바와 네덜란드 산악인 카스 반 데 헤벨Cas van de Gevel이 그 산악인에게 올라가서, 그의 얼굴에 산소마스크를 씌우고 산소통을 최대로 틀었다.

콘포르톨라는 몸을 뒤척이더니 공포에 질려 산소통을 벗겨내려 하면서 자신의 등정은 완벽한 무산소였다고 중얼거렸다. 펨바는 고개를 저으며 그가 진정될 때까지 충분히 마스크를 씌워둔 다음 4캠프로 내려갈 수 있도록 돕기 시작했다.

하지만 그들 위에서 눈사태가 일어나자마자 시신 두 구가 잔해와 함께 떨어져 내렸다. 파상과 주믹이었다.

파상은 체링보다 빨리 올라갔다. 그가 체링보다 300미터 위에서 한국인들과 주믹에 다가가 보니 그들은 의식을 잃은 채 고정로프에 얽혀 있었다. 그는 사촌과 한국 산악인 둘을 가까스로 소생시켰다. 그런 다음 그들을 아래로 내리기 시작했는데, 바로 그때 세락에서 거대한 얼음덩어리가 떨어진 것이다. 그 얼음덩어리는 보틀넥을 산산조각 내며 한국 산악인들과 주믹, 그리고 파상을 사면에서 휩쓸어버렸다. 체링은 자신을 덮치려는 눈사태를 목격하고는 옆의 바위 아래로 잽싸게 움직여 웅크리고 기도했다. 눈사태는 바위를 강타하고 둘로 갈라지더니 사촌들을 데리고 바닥으로 쏟아져 내려갔다.

||||||||

이제 사망자는 모두 11명에 달했다. 황동진, 김효경, 박경효, 주믹 보테, 파상 보테, 제한 바이그, 메흐반 카림, 위그 도바레드, 제라드 맥도넬, 드렌 만디치, 그리고 롤프 바에였다.

이 모든 생명들이 K2에서 스러져가는 동안 주믹의 부인 다와 상무는 아들을 낳았고 이름을 젠 젠Jen Jen이라고 지었다.

⁞⁞⁞⁞⁞⁞⁞⁞

샤힌 바이그는 아직 노새를 타고 심샬로 가고 있었다. K2에서 죽다 살아난 그는 서서히 회복되고 있었다. 길을 따라 덜거덕거리며 내려가고 있을 때 헬기가 시끄럽게 날아가는 소리가 들렸다. 헬기는 무언가가 잘못되었다는 신호일 경우가 많아서 그는 무슨 일일까, 추측하기 시작했다. 돈이 아주 많은 외국인이 손가락에 동상이라도 걸린 건가? 하지만 두 번째와 세 번째 헬기가 머리 위로 굉음을 내며 날아가자 심장이 덜컥 내려앉았다. 분명 무언가 끔찍한 일이 일어난 게 틀림없었다.

아스콜리에 도착한 샤힌은 뉴스를 뒤졌고 상황은 그가 상상했던 것보다 훨씬 더 심각했다. 11명의 사망자 중 2명이 심샬 출신이었다.

"가슴이 찢어졌습니다."라고 훗날 그는 말했다. 그는 메흐반 카림과 제한 바이그를 가르쳤고 그들의 멘토였다. 그들은 친구나 다름없었다. 그는 자신이 그들을 버린 것 같은 죄책감에 사로잡혔다. "전 카림과 제한을 친동생처럼 사랑했습니다. 제가 그들을 K2로 끌어들였어요. 그들의 가족을 만나야 하는 사람은 바로 저뿐이었습니다."

그 소식을 심샬에 빨리 알리기 위해 그는 스카르두까지 차를 얻어 타고 간 다음 훈자 지역으로 향하는 트럭을 찾아 심샬의 유일한 위성전화가 먹통이었기를 바라며 재빨리 올라탔다. 하지만 늦고 말았다. 심샬에 도착하니 마을 전체가 슬픔에 싸여 있었다.

K2의 생존자들이 이슬라마바드로 나오자 파키스탄 관광성이 그들을 불렀다. 자신의 회사가 네덜란드 팀의 물류를 담당했기 때문에 나지르 사비르도 그곳에 있었다. 감정이 격해졌다. 빌코 반 루이엔은 나지르에게 다가가 동상에 걸려 붕대로 감긴 주먹을 휘둘렀다. "고소포터들을

훈련시켰어야 했잖아." 루이엔은 파키스탄인들에게 실망했고, 심지어 샤힌은 꾀병을 부렸다고까지 비난했다. 훗날 자신의 말을 정정하긴 했으나 그 순간 그의 언행은 잔인했다. "파키스탄의 고소포터들은 K2에 어울리지 않아. 너무나 게을러빠져서 일도 하지 않아."

나지르는 그 말에 수긍하지 않았다. "일부 포터들이 셰르파만큼 훈련을 받지 않은 건 사실이지만, 우린 그들을 부끄럽게 생각하지 않습니다."라고 그는 말했다. "그들이 모든 걸 다 할 순 없습니다. 모든 문제를 그들에게 뒤집어씌워서는 안 됩니다."

군의 헬기 조종사들은 유럽인들이 책임보험도 들지 않고 베이스캠프에서의 구조를 당연한 것으로 여긴다고 비난했다. 심한 말싸움이 주먹질로 이어지자 그 자리는 난장판이 되었다. 혐오감을 느낀 나지르는 그곳을 떠났다.

샤힌은 그 자리에 없었지만 나중에 얘기를 전해 들었고, 지금까지도 파키스탄인들이 당한 모욕에 대해 씁쓸해하고 있다.

그 여파로 2008년 K2에서 영웅적 순간들도 많았다는 사실은 쉽게 잊혀졌다. 치링 도르제는 의심할 여지없이 파상 라마의 생명을 구했다. 펨바 걀제와 카스 반 헤벨도 마르코 콘포르톨라를 위해 똑같이 분투했다. 파상 보테와 체링 보테는 그들 팀의 나머지 사람들을 아래로 데리고 내려오기 위해 생명의 위협을 무릅쓰고 보틀넥으로 올라갔다. 제라드 맥도넬은 고정로프에 얽힌 한국인들과 주믹을 그냥 내버려두지 않았다. 메흐반 카림과 제한 바이크는 외국인 고용주를 위해 최선을 다했다. 나디르 알리 샤는 샤힌 바이그의 생명을 구했다. 물론 우리가 미처 알지 못하는 영웅적인 행동들은 훨씬 더 많았을 것이다.

llllllll

살아남은 사람들에게는 재앙의 여파가 계속되었다.

파상 보테의 미망인 라무는 호텔 안나푸르나의 로비에서 김재수를 만났다. 그는 그녀의 서명이 필요한 보험서류, 그리고 파상의 임금과 한국 팀이 모은 돈 5,000달러가 든 봉투를 가지고 있었다. 그는 라무에게 마나슬루로 가야 해서 오래 머무를 수 없다며 양해를 구했다.

파상 라마는 사촌들을 보호하지 못했다며 비난하는 보테의 가족들로부터 배척당했다. 죄책감에 시달린 그는 위안을 찾아 술에 빠졌다. 그로부터 몇 달 후 마침내 정신을 차린 그는 마나슬루로 향했다. 그가 아는 건 등반뿐이었다.

슬픔에 짓눌린 샤힌은 산악계를 완전히 떠나 탈레반이 점령한 북서 국경 지방에서 수년간 석유 시굴자로 일했다. 결국 그는 쓰디쓴 기억만 간직한 채 자신의 이전 직업으로 돌아갔다.

치링은 8천 미터급 고봉 14개 완등을 목표로 등반을 계속했다. 훗날 고객의 도움을 받아 미국으로 이주한 그는, 그곳에서 두 딸을 교육시키며 편안한 삶을 영위하고 있다.

펨바에게 주목한 『내셔널지오그래픽어드벤처National Geographic Adventure』는 그를 '구원자'로 치켜세우며 표지에 얼굴 사진을 실었다. 그들은 네팔과 파키스탄의 다른 산악인들에 대해서는 언급하지 않았다. 펨바는 나중에 아일랜드 산악인 팻 펠비Pat Falvey와 함께 그때의 등반을 『정상The Summit』이라는 책으로 펴냈다. 그리고 그 이야기를 바탕으로 충격의 K2 시즌을 다룬 같은 이름의 다큐멘터리가 만들어졌다. 펨바는 K2의 재앙 이후 8천 미터급 고봉 등반을 그만두었다. 대신 그는 더 낮은 봉우리들의 가이드 일을 하면서, 셰르파 산악인들의 교육을 위해 설립된 네팔국립산악가이드협회에서 후배들을 가르치고 있다.

펨바는 그때를 회상하며 왜 자신만 영웅이 되었는지 그 이유를 알

것 같다고 말했다. "주요 언론은 8월 2일과 3일의 구조작업에 초점을 맞췄습니다. 그 구조작업에 서양인들의 생명이 달려 있었거든요." 언론은 실패한 등반보다는 성공한 구조작업에 초점을 맞추었다. 비록 그러한 편향된 정보로 인해 그 모든 영웅적 행위들의 가치가 손상되는 것은 아니지만, 성공의 여부와 관계없이 불균형은 여전히 남아있다.

스포트라이트와는 거리가 먼 나지르는 심샬을 찾았다. 그는 파키스탄산악회장의 회장으로서 K2에서 목숨을 잃은 사람들의 가족에게 조의를 표하고 싶었다. 그는 메흐반의 아버지 샤디Shadi에게 안부를 물었다. "내 반쪽이 떨어져나갔습니다. 손주들 앞에서는 슬픔을 애써 참지만 그녀석들도 알고 있습니다. 느껴지는 거지요."라고 샤디는 흐느꼈다. 제한의 아들들도 고통스럽기는 마찬가지였다. 아삼은 그렇지 않았지만 제한은 "우리 아버지를 죽인 놈들"이라며 외국인들을 비난했다.

나지르는 마음을 가다듬고 슬픔에 잠긴 심샬 사람들을 위로하려 애를 썼다. 그는 그들과 대화를 나누고 그들을 위해 기도했다. 하지만 결국은 그들과 함께 눈물을 흘릴 수밖에 없었다. 심샬 마을은 2008년 8월 1일과 2일의 비극으로부터 결코 완전히 벗어날 수는 없었다.

2008년 시즌의 K2 역사는 영구적이거나 불변적인 것이 아니다. 어떠한 역사도 그렇지 않다. 드라마 속 배우들만큼이나 진실들도 많은 법이며, 보통은 지배적인 사람, 즉 승자가 이와 같은 사건의 '공식적인' 이야기를 쓰기 마련이다. 그 노력을 인정받고 보상받는 산악인들도 일부 존재하지만 점차 희미하게 사라져가는 사람들의 이야기도 있다. 행간을 읽고 더 조용한 목소리들을 찾음으로써 우리는, 무슨 일이 왜 일어났는지에 대해 그 미묘한 측면을 알게 될 것이다.

10

기쁨과 슬픔이
동시에 찾아온 날

가족들은 제게 이제는 늙어서 더 이상 정상에
오를 수 없다고 말하지만, 사자는 늙어도 발을
헛디디지 않습니다.

하지 로시|Haji Rosi

2021년 7월 18일. 브로드피크에서는 러시아인과 한국인, 파키스탄인, 벨기에인, 캐나다인 등 많은 산악인들이 이동하고 있었다. 정상 등정에 성공한 한국 산악인 김홍빈과 '작은 후세인'으로 알려진 무하마드 후세인 Muhammad Hussain은 다섯 명의 파키스탄 산악인들과 함께 하산하고 있었다. 그토록 높은 곳에서 움직이기에는 너무나 위험할 정도로 늦은, 자정에 가까운 시간이었다.

한 여성이 도와달라고 외치는 비명을 작은 후세인이 듣기 전까지만 해도 하산은 대체로 순조로웠다. 러시아 산악인 아나스타샤 루노바 Anastasia Runova가 정상 능선에서 중국 쪽으로 30미터를 떨어져 꼼짝달싹하지 못하고 있었다.

"내려가 보니 … 지형이 약간 어중간했습니다."라고 작은 후세인이 말했다. "로프를 고정하고 나서 그녀에게 다가가 말을 건넸습니다. 겁에 질린 그녀는 구조를 요청했어요." 그는 파키스탄 동료 산악인들과 함께 그녀를 능선 위로 끌어올렸고, 저녁 8시경 루노바는 다른 외국인 셋의 도움을 받으며 노멀 루트로 하산하기 시작했다. 이 사건에 대해 훗날 익스플로러스웹닷컴explorersweb.com은 작은 후세인의 구조작업을 다음과 같은 말로 일축했다. "들리는 바에 따르면 한 포터가 루노바가 다시 올라올 수 있게 도왔고, 그리고 그들은 하산을 시작했다고 한다."

하지만 브로드피크 정상 능선에서의 위기는 시작에 불과했다. "그다음에 일어난 안타까운 일은 그녀가 오도 가도 못했던 그곳으로 김홍빈이 로프를 타고 내려가는 바람에 똑같은 곤경에 처하게 된 겁니다."라고 작은 후세인은 설명했다. "저는 너무나 낙담한 나머지 머리를 감쌌습니다."

작은 후세인은 김홍빈을 능선으로 끌어올리려 했으나 너무 무거웠고, 자신의 힘도 다 소진되고 있었다. 자정에 그는 김홍빈에게 다른 사람이 더 필요하다고 소리쳤다. 그리고 7,000미터에 있는 3캠프로 무전을 했다. 안톤 푸곱킨Anton Pugovkin과 비탈리 라조Vitaly Lazo라는 러시아인 둘이 응답했다.

그들은 옷을 입고 응급처치 도구를 챙겨 산을 다시 올라가기 시작했다. 루노바를 만난 푸곱킨은 염증을 억제하는 덱사메타손을 주사한 후 그녀를 데리고 3캠프로 내려갔다. 라조가 작은 후세인을 향해 계속 올라가서 보니, 그곳은 혼돈 그 자체였다. "여성 한 명을 구조하고 너무 지쳐서 김홍빈을 어찌할 수 없다며 작은 후세인이 울먹이고 있었다. 그는 체력이 바닥난 상태였다. 후세인은 사람들에게 도움을 요청했지만 그토록 '영웅적인 산악인들'은 모두 지쳤다며 그냥 지나쳐 가버렸다." 그들은 고립이 된 채 밤새 혼자 서서 구조를 기다리는 김홍빈의 모습을 볼 수 있었다.

"김, 내 말 들려?" 라조가 소리쳤다. 희미한 대답이 어렴풋이 들려왔다. 라조는 즉시 로프로 구조 시스템을 만들었다.

깊은 인상을 받은 작은 후세인은 안도했다. "그는 정말 뛰어나서 정교한 로프 시스템을 만들었습니다. 그리고 로프를 타고 내려가 물을 주고는 그를 로프에 묶은 후 방법을 알려주었습니다. … 우리가 1미터 정도를 끌어올리자 그는 다시 떨어졌습니다. 러시아인은 다시 내려가서 그를 안내해주었습니다."

그때 주마에 어떤 문제가 있었는지 김홍빈이 구조 로프에서 이탈되었다. 그리고 두 사람 모두에게 충격적이게도, 그 한국 산악인은 브로드피크의 중국 쪽 사면 아래로 사라졌다.

동상에 걸려 1991년부터 손가락 없이 등반해온 김홍빈과 작은 후세인은 절친한 친구였다. 김홍빈과 가셔브룸1봉을 등정한 작은 후세인은 그의 마지막 8천 미터급 봉우리인 브로드피크도 함께 오르고 싶어 했다.

"그럴 수는 없었습니다."라고 작은 후세인은 말했다. "그날은 기쁨과 슬픔이 동시에 찾아온 날이었습니다. 러시아 여성을 구조해 기뻤지만 김홍빈은 구조할 수 없었습니다. 너무도 슬펐어요. 러시아 여성의 구조는 내게 자살 행위나 다름없었고 위험천만한 일이었지만 할 수밖에 없었습니다. … 이슬람에서는 생명을 구하는 일을 중요하게 여겨 내생來生에서 보상을 해주기 때문입니다."

아나스타샤 루노바는 작은 후세인이 위험한 상황에서 구조한 첫 번째 산악인도 아니었고 마지막도 아닐 것이다. 그는 이제껏 6번의 고소 구조작업과 7구의 시신 수습작업을 했다. 작은 후세인은 파키스탄과 해외에서 모두 영웅으로 칭송받아야 하는데도 이렇게 설명한다. "저는 교육을 받지 못해 더 위로 올라갈 수 없습니다. 저에게 보장된 미래는 없어요. 제 아이들은 지금 공부를 하고 있지만 좋은 학교에 입학하기가 쉽지 않아서 가슴이 아픕니다." 파키스탄의 발티 지역에서는 그에 관한 이야기가 자주 입에 오르내리지만, 그 외의 지역에서 그는 거의 무명에 가깝다. 고소에서 일하는 이런 사람들에게 구조와 시신 수습은 불가피한 일이다. 아이들의 교육비를 벌기 위해 이런 일을 하는 그들에게 있어 성공이란, 그저 오래 살아남는 것을 의미할 뿐이다. "알라의 뜻이라면 앞으로 10년은 더 등반할 수 있을 겁니다."라고 작은 후세인을 말한다.

최근 들어 카라코람 등반에 대한 관심이 폭발적으로 늘어난 덕분에 일자리를 구하는 데는 별 문제가 없다. 8천 미터급 봉우리를 가이드 하는 일이 상업적으로 가능해지면서 이 지역은 세계 각지에서 오는 고객들로 넘쳐나고 있다. 그리고 이런 고객들 대부분은 고소 지원을 필요로 한다. 많은 가이드 대행사들이 네팔에 거점을 두고 있긴 하지만, 현재 작은 후세인 같은 고소포터들 대부분은 파키스탄 북부 산악지역 마을들에서 공급되고 있다.

작은 후세인은 후세 계곡의 마출루Machulu 마을 출신이다. 이 마을은 곧
게 뻗은 포플러나무들이 줄지어 늘어서 있고 계단식 논이 층층이 펼쳐진
목가적 장소로, 산비탈을 따라 여름 목초지까지 군데군데 집들이 흩어져
있다. 방목지 위로는 회색의 대성당 같은 바위 봉우리들이 하얀 눈을 뒤
집어쓰고 있는 곳이기도 하다.

날씬하고 단정한 작은 후세인은 1998년 주방 보조로 산에서 일하
기 시작했다. 곧 그는 가셔브룸2봉에서 한국 여성 팀을 위해 짐을 나르
는 역할로 진급했다. 고소포터 중 한 명이 병에 걸리자 작은 후세인은 정
상까지 계속 올라갔다. "우리 가족 중에는 아무도 고용된 사람이 없어서
제가 가셔브룸2봉 정상에 올라 국기를 높이 들어 올렸습니다."라고 그는
말했다. "그리고 그곳에 엎드려 알라에게 감사드리며 앞으로 더 많은 기
회를 달라고 빌었습니다."

신은 은혜를 베풀었다. 하지만 작은 후세인의 야망은 등반에만 국한
되지 않았다. "저의 꿈은 제대로 된 학교를 세우는 겁니다."라고 그는 말
했다. "무하마드 알리 마출루Muhammad Ali Machulu와 알리 라자 사드파
라Ali Raza Sadpara, 그리고 저는 (오늘날 파키스탄에서) 경험이 가장 많은
산악인입니다. 우린 우리의 지식을 다음 세대에 전해줄 수 있습니다."

안타깝지만 작은 후세인의 꿈은 꿈으로만 끝날 것 같다. 정부의 공
식적인 지원이 너무나 미미하기 때문이다. 파키스탄 연방 예산이 이를
대변하는데, 그들은 교육에는 예산의 8퍼센트만, 건강과 관련해서는 1퍼
센트만 지출할 뿐이다. 하지만 군비에는 무려 25퍼센트나 책정돼 있다.
파키스탄 산악인들에 대한 정부 고위 관료들의 약속은 거의 지켜지지 않
는다고 보는 게 무방하다. 이런 일련의 우선순위는 적절한 훈련 시설이

없고, 생명보험도 불충분하며, 노년에 받을 수 있는 연금도 없다는 것을 의미한다. 동료 고산 산악인이자 학교 설립 계획자인 무하마드 알리 마출루는 파키스탄 산에서 번 돈의 대부분이 네팔 가이드와 그들의 소속 회사로 흘러들어간다고 지적했다. 산에서 30년 동안 일해 온 무하마드 알리는 당연히 이런 현실을 잘 알고 있다.

"집안이 경제적으로 궁핍한 데다 장남이라서 이런 일에 뛰어들었습니다."라고 그는 설명했다. "전 속으로 생각했습니다. '이제 어떻게 하지?' 교육을 받진 못했지만 아버지가 잘 먹여주시고 건강하게 자랐습니다." 그는 그런 건강을 8,034미터의 가셔브룸2봉 '현장직무교육(OJT)'에 활용했다. 기하학적으로 완벽한 그곳 정상의 피라미드는 우뚝 솟은 얼음벽, 위태로운 세락의 설원, 그리고 쩍 벌어진 크레바스 미로들로 둘러싸여 있다. 그리고 바위로 된 하나의 긴 능선줄기가 위쪽으로 이어진다. 첫 번째 시도에서 정상에 오른 무하마드 알리는 네 번이나 더 정상을 밟았다. 작은 후세인과 마찬가지로 그는 파키스탄 산악인들의 긴밀한 공동체 밖에서는 거의 무명에 가깝다. "저는 문맹입니다."라고 그는 말하는데, 이는 재능 있는 현지 등반가들을 구속하는 한계에 대한 간단하면서도 심오한 설명이기도 하다.

다른 파키스탄인들과 마찬가지로 무하마드 알리는 8천 미터급 고봉 14개를 '수집하는' 외국인들을 위해 고정로프를 설치하고 짐을 나른다. 그 역시 14개를 모두 오르고 싶어 하는데, 스폰서에게 매력적인 이러한 목표는 재정적 자유를 향한 일방통행 티켓과도 같은 셈이다. 결국 운명은 희박한 공기 속에 달려 있기 때문이다. 하지만 교육을 받지 못한 알리는 잠재적인 스폰서에게 자신을 제대로 홍보할 수 없기 때문에 후원을 받을 가능성이 거의 없다. 그리고 후원이 없이는 14개를 다 오르지는 못할 것이다.

현대 파키스탄 산악인들이 직면한 문제는 교육만이 아니다. 대부분의 외딴 마을에는 믿을 만한 식수와 안전한 식량이 부족하다. 이런 지역사회 어린이의 거의 절반이 학교에 다니지 않아서 그들의 문맹률은 60퍼센트에 이른다. 더 나은 교육을 받으려면 아이들이 마을을 떠나야 하고, 기숙학교는 돈이 많이 든다. 그래서 부모들은 상당한 위험을 무릅쓰면서까지 그런 돈을 벌러 나선다. "우리 또래 사람들은 죽었습니다."라고 무하마드 알리는 적나라한 현실을 지적한다. "우리 회사 동료들은 목숨을 걸고 일해서 수명이 짧습니다." 무하마드 알리 세대의 사망률은 사실 충격적인 수준이다.

여전히 등반을 계속하며 재정적 압박과 위험, 보상, 가족에 대한 걱정 사이에서 균형을 잡으려 애를 쓰고 있긴 하지만, "우리는 가족에게 사실대로 말하진 않습니다."라고 그는 털어놓았다.

¦¦¦¦¦¦¦

마출루 계곡을 계속 거슬러 올라가면 등반의 전설, 작은 카림이 태어난 후세 마을이 나온다. 마을 위쪽으로는 바위와 얼음과 눈 말고는 아무것도 없다. 후세 마을 주민 780여 명의 기대수명은 53세에 불과하다. 대부분의 사람들은 길을 따라 늘어선 진흙돌집에 거주하거나, 후세 강의 급류와 가파른 둑의 메마른 비탈 사이로 나 있는 미로 같은 골목길에 산다. 후세 주민들은 밀밭과 채소밭, 가축으로 생활하고, 더 중요하게는 산에 의존해 산다. 그곳은 바로 장엄한 카라코람 산들 중 일부, 즉 라일라피크Laila Peak, K6, K7, 무르타자피크Murtaza Peak와 7,821미터의 마셔브룸*으로

---

* 세계에서는 22번째로, 파키스탄에서는 9번째로 높은 마셔브룸은 1855년 영국군 공병대 토머스 조지 몽고메리Thomas George Montgomerie 중위가 대삼각측량을 하면서 카라코람을 의미하는 K를 써서 공책에 임시로 'K1'이라고 기록한 산이다. 그는 이어 다음 산

가는 관문이기 때문이다. 따라서 후세는 파키스탄의 다른 마을에 비해 산악인들이 더 많이 몰려드는 곳이기도 하다.

서양에서 영웅으로 불릴 만한 경력을 가진 후세 산악인들만도 수십 명이 있다. 열일곱 살부터 산에서 일했고 스물여덟 살에 고소 산악인이 된 하산 잔Hassan Jan이 그런 경우이다. 그는 수차례 정상 등정도 했고, 고소에서 많은 구조작업도 했으며, 세계적으로 유명한 알피니스트들과 함께 등반도 했다. 이제 쉰 살이 다 된 그는 자신의 미래에 대해 실리적이다. "전 파키스탄의 8천 미터급 고봉 5개를 모두 오른다는 계획을 다 해냈습니다. 14개를 모두 오르는 게 꿈이었지만 이제 그런 위업을 할 때는 지났습니다." 대신 그는 고소에서 일을 계속하며 후세에서 소규모 훈련 프로그램을 운용하고 있다.

그를 돕는 사람이 타키 후세이다. 1976년에 태어난 타키는 학교에 가라는 아버지의 말을 무시하고 포터로 일하기 시작했는데, 지금은 그 결정을 후회하고 있다. 주방 보조에서 포터로, 그리고 고소 산악인으로 직급이 올라가면서 자신의 미래에 의문을 품기 전까지, 그는 12년 동안 정상들을 올랐다. "'언제까지 고소포터로 일할 수 있을까?' 하는 생각이 들었습니다." 그는 이웃인 작은 카림에게 조언을 구했다. 대부분의 후세 사람들과 달리 작은 카림은 여행을 많이 해서 폭넓은 식견을 갖고 있었기 때문이다. "알라는 이 모든 산을 우리에게 선물로 주셨어. 산은 우리에게 황금이나 마찬가지야." 그는 타키에게 등산학교를 운영해보라고 조언해주었다.

말은 쉬워도 실행은 달랐다. 모아놓은 돈을 쏟아부으며 끝없는 관료주의와 힘든 조직적 장애물을 극복한 타키는 '후세 복지 등산 및 등반학

을 측량하고 나서 'K2'라고 기록했는데, 이것이 바로 세계 제2위의 고봉 K2이다.

교'를 설립했다. "다른 몇몇과 더불어 산에서 어깨너머로 배운 산악인 지망생들을 훈련시키는 것부터 시작했습니다."라고 그는 설명했다. 중고 로프와 텐트, 침낭, 등반장비 등을 사들인 타키는 2013년 젊은 산악인들로 팀을 꾸려 브로드피크로 향했다. 그곳에서 그는 이탈리아의 유명한 알피니스트, 시모네 모로Simone Moro를 만났는데, 모로는 그에게 학교와 K2 원정등반을 후원해주겠다고 약속했다. 그리고 2021년 타키는 파키스탄인들로만 구성된 팀을 이끌고 K2 등정에 성공했다.

타키의 목표는 젊은이들을 훈련시키고 파키스탄 산악인들의 인지도를 높이는 것이다. 하지만 여전히 문맹이라는 장벽이 존재했다. "저는 영향력이 있는 사람들 앞에서 제 말과 꿈을 제대로 표현할 수 없습니다."라고 그는 말했다. 그는 해외 원정대가 남기고 간 자기 팀의 낡은 장비들을 최신 첨단 장비들로 바꾸고 싶어 했다. "등반은 힘들지 않습니다." 그가 밝게 말했다. "유일한 어려움은 자원입니다."

타키의 학교에서 혜택을 받은 사람들 중 하나가 바로 알리 두라니다. 그는 브로드피크와 K2에서 파키스탄인들로만 구성된 팀을 이끌었다. 알리는 등반할 때 보조 산소를 사용하지 않는데, 2021년 K2 정상에서는 담배를 피우기도 했다. 알리는 야망도 있지만 현실적이기도 하며, 이것이 바로 그의 등반 대부분이 외국 팀을 지원하는 등반인 이유이다. 2021년 인터뷰에서 그는 "우리는 가난한 사람들이고, 국민의 90퍼센트가 빈곤에 시달리고 있습니다."라고 설명했다. "게다가 코로나로 인해 2020년에는 아예 벌지도 못했습니다."

그러나 파키스탄 산악인들의 잠재적인 수입을 줄인 건 코로나만이 아니었다. 2001년 9월 11일에 발생한 테러는 전 세계, 특히 파키스탄과 아프가니스탄 국경을 따라 펼쳐져 있는 파슈툰족Pashtuns 지역을 썰렁하게 만들었다. 이 지역은 다가올 전쟁을 위해 재집결한다는 목적으로 아프가니스탄에서 후퇴한 탈레반 전사들과 긴밀한 관계가 있었으며, 그 결과 카라코람으로 오는 산악인들과 트레커들의 수는 9·11 이후 크게 줄어들었다.

2013년 낭가파르바트 서쪽의 디아미르 계곡에서 벌어진 11명의 산악인 학살도 마찬가지로 재앙이었다. 테러리스트들은 잡히지 않았다. 파키스탄 관광산업이 붕괴되고, 등반을 오는 원정대가 한동안 크게 줄어들었다. 이후 길기트-발티스탄 경찰국은 파키스탄 내에서 외국 원정대를 동반하며 보호하기 위해 특별부대를 창설했지만, 테러의 위협과는 거리가 먼, 평화를 사랑하고 환영하는 지역사회에 미친 경제적 파장은 엄청났다.

괜찮은 일자리를 얻을 수 있는 기회 중 하나는 현재도 진행 중인 인도와의 전쟁이다. 파키스탄의 깊은 산간마을에서 자란 많은 젊은이들은 현재 시아첸 빙하 근처에서 군복무를 하고 있는데, 그곳에서 그들은 24시간 방어태세를 갖춘 상태로 한 번에 6개월간 머문다. 해발 5,400미터의 낡은 플라스틱 움막에서 지내는 그들은 수십 년 동안 지속된 교착 상태에서 인도와의 국경을 지키며, 그 과정에서 산악기술을 터득하고 있다.

이제 50대 초반이 된 후세 산악인 유수프 알리Yousuf Ali는 인도와 파키스탄 사이의 통제선을 따라 싸우며 젊은 시절을 보냈다. 인생을 바꾼 그 경험을 통해 그는 이후 고소에서의 작업에 잘 적응할 수 있었다. 파키스탄 고봉들을 많이 등반하고 주로 가셔브룸2봉으로 가는 수많은 원정대에서 짐을 지어 나른 탓에 그는 모든 것들을 다 기억하지는 못한다. "K2 정상에도 올라보았지만, 카르길 전쟁Kargil War이 훨씬 더 힘들었습니다."라고 그는 말했다. 이마저도 아마 절제된 표현이었을 것이다. 미국 산악인 스티브 스벤슨Steve Swenson은 1999년 파키스탄 북부에 있을 때 직접 목격한 전쟁의 참상을 이렇게 회상했다. "피범벅이 되어 붕대를 감은 채 전장에서 갓 빠져나온 파키스탄 군인들이 탄 버스가 보였다. 전쟁의 공포를 이토록 생생하게 보여주는 건 처음이었다. 대부분이 10대처럼 보이는 부상당한 젊은이들을 보자 소름이 돋았다."

그럼에도 불구하고 유수프는 여전히 애국자이다. 그는 "되도록 오랫동안 조국에 봉사하고 싶습니다."라고 말했다. "죽어야 할 이유가 있는 한 죽는 건 문제가 되지 않습니다. 인생에서 뭔가 큰일을 이루고 싶습니다." 하지만 많은 이들은 그가 이미 이루었다고 반박할 것이다.

유수프와 마찬가지로 하지 로시는 50대인 데도 등반을 계속 잘하고 있는데, 아마도 그건 등반을 좋아해서 뿐만 아니라 7명의 자녀가 있는 그로서는 필요 때문이기도 하다. 1988년부터 원정대에서 일을 해온 그는 이제 자신을 '늙은 고소포터'라고 일컫는다. 그는 이렇게 설명한다. "가족들은 제게 이제는 늙어서 더 이상 정상에 오를 수 없다고 말하지만, 사자는 늙어도 발을 헛디디지 않습니다."

⫶⫶⫶⫶⫶⫶⫶

많은 파키스탄 산악인들은 미래에 대해 낙관적이며, 자신들의 직업이 더 많은 존중과 더 많은 임금, 그리고 위험에 대처하기 위한 더 많은 지원을 받을 수 있으리라 확신하고 있다. 하지만 심샬 출신의 파잘 알리Fazal Ali 는 그런 낙관주의에 동조하지 않는다. 아마도 그건 심샬 사람들이 1954년 K2에서 아미르 메흐디가 경험한 비극, 그 이상을 목격해왔기 때문일 것이다.

파잘은 한 번의 무산소 등정을 포함해 K2를 세 번이나 오른 매우 노련한 산악인이며, 또한 애국자이기도 하다. "이런 거대한 봉우리들의 정상에 파키스탄 국기를 날리는 것이 주요 동력입니다."라고 그는 말했다. 하지만 이는 조국에 대한 자부심만으로 할 수 있는 일이 아니다. 파잘은 겔린데 칼텐브루너Gerlinde Kaltenbrunner, 에두르네 파사반Edurne Pasaban, 랄프 두이모비츠Ralf Dujmovits 등과 같이 유명한 외국인들과 함께 오랫동안 등반해왔다. 따라서 그는 파키스탄인들이 적절한 재정적 지원을 받기만 한다면 서양인들에게 뒤질 것이 없다고 믿고 있다.

라자브 샤Rajab Shah 같은 파키스탄 최고의 산악인들은 자신들의 등반이 대통령상을 받을 자격이 있지만, 실질적인 보상을 받는 경우는 거의 없다고 지적한다. 대통령상에는 상금이 없다. 그런 상 대신 파잘 알리는 전문적 고소 산악인들이 가입할 수 있는 생명 및 상해보험에 대한 로비를 펼치고 있다.

"우리 국민들은 강인하고 체력이 좋습니다."라고 그는 말했다. "저는 강한 외국인들과 함께 일해 왔지만, 그 누구도 우리 파키스탄 산악인들보다 뛰어나진 않았습니다." 파잘은 원정 중이 아닐 때는 개인 피트니스 코치나 실내 암장, 훈련 프로그램, 혹은 스폰서 계약에 매달리지 않고 대신 심샬로 돌아간다. "저는 농사일을 하며 체력을 기릅니다."라고 그는 말했다.

심샬 산악인 샤힌 바이그 역시 미래에 대해 회의적이다. 2008년 K2 참사를 포함해 고소 원정등반에서 수없이 살아난 그는 이제 쿠드라트 알리Qudrat Ali와 함께 파키스탄의 미래 세대(젊은 남성들과 여성들)를 훈련시키는 일에 온힘을 쏟고 있다. 그들의 심샬등산학교가 기본을 가르치고 기술과 야망 사이의 균형을 이해하도록 도와줌으로써, 예비 산악인들의 역량을 강화하는 데 중점을 둔 것은 주목할 만하다.

두 사람 모두 지프 도로가 건설되기 전 심샬에서 자랐다. 쿠드라트는 200킬로미터가 넘는 길기트의 고등학교까지 며칠 동안 걸어가기도 했고, 집으로 돌아가는 길에는 파수에서 심샬까지 포터 역할을 하기도 했다.

샤힌과 쿠드라트는 등산학교의 교훈이 안전이며, 전문분야에서 탁월한 능력을 발휘하는 데 필요한 마음가짐을 심어주는 것이라고 주장한다. 쿠드라트는 파키스탄 작가 캄란 알리Kamran Ali에게 이렇게 말했다. "여기에는 언제 돌아서야 할지 아는 것도 포함되어 있습니다." 늘 그렇듯 문제는 자금이다. 등산학교 건물은 시모네 모로 등 이탈리아 산악인들이 자금을 지원했지만, 훈련 자금은 샤힌과 쿠드라트가 자체적으로 마련하고 있다.

성평등에 깊은 인상을 받아 이 일에 참여하게 된 모로는 "열린 마음을 가진 소년 소녀들이 동등한 대우를 받습니다."라고 증언했다. 이 학교는 8명의 심샬 소녀들(두르 베검, 파르자나 파이잘, 샤킬라 누마, 탁트 비카, 하피자 바노, 메라 자빈, 하미다 비비, 그리고 고하르 나가르)을 가르치고 이끌고 후원해서 해발 6,050미터인 망리크 사르의 동계 초등을 이뤄냈다. 쿠드라트 역시 딸 소하나Sohana와 함께 6천 미터급 봉우리를 올랐으며, 딸과 함께 8천 미터급 고봉도 오를 계획이다. 하지만 샤힌은 자식들에게 자신의 뒤를 따르도록 장려할 생각이 없다. 그는 자식들의 식습관과 생활방식이 자신이 겪은 훨씬 힘들었던 삶과는 많이 다르기 때문에 특히 직업으로 등반을 하는 경우 위험요소가 많다고 말했다.

많은 파키스탄 산악인들은 자국의 고소 산악계가 진보하고 있음을 명확히 인식하고 있다. "초창기의 외국 산악인들은 파키스탄 고소포터와 함께 루트를 개척했다는 소리를 들었지만 지금은 많이 달라졌습니다."라고 심샬 산악인 압둘 조쉬Abdul Joshi는 말했다. "직업이 상업화가 되면서 상황이 바뀌었습니다. … 작업은 파키스탄인들과 네팔인들이 거의 다 하는 데도 돈을 낸 사람이 인정받습니다. 특히 스스로는 아무것도 못하는 이런 외국인들은 산악인이라고 할 수도 없습니다." 그의 말에는 쓸쓸함이 묻어났다.

사드파라의 작은 발티 마을에는 무성한 녹색 포플러나무 숲, 곡식이 익어가는 황갈색 밭, 그리고 계곡을 둘러싸고 우뚝 솟아오른 모래색의 봉우리 등으로 다양한 색조가 펼쳐진다. 매년 가을마다 계곡은 산등성이 너머로 낮게 스며드는 햇살에 수많은 잎사귀가 반짝거리고, 이제 서리가 내리면 경이로운 흰색을 빚어낸다. 해발고도 2,600미터의 사드파라는 산악인을 위한 이상적인 훈련장이다. 사실, 현재 파키스탄의 고산에서 일하고 있는 20여 명의 산악인들은 거의 다 이 지역 출신이기도 하다.

자신의 이름을 알린 최초의 산악인은 하산 아사드 사드파라Hassan Asad Sadpara였다. 그는 조국 밖에 있는 에베레스트를 포함해 6개의 8천 미터급 고봉을 오른 최초의 파키스탄인이었다. 그것도 에베레스트를 제외하곤 모두 무산소로 올랐다. 2016년 암으로 세상을 떠나기 전, 그는 많은 파키스탄 산악인들의 꿈인 자녀 교육을 실현할 수 있었다.

그의 동생 사디크Sadiq는 애초 등에 나무를 지고 마을 위쪽의 가파르고 미끄러운 비탈을 가로지르며 이동하는 법을 배웠다. 그리고 1999년 등반에 입문했는데, 당시 그는 가셔브룸1봉을 처음 시도해 정상까지 올라갔다. 그 후 22년 동안 사디크는 폴란드, 프랑스, 이탈리아 등지에서 온 원정대와 함께 고소 산악인으로 일했다. 그는 가셔브룸2봉 여섯 번을 포함해 파키스탄의 8천 미터급 고봉을 모두 등정했다. 하지만 그는 여전히 중고 등산장비를 파는 작은 상점을 운영하고, 감자를 재배해서 내다 팔고, 가축을 기르는 일로 수입을 보충하고 있다.

파키스탄 산악인들이 직면한 재정적 어려움을 인식하는 것이 중요하다. 그들의 역량은 특히 정규교육이 부족하고 좋은 장비가 없다는 점을 고려하면 놀라울 따름이다. 재킷, 부츠, 장갑, 크램폰 등 모든 것들이 낡은 중고품이다. "저는 중고품을 저렴하게 구입합니다."라고 알리 무사 사드파라Ali Musa Sadpara는 설명한다. "등산화 한 켤레가 20-30만 파키스탄 루피(1,000달러)나 나갑니다. 다운파카도 비쌉니다. 장비를 다 갖추려면 150만 파키스탄 루피(7,500달러)가 들어가는데, 이런 돈을 벌려면 3년도 더 걸립니다. 제가 이런 것들을 사면 살림을 꾸려나갈 수가 없습니다."

무하마드 하산 역시 두말할 나위 없이 이런 것들을 살 여유가 없었다. 2023년 7월 27일 이 포터가 K2 상단부의 눈 위에서 누워 죽어가고 있을 때, 3시간 동안 그를 넘거나 돌아서 정상으로 올라갔다 내려온 수많은 산악인들은 그의 장비가 너무나 형편없음을 목격했다. 무하마드의 우선순위는 다운파카나 두터운 벙어리장갑이 아니었다. 그는 돈을 벌어 병든 어머니를 치료해드리고 싶어 했다. 부끄럽게도, 존경이나 동정을 표하며 그를 더 낮은 고도로 데리고 내려온 사람 또한 아무도 없었다. 그랬더라면 어쩌면 그는 살았을지도 모른다. 무하마드 하산이 보틀넥에 고정로프 설치를 위해 진입한 것은 그때가 처음이었는데, 결국은 마지막이 되고 말았다.

꒤꒤꒤꒤꒤꒤

작은 후세인이 파키스탄 최고의 산악인으로 인정한 알리 라자 사드파라는 8천 미터급 고봉을 무려 17번이나 등정해, 산 자와 죽은 자를 불문하고 이 부문 최고의 파키스탄인이 되었다. 무성한 검은 머리가 모자 아래로 삐져나와 얼굴 옆으로 이어지면서 인상적인 수염으로 마무리되며, 환한 미소를 지으면 부드러운 표정이 된다.

외아들인 알리 라자는 아버지의 권유로 학교에 진학해서 산의 유혹을 피할 수 있었다. 하지만 초등학교 2학년 때 학교가 화재로 소실되면서 갑자기 학업이 중단되었고, 그는 산에서 친구들과 합류했다. "어렸을 때 우리는 목동이었기 때문에 적응하는 데 도움이 되었습니다."라고 그는 설명했다. "이곳엔 4,000-6,000미터의 작은 봉우리들이 있어 가축을 돌보며 매일같이 산을 오르곤 했습니다." 하나의 일이 다른 일로 이어지면서 열여섯 살에는 콘코르디아 분기점에서 하급 포터로 일했다. "K2와 브로드피크를 보자 저도 이 거대한 산을 오를 수 있겠다는 생각이 들었습니다."라고 그는 말했다. 이듬해 가셔브룸2봉에서 짐을 지어 나른 그는 2년 후 기회를 잡을 수 있었다.

"1986년 K2에서 고소포터로 일했습니다. … 크램폰을 어떻게 착용하는지, 다른 장비들을 어떻게 사용하는지 알지도 못했습니다." 이후 그는 전 세계에서 온 사람들과 함께 등반을 계속했다. "함께 했던 외국인들은 우리가 네팔인들만큼 뛰어나다는 사실을 알게 되었습니다."라고 그는 말했다.

그가 고산 등반에서 피해야 한다고 배운 한 가지는 바로 겨울이었다. "사드파라에서 가장 유명한 무하마드 알리 사드파라와 함께 브로드피크로 동계 등반을 떠났습니다."라고 그는 말했다. "세 번 시도했지만 모두 실패했습니다. 사람을 들썩일 정도로 바람이 불어서 로프에 매달린 채 날아갈 뻔했습니다. 다행히 로프는 끊어지지 않았어요. 우리는 바람이 잦아들 때까지 2시간이나 납작 엎드려 기다린 후에야 마침내 2캠프에 도착할 수 있었습니다." 브로드피크의 혹독한 동계 상황을 보고 알리 라자는 미래의 즐거움을 포기했다. 그렇지 않으면, 그가 간단히 표현한 바처럼, "죽음은 피할 수 없게 될 것 같았다."

등산에 대해 낙관론자인 알리 라자는 네 아들 중 셋에게 고산을 오르도록 격려했다. 이제 쉰 살이 된 그가 유일하게 후회하는 것은 후원자가 없었다는 점이다. "후원자만 있었다면 8천 미터급 고봉 14개를 모두 올랐을 겁니다."라고 그는 말했다. "저는 파키스탄에 있는 고봉만 17번 올랐습니다." 2021년에 있었던 어느 대담에서 그는 앞으로 3-4년 더 등반할 수 있을 것 같으며, 몇 가지 특별한 계획을 염두에 두고 있다고 밝혔다. "후원을 받는다면 파키스탄 내에 있는 8천 미터급 고봉 5개 모두를 한 시즌에 오를 수 있을 것 같습니다." 하지만 그것이 가능하지 않다면, 마을에 있는 다른 사람이 분명히 해내리라고 기대하는 것 또한 행복하다고 그는 덧붙였다. "미래 세대를 위해 터전을 만드는 게 중요합니다."

이듬해 여름, 알리 라자는 K2 원정 훈련을 하던 중 추락해 중상을 입었다. 그리고 몇 주 후 스카르두의 병원에서 사망했다. 파키스탄 산악계는 미래 세대를 지도하는 데 혼신의 힘을 다한 파키스탄 최고의 산악인이 일찍 세상을 떠나자 충격에 빠졌다.

파키스탄의 젊은 슈퍼스타 시르바즈 칸Sirbaz Khan은 자신의 친구가 '우스타돈 카 우스타드usataadon ka ustaad(선생들의 선생)'였다고 말하며 비탄에 잠겼다.

⦚⦚⦚⦚⦚⦚⦚

사드파라 같은 작은 마을에서 배출한 세계 정상급 산악인의 수와 알리 라자 같은 사람들이 축적한 경험의 정도를 고려하면, 파키스탄 산악인들이 여전히 현장에서 배워야만 하는 현실은 매우 불공평해 보인다. 그럼에도 훈련 프로그램에 대한 조직적, 혹은 재정적 지원이 거의 없기 때문에 이는 어쩔 수 없다.

무르타자 사드파라Murtaza Sadpara는 2021년부터 등반을 시작했다. "저는 훈련을 전혀 받지 않았습니다."라고 그는 말했다. "그냥 현장으로 가보고 싶어서 알리 라자와 함께 가셔브룸2봉을 등반했습니다. 그는 산을 오르면서 제게 가르쳐주었습니다. 내년에는 K2 정상에 오를 예정입니다. 그때까지 좀 더 배워야겠죠."라며 이렇게 덧붙였다. "체력을 유지하기 위해 저는 바위를 깨는 일을 하며 먹고 삽니다."

무하마드 알리 사드파라의 조카 임티아즈 후세인 사드파라Imtiaz Hussain Sadpara 역시 도로 건설 현장에서 바위를 깨는 일로 생계를 유지했다. 돈도 별로 받지 못하는 혹독한 직업이었다. 고소 산악인으로서 그의 첫 번째 일은 2017년 스물아홉 살에 브로드피크로 가는 것이었다. 그는 삼촌과 함께 정상에 올랐다. 그가 베이스캠프로 내려오자 정상에 오르지 못한 다른 고객들이 다시 한번 올라갈 수 없겠느냐고 물었다. 알리 사드파라는 그들에게 이렇게 말했다. "당신들이 할 수 있다면 그렇게 하지요." 그리하여 임티아즈는 첫 원정등반에서 브로드피크를 두 번이나 올랐다.

2018년 K2에 오른 임티아즈는 그곳이 브로드피크보다 쉬워서 놀랐다. "저는 셰르파 한 명과 파키스탄 사람 두 명과 함께 로프 설치 팀에 있었습니다."라고 그는 설명했다. "브로드피크에서는 지어 올려야 하는 보급품이 많았습니다. 그런데 K2에서는 로프 설치 팀이라서 로프만 갖고 다녔습니다."

지금까지 임티아즈는 보조 산소를 사용하지 않고 브로드피크를 세번, K2를 한 번 올랐다. 하지만 정말 좋아하는 것이 무엇이냐고 묻자 그는 이렇게 대답했다. "암벽등반을 할 수 있는 루트에 가보고 싶습니다." 파키스탄에는 가파르고 까다로운 6천 미터급과 7천 미터급의 봉우리들에서 초등을 하거나 신루트를 낼 수 있는 기회가 무수히 많다. 하지만 더 낮은 봉우리들에서 더 어려운 곳을 초등하는 것은 스폰서를 구할 수 없기 때문에 돈이 되지 않는다. 결과적으로, 개인적인 열정에도 불구하고 임티아즈의 일터는 여전히 8천 미터급 봉우리들의 노멀 루트이다.

알리 사드파라의 또 다른 조카 무하마드 샤리프 사드파라Muhammad Sharif Sadpara는 젊은 시절을 시아첸 빙하에 주둔한 파키스탄 육군에서 보냈다. 15년이 지난 후 샤리프는 다른 일을 찾기 시작했고, 삼촌은 등산을 권했다. 2021년 그는 첫 시도에서 K2를 등정했다.

그는 "보틀넥에 대한 얘기를 많이 들어서 셰르파에게 물었습니다. '보틀넥이 뭐야? 어디에 있어?'"라며, "그러자 그는 1시간 반 전에 지났다고 알려주었습니다"라고 말했다.

후세, 마출루, 심샬, 사드파라 같은 곳 출신의 세계적인 산악인 수십 명이 여전히 제대로 알려지지 않았다는 사실은 유감이다. 그들은 강인하고 의욕적이며, 야심 찬 산악인들이다. 하지만 그들의 훈련은 기초적인 수준이고, 중고장비는 구식이며, 가족은 가난하다. 그들은 네팔의 셰르파 동료들을 부러워한다. 같은 훈련 시설, 같은 후원의 기회, 그리고 비슷한 수준의 교육을 주기 위해 그들이 할 수 있는 게 무엇이 있겠는가.

11
동계 등반의 고수, 사드파라 산악인들

아버지는 지금 알라와 함께 계십니다. 아버지는 안전합니다. 저는 단지 의문을 풀고, 마지막 발자취를 따르고, 아버지가 무엇을 보았는지 알기 위해 갑니다. 아버지가 저에게 뒤따라 올라오라는 어떤 흔적을 남겼는지, 아버지가 저에게 알려주고 싶은 어떤 게 혹시라도 있는지 확인하기 위해서입니다.

사지드 사드파라Sajid Sadpara
「익스플로러스웹닷컴explorersweb.com」, 2021년 6월 25일

사드파라 마을은 우리가 지금까지 본 바와 같이 야심차고 재능 있는 고소 산악인들을 여럿 배출했다. 고소 덕분일까? 가혹한 생활 조건 덕분일까? 아니면 자랑스럽고 명예로운 등산의 유산 덕분일까? 아마도 이 모두가 답일지 모른다. 하지만 그런 인상적인 집단에서도 산악인 한 사람이 유독 두드러졌는데, 바로 무하마드 알리 사드파라였다. 알리 사드파라로 알려진 그는 지역적 전통, 지역적 인지도, 심지어는 파키스탄 영웅으로서의 지위마저 초월한 인물이다. 2021년 2월 K2에서 실종되자 알리 사드파라는 조국의 경계선을 훌쩍 뛰어넘는 비극의 상징이 되었고, 전 세계의 산악계가 그의 죽음을 애도했다.

알리 사드파라는 1976년 2월 2일 11명 중 막내로 태어났다. 그러나 형제자매 8명은 어린 시절을 넘기지 못했다. 어렸을 적 그는 아버지 하지 아사드Haji Asad와 형 네마트 알리Nemat Ali와 함께 마을 위쪽의 목초지에서 가축을 키우고, 누나 말리카Malika와 어머니 피자Fiza와는 코란을 공부했다. 사드파라에 있는 초등학교에 다녔지만 그 마을에서 다른 교육의 기회가 없었기 때문에, 아버지는 자식들이 학업을 계속할 수 있도록 가족을 데리고 스카르두 인근의 순두스Sundus 마을로 이사했다.

대학을 마친 알리 사드파라는 중고장비 가게를 열었다. 그리고 곧 그 장비를 개인적으로 사용했다. 이 젊은이의 타고난 재능을 한눈에 알아본 사드파라 마을의 전설, 알리 라자와 함께 그는 1966년에 비아포 빙하의 스노레이크Snow Lake로 첫 원정등반을 떠났다. 이듬해 알리 사드파라는 사드파라 마을의 또 다른 산악인, 하지 무하마드 후세인Haji Muhammad Hussain의 딸 파티마Fatima와 결혼했다.

알리 사드파라의 신체적 능력과 타고난 지능은 호기심 많고 성실한 기질이 더해져 한층 빛을 발했다. 그는 사람들을 따뜻하게 대했고 사람들도 이에 응했다. 그의 미소는 텐트를 환하게 밝혀주었다.

알리 라자로부터 기초훈련을 받은 알리 사드파라는 K2 한국청소원 정대에서 첫 고소포터 자리를 얻어 산에 남겨진 쓰레기와 낡은 고정로프를 제거했고, 라톡과 낭가파르바트에서 구조작업에 참가했다. 2006년 그는 7,029미터의 스판틱피크 정상에 처음으로 초록색 바탕에 초승달이 그려진 국기를 들어올렸다. 그리고 그해 말 가셔브룸2봉 등정으로 그의 미래를 보장받았다. 그의 등반은 가장 치명적인 산 낭가파르바트, 중국의 무즈타그 아타, 다시 낭가파르바트, 그리고 2010년 가셔브룸1봉으로 이어졌다.

2011년, 그는 해발 8,000미터에서 차고 희박한 겨울 공기를 견디기로 결심했다. 처음 동계에 8천 미터급 고봉을 오르자는 아이디어를 낸 사람은 수십 년 전 폴란드 산악인 안제이 자바다Andrzej Zawada였다. 1980년대 내내 폴란드 산악인들은 전후의 암울한 정치 상황에서 연마된 자신들의 힘과 등반 기술과 강인함을 히말라야로 가져왔다. 그들은 8천 미터급 고봉 대부분의 동계초등에 성공했다. 하지만 더 북쪽에 위치한 카라코람은 춥고 바람도 많이 불어 전혀 다른 상황이었다.

겨울의 카라코람은 폴란드인들과 그들을 뒤따르는 팀들을 당황스럽게 했다. 하지만 2009년 겨울 네팔에 남은 마지막 8천 미터급 고봉인 마칼루가 러시아인 데니스 우룹코Denis Urubko와 이탈리아인 시모네 모로에게 함락되자 파키스탄의 산들이 손짓했다. 그 사이 폴란드 원정대가 1987년부터 카라코람에 들어오고 있었지만, 이 지역이 겨울에 '인기'를 얻게 된 것은 21세기에 접어들어서였다. 기온이 적어도 영하 25도까지 떨어지는 데도 불구하고 인기는 한껏 치솟아 올랐다.

아르투르 하이제르Artur Hajzer가 이끄는 폴란드 원정대가 2011년 3월 브로드피크로 향했는데, 이때부터 폴란드 '얼음의 전사들'에 의한 동계 등반의 긴 승리의 행렬이 이어지게 된다. 그 원정대에는 2명의 사드파라 산악인인 알리 라자와 알리 사드파라가 동행했다.

폴란드의 알피니스트이자 고소의학 전문가인 로베르트 심차크 Robert Szymczak 박사는 그때의 상황에 대해 이렇게 암시했다. "2인용 작은 텐트 두 동에 각각 3명씩 들어가 몇 시간을 보냈다. 차오르는 습기에다 음식을 만들 공간도, 시간도, 기운도 없어 힘과 의지가 다 빠져나갈 것 같다. 밤이 되면 한 사람이 만트라mantra를 읊조리기 시작한다. 하지만 내용은 '옴 마니 반메 훔Om mani padme hum'이 아니라, '제기랄 … 내가 대체 여기서 뭘 하는 거지?'였다."

3월 7일 첫 번째 정상 공격이 시작되었다. 하이제르, 심차크, 크지슈토프 스타레크Krzysztof Starek와 알리 사드파라가 2캠프에 도착해 보니 텐트 두 동이 모두 바람에 날아가고 없었다. "우린 겨우 찾아낸 텐트의 한쪽 구석에서 잠을 잤습니다."라고 하이제르가 말했다. 라파우 프로니아Rafał Fronia는 베이스캠프에서 상황을 지켜보고 있었다. "2캠프에는 현재 시속 100킬로미터의 강풍이 불고 있다. … 힘든 밤이 되겠지만 … 우리 원정대의 모토는 '희망은 결코 얼어붙지 않는다.'이다."

바닥이 없어 눈이 날려 들어오고, 기온이 영하 10도까지 떨어진 상황에서, 이전 원정대가 버린 찢어진 텐트의 구석에 앉아 보내는 밤은 불편하기 짝이 없었다. 심지어 침낭 속으로 기어들어갈 수도 없었다.

알리 라자는 발가락에 동상이 걸려 하산했다. 새벽 3시, 알리 사드파라 역시 말초신경에 동상 조짐을 느끼자 후퇴했다. 두 폴란드인은 새벽 5시경 용감하게 계속 올라갔지만, 이내 돌아설 수밖에 없었다.

베이스캠프로 내려온 그들은 마냥 기다렸다. 모두에게 너무나 익숙한 겨울의 기다림 게임이었다. 폭풍설이 몰아치고 또 몰아쳐 꼼짝도 할 수 없었다. 3월 14일이 되자 정상에 다시 도전할 수 있을 만큼 날씨가 좋아졌다. 폴란드인 셋과 파키스탄인 둘이 3캠프로 접근하는 동안 시속 50

킬로미터의 바람이 그들을 강타했으며 위로는 렌즈구름이 아름답게 펼쳐졌는데, 그것은 바로 8,000미터에는 더 강한 바람이 불고 있다는 의미였다.

결국 2011년 브로드피크 동계등반은 실패로 돌아갔다. 알리 사드파라로서는 동계등반에 대한 혹독한 신고식이었고, 동상은 차후 원정등반에 지장을 줄 것이 뻔했다. 하지만 그는 낙담하지 않았으며, 오히려 겨울이 선사하는 독특한 '고통의 예술'에 흥미를 더 느꼈다.

이듬해 2월 그는 가셔브룸1봉으로 가는 아르투르 하이제르 3인조와 합류했다. 폴란드인들을 위해 알리 사드파라와 함께 일한 사람은 샤힌 바이그였다. 알리 사드파라와 샤힌은 엄밀히 말하면 고소 담당으로 고용되었지만, 그 원정대의 정식 대원 역할도 함께 했다. 1980년대로 돌아가 폴란드 원정대가 처음 히말라야로 진출했을 때는 길을 뚫고, 고정로프를 설치하고, 캠프를 세우고, 여러 차례 정상 등정을 시도하기 충분할 정도의 산악인 부대와 함께 왔었다. 하지만 이제는 시대가 달라졌다. 많은 폴란드 사람들이 직업을 가졌고 사회생활까지 했다. 그리고 1년 중 가장 추운 몇 달을 카라코람에서 보내려 하지 않았다. 알리와 샤힌 덕분에 폴란드 원정대는 3명에서 5명으로 늘어났다.

그해 겨울 가셔브룸1봉에는 사드파라 출신 산악인이 한 명 더 있었는데, 알리 사드파라의 친구 니사르 후세인Nisar Hussain이 바로 그였다. 그는 오스트리아 알피니스트 게르프리드 괴칠Gerfried Göschl이 이끄는 국제원정대의 일원이었다. 비록 두 원정대는 산의 반대편에서 서로 다른 목표를 가지고 움직이고 있었지만, 베이스캠프 사이트는 함께 사용했다. 첫 3주 동안 폴란드인들은 3캠프를 설치한 일본 쿨르와르 밑에서부터 위로 치고 올라갔다. 그곳에 캠프를 세우는 동안 알리 사드파라는 이미 손상된 발가락에 심한 동상을 입었다.

"알리, 미안하지만 넌 등반을 해선 안 돼." 그의 발가락을 본 하이제르가 말했다.

"전 정말 괜찮은데요. 전에도 동상을 입었던 적이 있어요."

"하지만 알리, 이건 2도 동상이야."

알리는 아무 말도 하지 않았다. 그는 내려가고 싶지 않았다. 그는 등반에 대한 자신만의 야망이 있었고, 그중 하나가 바로 가셔브룸1봉을 겨울에 오르는 것이었다. 하지만 하이제르는 흔들리지 않았다. 며칠 후 알리는 포기하고 말았다. 그에게 원정등반은 끝난 것이나 다름없었다. 마침내 그 산의 동계 초등을 해낸 폴란드인 둘 중 하나인 아담 비엘레츠키 Adam Bielecki는 그 순간을 이렇게 회상했다. "알리는 망연자실했습니다. 그는 뛰어난 산악인이었고, 우리 대원이었습니다. 그는 정상 등정을 간절히 원했습니다만 아르투르는 그의 미래를 위해 억지로 내려보냈습니다."

그해에 그들 세 파키스탄인은 가셔브룸1봉에서 두 원정대에 상당한 고소 경험을 제공했지만, 2012년 2월 중순 그 산을 강타한 폭풍설은 이전의 모든 경험을 훌쩍 뛰어넘었다. 베이스캠프에 부는 바람은 시속 120킬로미터에 달했다. 텐트가 찢어지고, 무거운 장비통이 허공으로 날아가고, 인근 부대에서는 엄청난 돌풍에 7.5톤의 헬기 동체가 20미터나 밀려갔다. 비엘레츠키는 이렇게 회상했다. "겨울의 카라코람은 이 세상의 끝이었습니다. 폴란드에선 영하 40도가 어떨지는 상상 가능하지만, 영하 60도는 추상일 뿐입니다." 그런 기온에서 피부가 노출되면 2분도 채 되지 않아 얼고 만다.

2월 25일, 폴란드 팀은 알리 사드파라를 빼고 다시 출발했다. 그들은 27일 하루 동안 날씨가 좋다는 예보를 믿고 정상 등정에 나서기로 했다. 그러나 2캠프에 도착해보니 아무것도 없었다. 캠프가 아예 사라져버린 것이다. 그들은 그날 밤 1캠프로 후퇴했다. 그런데 샤힌이 토하기 시작했다. 폴란드인들은 위궤양을 의심했다. 그럼에도 샤힌은 비엘레츠키와 함께 다시 나섰다. 바람에 너무나 많은 눈이 휘몰아쳐 그들은 방향감각을 잃었다. 30분 동안 걸었는데 다시 제자리로 돌아오자 그들은 충격에 휩싸였다. 완벽한 원을 그리며 방황한 것이다.*

일단 GPS로 방향을 다시 찾은 다음, 이제는 더 이상 존재하지 않는 2캠프를 지나 3캠프로 올라갔다. 높이 올라갈수록 바람이 더욱 거세졌다. 돌풍이 너무 강해 일본 쿨르와르를 오르는 동안에는 위로 날려 올라가기도 했다. 바람에 비틀거려 균형까지 잃게 되자 그들은 몸을 돌려 산을 내려왔다. 그러던 중 2캠프에 있던 장비와 텐트의 잔해를 원래의 장소에서 수백 미터나 떨어진 곳에서 발견했다. 그들은 모든 걸 회수해 다음 정상 공격 때 쓸 요량으로 아이스스크루를 이용해 캠프를 고정시켰다. 비엘레츠키는 자신의 파트너 샤힌을 존경해마지 않았다. "그는 무척 강했습니다. 게다가 겸손하고 내성적이었습니다. … 그는 우리 팀의 큰 자산이었습니다."

3월 8일 날씨가 잠깐 좋아진다는 예보를 접한 폴란드 팀은 다시 위로 올라가기 시작해, 아담 비엘레츠키와 야누시 고왕프Janusz Gołąb, 아르투르 하이제르, 샤힌이 6일 오후 1시 1캠프에 도착했다. 다음 날 그들은 2캠프를 건너뛰고 3캠프로 곧장 갈 계획이었지만, 바람이 그들을 2캠프로 휩쓸어내려 그곳에서 밤을 버텼다. 그날 저녁, 좋은 날씨가 9일까지 계속될지도 모른다는 예보를 접한 하이제르는 등반 계획을 변경했다. 자신은 2캠프에서 머물고, 나머지 셋은 다음 날 아침 일찍 3캠프로 올라가서 그곳에는 비엘레츠키와 고왕프만 남고, 샤힌은 3캠프를 세우는 것만 도와주고 홀로 2캠프로 내려와 자신과 함께 대기한다는 것이었다. 비엘

---

*   이런 현상을 '링반데룽ringwanderung'이라고 한다.

레츠키와 고왕프는 3월 8일 밤 정상 도전에 나서기로 했다. 하지만 밤 기온을 고려하면 터무니없는 계획이었다.

그것은 아르투르의 계획이었고, 그는 2캠프에 남는 것으로 만족하는 듯했다. 하지만 샤힌은 분명 갈등을 느꼈을 것이다. 그는 어느 누구보다도 더 열심히 일했다. 가장 무거운 짐도 3캠프로 지어 날랐는데, 이제는 정상에도 오르지 못한 채 심샬의 집으로 향하게 될 처지였다. 하지만 비엘레츠키는 그가 가슴 깊은 곳에서 이것을 원하고 있다고 확신했다. "샤힌은 산에서 매우 강한 사람이었지만, 그의 마음은 정상이 아니라 가족과 함께 있었습니다."

3월 9일 비엘레츠키는 오전 8시에, 고왕프는 20분쯤 뒤에 가셔브룸 1봉 정상을 밟았다. 그는 베이스캠프로 무전을 했고, 국제원정대로부터는 어떤 소식도 들을 수 없었다. 그로부터 10분 후 산의 반대편에서 무전이 왔다. 게르프리드 괴칠의 팀이 정상 300미터 아래에서 머물고 있는데, 괴칠과 세드릭 헬렌Cedric Hählen이 니사르와 함께 올라올 준비를 하고 있다는 것이었다.

두 팀은 정상에서 만나기를 바랐지만 비엘레츠키와 고왕프는 그들을 기다릴 여유가 없었다. 두 사람은 3캠프로 내려와 조금 쉬며 차를 마시고 수분을 보충했다. 두어 시간 후 계속 내려가려고 텐트에서 기어 나오자 폭풍설의 최전선이 이미 턱밑까지 와 있었는데, 그 규모가 어마어마해서 마치 세상과 단절시키려는 것 같았다. 오후 5시, 폴란드인들은 하이제르와 샤힌과 함께 2캠프에 도착했다. 폭풍설이 거세지자 그들은 그 산의 반대편 높은 곳에 여전히 머물러있을 친구들에 대해 공포의 전율을 느꼈다.

폴란드 팀은 베이스캠프에 도착했다. 그러나 괴칠, 헬렌, 니사르로부터는 더 이상의 소식이 들려오지 않았다.

니사르 후세인은 7명의 형제자매 중 맏이였다. 아버지가 지병을 얻자 니사르는 어린 나이에 온 가족을 책임져야 했다. 10대에 도로를 건설하는 일에 뛰어들었으며, 그 후 포터 일로 단계를 높였다. 고소에서의 일은 임금이 무척 좋은 반면 위험이 훨씬 더 컸다.

게르프리드 괴칠의 2012년 가셔브룸1봉 국제원정대에서 물류를 담당한 '어드벤처파키스탄Adventure Pakistan' 회사 소속의 무하마드 알리는 니사르를 잘 알고 있었다. "니사르는 매우 강인하고 직업의식이 투철하며 겸손한 사람이었습니다."라고 그는 말했다. "산에서 그는 로프를 설치하고, 길을 뚫고, 차를 끓이는 등 쉴 새 없이 움직였습니다. 그리고 베이스캠프에서는 주방을 돕고, 고객들의 텐트를 관리하고, 옷을 수선하는 일도 했습니다. 등산은 그의 가슴에서 우러나오는 열정이었습니다."

2003년 무하마드는 니사르를 괴칠에게 소개해주었다. "처음 알게된 이후로 우리는 친한 친구가 되었습니다."라고 그는 말했다. "니사르는 파키스탄의 8천 미터급 고봉들을 무산소로 여덟 번이나 올랐습니다. … 의심할 여지없이 그는 파키스탄에서 가장 강한 산악인입니다." 『파키스탄익스플로러Pakistan Explorer』와의 인터뷰 도중 괴칠은 등반에 대한 니사르의 순수한 사랑을 언급했던 무하마드의 말을 뒷받침하는 발언을 했다. "물론 그는 (HAP들이 그렇듯) 돈을 벌기 위해 산을 올랐습니다. … 하지만 그에게는 열정이 있었습니다. 이번 겨울에는 처음으로 니사르가 돈 때문이 아니라 프로젝트를 함께 해내고 싶어서, 우리와 합류했습니다. 그는 G I 을 아주 잘 알고 있습니다."

산을 잘 알고 있음에도 불구하고 니사르와 국제원정대에게는 운이 따르지 않았다. 허리케인 같은 바람이 산을 강타해 베이스캠프에서 옴짝달싹하지 못한 채 마냥 기다려야 했는데, 무척이나 힘든 시간이었다. 3명의 기상학자들이 3월 8일에 날씨가 좋을 것이라고 예보하자, 파란 하늘이 나타나면 정상에 도전하기 위해 모두가 사정권 내로 집결했다. 니사르의 팀은 남쪽에서 산을 오를 작정이었다. 두 팀은 정상에서 만나 동계 초등의 기쁨을 함께 나누기로 했다. 이를 위해서는 정확한 타이밍이 필요했다.

니사르와 괴칠, 헬렌은 3월 6일 1캠프로 올라갔다. 7일에 그들은 남봉의 능선을 넘어 가셔브룸1봉의 상부 분지에 도착한 후 7,100미터쯤에서 비박에 들어갔다. 그날 저녁 괴칠은 위성전화로 베이스캠프와 교신하며, 몹시 춥고 시야가 좋지 않지만 바람은 거의 불지 않는다고 말했다. "새벽 3시쯤 출발할 겁니다. 오후에 정상에 오른다면 좋겠습니다."라고 그는 말했다.

그때 날씨가 갑자기 돌변했다. 폴란드 팀이 폭풍설을 뚫고 탈출하던 그 시간에, 니사르와 괴칠, 헬렌으로부터는 아무런 연락이 없었다. 결국 그들의 시신은 발견되지 않았다.

〰〰〰〰〰

니사르 후세인이 사망하자 파키스탄 정부는 그에게 시민상Sitara e Imtiaz을 추서했으며, 상은 남동생이 대신 받았다. "형은 가셔브룸1봉을 네 번, 가셔브룸2봉을 네 번, 브로드피크를 두 번, 낭가파르바트와 K2를 각각 한 번씩 올랐습니다."라고 카짐Kazim은 말했다. "물론 7천 미터급 산도 올랐고, 2006년에는 발티스탄산악회를 만들어 젊은 산악인들을 키웠습니다." 파키스탄산악회는 그에게 공식적인 조의를 표했다. "우리는 위대한 산악인이자 좋은 남편, 좋은 아버지, 그리고 무엇보다도 훌륭한 한 사람을 잃었습니다. … 신께서 그의 영혼에 천국의 영원한 평화를 주시고,

그의 가족에게 돌이킬 수 없는 이 상실을 이겨낼 힘을 주시기를 기원합니다."

니사르의 수많은 업적을 감안할 때, 그의 생전에 정부나 외국 후원자들이 더 많이 지원해주지 않았던 것은 놀랄 만한 일이다.

2011년 여름, 니사르와 함께 가셔브룸2봉 정상에 오른 캐나다 알피니스트, 루이 루소Louis Rousseau는 그를 슈퍼스타 산악인이라고 불렀다. "작지만 매우 강했습니다. 그 시즌 많은 사람들이 그의 노력 덕분에 가셔브룸2봉 정상에 오를 수 있었습니다."라고 루소는 말했다. "가셔브룸1봉 동계 팀에 합류하게 되었다고 내게 전했을 때, 그는 '그들을 돌봐야 한다'며, 거긴 자기 나라이고, 그것이 자신의 직업이라고 말했습니다."

니사르를 여러 원정대에 고용한 무하마드 알리는 그를 깊이 존경했다. "만약 살아있다면, 지금쯤 그는 분명 8천 미터급 고봉 14개를 모두 올랐을 겁니다."라고 무하마드는 말했다. "그는 K2의 보틀넥 같은 곳에 로프를 설치할 수 있을 만큼 기술적으로 뛰어난 몇 안 되는 사람이었습니다. 산악인들은 그에 대해 종종 7,000미터만 넘어가면 따라잡기 힘든 사람이라고 표현하곤 했습니다. 니사르 자신도 높이 올라갈수록 더 가볍고 기분 좋게 느껴진다고 내게 말했습니다."

니사르의 미망인 니사Nissa는 결국 어느 정도 평화롭게 그의 죽음을 받아들였다. "신께서 그의 죽음을 결정하셨습니다. 하지만 그는 파키스탄인임을 자랑스러워했습니다. 그는 기도 시간을 잘 지켰고 정직했으며 시기심이 없었습니다. 그는 소박한 삶을 살면서 자신을 내세우지 않았습니다." 니사르는 자신이 슈퍼스타 산악인이라는 사실을 깨닫지 못했다. 만약 그랬다 하더라도 전혀 개의치 않았다. 전설적인 슈퍼스타가 무대 뒤로 사라지자, 침묵의 대화와 슬픔, 그리고 수용에 대한 좀 더 조용한 이야기가 그 자리를 대신했다.

12

얼음의 전사들

등반은 나의 열정이라서
그것 없이는 살 수 없다.

알리 사드파라Ali Sadpara

2012년 겨울 시즌이 비극적으로 끝났음에도, 겨울에 아직 오르지 못한 8천 미터급 고봉의 유혹은 여전히 강렬했다. 2013년 브로드피크로 돌아왔을 때 폴란드인들은 샤힌 바이그, 아민 울라Amin Ullah, 카림 하야트 Karim Hayat 등 3명의 파키스탄 산악인들과 함께였다. 그 팀은 4캠프까지 텐트를 설치하고 물자를 올렸다. 그런 다음 3월 초에 폴란드인 넷이 마지막 정상 등정에 나섰다. 팀의 리더 크지슈토프 비엘리츠키Krzysztof Wielicki는 베이스캠프에서 팀을 지휘하며, 필요할 경우 산소통을 메고 2캠프까지 올라가라고 카림에게 지시했다.

폴란드인들은 2013년 3월 5일 오후 늦게 정상에 올랐다. 그리고 그들 넷 중 아담 비엘레츠키와 아르투르 마웨크Artur Małek는 어둠 속에서 고소 캠프로 돌아오는 끔찍한 하산을 이겨내고 끝내 살아남았다. 밤새, 크지슈토프와 아담은 토마시 코발스키Tomasz Kowalski와 절절한 무전을 길게 주고받으며 그가 무사히 내려오도록 격려했다. 하지만 결국 코발스키의 응답은 끊겼고, 대신 침묵만 이어졌다.

폴란드 팀의 네 번째 멤버인 노련한 동계 산악인 마치에이 베르베카 Maciej Berbeka의 소식은, 동료들이 하산을 시작한 후부터 전혀 들려오지 않았다. 그가 어디에 있는지, 어떤 곤경에 처했는지, 생사를 다투고 있는지, 크레바스 속으로 빠져 죽었는지 어떤지를 아는 사람은 아무도 없었다.

동이 틀 무렵 베이스캠프 쿡은 정상 능선이 시작되는 곳 바로 아래에서 움직이는 불빛을 얼핏 본 것 같은 느낌이 들었고, 이로 인해 희미한

---

*   얼음의 전사 크지슈토프 비엘리츠키는 1980년 에베레스트 동계 초등을 포함해 8천 미터급 고봉 14개를 완등했다. 2022년 그는 한국을 방문해 울산울주세계산악영화제 세계산악문화상을 수상했다. 저서로는 『히말라야의 왕관』(1977), 『지옥은 나를 원하지 않았다』(2022) 등이 있다.

희망의 불씨가 살아났다. 비엘리츠키는 카림에게 2캠프에서 산소통을 가지고 위로 올라가도록 했고, 비엘레츠키와 마웨크에게 베르베카를 수색하도록 지시했다.

그 두 산악인은 텐트를 떠난 지 얼마 되지 않아 피로를 호소하며 되돌아섰다. 카림이 자신의 고소 기록을 깨며 도착하자 그들은 그에게 산소를 사용해 더 높이 올라가라고 종용했다. 그는 내키지 않았지만 그들의 말을 따랐다. "4캠프를 떠나 마지막 세락 밑의 은신처에 도착했을 때 심한 외로움을 느꼈다. 머릿속에서는 의문이 생기기 시작했다. 크레바스 속으로 추락하거나 산에서 미끄러지면 나는 어떻게 될까? 이 고도에서는 나를 도와줄 사람이 아무도 없을 텐데…. 나는 할 수 있는 데까지 계속 올라갔다. 7,700미터이거나 그 약간 아래까지 갔지만, 아무도 보이지 않았다." 그는 결국 돌아섰다. 그리고 마치에이 베르베카의 시신은 지금껏 발견되지 않고 있다.

그로부터 1년 후 카림은 브로드피크로 다시 갔지만, 겨울이 아닌 여름 시즌이었다. 2013년 겨울 아주 높이 올라가진 못했어도, 위험천만한 단독 구조작업을 하는 동안 보여준 그의 의지는 확실히 영웅적이었다.

‖‖‖‖‖‖‖

브로드피크가 등정되자 파키스탄에서 동계 미등 상태인 8천 미터급 고봉은 이제 두 개만 남게 되었고, 그중 하나가 낭가파르바트였다. 발 상태가 좋지 않은데도 불구하고 알리 사드파라는 동계 등반을 계속 이어갔으며, 낭가파르바트가 그에게 손짓을 보냈다. 그의 다음 파트너는 고소 경험이 아주 많은 바스크 알피니스트 알렉스 치콘Alex Txikon이었다. 두 사람 모두 동계 초등을 갈망하고 있었다.

알리 사드파라처럼, 치콘도 대가족의 열세 자녀 중 막내였다. 검은 머리에 그을린 피부의 치콘은 고향에서 열린 통나무 패기 대회에서 우승했을 정도로 팔이 두꺼운 사람이었다. 그와 알리 사드파라는 형제 같았다.

2014-15년 겨울, 두 사람은 후세 출신의 무하마드 칸Muhammad Khan과 의기투합해 낭가파르바트에 도전했다. 이미 두 번이나 정상에 오른 알리 사드파라는 그 산을 잘 알고 있었다. 하지만 이번에는 달랐다. 2013년 낭가파르바트 베이스캠프에서 발생한 테러로 인해 이제 그들은 기관총을 든 경찰의 호위를 받았다. 불쌍한 경찰들은 자신들의 불운을 투덜댔다. 추운 겨울에 한 무리의 산악인들과 함께 낭가파르바트 주변을 돌아다니고 싶은 사람이 누가 있겠는가?

알리와 치콘은 킨스호퍼 루트Kinshofer Route로 오르기 시작했다. 낭가파르바트에서 이 길은 노멀 루트로 알려져 있지만, 분명 걸어서 올라갈 수 있는 길은 아니었다. "알리는 최선을 다했다."라고 치콘은 회고록에서 밝혔다. "우리는 눈을 크게 뜨고 주위를 살피며 조금씩 올라갔다. 그토록 위협적이고 고요한 고립 속에서 루트를 뚫고 나아가면서, 우리의 동지애는 더욱 깊어졌다." 미등의 머메리 스퍼Mummery Spur를 통해 그 산을 올라가고 있던 이탈리아 산악인 다니엘레 나르디Daniele Nardi는 어느 곳에선가 동료와 헤어진 후 어쩔 수 없이 사드파라와 치콘 팀에 합류했다. 하지만 날씨가 도와주지 않았다. 그들은 가혹한 폭풍이 멈추기만을 기다리며 3월 8일까지 베이스캠프에서 초조한 시간을 보냈다.

마침내 날씨가 좋아지자, 사기가 저하된 그 팀은 무거운 짐을 메고 힘들게 산을 오르기 시작했다. 베이스캠프를 떠나자마자 곧바로 허벅지까지 빠지는 눈을 헤치며 1캠프에 도착하는 데까지 혹독한 10시간이 걸렸다.

다음 날은 옷가지를 말리는 데 하루가 다 갔다. 모든 것이 눈에 젖어 있었는데, 치콘은 특히 자기가 아끼는 양말, 즉 사드파라가 아르투르 하이제르로부터 받은 선물을 다시 그에게 선물로 준 양말을 말리는 데 열중했다. 이 작업이 끝나자 그들은 그날 남은 시간 동안 2캠프까지 길을 뚫고 나아갔다. 눈이 너무 깊어서 한 사람이 10미터 정도 겨우 헤쳐 나간 후에 다음 사람에게 선두를 넘겨야 했다. 말 그대로 영혼을 파괴하는 작업이었다.

킨스호퍼 쿨르와르를 어느 정도 올라가니 가파른 경사 덕분에 눈이 줄어들었다. 곧 빙벽을 만난 등반가들은 크램폰을 본격적으로 사용했고, 종아리 근육이 뻐근해졌다. 위로, 또 위로, 그들은 2캠프에 이어 3캠프까지 기다시피 올라갔다. 밤은 잔인했지만 낮이 되자 좋아졌고, 덩달아 그들의 사기도 높아졌다. 그리고 마침내 7,000미터쯤에서는 태양도 잠깐 만났다. 3월 12일 7,200미터에 4캠프를 설치한 그들은 다음 날의 정상 도전을 준비했다.

새벽 2시 30분 알람이 울렸다. 기온은 거의 영하 10도까지 떨어졌지만 바람 한 점 불지 않았다. 아무도 말을 하지 않았다. 그들은 무엇을 해야 할지 잘 알고 있었다. 새벽 4시가 되자 세 개의 동그란 불빛이 사면을 올라가기 시작했다. 각자가 저마다의 생각, 개인적인 두려움, 그리고 점점 커져가는 흥분 속에 빠져들고 있었다. 오전 8시 그들은 정상 500미터 아래에 도달했다. 하지만 그때 방향을 잃기 시작했다. 길을 잘못 들어서 너무 높이 올라가는 바람에 하는 수 없이 내려왔다가 다시 올라가야 했고, 결국 고소 때문에 판단이 흐려졌다는 사실을 인정해야만 했다.

위험할 정도로 체력이 고갈된 그들은 텐트로 기어 내려갔다. 태양이 나와서 그들을 어루만져 주었다. 결국 그들은 완벽한 정상 등정의 날을 허무하게 날려버리고 만 것이었다.

||||||||

1년 후 알리 사드파라와 알렉스 치콘이 다시 돌아왔다. 하지만 이번에는

그들만이 아니었다. 낭가파르바트는 모두 같은 의도를 가진 산악인들로 가득차 있었는데, 그 목표는 물론 동계 초등이었다. 이탈리아인 다니엘레 나르디와 시모네 모로, 타마라 룬제르Tamara Lunger가 그곳에 있었고, 폴란드인 듀오 아담 비엘레츠키와 야세크 체흐Jacek Czech도 있었다. 폴란드인들은 가볍고 빠른 알파인스타일로 킨스호퍼 루트를 오르려 했다. 폴란드의 토마시 '토메크' 마츠키에비치Tomasz "Tomek" Mackiewicz와 프랑스 알피니스트 엘리자베스 레볼Élisabeth Revol 역시 그곳에 있었다. 마츠키에비치는 일곱 번째, 레볼은 네 번째 도전이었다. 당연히 그해 겨울 낭가파르바트에서는 어느 정도 경쟁이 벌어졌다.

그 당시 알리 사드파라는 강하고 믿을 수 있는 파트너로 엘리트 산악계에 잘 알려져 있었다. 그와 다니엘레 나르디, 그리고 알렉스 치콘은 킨스호퍼 루트로 돌아가 정상까지 이어지는 고정로프를 설치하고자 했다. 다른 두 팀은 디아미르 벽(북북서)에서 별도로 등반하고 있었다. 시즌이 진행됨에 따라 자연적으로 탈락하는 사람도 생겼다. 나르디는 치콘과의 갈등으로 팀을 떠났다. 비엘레츠키와 체흐는 비엘레츠키가 추락으로 부상을 입는 바람에 어쩔 수 없이 산을 떠났다. 마츠키에비치와 레볼은 결국 도전을 포기했다. 그러자 곧 모로와 룬제르가 4명이 한 조가 되어 등반을 계속하기 위해 치콘과 알리 사드파라에게 합류했다.

"아포, 로프가 설치됐습니다."라고 알리가 치콘에게 말했다. (아포 Apo는 발트어로 할아버지를 의미한다.) 알리는 고정로프의 65퍼센트를 설치한 그 팀의 일꾼이었다. 그는 이것을 자신의 책임으로 받아들이면서도 내심 정상 등정을 기대하고 있었다. 정상 등정에 나선 그날, 알리는 다른 사람들보다 더 빨랐다. 정상 가까이에 이르렀을 때 그는 멈춰 서서 기다렸으며, 두 팔을 모으고 발을 이리저리 구르며 체온을 유지하려 애썼다. "기대에 부푼 그 순간이 가까워지고 있을 때 우리들 각자는 살기 위해 사투를 벌이고 있었습니다."라고 치콘은 회상했다. "끔찍한 추위와 피부를 관통하며 울부짖는 바람에 맞서서 말이죠." 마침내 치콘은 기다리고 있던 알리에게 다가갔다. 그들은 정상 5미터 아래에서 무릎을 꿇고 서로를 껴안은 채 모로와 룬제르를 기다렸다.

"우리가 정상에 거의 다다랐을 때쯤 그가 소리쳤다. '알렉스! 정복할 수 없었던 동계 낭가파르바트 정상이 이번엔 우리를 떠나지 않을 겁니다.'"라고 치콘은 기록했다. 마침내 모로가 모습을 드러냈지만 룬제르는 돌아가고 없었다. 2016년 2월 26일 낭가파르바트 정상에 발을 디뎌 동계 초등을 달성했던 장본인들은 바스크, 이탈리아, 파키스탄 산악인들로 구성된 국제 3인조였다.

그 후 며칠 동안 파키스탄 전역이 그들과 함께 축하했는데, 아마도 군중들이 "국민 영웅 알리 사드파라!"라고 외친 것은 그때가 처음이었을 것이다. 정치인과 장교, 텔레비전 앵커 등 모든 사람들이 알리 사드파라를 기리며 그의 목에 축하의 화환을 걸어주고 싶어 했다.

ıllıllı

이것으로 알리 사드파라의 낭가파르바트 등정이 끝난 것은 아니었다. 이듬해에 그는 정상을 다시 밟아 네 번째 등정을 기록했다. 그는 네팔에 있는 푸모리(7,161m) 동계 등정을 해냈고, 실패하긴 했지만 에베레스트에 도전하기도 했다. 그리고 2018년에는 K2를 등반했다. 2019년 3월 1일 그는 낭가파르바트에서 2명의 남성이 실종되었다는 소식을 들었다. 이탈리아인 다니엘레 나르디와 영국 알피니스트 탐 볼라드Tom Ballard*였

---

* 탐 볼라드는 여성 최초로 에베레스트를 단독으로 오르고, 알프스 6대 북벽을 여름 한 시 즌 동안 모두 단독으로 오른 앨리슨 하그리브스Alison Hargreaves의 아들이다. 그녀가 아이거 북벽을 오를 때 탐은 어머니 배 속의 6개월 태아였다. 그녀는 1995년 K2에서 하

다. 그들은 머메리 스퍼를 택했는데, 그곳은 겨울은 고사하고 어느 시즌에도 등반하지 않은 곳이었다. 그들이 베이스캠프와 마지막으로 교신한 것은 2월 24일이었고, 따라서 무슨 문제가 발생한 게 분명했다.

알리와 그의 두 조카 임티아즈와 딜라와르Dilawar는 K2를 오르려는 알렉스 치콘과 그의 팀에 합류해 베이스캠프에 있었다. 파키스탄군의 협조를 받은 그들은 군용 헬기를 타고 루트를 공중 수색할 계획이었다. 하지만 며칠 전 파키스탄군이 인도 전투기 2대를 격추시키자, 이는 양국 간에 결코 끝나지 않을 전쟁의 또 다른 불씨가 되었다. 이제 파키스탄 영공 내에서의 비행은 엄격하게 제한되고 말았다.

그들은 치밀하게 압력을 넣는 방법을 동원해 결국 수색 비행 허가를 받아냈다. 구조대는 7,000미터 상공에서 빙글빙글 도는 방식으로 내려오면서, 루트를 샅샅이 뒤져 특이한 것이 있는지 살펴보았다. 아무 단서도 찾지 못한 그들은 실종된 두 산악인에게 무슨 일이 일어났는지 확인하기 위해 누군가가 그 루트를 올라가야 한다는 결론에 이르렀다.

알리와 그의 두 조카가 전날 루트를 정찰했기 때문에 치콘은 알리에게 질문을 던졌다.

"상태가 어땠어?"

"보통이었어, 큰 문제는 없었는데."

"눈사태가 있었니? 세락은 어땠어? 어떤 움직임이라도 있었니?"

"아니, 꽤 조용했는데. 작은 눈사태가 두세 번 발생했는데 심각한 건 아니었어."

"낙석이 있었니?" 치콘은 질문을 계속 이어갔다.

산하던 중 추락 사망했다. 아들 톰은 어머니의 뒤를 이어 알프스 6대 북벽을 겨울 한 시즌 동안 모두 단독으로 올랐다. 이 책에 나오는 대로 톰 역시 2019년 낭가파르바트에서 조난 사망했다.

"아니, 괜찮았어. 우리가 올라가도 괜찮을 것 같아."

그리하여 치콘, 알리, 딜라와르가 위로 향했다. 그들은 산의 더 높은 곳에서 공중에 띄울 드론 하나만 가지고 머메리 스퍼 루트를 따라 재빨리 올라갔다.

그들은 올라가면서 이야기를 나누었는데, 알리가 입을 열면서 진실이 드러났다. 전날 그와 두 조카가 눈사태를 가까스로 피한 것이다. 치콘은 깜짝 놀랐다. "그런데 알리, 20분 전에 내가 물었을 때는 눈사태가 없었다고 했잖아. 아무 일도 없었던 것처럼 말을 안 하더니, 간신히 살아남았던 눈사태를 왜 이제야 털어놔?"

상황이 너무나 위태롭고 신경이 예민해진 나머지 그들은 웃음을 터뜨렸다.

2캠프에 도착해 보니 텐트가 부분적으로 무너져 있었다. 그런데 왜 무너진 걸까? 눈사태? 낙석? 바람? 안에 누가 있었나? 속이 메스꺼워진 알리가 반쯤 파묻힌 텐트의 눈을 치우기 시작했다. 하지만 침낭과 등반 장비 외에는 아무것도 나오지 않아서 안도했다.

그들은 드론을 꺼냈다. 얼음덩어리와 눈이 쏟아져 내려 카메라가 장착된 비행 장치를 하늘로 띄우기는 만만치 않았다. 세 산악인들은 얼어붙은 발사체들을 피하기 위해 기울어진 세락 밑으로 몸을 숨겼다. 햇빛이 사라지자 기온이 급강하했다. 그들은 드론과 텐트의 물건을 챙겨 바위처럼 단단한 얼음 위를 달려 1캠프로 내려갔다. 또 하루가 지나갔다. 시간이 지날수록 그들이 구조될 가능성은 희박해질 뿐이었다.

수색이 계속되었다. 다음 날 시계가 좋아지자 드론이 2캠프 위에서 반짝거리는 색상을 잡아냈으나 여전히 결론을 내리지는 못했다. 수색대원들은 베이스캠프로 내려갔다. 다음 날 다시 수색이 재개되었다. 하지만 눈사태가 루트를 모두 덮어버렸다. 나중에 드론이 색상을 잡아낸 지점에 카메라를 집중시키자 비극의 실상이 드러났다. 그들은 고정로프에 매달린 채 움직이지 않는 시신 두 구를 볼 수 있었다. 수색은 그대로 끝이 났다.

٭٭٭٭٭٭٭

파키스탄의 다른 많은 산악인들과 마찬가지로, 알리 사드파라도 가족에게 사실을 다 말하지는 않는다. 특히 동계 등반에 대해서는 더욱 그렇다. "처음에는 절반의 진실만 얘기했고, 그러면 한동안은 그렇게 믿었습니다."라고 그는 파키스탄 작가 라힐 아드난Raheel Adnan에게 밝혔다. "낙석이나 눈사태의 위험이 겨울에는 적다고 말했습니다. 그러면 고개를 끄덕였죠. 하지만 니사르 후세인이 가셔브룸1봉에서 죽자 가족은 더 이상 제 말을 믿으려 하지 않았어요. 아내는 장인과 장모로부터 압박을 받았습니다. … 아이들은 때때로 저에게 이 일을 그만둬 달라고 요구했구요. 그러면 저는 등반은 나의 열정이라서 그것 없이는 살 수 없다고 말해줍니다. 친구들은 제가 돈 때문에 등반을 한다고 종종 얘기하는데, 부자가 되는 것이 목적이라면 어디 다른 곳에 가서 더 안전한 일을 하지 않았겠냐고 대꾸합니다. 파키스탄은 자원이 많은 나라니까요."

파키스탄의 국민 영웅이라는 지위 덕분에 알리는 마침내 자신의 등반 열망에 대해 약간의 재정적 후원을 받기 시작했다. 그 자금으로 네팔로 간 그는 2019년 로체와 마칼루 정상에서 초록색 바탕에 초승달이 그려진 국기를 들어올려, 두 봉우리를 처음으로 오른 파키스탄인이 되었다.

필연적으로, 그의 장남 사지드는 아버지의 흥미진진한 삶의 일부를 이어받고 싶어 했다. 알리는 아들을 말리며 대신 공부를 열심히 하라고 타일렀다. 사지드가 고집을 부리자 알리는 사지드에게 어떤 일인지를 알

려주기로 했다. 그를 데리고 산으로 간 것이다. 사지드는 2017년에 낭가
파르바트를 처음 올랐다. 2018년 그는 아버지와 함께 K2에 도전했지만
4캠프에서 되돌아섰다. 그런 다음 2019년에 그는 파키스탄 최고봉의 정
상에 올랐다.

사지드는 곧 네팔에서 가장 잘나가는 원정대행사 '세븐서밋트렉스
(SST)'에서 일하게 되었다. 알리와 사지드, 그리고 SST는 결국, 그리고
영원히 K2와 연결되지만, 그 이야기는 여전히 그들의 미래에도 남아 있
었다.

‖‖‖‖‖‖‖

파키스탄 산악인들은 고국의 산들을 동계 등반하는 데 모든 것을 다 바
쳤다. 어떤 경우에는 스스로 정상에 올랐고, 또 다른 경우에는 니사르 후
세인의 표현처럼 다른 사람을 도와주기도 했다. 많은 사람들이 동상이라
는 부상에 시달렸고 몇몇은 끝내 돌아오지 못했다. 대부분이 외국에는
전혀 알려지지 않았을 뿐더러 파키스탄 내에서도 거의 인정받지 못했다.
그들을 인정해주는 곳은 고향 마을밖에 없었다. 그들의 노력과 성과는
그늘에 가려졌고 그들은 환영받지 못했다. 후원이나 연금같은 보상도 없
었다. 대신 운이 좋은 사람들은 고향으로 돌아가 다음 여름 시즌까지 가
족과 함께 가축을 기르며 지냈다.

그들의 무한한 노력과 동계 등반의 위험성을 어느 누구보다 잘 이해
하는 사람은 어머니와 아내, 아버지와 아들, 형제와 자매였다. 그로부터
2년 후 아버지가 K2에서 사망하고 나서 사지드 사드파라가 어머니에게
등반을 계속하게 해달라고 조르자 단호한 대답이 돌아왔다. "그래, 아들
아. 하지만 겨울에는 안 된다."

13

에베레스트는
하루 일거리

그들은 우릴 보고 멋진 놈들이라고 하지만,
전 세상에서 가장 '거친 놈'이 되고 싶습니다!

겔제 셰르파Gelje Sherpa

21세기의 첫 20년 동안 파키스탄 산악인들이 동계 등반에 전념하고 있을 때 네팔 산악인들은 자신들만의 기록을 써나가고 있었다. 에베레스트는 당연히 그들의 상징이라서 새로운 기록의 대부분은 그 산과 관련된 것들이다. 반복 등반이든, 속도 등반이든, 영웅적인 구조작업이든, 또는 무산소 등반이든, 네팔 산악인들의 명성은 종종 지구상 최고봉에서 만들어진다. 그리고 세상의 나머지 모든 사람들이 그 산과 그곳에서 일어나는 모든 일에 매료되기 때문에, 네팔 산악인들은 일종의 혜택을 받고 있는 셈이다.

앙 도르지 셰르파Ang Dorjee Sherpa도 그런 사람들 중 하나이다. 1970년 팡보체에서 태어난 그는 히말라야 산악인들 사이에서 성장했다. 그의 아버지 니마 텐징 셰르파Nima Tenzing Sherpa는 정상에 오르지는 못했어도 에베레스트에 서른 번이나 갔다.

앙 도르지는 아버지의 뒤를 이어 열두 살에 포터 일을 시작했다. 그의 어머니는 아들을 말렸으나 소용이 없었다. 우락부락하게 잘생긴 얼굴의 앙 도르지는 포터에서 등반 포터로, 다시 등반 셰르파로, 이어 사다로 단계를 밟아나갔다. 그는 친한 친구 밥 홀Bob Hall과 게리 볼Gary Ball이 설립한 뉴질랜드 회사 '어드벤처컨설턴츠Adventure Consultants'에서 30년간 일했다.

1996년 에베레스트의 높은 곳에서 8명의 산악인을 죽음으로 내몬 악명 높은 폭풍설에 홀이 오도 가도 못하게 되었을 때 앙 도르지와 락파 치리Lhakpa Chhiri는 그를 구출하기 위해 필사적인 노력을 기울였다. 전날 정상에 오른 두 사람은 산을 온통 뒤덮은 폭풍설을 뚫고 하산했었다.

홀은 밤새 곤경에 빠진 것 같았다. 남봉에서 그의 산소 레귤레이터가 얼어붙어 쓸모가 없게 되었다. 추위 속에서 밤을 지새운 그는, 무선 송신음이 불분명하고 사고가 혼란스러운 걸로 보아 저체온증과 고소뇌부종(HACE)에 시달리는 듯했다.

다음 날 아침 앙 도르지와 락파는 4캠프에서 여분의 산소통과 차가 담긴 보온병을 챙겨 홀이 있는 곳으로 올라갔다. 홀은 두 사람보다 해발고도로 1,000미터쯤 위에 있었다. 폭풍설이 여전히 기승을 부리는 가운데 8-9시간은 올라가야 했기 때문에 그러한 노력은 매우 용기 있는 행위였다. 그들은 아무리 빨라도 늦은 오후에나 홀을 찾을 수 있을 것 같았고, 그런 다음 그를 데리고 내려와야 하는 가장 큰 난관에 직면하게 될 터였다.

오후 3시, 여전히 남봉 200미터 아래까지밖에 못간 앙 도르지와 락파는 실패를 인정할 수밖에 없었다. 몇 시간 후, 며칠 만에 두 번째로 4캠프로 내려오고 있을 때 홀은 뉴질랜드에 있는 아내 얀 아르놀Jan Arnold과 마지막으로 통화했다. 그는 아내를 안심시킨 다음 따뜻하게 자라고 말했다. 얼어붙은 그의 시신은 정상을 향하던 IMAX 영화 촬영 팀에 의해 12일 후에 발견되었다.

2023년을 기준으로, 앙 도르지는 에베레스트 22번을 포함해 8천 미터급 고봉을 28번이나 올랐다. 마을 뒤로 솟아오른 아마다블람은 그의 상징적인 가이드 루트들 중 하나이다. "언젠가 아마다블람 정상에서 망원경으로 내려다보니 팡보체의 우리 마당에 아버지가 있었습니다."라며 그는 웃었다.

2002년 미국 여성과 결혼해 미국으로 이주한 그는 이제 더 이상 가이드 일을 하지 않는다. 그는 이 책을 위한 인터뷰에서 "몇 년 안에 은퇴할지 모릅니다."라고 밝히면서, 그래도 아쉬운 듯 "카라코람으로 돌아가 K2를 오를지도 모르지요."라고 덧붙였다.

||||||||

에베레스트에서 주목할 만한 등정 기록을 세운 사람은 앙 도르지만이 아

니다. 날렵하지만 조용한 성격에 수줍음이 많은 아파 셰르파Apa Sherpa
는 무려 21번이나 정상에 올랐다. 1960년 네팔의 오지 쿰부 지역에 있
는 타메에서 태어난 그는 겨우 열두 살이 되었을 때 아버지를 여의었다.
그는 학업을 포기하고 어머니와 두 누나와 세 동생을 부양하기 위해 포
터가 되었다. 2011년 21번째로 등정을 한 그는 아내에게 이제 그만두겠
다고 약속했다.

"모두가 21번이면 충분하다고 말합니다. 이젠 가족을 행복하게 해
줘야 합니다."라고 그는 말했다. 그리고 그만두었을 뿐만 아니라 온 가족
을 미국으로 이주시킨 다음, 주형을 정밀하게 가공 사출하는 일로 제2의
경력을 쌓기 시작했다. 등반보다 훨씬 덜 위험한 이 일을 통해 그는 자녀
들의 교육 자금과, 네팔의 교육과 경제의 자립을 후원하는 자신의 재단
을 지원하고 있다.

||||||||

2018년 카미 리타 셰르파Kami Rita Sherpa는 에베레스트를 22번 올라 기
록을 경신했다. 그는 기네스북 관계자가 알려줄 때까지 자신이 신기록
보유자인지 알지도 못했다. 그 후 그는 자신의 기록을 다시 깼다. 2012
년 5월 25번째 등정을 해낸 것이다. "(25번째는) 즐거웠습니다. 신이 우
리를 보살펴주셨으니까요." 그는 자신의 기록이 대수롭지 않은 것처럼
말했다. "저에게는 1년에 두 번 오를 기회가 여러 번 있었습니다. 하지만
게을러서 한 번 오르고 나면 집으로 돌아오곤 했는데, 한두 번이 아니었
습니다." 2022년 그는 거대한 에베레스트를 다시 등정했지만 그것으로
충분하지 않았는지 2024 5월에 두 번을 더 올라, 총 28번이라는 신기록
을 수립했다.

1970년에 태어난 그는 타메의 단칸집에서 자랐다. 쿰부의 3,750미

터에 자리 잡은 이 작은 마을은 에베레스트와 깊은 인연을 맺게 되는 젊은이들을 배출했다.

1950년 네팔이 문호를 개방한 이래 최초의 프로 셰르파 가이드였던 밍마 치리 셰르파Mingma Tsiri Sherpa의 아들 카미 리타는 그런 역할에 자연스럽게 빠져들었다. 이제 50대 초가 된 그이지만 기력이 약해지는 조짐은 전혀 찾아볼 수 없다. "의지가 있고 몸이 허락한다면, 우리는 당연히 예순이나 일흔 살까지도 등반할 수 있습니다."라고 그는 말한다. 하지만 가족들의 끊임없는 압박을 카미 리타는 애써 무시하고 있다. "산에 오르면서 집이나 가족을 생각하면 안 됩니다. 그럼 그만둘지도 모르니까요." 그의 부인 락파 장무Lakpa Jangmu는 말렸다. "다른 직업을 찾자고, 작은 사업이나 하나 하자고 끊임없이 잔소리하지만, 남편은 콧방귀도 뀌지 않아요."

카미 리타는 에베레스트 가이드로서의 역할에 대해 솔직하게 말했다. "우리가 그들을 업어 올릴 순 없습니다. 하지만 그들이 오를 수 있도록 밀거나 당겨줄 순 있습니다. 우리가 그들을 위해 날라다줄 수 있는 것은 그들의 산소통입니다. 산소가 다 떨어지면 우리가 통을 교체해줍니다. … 그리고 로프를 이용해 밀고 당겨줍니다."

그것도 30번이나 밀고 당겨서 세계 최고봉에 오를 수 있도록 하는 일은 타메 출신의 2세대 등반 셰르파에게도 여간 힘든 일이 아니다. 물론 카미 리타에게 동기를 부여하는 것은 일이나 기록만이 아니어서, 실제로 그는 등반을 좋아한다. "말하자면 중독된 거죠. 우리 같은 사람들은 이 일을 그만두면… 아마 이상한 기분이 들 겁니다." 등반에 빠지긴 했어도, 다른 셰르파들과 마찬가지로 카미 리타는 자식들이 자신의 뒤를 따르지 않기를 바란다. 그의 우선순위는 자식들을 잘 교육시켜 자신보다 보다 덜 위험한 직업을 갖게 해주는 것이다.

⁰⁰⁰⁰⁰⁰⁰⁰

에베레스트 기록에 있어 카미 리타의 할아버지뻘은 앙 리타Ang Rita였다. 1948년 타메에서 태어난 앙 리타는 야크를 키우며 어린 시절을 보냈다. 그는 정규교육이나 산악인으로서의 훈련을 받지 못했으며, 열다섯 살에 포터 일을 처음 시작해 5년 후 초오유 정상에 올랐다. 그리고 8천 미터급 고봉을 적어도 18번 오르며 인상적인 고소 기록을 세웠다. 그러나 이를 정확히 아는 사람은 아무도 없다. 주름진 얼굴에 장난스러운 표정, 그리고 웃으면 한쪽 입꼬리가 올라가는 이 독특한 사람은 1983년에서 1996년까지 매번 보조 산소를 사용하지 않고 에베레스트를 10번이나 올랐고, 1987년에는 겨울에 오르기도 했다.

앙 리타는 아들 셋과 딸 하나를 두었다. 장남 카르상Karsang은 에베레스트를 9번이나 올랐지만 2012년 원정대에서 작업하던 중 사망하고 말았다.

말년에 간 질환을 앓은 앙 리타는 2015년 뇌졸중에 걸려 건강이 더욱 악화되었다. 그렇게 된 이유 중 하나는 아마 술 때문일지도 모른다. 그는 술에 대한 자신의 생각을 이렇게 밝혔다. "외국인들은 제가 술 마시는 것을 문제 삼지 않습니다. 일을 할 때가 되면 일을 한다는 걸 잘 알기 때문이죠." 그는 일흔두 살에 카트만두에 있는 딸의 집에서 세상을 떠났다.

네팔 작가 디팍 타파Deepak Thapa는 1996년 자신의 글에서 앙 리타에 대해 이렇게 썼다. "앙 리타 셰르파가 영어를 할 줄 알고, 피부가 희고, 야크를 키우는 대신 자신을 홍보하는 일에 집중했다면, 그는 세제적인 유명인사가 되었을 것이다." 이 책의 다른 산악인들과 마찬가지로 그에게 교육의 기회가 주어졌다면, 그 역시 훨씬 더 좋은 위치에 있었을지도 모른다. 대신 문맹이었던 앙 리타는, 다른 사람들에게 자신의 서비스를 파는 일에 의존해야만 했다.

〰〰〰〰

락파 리타 셰르파Lakpa Rita Sherpa는 앙 리타보다 거의 20년 후인 1996년 타메에서 태어났다. 락파의 아버지 역시 등반을 했는데 앙 리타와 마찬가지로 문맹이었다. 이유는 간단했다. 학교가 없었던 것이다. 다행스럽게도 락파가 학교에 갈 나이가 되었을 때 에드먼드 힐러리 경의 히말라야재단이 타메에 학교를 하나 지어 그에게는 교육을 받을 수 있는 기회가 생겼다.

11명 중 장남으로 태어난 락파는 아버지가 가이드 일을 하던 중 동상을 입어 신체가 불편해지자 가족을 부양하기 위해 일을 시작했다. 그의 동생들 중 살아남은 사람은 8명이었다. 락파는 감자, 시금치, 쪽파를 기르고, 남체바자르의 토요일 장에 3시간을 걸어 내려가 농작물들을 팔았다. 그는 또한 야크를 키우고, 티베트 국경을 넘어가 우유와 고기를 다른 생필품과 바꾸었다.

어린 나이의 락파는 에드먼드 힐러리의 연례적인 학교 방문 덕분에 에베레스트에 매료되었다. 1984년 그의 사촌이 원정대에서 짐을 지어 나르는 일을 제안하자 그는 기회를 놓치지 않고 뛰어들었다. "상업 원정대가 거의 없던 시절이었습니다."라고 그는 팟캐스터podcaster 마크 패티슨Mark Pattison에게 말했다. "그래도 저는 항상 열심히 일하고 싶었고 최선을 다하려고 노력했는데, 학교를 조금 다녔기 때문에 서툴게나마 영어도 할 줄 알았습니다. … 그것이 저에게 도움이 되었습니다."

그의 다음 기회는 1990년 유고슬라비아 원정대와 함께 에베레스트에서 작업할 때 찾아왔다. 그때 그는 짐도 지어 나르고, 고정로프도 설치하고, 루트도 뚫고 나갔다. 에베레스트를 15번 오르고 네팔의 다른 봉우리들을 수도 없이 오른 그는, 7대륙의 최고봉인 세븐 서미츠Seven Summits를 완등한 최초의 셰르파가 되었다. 그 후 락파에게는 솔깃한 제안 하나가 들어왔고, 그는 이 제안을 거절하지 못했다. 미국으로 이주해 미국인 토드 벌슨Todd Burleson이 소유한 가이드 회사 '알파인어센츠인터내셔널Alpine Ascents International'에서 정규직으로 일하면 어떠냐는 것이었다. 이제 그는 돈을 받고 등반하고, 그러면서도 미국에서 산다는 두 가지 꿈을 실현했다.

안정적인 미래를 보장받은 락파는 아이들을 교육시키면서 좋아하는 등반도 계속할 수 있다는 확신이 생기자 비로소 편해질 수 있었다. 네팔의 가이드 공동체 내에서 락파는 잘 알려져 있으며, 알파인어센츠인터내셔널은 그를 최고의 가이드로 홍보하고 있다.

⫶⫶⫶⫶⫶

네팔 산악인들 중 잘 알려지진 않았어도 비슷한 업적을 이룬 사람으로 다와 셰르파Dawa Sherpa가 있다. 보통 '파다와Padawa'라 불리는 그는 또래의 셰르파들보다 더 초라하게 일을 시작했다. 그는 1976년에 쿰부 지역의 추쿵 마을 위쪽 높은 곳에 있는 목초지의 야크 우리에서 태어났다. 그의 부모는 아들이 승려가 되기를 바랐지만 파다와에게는 다른 꿈이 있었다. 대략 4,800미터에서 세상에 나온 그는 등반을 잘할 조건을 갖춘 셈이었다. 주방 보조에서 포터로, 이어 산악인으로 단계를 밟아나간 그는, 영국의 유명 텔레비전 진행자인 베어 그릴스Bear Grylls를 자신의 뒤뜰을 굽어보고 있는 에베레스트로 안내하면서 행운을 맞이했다. 그 후 파다와에게는 일거리가 쏟아져 들어왔다. 파다와는 몇 번인지 셀 수 없을 만큼 에베레스트를 많이 올랐다. 최근 한 인터뷰에서 그는 스물세 번인 것 같다고 밝혔지만, 근래에만도 두 번이나 더 올라 몇 번인지 정확하게 알지 못하고 있었다. 어느 시즌에는 에베레스트를 일주일에 두 번 오르기도 했다. 그런 위업이 오늘날의 슈퍼스타 가이드에게 일어났다면 소셜미디어를 통해 금방 퍼졌겠지만, 파다와 시대에는 그렇지 못했다. 그에게 일주일에 두 번은 그냥 바쁜 한 주, 혹은 보수를 더 받을 수 있는 좋은 일일 뿐이었다.

그는 집에서부터 하루 만에 다녀오는 등 아마다블람을 적어도 30번은 올랐고, 히말라야의 다른 고봉들을 50번 이상 올랐다. 하지만 산악계 외에서 그의 이름을 아는 사람은 거의 없다. 왜일까? 미국으로 이주하지 않아서였을까? 소셜 미디어 활동을 활발하게 안 해서? 아니면, 강의를 안 해서? 고객을 쿰부의 고봉으로 안내하지 않을 때면 그는 보통 광보체에서 쟁기로 밭을 갈거나 마을 주변에서 약간의 잡일을 했다.

2021년 어머니와 아들의 목숨을 모두 앗아간 가족의 비극으로 파다와의 인생은 파탄이 나고 말았다. 술에 빠진 그는 우울증이 너무 심해 인생의 막장에 이르렀다. 마을 사람들은 그해 그가 안내하기로 한 고객 존 굽타Jon Gupta와 함께, 파다와가 다른 사람들을 위해 수없이 했던 바로 그 일을 했다. 그를 구조한 것이다. 재활센터에서 힘겹고 굴욕적인 두 달을 보낸 파다와는 어느 정도 온전한 상태로 돌아왔다. "파다와 같은 전설적 산악인이 있어야 할 자리는 재활센터가 아니라 산과 역사책입니다." 라고 그의 친구 수라지 파우달Suraj Paudyal은 말했다. "파다와는 강의를 하고 학교에서 아이들에게 사인을 해주어야 합니다. … 파다와는 자신의 역할을 다했습니다. … 사회나 국가로부터 어떤 보상을 바라지도 않았어요. 그와 그의 업적을 기리는 일이야말로 바로 우리가 해야 할 일입니다."

파다와는 아내 파상 자무Pasang Jamu와 함께 카트만두의 아파트로 이사했다. 카트만두의 더위와 오염은 쿰부에서의 삶, 즉 계절마다 죽음의 지대에 오르고, 전 세계에서 온 고객을 만나고, 급격히 희박해지는 공기를 마셨던 그런 삶과는 거리가 멀었다. 친구들은 그가 가이드로 돌아올지 아니면 그대로 은퇴할지 궁금해했다. 2022년 5월 그는 24번째 고객을 에베레스트 정상으로 가이드 했다. 그는 그 시즌에 한 번 오른 다음 2023년에 다시 두 번 더 올랐다. 그리고 세계에서 5위 안에 드는 8천 미터급 고봉인 에베레스트, K2, 로체, 마칼루를 가장 빨리 오른 사람이 되었다. 그런 다음 다와 옹주 셰르파Dawa Ongju Sherpa와 합세해, 8천 미터급 고봉 14개를 최단 시간에 오르는 경쟁에 뛰어든 노르웨이의 젊은 여성 크리스틴 하릴라Kristin Harila*를 가이드 했다. 파다와는 결코 유명해지지 않을 것이고, 부자가 되지도 않을 것이며, 자신의 에베레스트 등정 기록을 내세우지도 않을 것이다. 하지만 그는 극도로 위험한 삶에서 살아남은 자로 기억될 것이다.

||||||||

셰르파 사회의 등반 이야기가 모두 기록 경신에 관한 것은 아니며, 많은 이들이 가혹하고 슬픈 결말을 맞이하기도 한다. 젊고 건강할 때는 최고 수준의 자질을 뽐내고, 전 세계에서 온 산악인들과 사귀고, 마을의 롤 모델 역할을 하는 고소 산악인이자 가이드로서 천하무적처럼 보일지도 모른다. 하지만 재능이 뛰어난 운동선수라면 누구나 알고 있듯이 어느 시점에서는 체력이 떨어지며 곤두박질치게 된다. 지구상에서 가장 험난한 산의 혹독한 조건에서 일생을 보내게 되면 동상이나 부상의 영향으로 오랫동안 고통을 받을 수도 있다. 논리적으로 유일한 대응은 트레킹이나

---

*   크로스컨트리 스키어였던 크리스틴 히릴라는 8천 미터급 고봉 14개를 92일 만에 오르는 신기록을 세웠다.

교육으로 전환하거나, 찻집을 운영하는 등 기대치를 낮추는 것이다. 하지만 많은 셰르파들이 그런 변신을 어려워해서 때로는 알코올에 의존하기도 한다.

숭다레 셰르파Sungdare Sherpa는 크리스 보닝턴의 1975년 에베레스트 남서벽 원정대에 처음 합류한 팡보체 출신의 전설적 산악인이다. 당시 새내기였던 숭다레는 그 험준한 벽에서 7,772미터의 5캠프까지 짐을 지어 날랐다. 훗날 캐나다 산악인 로저 마샬Roger Marshall이 그와 인터뷰하면서 그 등반에 대해 물었다.

"좋았나요?"

"예, 좋았습니다."

"왜죠?"

"새로운 장비가 생겨서요."

1979년 에베레스트의 높은 곳에서 죽어가고 있던 자신의 고객 하넬로레 슈마츠Hannelore Schmatz의 곁을 지키기로 결심한 숭다레는 동상으로 손가락과 발가락 대부분을 잃었다. 그 후에도 등반을 왜 계속했는지 이유를 말해달라고 마샬이 재촉하자 그는 이렇게 설명했다. "저는 학교도 못 다녔고, 잘 쓰지도 못하고, 말도 잘 못합니다. 그게 제가 등반을 하는 이유이지요." 그는 에베레스트를 수차례 등정한 초기 인물들 중 하나로 다섯 번이나 올랐지만, 민속주인 락시의 유혹을 이겨내지 못했다.

알코올 중독에 빠지면서 일거리가 줄어들게 되자 숭다레는 더 이상 가족 부양도 알코올 문제도 해결할 수 없게 되었다. 그는 서른아홉의 나이에 마을 아래 강에서 익사체로 발견되었는데, 아내 빙 푸티Bhing Phutti가 홀로 살아가도록 내버려 둔 채 스스로 목숨을 끊은 것이 분명해보였다.

셰르파 산악인들에게 미래의 선구자였던 바부 치리 셰르파Babu Chhiri Sherpa의 이야기도 끝이 좋지 않다. 그는 스물세 살이던 1989년에 칸첸중가를 올라 8천 미터급 고봉에서 처음으로 성공을 거뒀다. 러시아 원정대에 등반 셰르파로 고용된 그는 산소통 없이 그 산의 정상에 올랐다. "마치 시험 보는 것 같았습니다."라고 그는 영국의 저널리스트 에드 더글러스Ed Douglas에게 말했다. 그리고 그는 그 시험을 무난히 통과했다.

거의 정사각형에 가까운 강인한 체격의 바부 치리는 호감을 주는 첫인상에 낙천주의와 쾌활함이 넘쳤다. 정규교육을 받지 못했음에도 셰르파어와 인도어, 네팔어, 영어 등 4개 국어를 구사하기도 했다.

그는 친절함과 언어 능력을 활용하여 자신의 스폰서인 캘리포니아 아웃도어 회사 '마운틴하드웨어Mountain Hardwear'에다 에베레스트 정상에서 밤을 보낼 수 있는 텐트를 개발해달라고 요청했다. 텐트 디자이너 마틴 제미티스Martin Zemitis는 그와의 만남을 이렇게 설명했다. "폐와 가슴이 꽤나 강한 그 남자가 온 순간을 기억합니다. 그는 에베레스트에서 밤을 보내고 싶다고 말했는데, 너무나 뚱딴지같은 생각이었습니다. 하지만 아시다시피 우린 버클리 근처에 있어서 그런 종류의 온갖 엉뚱한 아이디어를 많이 듣곤 합니다." 매우 엉뚱해보이는 계획이었지만 바부 치리는 그 일을 성사시킨 다음, 산소통도 없이 에베레스트 정상에서 12시간을 보내며, 잠들지 않기 위해 밤새 수다를 떨고 노래를 불러 역사에 이름을 남겼다. 그런 후에 그는 그 산을 16시간 56분 만에 올라 속도 기록을 경신했다.

자신의 업적이 뉴스로서 가치가 있다는 점을 알고 있었던 바부 치리는 동료 셰르파들보다 좀 더 유명해졌다. 하지만 그의 행운은 2001년에 끝이 나고 말았다. 11번째 에베레스트 원정등반에 참가해 2캠프 근처에서 사진을 찍던 중 크레바스에 빠져 사망하고 만 것이다. 겨우 서른세 살의 나이였던 그에게는 무한한 미래가 펼쳐져 있었다.

네팔에서 많은 존경을 받았던 바부 치리의 시신은 카트만두로 운구되어 꽃과 의식용 스카프로 장식되었다. 총리를 비롯한 많은 사람들이 애도를 표했고, 비렌드라 왕도 조사弔詞를 보냈다. 하지만 결국 그의 부인 푸티Puti는 여섯 딸을 홀로 키워야 하는 책임을 떠맡아야 했다.

바부 치리는 차세대의 선구자라 할 수 있는데, 어떤 뉴스가 헤드라인을 장식했는지, 헤드라인을 어떻게 장식하고 후에 이를 어떻게 활용할 것인지 주의 깊게 연구하는 부류였기 때문이다. 네팔 산악인들의 다음 추세는, 전 세계 사람들의 마음과 생각 속으로 자신이 가는 길을 트윗하며 기록을 경신해간다는 이러한 전략을 완성시키는 것이다. 더 이상 이전 세대처럼 그림자 속에서 활동하는 데 만족하지 않고, 열악한 임금과 터무니없는 보험정책을 받아들이지 않고, 외국의 슈퍼스타 산악인들이 자신들의 산에서 우쭐대는 모습에 신물이 난 차세대는 게임의 판을 완전히 바꾸어놓았다. 하지만 그러한 변화에는 상당한 혼란이 수반될 것이었다.

14

고산은 좋은 비즈니스

높은 곳에서 바라보는 경치는 아름답습니다.
하지만 저는 돈 때문에 이 일을 합니다. 이건
세상에서 제일 위험한 직업입니다.

앙 도르지 셰르파Ang Dorjee Sherpa

2013년 4월 27일. 에베레스트의 2캠프와 3캠프 사이에서 여러 명의 셰르파들이 다음 날 오를 고객들을 위해 로프를 설치하고 있었다. 전날 저녁 2캠프에서 열린 회의에서 고객과 셰르파는 아무도 로프를 설치하는 팀 근처에서 오르지 않는다는 데 합의했다. 로프 설치자 중 하나였던 타시 셰르파Tashi Sherpa는 훗날 디팍 아디카리Deepak Adhikari 기자에게 "로프 설치는 민감하고 어려운 작업입니다."라며 "그래서 우리는 모두에게 절대 로프 설치 팀보다 높이 올라가지 말라고 엄중히 경고했습니다." 라고 말했다.

6,700미터에 있던 그들은 세 사람이 자신들을 향해 올라오고 있는 모습을 발견했다. 타시는 그들이 누구인지 알기 위해 2캠프로 무전했다. 그들은 바로 옆 로체에 대한 허가받은 러시아 산악인들이라고 했다. 그 지점이 에베레스트와 로체의 루트가 겹치는 곳이기 때문에, 그들은 로프를 설치하고 있는 셰르파들에게 계속 다가왔다.

하지만 그 산악인들은 러시아인들이 아니라 스위스 알피니스트 율리 스텍Ueli Steck과 이탈리아인 시모네 모로, 그리고 영국의 산악인이자 사진작가인 조나단 그리피스Jonathan Griffith였다. 이 세 유명 산악인들은 에베레스트-로체 횡단이라는 야심찬 목표를 갖고 있었고, 고소적응을 위해 자신들의 3캠프 텐트까지 로체 사면을 오르고 있었다. 2캠프에 있던 셰르파들은 스텍에게 그날은 올라가지 말라고 말렸다. 하지만 그는 고정로프는 건드리지 않을 것이며, 그 팀 위로 얼음을 떨어뜨리지 않도록 각별히 주의하겠다고 그들을 안심시켰다.

그들 셋은 로프 작업을 하지 않아 셰르파들보다 훨씬 빠르게 사면을 올라갔는데, 그 모습은 로프 작업자들의 신경을 건드렸다. "대장이 체면을 구긴 것 같았습니다."라고 스텍은 훗날 작가 팀 네빌Tim Neville에게 말했다. "그들은 네다섯 시간이나 걸려 로프를 설치하며 오르고 있었는데 우린 로프도 쓰지 않고 1시간 반 만에 그들 옆까지 올라갔으니까요."

그들이 셰르파들을 따라잡은 다음 고정로프를 넘어가자 긴장이 고조되었다. 자세한 내용은 불확실하지만, 타시는 유럽인들이 로프 설치팀의 리더인 밍마 텐징Mingma Tenzing을 지나 넘어가면서 얼음을 굴려 떨어뜨렸고, 그 밑에 있던 셰르파 하나가 낙빙에 맞았다고 주장했다. 하지만 스텍은 자신들이 극도로 조심했다고 주장하면서 그 혐의를 부인했다. 그는 얼음 조각을 떨어뜨리지 않고 로프를 설치하는 건 불가능하다고 지적하면서, 선두 작업자로 인해 헐거워진 얼음이 밑에 있던 셰르파를 쳤을지도 모른다는 의견을 제시했다.

어쨌거나 화가 난 밍마는 작업을 그만두기로 했다. 그는 확보물을 설치하고 로프를 타고 내려가기 시작했다. 모욕적인 말들이 오고갔다. 그러면서 약간의 신체적 접촉이 있긴 했어도 누군가를 쓰러뜨릴 만큼 심하진 않았다.

스텍보다 조금 뒤처진 시모네 모로가 현장에 도착했을 때는 상황이 더욱 악화되어 있었다. 화가 치솟은 모로는 밍마에게 네팔어로 소리쳤다. "야, 이 개자식아, 뭐하는 짓이야?"

로프 설치 팀은 혐오감에 휩싸여 내려갔고, 세 유럽인들은 수습을 하고자 고정로프 설치 작업을 넘겨받았다. 2캠프에 있는 수십 명의 고객들이 다음 날 아침 앞다퉈 고정로프에 달라붙을 것이라는 사실을 잘 알고 있었으며, 로프가 제대로 설치되어 있지 않으면 그들이 비난을 받게 될 것이기 때문이다.

하강을 시작하기 전 세 산악인들은 2캠프에 있던 외국인 가이드 그렉 버노비지Greg Vernovage에게 자신들이 캠프에 도착하면 이 사건을 셰르파들과 논의하고 싶다고 무전으로 알렸다. "그렉은 상황이 좋지 않다는 것을 알고 있었습니다."라고 스텍은 말했다. "그는 '분위기 정말 안 좋

아. … 셰르파들은 시모네의 욕설에 화가 정말 많이 나 있어.'라고 말했습니다." 스텍과 그의 동료들이 도착했을 때 캠프에는 수많은 셰르파들이 서성이고 있었는데, 거의 100명쯤은 되는 것 같았다. 스텍에 따르면 상당수가 얼굴에 스카프를 두르고 있어서 불길한 느낌이 들었다고 한다. 타시는 그런 생각을 비웃었다. "추위를 피하기 위해 셰르파들은 보통 스카프를 두릅니다. 저도 그러니까요."

스카프와는 상관없이, 에베레스트의 사면에서 돌멩이를 던지고 밀고 차고 주먹을 날리는 난투극이 벌어졌다. 미국인 가이드 멜리사 아르노트Melissa Arnot는 셰르파들과 유럽인들 사이에 뛰어들어 싸움을 말렸다. 그녀는 부상을 예방할 수 있을 만큼 모두를 진정시켰지만, 긴장감은 여전했다.

스텍의 팀은 자신들의 텐트로 도망쳤으며, 그 스위스 산악인은 생명의 위험을 느꼈다. "거짓말입니다." 타시가 말했다. "만약 셰르파들이 정말로 죽이려 했다면 그들이 지금 살아있을까요?" 그의 말에는 일리가 있다. 숫자가 100대 3인 데다 아르노트만 중간에 끼어있었기 때문이다. 사과를 하기 위해 텐트에서 나온 모로는 오히려 셰르파들에게 훨씬 더 심한 적대감을 불러일으키고 말았다. 결국 세 유럽인은 텐트를 몰래 빠져나와 베이스캠프로 도망쳐 내려왔다. 그리고 얼마 후 그들은 산을 완전히 벗어났다.

스텍은 트라우마에 시달렸다. 그는 나중에 팀 네빌에게 "인생에서 정말 사랑하는 어떤 걸 잃어버렸습니다."라며, "끝났어요. 하지만 다시 돌아오지 않겠다는 말은 절대 아닙니다. 그 상황을 이해할 시간이 좀 필요합니다."라고 말했다. 타시는 그 사건에 대한 언론의 후속 보도에 씁쓸해하며, 그들은 그 일과 관련된 셰르파들만 '빼고' 모든 사람에게 떠벌렸다고 주장했다. "우리의 말을 들으려는 기자나 블로거는 단 한 명도 없었습니다. 우리에게 관심이 전혀 없었어요. 정부가 임명한 연락장교조차도 우리와 대화를 나누려 하지 않았습니다."라고 그는 말했다. 그러나 타시의 입장과 달리, 사실은 몇몇 아웃도어 잡지 기자들이 그 사건을 목격한 네팔인들 일부와 접촉을 시도했지만 당시에는 성공을 거두지 못했다.

사건이 충격적이었던 만큼 양측 당사자들은 아마도 일종의 대결은 불가피했을 것이라고 인정했다. 외국 산악인들과 네팔인들 사이의 분노는 수십 년간 누적되어 왔다. 네팔 산악인들은 자존심을 억누르고, 감정을 조절하고, 맡은 일에 그저 감사하고, 일이 끝나면 때로는 좌절감을 술로 달래는 경향이 있었다. 하지만 2013년 4월 27일, 고정로프를 설치하던 셰르파들에게 보였다고 보고된 무례함은 그들이 전통적으로 보여주던 수용력을 넘어서는 것이었고 그 결과는 폭발이었다.

그 사건에 대해 분노하면서도 타시는 미래에 대한 희망을 잃지 않았다. "셰르파들과 외국 산악인들 사이의 관계는 여전히 좋습니다."라고 그는 말했다. "오랫동안 하나의 목표를 위해 함께 일을 해왔기 때문에 강하고 굳건합니다. 하지만 이런 사건은 일어날 수밖에 없고, 셰르파들이 굴욕을 당하는 한 언제든 다시 일어날 겁니다." 스택도 그런 의견에 동의했다. "아직 끝나지 않았습니다. 앞으로 상업 원정대에 큰 문제가 될 겁니다. … 긴장감이 느껴지니까요."

2014년 여름호에서 『알피니스트Alpinist』지는 고정관념에 대한 성찰을 미묘하게 보여주는 타시 셰르파(위에 나오는 타시와 동명이인)의 글을 게재했다.

지난 봄 에베레스트에서 일어난 셰르파와 유럽 산악인들 사이의 볼썽사나운 싸움에 대해 많은 글들이 나왔는데, 인터넷의 과장된 표현들이 늘 그렇듯 그런 목소리들은 가장 크고, 가장 먼저 들리고,

가장 많이 믿게 된다. 그리고 갑자기 셰르파들을 존중하던 미카루 Mikaru(서양인들)들의 태도가 바뀌기 시작했다. 누군가를 주먹으로 때리고 발로 차는 행위는 본질적으로 모든 불교도에게 비난을 받을 수 있지만, 폭력이나 비폭력은 어느 종교 집단이나 국적에만 속하는 속성이 아니다. 총 쏘기를 즐겨하는 어떤 나라의 시민이, 내가 뒷마당으로 잠입해 그의 조상을 성적 문란으로 고발했다면, 그가 나에게 무슨 짓을 했을지 모르겠다. … 우리는 누군가의 순수한 기사처럼 대우받기를 바라지 않으며, 따라서 우리에 대한 비난은 공평하지 않다. 우리도 가끔은, 당신들이 위안을 얻기 위해 만들어 놓은 이미지에서 벗어날 때가 있다.

시간이 흐른 지금도 대부분의 네팔 전문 산악인들은 2캠프에서 벌어진 그날의 일에 대해 솔직하게 언급하는 것을 꺼리고 있다. 히말라야 등반의 공식 기록인 히말라얀 데이터베이스 작업을 카트만두에서 진행하고 있는 사리나 라이Sareena Rai는 그 이유를 이해하며, "솔직하고 공개적으로 그 이야기를 하면 이 사람들은 서양인들보다 잃을 게 훨씬 더 많습니다."라고 정확하게 지적했다.

펨바 샤르와 셰르파Pemba Sharwa Sherpa도 그날 현장에 있었다. 그는 에베레스트 정상에 오른 사람들을 가장 많이 배출한 쿰부 지역의 포르체 마을 출신이다. 현재 거주자들 중 80명 이상이 그 산의 정상에 섰으며, 따라서 그는 일종의 에베레스트의 왕족 출신인 셈이다. 1987년 에베레스트 정상에 오른 그의 아버지 락파 도르제Lhapa Dorje는 30번도 넘게 원정대에서 일했다. 할아버지 중 한 분은 1953년 에베레스트 원정대에 야크를 제공하기도 했으며, 또 다른 할아버지 한 분은 히말라야의 고산에서 거의 20번에 달하는 원정등반을 지원했다. 펨바는 에베레스트

싸움에 대해 자신만의 생각을 갖고 있다. "미디어와는 서로 다른 부분이 있습니다."라고 그는 말했다. "2013년의 그 사건은 그들(서양인들)의 잘못이었습니다. 그들은 의사소통도 제대로 하지 않고 앞지르려 했습니다. 그런데 미디어에서는 일방적인 이야기만 전해졌습니다. 제가 말하고자 하는 것은 상호 존중입니다. 산은 상호 존중에 관한 것입니다."

인류학자 셰리 오트너는 20년 전에 비슷한 장면을 목격했다. "히말라야 등반은 원래도 그랬지만 지금도 대부분 지역에서는 국제 산악인들에 의해 정의되고 있다. 그것은 그들의 스포츠, 그들의 게임, 그들의 욕망이 만들어낸 규칙이다."라고 그녀는 기록했다. 하지만 어떠한 충돌 상황에서든, 네팔 산악인들의 행동을 이해하기 위해서는 욕망을 억누르고 '존중하는 태도'를 유지하는 것이 가장 중요하다고 덧붙였다.

히말라야의 여러 고봉에서 가이드 일을 해온 프라카시 구룽 역시 신중한 입장을 취했다. "그들은 실수했습니다."라고 그는 그날 에베레스트에 있었던 유럽인들에 대해 언급했다. "로프 설치 팀은 수많은 사람을 위해 그 일을 하고 있었습니다. 의사소통 문제였을 수도 있습니다. 그러나 네팔에 살고 있는 우리에게는 우리만의 방식이 있습니다. 그들은 문제를 상의한 후 합의된 결정을 따라야 했는데도 그렇게 하지 않았습니다. 그들은 그냥 통행권이 있다고 여겼습니다. … 만약 로프 설치 팀이 그들 나라에 있었다면 그렇게 하는 게 결코 허용되지 않았을 겁니다." 여기서 '존중'이라는 말이 다시 나왔다. "서로의 방식에 대한 상호 존중의 문제입니다. … 우리라면 정중히 요청하거나 뒤로 물러나 기다렸을 겁니다."

다시 한번 말하지만, 여러 관점에서부터 진실을 규명하기란 힘든 일이다. 하지만 어쨌거나 억눌린 분노의 세월을 무시해서는 안 된다. 비천하고 가난한 환경에서 사는 네팔 산악인들은 서양인들이 여행을 하고, 등반을 하고, 돈을 쓰고, 후원을 받고, 유명해지는 것들을 지켜보았다. 짧지만 눈부신 경력을 쌓은 완벽한 전문 알피니스트였던 율리 스텍은, 비록 에베레스트에 국한해서 말할 필요는 없었지만, 다음과 같이 잘 요약했다. "에베레스트 등반은 이제 아주 커져서 상당한 돈벌이가 됐습니다. 셰르파들이 바보는 아니죠. 이런 걸 알게 된 그들은 사업을 넘겨받은 다음 서양인들을 쫓아내고 싶어 합니다."

＊＊＊＊＊＊＊

현지 산악인들이 '그들을 쫓아내지는' 않았지만 압박이 계속되었다. 20-30년 전에는 외국 회사들이 원정대의 운용에 훨씬 더 큰 목소리를 낸 반면 네팔 쪽의 영향력은 적었다. 하지만 지금은 판이 바뀌었을 뿐만 아니라 상황이 완전히 역전되었다. 외국인들은 잘 모르는 관료적 문턱을 넘고자 현지 네팔인들의 정보와 인맥을 활용했다. 그러다 보니 네팔인이 100퍼센트 소유하고 운영하는 회사가 급격히 늘어났다. 이러한 초기 네팔인 회사들 중 상당수가 외국인 사업자들보다 가격을 낮추었고, 고객은 그에 상응하는 반응을 보였다. 4만 달러면 에베레스트를 오를 수 있는데 왜 6만 달러를 내지?

등반을 열망하는 모든 이들이, 정확한 비용산출을 이해하려면 아주 작은 글씨를 꼼꼼히 읽어야 한다는 사실을 아는 것은 아니다. 4만 달러짜리 등반과 6만 달러짜리 등반 사이에는 회사의 소유주가 누구인지에 관계없이 통에 담긴 산소의 양, 텐트의 품질, 심지어 가이드의 훈련과 경험까지 눈에 띄는 차이가 있다. 8천 미터 봉우리에서 가이드를 받는 고객들은 가능한 한 최고의, 가장 경험이 많은 가이드를 요구해야 하며, 가이드 대 고객의 비율도 가장 높아야 한다. 자신들의 생명이 바로 여기에 달려 있기 때문이다. 그리고 최악의 상황에서 필요한 장비(예를 들면, 전문 구조장비와 의약품, 신뢰할 수 있는 통신 장치)와 이를 사용할 줄 아는 사람을 고용할 필요가 있다.

하지만 네팔에서 활동하는 원정대행사가 2,000개도 넘는 오늘날의 상황에서 선택은 굉장히 힘들 수 있다. 사업 감각이 좋은 일부 네팔 가이드는 포터에서 아이스폴 닥터로, 이어 고소 가이드로, 그리고 원정대행사의 소유자로 진화했다. 일류 인프라와 장비, 헬기, 그리고 자격이 있는 가이드의 가용성 부분에서는 네팔 대행사들이 서양 운영자들보다 우위에 있었다. 히말라얀 데이터베이스 팀의 일원인 호돌프 포비에Rodolphe Popier는 그러한 변화의 과정을 지켜보았다. "요즘 셰르파들은 자신들이 고산에서 필수 요원이라는 사실을 아주 잘 알고 있습니다."라고 그는 말했다. 그들은 네팔에서의 가이드 사업을 완전히 바꿔놓고 있다. 여전히 4만 달러를 제안하는 곳은 거의 없지만 많은 회사들이 오늘날의 고객을 소화할 수 있는 뛰어난 기량을 갖추고 있다.

현재로서는 외국 회사든 네팔 회사든 서로가 없이는 제대로 돌아가기 힘들어 보인다. 일반적으로 외국 대행사는 고객을 모으고 다른 모든 서비스는 네팔 회사에서 제공하기 때문이다. 하지만 이런 상황도 변하고 있으며, 네팔 사업자는 제3자의 개입 없이도 고객 모집을 포함하고 점점 더 많은 일을 할 수 있게 되었다. 밍마 G와 다른 스타급 셰르파는 물론이고 님스다이 같은 유명인은 소셜 미디어를 비롯한 다양한 경로를 통해 고객을 불러 모으고 있다. 따라서 네팔 원정등반 산업은 곧 네팔인들에게 완전히 넘어갈 가능성이 높다.

●●●●●●●

2021년 4월 16일, 파상 라무 셰르파 아키타Pasang Lhamu Sherpa Akita는 다운파카와 산소통에 파묻힌 채 정상을 향해 한 걸음씩 힘들게 발걸음을 옮기는 사람들의 사진 한 장을 게시했는데, 그 모습은 마치 콩가 라인

conga line[*]을 연상시켰다. 에베레스트에서는 흔히 볼 수 있는 장면인데, 에베레스트 봉우리는 아닌 것 같았다. 그곳은 사실, 네팔의 8천 미터급 고봉 중 가장 치명적인 안나푸르나였다. 어떻게 된 걸까?

그 사진 속 이야기는, 68명의 가이드 고객들이 헬기를 타고 베이스캠프로 들어온 지 2주 만에 안나푸르나 정상에 올랐다는 것이었다. 실제로 모두가 산소통을 사용했다. 게다가 출발부터 정상까지 고정로프가 깔렸다. 7,400미터에서 설치 팀의 로프가 떨어지자 고객들과 작업자들은 모두 더 많은 로프를 기다리고자 4캠프로 내려갔다. 하지만 어떻게 로프를 그 위까지 올릴 수 있을까? 발이 묶인 고객들을 위해 많은 로프와 여분의 산소통을 실은 헬기 한 대가 하늘에 나타났다. 고객들이 기다리는 동안 고정로프 팀은 폭풍설이 오지 않기를 바라며 자신들의 작업을 계속 이어갔다. 폭풍설은 오지 않았고, 며칠 후 그들은 모두 정상에 올랐다.

대량판매 등반 시장에 오신 걸 환영합니다! 이 장면은 1950년 프랑스인들이 역사적인 초등을 해냈을 때와는 상당히 대조적이었다. 그때 정상 등정에 성공한 산악인들은 모험에 대한 대가로 자신들의 손가락과 발가락을 잘라야 했던 반면, 2021년의 등반은 히말라야의 역사를 쓰고자 하는 의도가 전혀 없었다. 그것은 엄밀히 말해 상업적 모험이었으며, 등반을 조직한 사람들과 고객들이 가장 피하고자 하는 것은 바로 위험이었다.

세븐서밋트렉스(SST) 같은 대행사들은 해발고도가 높은 히말라야에 대한 '상업용 버전'을 점점 더 많이 제공하고 있다. 그것을 히말라야 '등반'이라고 부르는 것은 무리일지도 모르지만 어쨌거나 거기에도 위로 올라가는 행위가 포함되어 있다. 아마도 더 정확한 용어는 히말라야에

---

[*]　일렬로 줄을 서서 콩가 댄스를 추는 사람들

대한 '경험'일 것이다. 카라코람의 봉우리들이 파키스탄인들에게는 '황금과 같다'고 작은 카림이 선언한 것처럼, 네팔의 회사들도 자국의 경이로운 자연을 바탕으로 귀중한 상품을 제공하는 법을 배웠다. 고객이 진화하면 그들 역시 따를 수밖에 없다.

1930년대와 1940년대, 그리고 1950년대의 외국 산악인들은 현지 세르파들의 지원을 필요로 했지만, 그런 초창기 시절에 고산의 정상에 오를 가능성을 타진하고 루트를 뚫었던 것은 바로 서양인들이었다. 하지만 대부분의 현대 고객들은 매우 다른 것 같다. 어떤 사람들은 베이스캠프에서 네팔 가이드로부터 크램폰과 주마와 피켈을 사용하는 가장 기초적인 교육을 받기 위해 줄을 서기도 한다. 이런 고객들은 산에서 훈련을 하며 고소에 적응할 시간이 얼마 없고 기껏해야 몇 달일 뿐이다. 하지만 그들에게는 돈과 야망이 있다. 그들은 베이스캠프로 날아 들어오고, 산소통으로 호흡하고, 출발 지점부터 정상까지 깔린 고정로프에 의존한다. 뿐만 아니라 과거의 연장선 상에서 개인 세르파도 동행시킨다.

여전히 독립적으로 등반을 시도하는 알피니스트들에게는 높은 곳에서 정체가 일어나고, 장비를 떨어뜨리고, 텐트를 산소통으로 가득 채우고, 산기슭에서 등반입문 수업을 하는 등의 장면들이 충격적일 수 있을 것이다.

||||||||

이런 접근방식에 대해서는 냉소적으로 대하기 쉽고, 아마 많은 산악인들이 그럴 것이다. 하지만 SST 같은 대행사들은 단지 시장에 대응하고 있을 뿐이다. 그들은 고객이 무엇을 원하는지 잘 알고 있다. 바로 한정된 휴가 기간 내에 위험과 불편을 최소화하면서 스트레스를 받지 않고 정상에 오르는 것이다. 익스플로러스웹닷컴의 안젤라 베너비데스Angela

Benavides는 이런 의견을 피력했다. "이 전략에는 기적이 필요한 것이 아니라 힘든 작업과 수많은 셰르파 직원, 수 킬로미터에 달하는 로프, 그리고 화성까지도 식민지로 만들 수 있을 만큼의 충분한 산소가 필요합니다."

SST 사장은 네팔인으로서는 처음으로 8천 미터급 고봉 14개를 모두 오른 밍마 데이비드 셰르파이다. 그의 동생 창 다와 셰르파Chhang Dawa Sherpa는 두 번째로 그 위업을 이루었다. 그리고 세 번째 사업 파트너인 그들의 동생 타시 락파 셰르파Tashi Lakpa Sherpa는 에베레스트를 여덟 번 오르고 다른 8천 미터급 고봉도 몇 개를 올랐다. 아마도 가장 중요한 건 그가 전문 산악인으로서 네팔의 문화·관광 및 민간항공 부서와 긴밀한 관계를 맺고 있다는 점일 것이다.

SST는 2006년부터 사업을 시작했지만, K2 아래에 매장을 하나 세운 2020-21년 겨울이 되어서야 네팔 외 지역에서도 그 이름이 알려졌다. 코로나 팬데믹으로 네팔에 원정대가 들어오지 않아 경제적으로 참담한 시간을 보낸 후인 2021년에 SST는 손해를 만회하고자 안간힘을 썼다. 그들의 전략 중 하나는 8천 미터급 고봉 수집가들에게 매력적인 선택이 될 수 있는 '연속등정'을 제공하는 것이었다. 2021년 봄 SST는 거액을 지불할 능력이 되는 고객들을 위해 안나푸르나와 다울라기리를 빠른 시간 내에 연속으로 등정할 수 있는 기회를 제공했다.

시간을 절약하기 위해 SST는 회사 헬기를 이용해 그들을 포카라에서 안나푸르나 베이스캠프로 실어 날랐다. 헬기를 이용한 덕분에 포터 비용이 줄어들었고, 시간이 짧아 필요한 물자도 더 적었다. 물론 이런 전략에 위험이 없는 것은 아니다. 2주라는 짧은 시간으로는 고객들이 고소 적응을 제대로 할 수 없기 때문이다. 하지만 가이드와 고객들 모두 날씨와 눈사태 운이 좋았고, 마지막 순간에 필요한 고정로프와 산소통을 헬기로 떨어뜨린다는 전략을 활용해 고정로프 팀이 루트를 뚫고 나갈 수 있었다. 개인 셰르파를 동반한 고객들은 그 팀을 뒤따라가면서 고정로프에 주마를 끼우고, 산소통 레귤레이터를 조절하고, 정상까지 터벅터벅 걸어 올라가 셀카를 찍기만 하면 되었다. 2021년 안나푸르나 시즌은 2주간 지속되었는데, 그들은 몇 시간 만에 정상에 오를 수 있었다.

헬기를 이용한 등반을 일종의 고소 서커스로 일축해버리고 싶을지도 모른다. 하지만 그런 헬기들 중 한 대는 결국 적어도 3명, 아니 어쩌면 4명의 생명을 구했다. 러시아 산악인들이 그 산의 높은 곳에서 스스로 내려올 수 없어 조난을 당했을 때, (별명이 안나푸르나 박사인) 게스만 타망Gesman Tamang을 태운 구조 헬기가 날아가 하늘에서 줄을 길에 늘어뜨리는 방식(대원이 줄 끝에 매달려 내려가는 작전)으로 구조를 펼쳤다. 결국 그들은 손가락과 발가락뿐만 아니라 생명까지도 구해냈다. 타망은 시즌 초에 이미 그 산에서 고정로프 설치작업도 했었고 보조산소 없이 정상에 오르기도 했었다.

헬기는 또한 2캠프와 3캠프를 오가는 길목에서 하루에도 여러 차례 눈사태가 일어나자, 걸어서 하산하는 것이 위험하다고 판단된 대만의 고객 류청한을 3캠프에서 구출하기도 했다. 그는 헬기를 타고 카트만두로 가서 가벼운 동상을 치료받은 후 다음 목표인 다울라기리로 셔틀 헬기를 타고 이동했다.

다울라기리가 끝난 지 몇 주 후, SST 팀은 에베레스트와 로체로 무대를 옮겨 또 다른 더블헤더를 준비했다. 원정대행사 입장에서 에베레스트는 수많은 기회를 제공한다. 일정 기간 동안 SST는 130,000달러라는 어마어마한 액수의 VVIP 에베레스트 체험을 제공했다. 그 서비스에는 국제 자격을 갖춘 개인 가이드, 개인 요리사, 남체바자르와 딩보체까지 타고 갈 수 있는 편도 헬기, 신선한 과일과 야채를 규칙적으로 제공하는 서비스 등이 포함되어 있었다. 그들의 웹사이트에는 이렇게 나와 있다. "지구상에서 가장 높은 곳에 서면 어떤 기분이 드는지 경험하고 싶나요? 노년과 위험에 대한 두려움을 보상할 만큼의 경제적 여유가 충분하다면, VVIP 마운트 에베레스트 원정등반 서비스VVIP Mount Everest Expedition Service를 신청할 수 있습니다."

▪▪▪▪▪▪▪

하지만 그 모든 사치와 계획에도 불구하고 때로는 일이 잘못될 수 있다. 2021년 5월 7일, 12명의 SST 셰르파들이 에베레스트 정상에 올랐다. 그곳에는 25번째 등정을 기록한 카미 리타 셰르파도 있었다. 그들은 출발 지점부터 정상까지 고정로프 설치 작업을 끝냈으며, 이제 베이스캠프에서 파티와 고소적응 중인 고객들이 정상에 도전하는 일만 남았다. 마치 코로나 팬데믹이 네팔은 피해갔거나 이미 끝난 것 같은 분위기였다. 여러 팀이 파티를 함께 즐겼고, 일부는 라이브음악을 즐기기도 했다. 다와 양줌 셰르파Dawa Yangzum Sherpa는 인스타그램에 "전설적인 형제" 밍마 G와 님스다이를 축하하는 재미있는 사진 한 장을 올렸다. 님스다이는 자신의 모든 "형제들", "거물들", 그리고 지구상에서 "정말로 개자식"인 밍마 G와 함께 어울리는 동영상을 공유했다. 흥청망청 노는 그 모습은 매우 재미있어 보였지만, 30초의 짧은 영상에서조차 코로나의 배양 접시가 된 것 같은 의심스러운 장면들이 드러났다. 파티 참석자 중에는 코로나가 팀을 휩쓴 다울라기리에서 막 날아온 산악인 몇몇도 포함돼 있었다. 당연히 그들은 코로나 바이러스를 가지고 왔다. 대부분의 팀에는 이미 양성 판정을 받은 고객들이 있었고, 많은 이들이 치료를 받기 위해 이미 베이스캠프를 떠나기도 했다.

　팬데믹 기간 동안 외딴 쿰부 지역에서 외국 산악인들과 트레커들을 환영하는 것이 이상해 보일지 모르지만, 경제적으로는 일리가 있다. 산악 관광산업에 종사하는 많은 네팔인들은 지진이나 전쟁, 또는 전염병이 발생해 방문객이 여행을 취소하는 몇 달, 혹은 몇 년 동안 정부의 재정 지원을 전혀 받을 수 없었다. 에드 더글라스는 "남체바자르는 도로가 없어도 전국에서 가장 잘 사는 지역 중 하나다."라며, "하지만 조종사나 의사 1명 대비 100명이 넘는 셰르파가 존재하는데, 에베레스트로 가는 길목에서 태어나지 않은 그 사람들은 관광산업이라는 사다리의 (비록 그 사다리가 크레바스를 연결하는 것이라 할지라도) 첫 번째 발판에 발을 내딛기 위해 필사적이다."라고 기록했다. 그 사다리로 시작하는 많은 이들에게 있어 문제는 한 시즌의 손실만이 아니라 생존 그 자체다. 인류학자 파상 양지 셰르파는 그 상황을 이렇게 분석했다. "가족들은 생존에 필요한 다른 것들과 코로나에 대한 걱정을 저울질하고 있다. 이것이 바로 병에 걸릴 위험에도 불구하고 산악 관광산업에서 여전히 일하고 있는 사람들을 보는 것이 놀랍지 않은 이유이다. 네팔 시골 지역에 백신이 충분하지 않고 의료 자원과 의료 전문가가 부족하다는 것은 잘 알려진 사실이다. 서양에서 지켜보는 우리는 종종 인식하지 못하지만, 도로가 없는 지역의 주민들은 단순히 의료시설에 가는 것만 해도 결코 만만치 않다."

⸗⸗⸗⸗⸗⸗⸗

코로나 상황을 노골적으로 무시하는 듯했지만, 에베레스트와 관련된 상당수의 사업자들은 옳은 일을 하기 위해 열심히 노력했다. 그들은 베이스캠프에서 고객들을 격리하고, 광범위하게 검사하고, 다른 팀과는 가능하면 멀리 떨어져서 등반했다. 코로나는 폐 바이러스라서 그들의 우려는 타당한 것이었다. 3캠프나 그 위에서 코로나에 걸리면 치명적이다. 너무 높아서 헬기 구조는 꿈도 꾸지 못하기 때문이다. "정상에 올라가는 도중 문제가 될 수 있는 코로나 감염으로 인해 셰르파나 고객이 사망한다면, 저는 그 책임에서 자유롭지 못할 것입니다."라고 원정대 운영자 루카스 푸르텐바흐Lukas Furtenbach가 말했다. "우리 모두 베이스캠프에서 크게 번진 상황을 잘 알고 있습니다. 모든 팀에 말이죠. 조종사도 알고, 보험 (회사)도 알고, HRA(히말라야구조협회)도 압니다. 그럼에도 여전히 사람들을 보내는 건 법적으로는 태만이며 도덕적으로는 비인간적입니다."

2021년 5월 29일, 고소폐부종에 걸린 것으로 의심된 락파 누루 셰르파Lhaka Nuru Sherpa가 베이스캠프에서 카트만두의 한 병원으로 후송됐다. 마흔두 살의 그 셰르파는 아내와 아들을 남겨둔 채 며칠 후 심정지로 사망했다. 하지만 많은 사람들은 사망 원인이 실제로는 코로나와 관련된 합병증에서 비롯된 것이 아니냐는 의구심을 품었다. 에베레스트와 마나슬루를 여러 번 등정하고, 안나푸르나와 로체를 한 번씩 등정하고, 바스크 알피니스트 알렉스 치콘과 에베레스트 동계 등반에 도전한 락파 누루는, 만약 그것이 고소폐부종이었다면 그토록 심각해지기 전에 알아차렸을 것이다. 그럼에도 그의 사망확인서에는 고소폐부종이 사인으로 기록되어 있다. 게다가 네팔 정부는, 고객들이 '완전히 엉망진창'이라고 표현하는 데도 불구하고 에베레스트에는 코로나가 없다고 계속 주장했다.

네팔의 산악 공동체는 수년 동안 재난에 시달려 왔다. 2014년 쿰부 아이스폴에서 눈사태가 발생해 16명의 네팔 산악인들이 사망하자, 그 산에서 일하던 셰르파들이 파업을 일으켰다. 셰르파들이 자신들의 안전과 목소리와 권리를 주장했다는 점에서는 중요한 순간이었지만, 이는 그 시즌에 심각한 작업 손실을 초래했다. 그리고 이듬해 발생한 대규모 지진은 마을 전체를 파괴했다. 위험한 직업에서 은퇴한 가이드들은 집을 고치거나 다시 짓기 위해 일터로 돌아와야 했고, 가족들은 카트만두의 학교에 다니는 아이들을 불러들였다. 지진으로 기반시설이 붕괴되자 외국인들의 예약이 급감했다. 8천 미터급 고봉을 34번이나 오른 히말라야의 최고수 푸르바 타시 셰르파Phurba Tashi Sherpa는 지역사회가 겪은 피해의 정도를 이렇게 설명했다. "평생 일궈온 것들이 한순간에 무너졌습니다." 그러면서 그는 쿰중 마을에 있었던 자기 집의 흔적들을 가리켰다.

그런 후에는 코로나가 닥쳤고 네팔이 관광을 금지하자 2020년 시즌은 아예 사라졌다. 그러나 엄청난 경제적·정치적 압박이 주어졌음을 감안할 때 2021년 국가에서 문호를 활짝 개방했을 때는 아무도 놀라지 않았다. 전염병은 경제적·정치적 결정들에는 아무런 신경도 쓰지 않는다. 많은 가이드와 포터들이 마을로 돌아오자 8,000명이 넘는 사람들이 바이러스에 감염되었다. 그들이 얼마나 많은 사람들을 재차 감염시켰는지 누가 알겠는가? 그리고 수천 개의 산소통이 산에서 사용되고 있는 동안, 네팔의 병원들은 아픈 사람과 죽어가는 사람들에게 필요한 산소통이 절실히 필요했던 그런 상황에 대해서는 무슨 말을 할 수 있겠는가?

‖‖‖‖‖‖‖

가이드인 프라카시 구룽은 네팔의 현재 가이드 상황에 대해 몇 가지 문제를 제기했다. "요즘은 누구나 에베레스트를 오를 수 있습니다."라고 그는 말했다. "돈만 있으면요. 그들은 등반을 못해도 정상에 오를 수 있습니다. 그런데 그 공로는 열심히 일한 사람에게 돌아가지 않고 최고위층만 차지합니다." 하지만 문제는 그보다 더 심각하다. 프리랜서인 프라카시는 여러 가이드 회사에서 일하고 있다. "임금이 들쭉날쭉해서 표준이 필요합니다. 더불어 안전, 고용, 윤리에 대한 기준도 필요합니다."라고 그는 덧붙였다.

2017년 남봉에서 에베레스트 역사상 가장 극적인 구조를 해낸 베테랑 가이드 앙 체링 라마Ang Tshering Lama는 SST 같은 회사가 왜 그들만의 방식대로 운영되는지 그 이유를 잘 알고 있다. "짧은 소요시간을 원하는 것은 고객들이며, 회사는 그에 응할 뿐입니다."라고 그는 말했다. 고산과 빠른 등정은 괜찮은 비즈니스가 된다.

❚❚❚❚❚❚❚

파키스탄에서는 여러 가지 이유로 네팔의 비즈니스 모델이 잘 작동되지 않는다. 네팔에는 등반 시즌이 주로 봄과 여름이지만 파키스탄에는 오직 여름 한철뿐이다. 8천 미터급 고봉이 네팔에는 8개가 있는 반면 파키스탄에는 5개뿐인데, 그것도 가이드 하기 어려운 것들로 악명이 높은 산들이다. 네팔에는 훈련 프로그램과 국제 자격을 갖춘 가이드가 수십 명이 있는 반면, 시대에 뒤떨어진 파키스탄은 안타깝게도 두 가지 다 부족하다. 네팔에는 등록된 가이드 회사가 2,000여 개 있는데, 파키스탄에는 발티스탄 지역에 등록된 45개뿐이다. 파키스탄의 많은 산악인들이 열심히 일하며 높은 산을 오르지만, 고객들 대부분은 이름 있는 네팔 셰르파가 가이드 해주기를 원한다. 지역이 파키스탄인데도 말이다.

대만의 여성 산악인 그레이스 쳉Grace Tseng이 2022년 겨울 K2에 도전하면서 고용한 7명의 가이드는 모두 네팔 셰르파들이었다. 물론 쳉이 이용한 원정대행사도 네팔의 SST였다. '어드벤처파키스탄'의 설립자이자 전무이사인 무하마드 알리는 네팔 회사들이 시장을 계속 지배할 것으로 보고 있다. "그들은 여러 가지 마케팅 수단을 동원하는 데다 교육수준도 높습니다."라고 그는 말했다. "네팔 사람들은 셰르파라는 자신들의 이름을 이용하고 전문지식을 활용해 모험사업을 합니다. 아마도 앞으로는 파키스탄으로 들어오는 원정대의 거의 99퍼센트를 네팔인들이 운영할 것입니다."

불과 10년 전만 하더라도 등반 공동체의 많은 사람들은 가이드에 의존하는 K2 등반을 신성모독이라며 진저리쳤지만 지금은 여름에나 겨울에나 꽤 흔한 일이다. 하지만 대게는 셰르파들이 가이드를 하고 있다.

15

빈자리

산에서 위험에 처한 사람을 보면
우린 생명의 위협을 무릅쓰고라도
도와줍니다.

아잠 바이그Azam Baig

푸라 디키Fura Diki는 하늘이 무너지는 것 같았다. 유명한 아이스폴 닥터인 아버지 앙 니마Ang Nima가 2013년 암으로 세상을 떠나자 그녀는 네팔의 추쿵 계곡 상부 4,360미터에 자리 잡은 조그만 셰르파 마을 딩보체로 달려갔다. 그리고 푸자 의식이 진행되는 동안 그곳에 머물렀다. 남편 밍마Mingma는 쿰부 아이스폴에서 작업을 하기로 되어있어서 곧 에베레스트 베이스캠프로 떠나야 했다. 고인이 된 장인과 마찬가지로, 위험한 크레바스에 사다리를 놓고 고정로프를 설치하는 것이 밍마의 직업이었다.

영국 산악인 크리스 보닝턴Chris Bonington은 아이스폴을 오르는 일을 "중세의 요새 공격이 쏟아지는 가운데 위험한 지뢰밭을 가로지르는 일"이라고 묘사한 적이 있다. "처음에는 사방천지가 잠복한 위험과 무너지는 세락과 숨어있는 크레바스로 가득 찬 것처럼 보이지만, 모든 장애물을 사다리로 건너 일단 길이 뚫리고 나면, 이제는 안전하다는 위험한 환상에 쉽게 빠져든다. 하지만 그곳에는 언제나 위험이 존재한다." 그는 아이스폴을 통과해 올라가는 경험을 산악인들은 원정등반 중 단 몇 번만 한다고 설명했다. 하지만 그런 위험한 지형에서 날마다 일하는 사람들이 있고, 이제 밍마도 곧 나서야 할 터였다.

푸자가 열린 날 오후 1시, 밍마는 에베레스트를 향해 떠났다. "오후 5시쯤 잘 도착했다고 베이스캠프에서 연락이 왔습니다."라고 푸라 디키가 회상했다.

그녀는 밍마와 함께 야크 여섯 마리를 키우고 있었는데, 그 야크들을 에베레스트 베이스캠프까지 보급품을 실어 나르는 데 쓰곤 했다. 12일 후 밍마는 감자를 좀 가져다 달라는 메시지를 보내왔다. 그런데 감자를 가지고 올라가보니 남편이 없었다. 그는 아이스폴에 있었다.

감자를 내려놓은 그녀는 야크를 몰고 5,160미터에 있는 작은 마을인 고락솁으로 내려왔다. "도중에 남편의 전화를 받았습니다."라고 그녀는 말했다. "전 조심하라고 일렀습니다. 평소에는 거의 하지 않는 말이었어요. 그런데 남편이 오히려 '저에게' 조심하라고 말했습니다. 우리 야크들 중에 지치면 가끔 사람들을 들이받는 놈이 하나 있었기 때문입니다. 그는 하루만 더 하면 일이 끝난다며 다음번엔 '창chhaang'을 가져오라고 말했습니다." 다양한 곡물을 섞어 만든 연회색의 이 민속주는 네팔의 쿰부 지역에서 인기가 좋다.

푸라 디키는 그날 밤을 고락솁에서 보낸 후 딩보체로 내려갔다. 그녀는 야크에게 먹이를 준 다음 쉬게 하고 나서 친구의 감자밭 일을 도와주었다. 그녀는 남편이 요구한 창을 갖고 이틀 후 베이스캠프로 다시 올라갈 작정이었다. 그때쯤이면 남편이 일을 끝낼 수 있을 것 같았다.

"그날 밤 악몽에 시달렸습니다."라고 푸라 디키는 말했다. "아마다블람을 오르는데 검은 뱀이 뒤따라왔습니다. 뒤돌아서니 저에게 덤벼들었어요. 제발 저리 가라고 애원했지만 갑자기 그 뱀이 제 앞에서 거대하게 곧추섰습니다. 절을 세 번 하면서 지금까지의 모든 잘못을 용서해달라고 빌었더니 그제야 놓아주었습니다. 전 공포에 질려서 잠에서 깨어났습니다." 그녀는 향을 피우고 푸자를 행하고 기도를 올렸다.

오후 4시 그녀는 오빠의 전화를 받았다. "푸라, 헬기장으로 가, 지금 당장." 그녀는 달리기 시작했고, 그때 남체바자르에 있는 사가르마타오염감시위원회(SPCC)에 전화를 해봐야겠다는 생각이 들었다. 그들은 무슨 일인지 더 많이 알고 있을 것 같아서였다. "남편이 크레바스에서 사고를 당했다고 알려주었습니다."라고 그녀는 기억을 더듬었다. "그들은 남편이 아직 살았는지 어떤지는 알 수 없지만 헬기장으로 가라고 말했습니다. 어디에 있는 헬기장이냐고 물으니 딩보체라고 해서 남편이 더 이상 살아있지 않다는 것을 직감했습니다. 페리체 헬기장이라고 했으면 남편이 아직 살아있다고 생각했을 겁니다. 그곳엔 병원이 있었으니까요."

밍마는 2013년 4월에 화장되었다. "푸자 의식이 끝난 후 다시는 돌아오지 않겠다고 다짐했습니다. 그 마을이 전 싫었어요. 어렸을 때부터 힘든 시간을 견디며 살았니까요. 이제 더 살기가 힘들어졌습니다. 그곳에 있으면 남편의 유산들이 보입니다. 우리가 함께 다닌 장소들을 보면 가슴이 아파요."라며 그녀는 눈물을 글썽였다. 46일 만에 그녀는 아버지와 남편을 모두 잃고 말았다.

\|\|\|\|\|\|\|

푸라 디키는 딩보체에서 여섯 자녀 중 맏이로 태어났다. 가장 가까운 학교는 4시간을 걸어가야 하는 쿰중에 있었다. "부모님은 교육의 중요성을 알지 못했습니다."라고 그녀는 말했다. "맏이로서 제 일은 집안일을 돕는 것이었습니다. 어머니가 해마다 동생들을 낳으셔서 집안일을 해야 했던 저는 도저히 학교에 다닐 수 없었습니다." 푸라 디키는 방목하고 우리에 집어넣는 등 나크nak(암컷 야크)를 돌보기도 했다. 그리고 열아홉 살에 결혼을 했다.

"스물한 살에 첫 딸을 낳고 서른도 되기 전에 딸 셋을 모두 낳았습니다."라고 그녀는 말했다. "그 나이에 저는 성숙하지 못했습니다. 아이를 가진 아이가 된 기분이었지요." 밍마는 목수 일을 했다. 하지만 푸라 디키의 아버지는 그런 일로는 먹고 살 수 없다며 그를 아이스폴 닥터로 끌어들였다. 두 사람은 아이스폴에서 8년 동안 함께 일했다.

밍마에 대한 푸자 의식이 끝난 후 푸라 디키는 두 어린 딸과 함께 살기 위해 카트만두로 돌아왔다. 셋째 딸은 미국에서 공부하고 있었다. 그녀의 마음도 산산조각이 나고 재정 상황도 나빠지기 시작했다. "지금 생각해보니 정신이 없었던 같습니다."라고 그녀는 말했다. "수입도 없었고 변변한 기술도 하나 없었으니까요." 1년을 발버둥친 그녀는 어린 두 딸을 입양시켰다. 미래를 위해서는 그것이 최선일 것 같았다. "딸들을 보낸 후 8-9개월을 정처 없이 떠돌아다녔습니다. 집에 혼자 있으면 쥐약을 먹거나 목을 매고 싶다는 부정적인 생각에 사로잡혔으니까요." 사촌 하나가 그녀를 주시하면서 안전하게 지켜주려 노력했다.

그러던 중 2015년 네팔에 참혹한 지진이 일어났다. 그나마 집이 좀 멀쩡한 사람들도 여진이 두려워 집에서 자려 하지 않았다. 푸라 디키는 하얏트호텔 근처의 공터에서 자는 편이 더 안전하다고 생각했다. 그녀가 친구 몇몇과 함께 그곳에서 한 달 정도를 지내고 있을 무렵, 포르체 마을의 로지에서 주방 일을 해보면 어떻겠냐고 이모가 권유했다. 쿰부 계곡으로 돌아오자 삶의 터전에 대한 감정이 살아나기 시작했고, 사람들을 만나고, 트레킹 가이드들을 알게 되고, 또 일을 하면서, 슬픔을 극복하기 시작했다.

그녀는 니마 도마 셰르파Nima Doma Sherpa라는 동명이인의 두 젊은 에베레스트 미망인과 친구가 되었다. 그중 한 친구의 남편은 푸라 디키의 남편이 죽은 지 16일 만에 사망했고, 다른 한 명의 남편은 2014년 베이스캠프 근처에서 눈사태에 묻혔다. 어느 날 미망인들은 차를 마시며 에베레스트를 올라가보면 어떻겠냐는 농담을 주고받았다. 물론 미친 짓이고 불가능한 아이디어였다. 그러나 푸라 디키는 농담이 아니었다. 얼마 후 그녀는 에베레스트 가이드 앙 체링이 참석한 어느 집의 저녁식사에 초대받았다. "전 그를 신이 맺어준 형제라고 생각했습니다."라고 푸라 디키는 말했다. 그녀는 그에게 아버지와 남편에게 일어난 일을 얘기해주었다.

"그래서 지금은 뭐해?" 그가 물었다.

"아무것도. 지금은 아무 일도 하지 않아요. 기술도 없고 교육도 받지 못했거든요."

"그럼, 뭘 하고 싶어?"

"에베레스트를 오르고 싶어요. 도와줄 수 있나요?"

"물론 그렇게 해줄 수 있지. 하지만 스스로 준비해야 해. 그런데 더 중요한 건, 일단 에베레스트를 오르고 나면 지역사회에 환원하겠다고 약속해야 해."

앙 체링은 알고 있었을 것이다. 그는 지역사회에서 목소리를 낼 수 있을 만큼 성공한 이래 줄곧 보답을 해왔다. 가이드 일을 하지 않을 때면 그는 네팔에서 인도주의 활동을 한다. 2015년의 지진 이후 그의 자원봉사 팀은 전국에서 잔해에 묻힌 사람들을 구출하고, 마을 전체의 재건을 도왔다. 쿰부클라이밍센터(KCC)의 강사인 그는 가는 곳마다 리더십의 상징이었다. 푸라 디키가 앙 체링과 함께 에베레스트를 한 번 올라보자는 꿈을 꾼 건 잘한 선택이었다.

그는 푸라 디키와 니마 도마에게 체력을 단련하는 방법을 일러준 다음, 포르체에 있는 KCC에 등록해 기본적인 등반 기술을 익히도록 했다. 심지어 경제적으로도 지원해주었다. 빌린 장비와 넘치는 열정으로 그들은 열심히 훈련했다. "KCC 이후로 우리는 6천 미터급 봉우리를 하나 올랐습니다."라고 앙 체링이 말했다. "기술이 좋지는 않았지만 고소에서 살았던 사람들이라 큰 문제는 없었습니다. 2019년 5월 말 쿰부를 떠난 우리는 에베레스트를 올랐습니다."

에베레스트 등반은 돈이 되지 않는다. 그리고 한 번의 등정은 경력도 되지 않는다. 하지만 그것은 단지 시작일 뿐이었다. 그 후 두 여성은 아마다블람을 올랐고, 그러자 푸라 디키는 7대륙 최고봉을 오르는 계획을 세웠다. 그녀는 장기적인 목표, 즉 프로 가이드가 되겠다는 목표를 실현하기 위해 외국 회사들로부터 충분한 자금을 지원받고 싶어 했다. 트레킹 가이드 자격증은 이미 갖고 있었지만 그녀는 더 많은 것을 원했고, 따라서 그에 따른 훈련을 할 의향도 있었다. "니마 도마와 제가 한 팀이 되어 이룬 모든 것들은 지금까지 훌륭했습니다."라고 그녀는 말했다. "5-6년 전 미망인이 되었을 때, 우리는 이 세상에 존재하지 않는 것 같았습니다. 이제 저는 이 분야에 관심이 있는 여성들을 돕고 싶습니다. 그들은 보통 가족으로부터 지원을 받지 못하고, 경제적인 능력도 없습니다. 그들이 밖으로 나와 독립할 수 있다면 자신감을 키우기가 훨씬 나을 겁니다." 푸라 디키는 자신감을 내비치지만 그녀의 길은 멀고 험난하다. 이제 40대 중반인 그녀가 가이드로서 자격을 갖추려면, 아직 고급기술 훈련을 더 많이 받아야 하기 때문이다. "쉰다섯 살까지는 따라갈 수 있다고 생각해요."

앙 체링은 그들의 자신감이 달라졌다는 것을 안다. "에베레스트 전에 그들은 타멜로 내려가는 것조차 무서워했습니다. 공개석상에서 말하는 것도 두려워했고요." 하지만 그는 그들을 돕기 전에 받아낸 약속, 즉 '지역사회에 대한 기여'를 지키는지도 지켜보고 있다. 네팔에서 등반과 가이드는 여전히 주로 남자의 세계다. 에베레스트에서 거둔 성공으로 푸라 디키와 니마 도마는 네팔에서 인지도가 높아졌고 네팔 소녀들의 롤모델이 되었다. 그리고 이것은 그들에게 찾아온 기회이자 동시에 책임이라는 게 앙 체링의 생각이다. 그는 에베레스트를 오를 수 있도록 도움을 주었던 젊은 여성들에게 많은 것을 기대하고 있다.

||||||||

푸라 디키와 달리 장무 셰르파Jangmu Sherpa는 다른 일에 큰 흥미를 느끼지 못했다. 포르체에서 태어난 그녀는 부모님을 도와야 해서 4학년을 마치고 학교를 그만두었다. 그리고 열아홉 살에 중매로 다와 텐징을 만

났다. "어머니가 이렇게 말씀하셨습니다. '넌 이 남자에게 시집갈 거야.' 전 그를 알지도 못했습니다."라고 그녀는 말했다.

포르체의 어느 젊은이들처럼 다와 텐징은 농사철이 되면 농사를 짓고 등반 시즌이면 산에서 살았다. 장무는 그의 일이 위험하다고 생각했기 때문에 어린 엄마로서 신경이 몹시 쓰였다. "두려웠습니다."라고 그녀는 말했다. "남편이 나가있을 때는 나쁜 소식만 들려도 떨렸고, 눈이 오거나 바람이 불거나 날씨가 안 좋아도 두려웠습니다. 마치 다른 두 세계에 있는 것 같았습니다. 집에 있으면 그렇지 않은데 나가기만 하면 언제나 두려웠습니다."

어느 날 그녀는 시동생으로부터 전화를 받았다. 다와 텐징이 부상을 당해 카트만두로 후송되고 있다는 것이었다. 그녀가 남편에게 달려갔을 때 그는 이미 숨을 거둔 상태였다.

그의 회사에서 그녀에게 얼마간의 생명보험금을 주었고, 몇몇 고객과 한 셰르파 지원기관에서 그녀와 두 아이를 위해 돈을 조금 모아주었다. 하지만 푸자 의식은 비용이 많이 들었고, 무엇보다 아이들 교육이 가장 큰 걱정거리였다.

무기력하고 외로워진 그녀는 우울증에 빠졌다. 유대가 강한 포르체 공동체는 그녀가 남편의 집에 홀로 머물면서 아이들에게 모든 것을 헌신하기를 기대했다. 하지만 장무는 포르체 지역을 잘 알고 있었다. 10년 동안의 미망인 생활을 끝낸 그녀는 친구인 사리나 라이의 권유로 마침내 독립을 위한 준비에 들어갔다. 우선 트레킹 가이드로 일하는 데 필요한 기술을 터득하기 위해 KCC에 등록했다. 등반에는 관심이 없었지만, 산에 대한 지식과 사랑을 외국 방문객들과 공유하고 싶었다. "우린 비데시스bideshis(외국인들)를 신처럼 생각합니다."라고 그녀는 말했다. "비데시스가 없으면 돈을 벌지 못하니까요. 트레킹이든, 산이든, 호텔이든. 우리가 먹고사는 건 다 그들 덕분입니다."

‖‖‖‖‖‖

양지 도마 셰르파Yangji Doma Sherpa는 남편을 잃지는 않았지만, 열세 살 때부터 비극을 몸소 체험했다. 에베레스트 원정등반에 15번이나 참가한 베테랑인 아버지가 산에서 죽었기 때문이다. 그의 시신은 여전히 그곳에 있다. "생계를 책임지던 아버지가 돌아가시자 모든 게 바뀌었습니다."라고 그녀는 말했다. 가족을 먹여 살리기 위해 고군분투하는 어머니를 보고 양지는 결심했다. "어머니만 그토록 힘들게 일하는 건 공평하지 않다고 생각했습니다. … 동생들의 공부를 책임질 결심을 했고 … 그래서 제가 학교를 그만두었습니다." 양지의 공부는 그렇게 끝이 났고, 그와 더불어 자신을 위해 다른 삶을 살았으면 가져볼 수 있었을 꿈도 모두 사라졌다.

어머니가 재가하자 양지는 할머니 집으로 이사한 후 트레킹 가이드 일을 하기 시작했다. 하지만 그녀는 존경하고 사랑했던 아버지처럼 산악인이 되고 싶었다. 그리고 마침내 2013년, 마나슬루를 최초로 등정한 네팔 여성이 되었다. 그녀는 언젠가 에베레스트도 오르고 싶은데, 그렇게 하면 아버지에게 한 발 더 가까워질 수 있다고 확신하기 때문이다.

‖‖‖‖‖‖

셰르키 라무Sherki Lamu는 결혼한 지 5년 만인 2007년 남편을 눈사태로 잃었다. 남편의 시신은 발견되지 않았다. 처음에는 인근의 호텔에서 일도 하고, 농사를 짓기도 하고, 트레킹 일도 조금 했다. 하지만 결혼 전부터 등반에 관심이 있었던 그녀는 직업 가이드에 본격적으로 뛰어들기 시작했다.

2021년 세르키는 처음으로 에베레스트 원정대에서 일을 했다. 베이스캠프의 주방 일이었다. 훨씬 더 큰 목표가 있긴 하지만 인내심이 많은 그녀는 "전 행복했습니다."라고 말했다. "지난해 이맘때쯤에는 농사를 짓고 집안일을 했으니까요. 여기서는 일도 하고 건강도 좋아졌습니다. 임금도 받고 있구요."

⦙⦙⦙⦙⦙⦙

네팔에는 등반 사고로 과부가 된 경우들이 많다. 남편이 눈사태로 죽은 지 2년 후 카트만두에 처음 갔을 때, 니마 도마는 35명 정도의 다른 과부들을 만났다. 그들은 그녀에게 용기와 희망을 주고 지원도 해주었다.

물론 이것이 등반 공동체에서 낯선 장면은 아니다. 1940년대와 1950년대에도 다르질링에는 과부들이 있었다. 하지만 그들은 먹고 살기가 너무 바빠 스스로의 삶을 개척한다는 생각도 의지도 갖지 못했다. 그들은 슬퍼할 시간조차 없었다. 오늘날의 네팔 과부들은 인내심이 부족한 경우가 많다. 더 자신감에 넘치고 다른 문화에도 더 많이 노출된다. 무능력하다고 여겨지는 데 지친 사람들이 많으며, 사회로부터 고립되기보다는 다시 사회에 합류하기를 원한다. 어떤 이들은 놀랍게도 남편을 죽게 한 게임에 뛰어드는 것을 해결책으로 택한 것 같기도 하다. 그들은 온 힘을 다해 과부라는 트라우마를 헤쳐 나가고 있다.

어떤 면에서 보면 그들은 운이 좋은 편이다. 과부가 된 파키스탄 자매들에게는 자립을 하기 위해 필요한 비슷한 기회나 자유조차 없기 때문이다. 책임은 똑같이 벅차지만 문화적 규범이 다른 땅에서 그들이 생존하려면 친인척의 지원에 의존하는 수밖에 없다.

니사 후세인Nissa Hussain의 남편 니사르가 가셔브룸1봉에서 실종되었을 때 그녀는 어린 세 자식을 책임져야 했다. 니사는 고소에서 작업하는 사람과 함께 사는 것이 어떤지에 대해 이렇게 설명했다. "세상에, 우린 남편이 살아서 돌아올지 어떨지를 항상 걱정해야 했습니다." 시부모와 함께 그녀는 남편이 그 일을 계속하지 못하도록 만류했지만 그의 운명론적인 대답은 결코 고무적이지 않았다. "사람은 어떻게든 죽게 마련이라 어디서 죽든 상관없어. … 그래서 산에 가는 건 전혀 문제가 되지 않아."

역시 경험이 많은 고소 산악인이었던 니사르의 남동생 무하마드 카짐 Muhammad Kazim은, 니사르가 산으로 떠나기 전 구체적인 등반을 함께 논의했었다. 카짐은 그 팀의 동계 신루트 개척이 얼마나 중요한지 충분히 이해하고 있었다. "형에게 겨울은 위험하다고 말했습니다."라고 그는 말했다. 하지만 니사르는 루트를 면밀히 조사했기 때문에 기술적 어려움을 극복할 수 있을 것이라고 동생을 안심시켰다. "전 형에게 위험을 무릅쓰지 말라고, 건강이 우선이라고 조언했습니다."라고 카짐은 말했다.

그들 두 형제는 가셔브룸1봉 원정등반 내내 연락을 주고받았다. 그들의 마지막 통화는 정상으로 올라가기 사흘 전이었다. 이후 카짐은 위성전화로 여러 번 통화를 시도했지만 응답이 없었다. "그래서 무척 긴장했습니다. 베이스캠프 사람들은 7일 동안 그들을 기다렸습니다. 우리에겐 너무 힘든 시간이었어요. 우리는 이 일이 위험하다는 걸 알고 있었지만, 형은 우리 가족의 생계를 책임지고 있었습니다. 그 순간들이 우리에게 어떠했는지는 도저히 말로 표현할 수 없습니다."

가족들은 그가 여전히 살아있기를 간절히 바라며 기다렸다. "2년이 지나도록 형이 연락을 할 것이라는, 그리고 결국은 돌아올 것이라는 희망을 버리지 않고 있습니다."라고 카짐은 말했다. "형은 자기 전화번호를 기억하고 있을 것이고 그 번호로 전화를 하기를 바라면서, 형의 전화번호를 제 이름으로 바꾸기도 했습니다." 전화가 울릴 때마다 카짐은 심장이 두근거렸다. "어머니는 너무나 상심하셨습니다. 문이 열리기라도 하면 아들이 왔다는 생각에 벌떡 일어나곤 하셨습니다. 자동차 소리가 들리면 문을 열고 밖을 내다보셨어요, 아들이 왔을지도 모른다면서 말이죠."

그 후 카짐은 형수인 니사와 결혼해 가족을 책임지는 명예로운 일을 했다. 하지만 그의 가족은 니사르의 죽음 이후 태도가 확고해졌다. 카짐은 절대 등반 금지였다. 그는 자신의 새로운 역할을 기꺼이 받아들였지만, 파키스탄 정부가 니사의 자식들을 지원하지 않는 것에 대해서는 적잖이 실망했다. "제대로 된 보험제도가 없습니다. 사망 사고가 나면 20만 파키스탄 루피(약 1,000달러)를 주긴 하지만 그건 아무것도 아닙니다." 그의 가족에게는 다행스럽게도, 그를 고용한 회사와 비극적인 원정대의 대장이었던 게르프리드 괴칠 측으로부터 약간의 경제적 지원이 있었다.

남편이 등반을 하다 죽어 과부가 되면 시동생과 결혼을 하는 것이 파키스탄에서는 허용되는 해결책이다. 니사와 카짐의 경우 그 결합은 잘된 일이었다. 하지만 대부분은 과부가 되면 극심한 빈곤이나 고립, 또는 외로움에 시달려야 한다.

⁞⁞⁞⁞⁞⁞

산악인이나 포터가 산에서 생명을 잃으면 뒤에 남겨지는 사람은 배우자만이 아니다. 아잠 바이그는 아버지 제한이 2008년 K2에서 어떻게 죽었는지 자세히 알게 되었을 때 혼란스럽고 화가 났다. "아버지의 일은 고객을 위해 보틀넥까지 로프를 올려다주고 돌아오는 것이었습니다."라고 그는 말했다. "아버지가 내려왔을 때 외국인 하나가 사고를 당했습니다. 그래서 아버지는 다른 두 사람과 함께 그를 구조하러 나섰습니다. 8,000미터 위에서, 특히 보틀넥 같은 곳에서 사람을 구조하는 건 보통 힘든 일이 아닙니다. 이미 체력이 바닥나 있는데 어떻게 다른 사람을 구하나요? 아버지는 발을 헛디뎠습니다." 아버지가 K2에서 사망했을 때 아잠은 겨우 아홉 살이었다. "당시에는 이런 사고에 대해 제대로 따지지도 못했습니다."라고 그는 말했다.

아잠은 자신의 교육을 책임지겠다는 막연한 보상 약속이 있었던 걸로 기억하고 있지만 그런 약속은 지켜지지 않았다. 그의 기억에 따르면, 삼촌 이자즈 카림Ijaz Karim은 그 사고 이후 가족의 압박으로 등산을 그만두었다. 산에서 다치거나 죽을까 봐 걱정된 어머니는 몇 달 동안 그를 밖으로 나가지 못하게 했다고 한다. 그리고 그는 자신이 10학년을 마친 후 가족을 부양하기 위해 학교를 그만둔 것도 기억하고 있었다.

아잠은 아버지를 앗아간 사고에 대해 여전히 씁쓸해하고 있다. "아버지의 일은 K2에서 사람을 구조하는 게 아니었습니다."라고 그는 말했다. "아버지는 다른 사람에게 구조를 맡기고 혼자 내려올 수도 있었지만 달리 결정했고, 결국에는 돌아가셨습니다." 아잠은 그것이 개인적인 결정이 아니라 고향의 문화적 전통이라고 설명했다. "산에서 위험에 처한 사람을 보면 우리는 생명의 위협을 무릅쓰고라도 도와줍니다."라고 그는 말했다. "이것이 바로 심샬의 모든 것입니다. 심샬에서는 누군가가 곤경에 빠지면 모두가 나서서 지원해줍니다. 달리 무슨 말로 심샬을 표현할 수 있겠습니까?"

〰〰〰〰

다시 네팔로 돌아와서, 쿰부 출신의 젊은 작가 제미마 디키 셰르파 Jemima Diki Sherpa는 감내해야 하는 상실에 대한 가슴 아픈 초상화를 이렇게 그려냈다.

내년의 모습을 그려보자면, 쿰부 주변의 모임들에서, 여자들은 여자들끼리 남자들은 남자들끼리 앉아있고, 아이들이 뛰어다니며 부모의 등 뒤에서 서로의 얼굴을 잡아당기고, 찻잔들은 먼저 주지승들에게, 다음에는 집주인들에게, 또 젊은 아버지들과 남편들에게 돌려질 것이다. 그들이 앉은 줄에는 이빨 빠진 것처럼 빈자리가 생길 것이고, 남아 있는 이빨들이 모두 앞으로 당겨 앉으면, 이제 작년보다 조금 덜 속썩이는 청소년들이, 누군가 사라져 생긴 그 자리를 채우며, 불에 조금 더 가까이 다가갈 것이다.

16

님스다이 효과

여러분,
게임이 시작되었습니다.

니르말 푸르자 Nirmal Purja

니르말 푸르자처럼 자신을 억척스럽게 믿는 사람을 만나기는 쉽지 않다. '님스다이'로도 알려진 니르말은 자서전『불가능은 없다Beyond Possible』에서, 자신이 "생리적으로 특이하게도 … 일반 산악인들이 다섯 걸음을 걷는 고소에서 나는 적어도 칠십 걸음은 걷는다."라고 자랑했다. 경험이 얼마나 많고 체력이 얼마나 좋은지와 관계없이, 대부분의 사람들은 8천 미터급 고봉을 등반하고 나면 회복할 시간이 필요하다. 하지만 님스다이는 달라서 이 산에서 저 산으로 빠르게 연달아 날아다닌다.

님스다이 자신도 이런 현상을 설명하는 데 애를 먹었다. "글쎄요, 자연스럽게 도달해야 합니다. 다른 방법이 없어요. … 특수부대의 내 친구들조차도 에베레스트에서 함께 등반을 했을 때 '젠장, 님스다이, 거의 두 달이 지났는데도 회복이 제대로 되지 않아. 그런데 넌 도대체 어떻게 세 개의 산을 48시간 만에 연속으로 다 오를 수가 있는 거야?'라고 말했습니다. 그래서 말인데… 전문가를 불러 저를 테스트해보면 어떨까요?"

그는 파티를 즐기고, 밤늦게까지 놀고, 술도 많이 마시고, 소셜 미디어에 이야기도 올리고, 사업까지 하는데도 여전히 고소에서 활동하고 있다. "어떤 상황에서도 저를 막을 수 있는 것은 아무것도 없습니다."

님스다이는 마흔한 살이라는 나이보다 젊어 보인다. 얼굴은 동그랗고 매끄러운데 겉으로는 좀 부드러워 보이지만 전혀 그렇지 않다. 영국식과 네팔식 억양이 섞인 간결하고 직접적인 문장을 구사하는 그는 말문이 막히는 경우가 거의 없다. "꿈을 크게 갖는 걸 두려워하지 마세요."라거나, 혹은 "이것은 인류에게 영감을 주는 겁니다." 같은 거창한 아이디어들이 군대에서 영향을 받은 재담들 만큼이나 거침없이 입에서 흘러나온다. "동료 여러분, 이건 죽고 사는 문제입니다."

이런 자신감은 도대체 어디서 나오는 걸까? 님스다이는 부자집 출신도 아니고 다른 셰르파들처럼 고소에서 자라지도 않았다. 그는 네팔 서부의 다나라는 마을에서 1983년 5명의 자녀들 중 넷째로 태어났다. 위로는 형이 셋, 아래로는 여동생이 하나 있었다. 그의 아버지는 인도 구르카 연대에서 복무했지만 다섯 아이들을 키우기에는 봉급이 너무 빠듯했고, 어머니는 살림을 꾸려나가기 위해 아이를 등에 업고 밭을 갈며 일했다. 그들 가족은 님스다이가 네 살이 되었을 때 네팔에서도 가장 덥고 평탄한 지역인 치트완으로 이사했다.

형들 역시 구르카가 되어 동생들의 교육비로 봉급의 일부를 매달 집으로 보냈다. 님스다이는 다섯 살에 영어 기숙학교인 '헤븐하이어세컨더리Heaven Higher Secondary'에 들어갔지만, 그곳을 싫어했다. 결핵과 천식을 앓았던 그는 친구들과 자주 싸우고 대개는 난리를 피웠다. "선생님한테 얻어맞지 않는 날이 없었습니다. 말썽꾸러기였으니까요."라고 그는 회상했다.

그에게는 하고 싶은 일이 하나 있었는데, 바로 아버지나 형들처럼 구르카 군인이 되는 것이었다. 그리고 만약을 대비한 또 하나의 희망은 정부 관료로 일하는 것이었다. 어느 쪽이든 "탐관오리의 재산을 빼앗아 가난한 사람들에게 나눠줄" 수 있을 터였다.

네팔 군인들은 기술과 인내심, 용맹으로 유명하기 때문에 구르카 군인이 되면 봉급도 받고 존경도 받을 수 있을 것 같았다. 구르카 군인이 된다는 것은 흥미롭고 권위 있고 유익해 보였다.

님스다이는 첫 번째 지원에서 떨어졌다. 실망은 했어도 결코 포기하지 않은 그는 더욱 열심히 훈련해 2003년 두 번째 도전에서 합격했다. 그는 훈련을 받기 위해 영국으로 갔는데, 훈련 과정 중에는 참가자의 거의 절반이 떨어져 나갈 정도로 힘든 무장특공대 코스도 있었다. 훈련을 끝낸 님스다이는 아프가니스탄에 배치되어 마을을 순찰하고, 탄약과 마약을 수색하고, 사제폭탄장치를 찾기 위해 광범위한 지역을 돌아다녔다.

"일상이 전투였고 너무나 위험했다. 누군가는 죽을 수밖에 없었다."라고 그는 썼다.

2006년 님스다이가 수치Suchi와 결혼하자 그녀는 남편의 야망을 적극 지지했고, 그들의 집은 그가 모험을 펼칠 수 있는 베이스캠프가 되었다. 님스다이는 특수보트부대(SBS) 등 전문화된 부대를 더 좋아했다. 그는 끈질기게 훈련했다. 수치는 영화 「14좌 정복-불가능은 없다」에서 이렇게 설명했다. "보통 남편은 새벽 두세 시에 일어나 등에 35킬로그램을 지고 20킬로미터를 달리고, 하루 종일 운동을 하고, 다시 체육관에 갔다가 밤 11시에 들어오곤 했습니다. 6개월 동안 그렇게 지냈습니다."

SBS는 해양에서 대테러 작전을 수행하는 정예부대이다. 그들의 활동은 은밀해서 보안이 고도로 유지되기 때문에 외부로는 거의 알려지지 않는다. 님스다이는 위험한 비밀작전을 수행하는 동안 후방으로 침투하는 '그레이맨Grey Man'이 되었다. 그 후 몇 년 동안 자신을 위해 이룬 세계적인 경력을 고려할 때, 그가 혹시라도 관심을 피하고 싶어 하는 페르소나Persona가 아닐까라고 돌이켜 상상하기에는 무리가 있다.

그가 처음 고산을 찾았던 것은 직업과 연관된 훈련을 위해서였으며, 2012년에는 에베레스트 베이스캠프, 2014년은 다울라기리, 그리고 2016년에는 에베레스트를 다시 찾았다. 고산등반에 대해 완전히 초보자였던 그는 빠른 학습능력을 입증했다.

님스다이는 주어진 시간 동안 뒤따르는 사람들을 위해 깊은 눈을 뚫고 앞장서는 셰르파를 눈여겨보았다. 선두가 물러나면 두 번째 셰르파가 그 일을 넘겨받았다. 그러면 세 번째와 네 번째가 나서고, 그때쯤 뒤에서 체력을 회복한 첫 번째 셰르파가 다시 선두로 나서는 식이었다. 이것은 깊은 눈에서 걷거나 스키를 타고 이동하는 모든 사람들을 위한 기본 규약이지만, 님스다이에게는 색다른 광경이었다. 팀이 함께 협력해나가는

16 _____

방식에 감탄한 그는 공동의 노력이 성공적인 등반의 열쇠라는 사실을 깨달았다.

••••••••

님스다이가 에베레스트에 처음 도전한 것은 2016년, 그의 선임하사관이 뜻하지 않게 한 달간 휴가를 내주었을 때였다. 시간도 돈도 제한된 상황에서 그는 혼자 빠르게 등반하는 것이 최선이라고 생각했다. 그러한 시도는 고소폐부종으로 끝나긴 했지만, 에베레스트 베이스캠프에 있던 마칼루 지역 출신의 젊은 포터, 파상 셰르파의 도움을 받은 후 님스다이는 정상에 오를 수 있었다. 그의 다음 행보는 구르카 팀을 이끌고 이듬해 에베레스트 정상에 오른 것이었다. 성공을 할 때마다 매번 비전은 더욱 확장되었다. 2주 동안 3개를 도전해보는 건 어떨까? 에베레스트와 로체와 마칼루라면 좋은 선택이 될 것 같았다.

그의 특수부대 동료들은 그처럼 산을 연달아 오르는 데는 큰 관심이 없었고, 에베레스트를 오르면 축하파티라도 하려고 카트만두로 돌아가고 싶어 했다. 하지만 님스다이는 달랐다. 그는 에베레스트로 가서 세 번째 등정을 끝낸 후 로체를 오르고, 남체바자르로 내려와 파티를 즐긴 후 다시 마칼루로 향했다. "전 8,485미터의 그 산을 한 번에 정상까지 올랐습니다. 몇몇 사람들의 선두에 서서 깊은 눈과 강풍과 방향감각을 잃게 만드는 악천후를 뚫고서 말이죠."라고 그는 선언했다.

여왕으로부터 대영제국훈장(MBE)을 받은 그는 산소통을 사용했다는 산악계의 비판을 비웃었다. "내가 다른 사람에게 그렇게 할 수 없는 것과 마찬가지로, 내가 왜, 또는 어떻게 산을 오르는지에 대해서 이렇다 저렇다 할 수 있는 사람은 아무도 없습니다."라고 그는 말했다. 게다가 그는 명성이나 자존심 따위를 위해 등반하는 것이 아니라고 주장했다.

"군복무 때문이었습니다." 그는 '님스 스타일Nims Style'로 등반하고 있었다.

성공에 고무된 그는 80일 동안 8천 미터급 고봉 5개에 도전하기로 결심했다. 하지만 그렇게 하려면 그 기간 동안의 휴가가 더 필요했다. 휴가 요청을 상관이 거절하자 님스다이는 군대를 그만두었다. 뿐만 아니라 계획도 몇 단계나 더 끌어올렸다. 왜 5개만 오르지? 14개 모두를 기록적인 시간 내에 오르면 어떨까? 7개월이라는 기간이 괜찮아 보였는데, 이는 이전의 모든 기록을 깰 수 있는 목표였다.

"전 그냥 이렇게 말했습니다. '8천 미터급 고봉 14개를 모두 오르자. 이왕이면 7개월 안에 끝내는 게 좋겠어, 「가능한 프로젝트Project Possible, 14/7」이 그럴듯해 보이니까.' 그렇게 하려면 모든 게 잘 맞아떨어져야 했습니다."

님스다이는 한국 산악인 김창호가 7년 10개월 6일 동안 8천 미터급 고봉 14개를 모두 오른 것을 높이 평가할 정도로 등산역사를 잘 알고 있었다. 심지어 7년 11개월 14일이라는 비슷한 기간에 그 일을 해낸 폴란드 알피니스트 예지 쿠쿠츠카Jerzy Kukuczka에 대해서도 들은 바가 있었다. 아마도 그는, 쿠쿠츠카는 하나를 제외하고는 무산소로, 몇 개는 겨울에 몇 개는 신루트로 등정한 반면, 김창호는 모두 무산소로 올랐다는 사실은 몰랐을 것이다. 님스다이는 스타일보다는 시간대, 즉 속도기록에 끌렸다. 그는 '규정집을 찢어버리는' 아이디어를 좋아했다.

규칙을 무시하는 건 역사를 바꿀 수 있는 좋은 방법이지만, 님스다이가 예전에 8천 미터급 봉우리를 오른 사람들과 자신을 비교한다는 것은 그만큼 그가 무신경하다는 것을 나타낸다는 논쟁의 여지가 있다. 그들은 형편없는 장비를 사용했고, 더 큰 미지의 상황에 직면했으며, 예산도 적었고, 어떤 경우에는 혼자 올랐기 때문이다. 그들 중 다수는 보조 산소를 쓰지 않고 올랐다. 님스다이는 자신만의 매개변수parameter를 만들어 낸 것에 자부심을 느꼈지만, 오렌지와 사과는 그저 다른 과일일 뿐이다. 그는 곧 일부 규정집에 유연성이 부족하다는 사실을 알게 되었다. 8천 미터급 고봉 등반은 관광성에서 발급하는 허가서가 필요하며, 관광성은 정부 관료들에게 보고한다. 그리고 이 모든 것에는 돈이 들어간다. 1990년으로 돌아가, 예지 쿠쿠츠카의 후배이자 종종 등반 파트너였던 폴란드 알피니스트 아르투르 하이제르는, 그 한 해 동안 14개를 모두 오르려는 시도를 했었다. 그와 그의 팀이 필요 자금 100만 달러를 모금하던 중, 파키스탄 당국으로부터 자국 내에 있는 5개 봉우리는 등반을 불허한다는 단호한 대답을 들었다. 따라서 그 계획은 그대로 끝이 나고 말았다.

님스다이에게 있어 허가서 신청은 시작에 불과했고 더 큰 문제는 자금이었다. 군에서 나온 후부터는 월급도 받지 못했다. 산악계 내에서 인지도도 낮고 유명인사도 아니어서 그 분야의 후원 또한 기대하기 힘들었다. "돈을 마련하느라 1년을 뛰어다녔습니다. … 사람들에게 '멋진 아이디어이니 당신도 동참해야 합니다. 자금 좀 대줄 수 있나요?'라고 말하러 다니는 데 시간의 거의 다 썼습니다." 하지만 모두의 반응은 이러했다. "누구시죠? 이전의 기록은 거의 8년이었습니다. 그런데 7개월 만에 한다고요? 정신이 좀 나간 거 아닌가요?"

아무도 믿지 않자 그는 결국 수치를 설득해 소위 '가능한 프로젝트'의 첫 단계를 빠르게 착수하기 위해 집을 담보로 다시 대출받았다. 수치의 지지는 흔들림이 없었다. "위험하다는 건 알았습니다. 하지만 저는 그것이 그의 인생을 바꿀 수 있다고 믿었습니다."라고 그녀는 말했다. 님스다이는 머리 숙여 감사했다. "수치는 놀라운 사람입니다."

그는 네팔과 파키스탄의 날씨 패턴을 연구하고 각각의 산에 대해 보다 구체적으로 접근하면서 프로젝트를 위한 전략을 가다듬었다. 등반을 세 단계로 묶으면 성공할 가능성이 가장 높을 것 같았다. 1차로 마나슬루와 초오유를 제외하고 네팔의 8천 미터급 고봉을 모두 오르고, 2차로 파키스탄의 봉우리 5개를 끝낸 다음, 3차로 마나슬루와 초오유로 되돌아가는데, 그때 티베트에 있는 시샤팡마를 포함시킨다는 것이었다.

님스다이의 다음 단계는 최고의 팀을 구성하는 것이었다. 그는 이 프로젝트를 혼자서 이끌지 못한다는 사실을 알 정도로 똑똑했기 때문에 '가능한 프로젝트'의 핵심이 될 등반 팀으로 전문적인 고소 셰르파를 고용했다.

밍마 데이비드Mingma David로 불리는 밍마 갸부 셰르파Mingma Gyabu Sherpa가 팀의 리더였다. 산에서의 경험이 아주 풍부한 그는 고소 구조작업을 100번도 넘게 해냈다. 1989년에 태어난 밍마 데이비드는 근육과 힘줄로 뭉쳐진 탄탄한 몸매에 얼굴에는 조용한 결단력이 묻어난다. "형제로서 도와줄게."라고 그는 님스다이에게 말했다. 다른 셰르파 산악인들처럼 그도 포터로 시작했지만, '가능한 프로젝트'가 끝났을 때는 서른 살의 나이에 8천 미터급 고봉 14개를 모두 오른 최연소자로 기네스북에 이름을 올렸다.

기네스북에 이름을 이미 올린 바 있는 락파 덴디 셰르파Lakpa Dendi Sherpa도 '가능한 프로젝트'에 합류했다. 2018년 5월 그는 10일 18시간 30분 만에 에베레스트를 세 번 연속적으로 올라 속도기록 세웠다. 세 차례 모두 그는 고정로프를 설치하거나 고객을 가이드 하고 있었다. 님스다이가 속도에 관심을 가진다면 락파가 가장 유력한 파트너가 될 것 같았다. 님스다이는 "그는 집의 벽 하나도 옮길 수 있습니다."라고 말했다.

8천 미터급 고봉을 여러 번 성공적으로 올랐던 할룽 도르치 셰르파Halung Dorchi Sherpa도 힘과 비전을 보냈다. 겔제 셰르파는 팀의 막내였으며, 님스다이에 따르면 "지구 최고의 댄서"였다. 그는 밍마 데이비드

만큼이나 많은 8천 미터 경주를 치루었다.

팀의 마지막 핵심은 밍마 데이비드의 친구, 게스만 타망이었다. 밍마처럼 그도 에베레스트, 로체, 마칼루에 갔었고, 눈사태와 고소 산악구조 훈련을 받았다. 훗날 그는 팀 내에서 자신의 역할과 책임에 대해 이렇게 말했다. "다른 고객들에게 했던 것처럼, 저는 그(님스다이)의 짐을 나눠지고, 음식을 만들고, 텐트를 쳤습니다."

님스다이는 특수부대에서 펼치는 작전처럼 이 프로젝트를 추진했다. 그런 작전에서는 특별한 기술을 가진 전문적 전사들로 각 팀을 구성한다. 님스다이의 임무는 그들을 하나의 합체로 운영하고, 문제를 해결하고, 불가피하게 직면하게 될 위기에서 서로 돕도록 하는 것이었다. "뛰어난 단합력을 바탕으로 우리가 가장 깊은 눈과 가장 힘든 악천후를 뚫고 14개 봉우리의 정상으로 가는 길을 개척하기를 원했습니다."라고 그는 선언했다. "저는 우리가 엘리트가 되기를, 즉 고산 등반의 특수부대로 인정받기를 원했습니다. 그리고 거기서 비롯되는 존중에 힘입어 셰르파 사회 전체에 호의적으로 비추어지길 원했습니다."

이 팀의 자질에는 의문의 여지가 없었다. 하지만 산악계의 많은 이들은 궁금해했던 것은 '도대체 왜 하는 걸까?'였다. 님스다이는 이 프로젝트가 자신을 위한 것이 아니라, 셰르파 사회에 대한 관심과 존경을 불러일으키기 위한 것이라고 주장했다. 하지만 다음 발언은 그런 주장과 상반되는 것처럼 보였다. "저는 한 개인이 극복할 수 없을 것 같은 목표에 온 힘을 다하면 무엇을 성취할 수 있는지 인류에게 보여주고 싶었습니다. 그리고 그건 정말 대단한 일이었습니다." 모순처럼 보이는 건 '개인'이라는 단어였다. 그는 더욱 이타적인 어조로 말을 이어갔다. "네팔의 등반 공동체를 세계 최고 수준으로 재탄생시키는 것 … 또한 중요했습니다." 또 다른 때는 기후변화를 언급하거나 자신이 살벌한 특수부대 군이었다는 등 추가적인 이유를 나열하기도 했다. 수식어들은 바뀌었지만 "가능한 프로젝트는 결코 나만을 위한 것이 아니었습니다."라는 그의 주장은 일관되었다.

‖‖‖‖‖‖‖

가능한 프로젝트는 2019년 3월 29일에 시작되었는데, 그 첫 번째 대상은 뜻밖에도 안나푸르나였다. 위험하기로 악명 높은 그 산에서 발생한 피치 못할 눈사태로 그들은 모두 2캠프에서 거의 죽을 뻔했다. 그럼에도 그들은 4월 23일 정상에 올랐으며, 그곳에서 님스다이는 이렇게 선언했다. "이제 시계바늘이 돌기 시작했습니다."

하산을 끝낸 그들은 말레이시아 의사 친위킨Chin Wui Kin이 그 산의 높은 곳에서 조난당했다는 사실을 알게 되었다. 너무 지쳐서 다시 걸어 올라갈 수 없었던 그들은 헬기에서 현장을 살펴보기로 했다. 그렇게 헬기로 몇 번을 그냥 지나치다가 높고 까다로운 지점에 고립된 고객을 마침내 발견했으며, 그는 손을 흔들어 자신이 여전히 살아있다는 신호를 보냈다.

베이스캠프로 돌아온 구조팀은 부조종사를 포함해 모든 것들을 내리고 헬기의 무게를 최대한 줄였다. 그런 다음 님스다이와 밍마, 게스만, 갈젠이 올라탔다. 위험하다는 걸 알면서도 방금 올랐던 산을 다시 올라가야 하는 상황에 처한 마음은 쉽게 상상이 가지 않는다. 그러나 그들은 기꺼이 그렇게 했다.

6,500미터에서 내린 그들은 1,000미터 위에서 옴짝달싹하지 못하는 그 의사를 향해 곧장 올라갔다. 그는 상태가 몹시 좋지 않았다. 고소 폐부종에 걸린 데다 보조 산소도 없었다. 그들은 그를 묶어서 들어 올린 후 산소마스크를 씌우고 산 아래로 끌어 내리기 시작했다. 3캠프에 도착

했을 때는 어느덧 새벽이었다. 헬기 한 대가 그 말레이시아 의사를 베이스캠프로 재빨리 옮긴 다음, 부인이 기다리고 있는 카트만두의 병원으로 후송했다. 하지만 그들의 온갖 노력에도 불구하고 그는 끝내 살아남지 못했다.

이로 인해 가능한 프로젝트의 다음 목표인 다울라기리가 지연되었다. 산에 고정로프를 설치하고 있던 팀의 다른 멤버들은 계획에 차질이 오자 당황했다. 미리 계획된 헬기(집을 담보로 대출 받은 자금으로 빌린)를 타고 온 님스다이는 빠듯한 일정 속에서도 자주 하는 일, 즉 파티를 즐겼다. 팀의 사기를 끌어올리기 위해 그는 다울라기리 산악인들을 태우고 포카라로 날아가 며칠 동안 술을 마시고 춤을 췄다.

산으로 돌아온 그들은 본격적인 폭풍설 속에서 밤 9시에 출발해 21시간이 지난 후 정상에 올랐다. 님스다이조차도 그 시도는 무리였다고 인정했다. "나에게도 무척 힘든 일이었습니다."

이틀 후 그들은 헬기를 타고 칸첸중가로 이동했다. 물론 그러기 전에 파티도 조금 즐겼다. 사실 파티는 너무 잦았다. 님스다이에 의하면, 베이스캠프에 도착했을 때까지도 그는 여전히 술이 깨지 않았다고 한다. 하지만 일정이 너무나 빠듯해 그들은 캠프를 하나씩 오르는 대신 하루 만에 치고 올라갔다. 님스다이는 이렇게 회상했다. "'형제들, 우린 빌어먹은 이 산을 최대한 빨리 오를 거야!'라고 난 흥분해서 소리쳤습니다. 숨이 가쁠 때는 잠도 안 오잖아!"

그들은 다른 사람들이 이미 설치해둔 고정로프를 이용했고, 그는 밍마와 함께 5월 15일 등정에 성공했다. 님스다이가 정상에서 소리쳤다. "이런 젠장!"

그때 문제가 생겼다. 한밤중에 하산하던 중 고소폐부종에 걸린 다른 원정대의 산악인 둘과 마주친 것이다. 그들은 보조 산소도 없이 탈진해

쓰러져있었다. 님스다이와 밍마는 그들에게 산소통을 넘겨주고 나서 부축하며 하산하기 시작했다. 11시간 동안 하산을 감행한 님스다이는 정신이 혼미했고 환각 증세를 느꼈다. 그들은 4캠프로 도움과 산소통을 요청했으나 응답이 없었고, 구조된 그 둘 중 한 명은 결국 님스다이의 팔에 안긴 채 사망하고 말았다.

기진맥진이 된 그는 수치에게 전화했다. 그녀는 절박한 그의 목소리에 불안했지만 마음을 다잡았다. "계속 걱정해봤자 저에겐 아무런 도움도 안 되잖아요."라고 그녀는 설명했다. "가슴이 무너졌습니다. 그래도 그 사람의 꿈과 목표를 지켜주고 싶었습니다." 그래서 그녀는 안전하게 내려와서 계획을 계속 실현해가라고 격려만 해주었다.

╏╏╏╏╏╏╏

8천 미터급 고봉 14개 중 3개를 짧은 시간 내에 등정하면서 이 프로젝트는 등반이라기보다는 일련의 구조작업처럼 되어가고 있었다. 님스다이조차도 계획의 실행 가능성에 의구심이 들기 시작했지만, 이런 생각은 혼자만 간직하고 있었다고 그는 나중에 말했다. 시계바늘이 계속 돌아가고 에베레스트가 기다리고 있었다.

이미 세 차례 경험이 있는 님스다이의 에베레스트 등정은 이미 거의 성공한 것이나 다름없었다. 하지만 에베레스트는 단순히 한 번 더 등정하는 이상의 의미를 그에게 가져다 줄 것이었다. 그는 고정로프에 매달려 있는 산악인 150명가량의 사진을 촬영했는데, 어떤 사람들은 힘들게 올라가고 또 어떤 사람들은 기어 내려오고 있었다. 님스다이가 그들을 헤치며 올라가는 데는 세심한 집중력이 요구되었다. 왜냐하면 누군가를 추월할 때마다 고정로프에서 주마를 빼내고, 그들 옆으로 돌아가서 주마를 다시 끼는 작업을 몇 분마다 한 번씩 반복해야 했기 때문이었다.

그럼에도 불구하고 그는 어떻게든 카메라가 다시 정상을 향하도록 해서 사진을 찍은 다음, 동요를 유발하는 이미지를 실시간으로 소셜 미디어에 올렸다. 네팔 정부로서는 매우 성가신 일이었지만, 전 세계는 그런 군중의 모습에 경악하며 에베레스트에서 벌어지고 있는 현상을 못마땅하게 생각했다. 아무튼 그 사진은 님스다이의 명함 역할을 했다. 이제 그는 두 달도 안 되는 기간에 네 번째 8천 미터급 고봉인 바로 그곳에 있다는 것이다. 처음에는 아무도 이 프로젝트의 성공 가능성을 믿지 않았지만, 이제는 마치 사람들이 그를 잘못 판단한 것처럼 보였다.

5월 22일 에베레스트 정상에 오른 그들은 다시 로체로 향했고 등정에 성공했다. 그런 다음 그들은 헬기를 타고 마칼루로 이동해 이틀 후 정상을 밟았다.

이렇게 1차가 완료되었다.

●●●●●●●●

이제 님스다이에게 문제가 하나 생겼다. 에베레스트 사진이 퍼지면서, 구체적 배경을 비롯해 그의 프로젝트에 많은 관심이 쏠린 것이다. 그의 다음 행선지는 파키스탄이었지만 그곳 정부는 전직 특수부대 요원이 카라코람의 민감한 구석구석을 누비고 다니는 행위를 달가워하지 않았다. 그가 무슨 일을 하고 있는지 누가 알겠는가? 파키스탄 산악인들 역시 그가 즐긴다는 파티를 걱정했다. 알리 사드파라는 이렇게 경고했다. "님스, 네 명성에 대해 들었는데 … 파티를 즐긴다며? 술을 마시고 음악을 시끄럽게 틀고 말이야. 파키스탄에서 그러면 안 돼. 여긴 네팔이 아니야. 장난치지 마!"

그들은 여러 차례 비행을 통해 파키스탄에 슬며시 들어가서 낭가파르바트 베이스캠프로 조용히 걸어 들어갔다. 이번에는 술도 마시지 않고 파티도 열지 않았다. 다른 사람들의 이목을 피하기 위해서였다. 7월 3일 정상에 오른 그들은 유령처럼 조용히 그 산을 떠났다.

히말라야의 8천 미터급 고봉 중 북서쪽 끝에 위치한 낭가파르바트에서 그들은 카라코람의 첫 번째 목표인 가셔브룸의 두 봉우리로 향했다. 해발고도가 8,080미터에 불과한 가셔브룸1봉은 무난한 목표였지만 상당히 가파른 편이다. 님스다이는 밍마, 겔제와 함께 로프를 사용하지 않고 재빨리 오르기로 했다. 그들은 큰 문제없이 정상에 올랐지만, 하산 도중 경험이 많은 두 셰르파는 어려운 지형을 자신 있게 다운 클라이밍으로 내려온 반면 균형을 잡지 못하고 비틀거리는 님스다이에게는 로프가 필요했다. "자신에 대한 의구심이 강하게 들었습니다."라고 그는 훗날 말했다.

그래도 주춤거릴 시간이 없었다. 곧바로 바로 옆에 있는 가셔브룸2봉으로 향해 7월 18일 등정에 성공했다.

계획은 순조롭게 진행되었다. 파키스탄에 K2와 브로드피크만 남은 상태에서 카라코람의 여름 시즌은 아직 넉넉했다. 그런데 불행히도 K2에 몇 주 동안 폭풍설이 몰아쳤다. 그곳에 먼저 들어와 있던 산악인들은 악천후와 위험한 눈사태에 좌절하고 낙심한 채 베이스캠프에 발이 묶여 있었다. 보틀넥 꼭대기 근처에서 고정로프를 설치하다 40미터를 추락하고도 살아남은 캐나다 산악인 루이 루소가 바로 그런 이들 중 하나였다.

그러던 중 가능한 프로젝트 팀이 들어왔다. 연이은 성공에 고무되어 K2를 한 번에 끝내고 싶어 하는 그들은 쾌활하고 낙관적이었으며 완전히 성가셨다. "문제없어, 우리가 여기에 있잖아!"라고 님스다이가 외쳤다. 그는 다른 동료들을 독려했다. "친구들, 인생은 한 번이잖아. 우린 그렇게 산단 말이야!" 베이스캠프에 있던 사람들은 회의적이었다. 님스다이는 자신의 전략을 자세히 설명했다. "완전히 망했다고 느껴진다면

45%만 망했다는 거야."

　이러한 마음가짐과 좋아진 날씨 상황으로 님스다이와 그의 팀은 고정로프를 이용해 K2를 빠르게 올라갔다. 그들은 보틀넥 구간 위에 로프를 추가로 설치해가며 7월 24일 정상에 올랐다. 후에 님스다이는 베이스캠프의 산악인들에게 혼자 활력을 다시 불어넣어서 연이은 등정들을 가능하게 한 것에 대해 흡족해하는 듯했다. 그곳에 있던 일부 알피니스트들은 고정로프의 95퍼센트는 이미 깔려 있었다고 지적하면서 그의 주장을 반박했다. 하지만 님스다이와 그의 팀을 따라 그 후 며칠 동안 K2에 24명이나 올랐다는 것은 부정할 수 없는 사실이다. 그리고 그건 변함없는 격려와 그 산의 날씨가 좋아진 덕분이기도 했다.

　님스다이는 하루 만에 해치우기 위해 브로드피크로 건너갔다. 그러나 예상만큼 빨리 진행되지는 않았다. 눈이 허벅지까지 빠지고, 정상 부근에 고정로프도 없는데다 산소통도 충분치 않아 그들은 거의 실패할 뻔했다. 게다가 팀원들도 지쳐있었다. 속도가 너무 빠른 듯했으나 꼭 그렇지만도 않았다. "난 23일 만에 파키스탄의 8천 미터급 고봉을 모두 끝냈어." 그는 세상의 꼭대기에 서서 이렇게 외쳤다. "난 산의 우사인 볼트야. 아무도 날 막을 수 없어."

▪▪▪▪▪▪▪

유명한 에베레스트 사진과 그때까지의 놀라운 성공 덕분에 님스다이는 많은 관심과 후원을 받았다. 이제는 3차를 위한 시간이었다. 하지만 그때 훨씬 더 큰 문제가 생겼다. 3차에는 산 전체가 티베트 영역인 시샤팡마가 포함되어 있었다. 그리고 중국 정부는 가능한 프로젝트에 관심을 전혀 보이지 않았다.

　님스다이는 전화로 간청을 거듭하며 관료적 단계를 밟아 올라갔지만 문은 여전히 열리지 않았다. 이런 압박 속에 카트만두의 병원에서 치료를 받던 어머니의 상태가 점점 악화되었다. 마치 너무 많은 공들을 가지고 저글링을 하고 있는 것 같았다. 허가서도 못 받고 어머니가 중병을 앓고 있는 상황에서 3차가 기다리고 있었다.

그는 자신의 회사 '엘리트익스페드Elite Exped'의 고객들을 데리고 마나슬루를 오를 계획이었다. 하지만 초오유의 등반허가가 보통 때보다 이른 10월 1일에 끝난다는 소문이 돌자 그는 마나슬루에서 초오유로 재빨리 방향을 바꾸었다.

9월 23일 그는 초오유 정상에 올랐다. 그런 다음 셔틀 헬기를 타고 마나슬루로 돌아와 9월 27일 그 산의 정상에 도달했다. 하지만 그곳은 진짜 정상이 아니었다. 이전의 수많은 산악인들이 정상으로 착각한 그곳은 정상 능선에 있는 전위봉이었다. 이후에도 역시 그처럼 착각한 사람들이 많이 나왔다. 상당수의 산악인들과 등산역사가들이 이런 실수를 알고 있었지만, 마나슬루의 가장 높은 지점을 정확히 밝혀낸 건 네팔의 동료 산악인 밍마 G였다.

게스만은 님스다이의 정상 연설을 영상으로 찍었다. "지구는 우리의 집입니다. 우린 지구에 대해 더 진지하고, 더 조심해야 하며, 지구를 대하는 방식에 더 집중해야 합니다." 그의 연설은 의도는 좋았으나 반응은 회의적이었으며, 소셜 미디어를 본 많은 사람들은 실소를 금치 못했다. 며칠에 한 번씩 헬기로 출퇴근을 하고, 네팔의 병원에서 쓰일 수 있는 수많은 산소통들을 소비하고, 스폰서를 구하기 위해 전 세계를 여행하면서 여전히 지구를 보호하자고 말하는 사람도 있나? 그의 말에 혹한 사람은 많지 않았다. 하지만 세상은 가능성이 충분해 보이는 '가능한 프로젝트'에 관심이 없을 수가 없었다. 이제 시샤팡마만 남아 있었다.

만나서 대화하고, 전화로 상의하고, 고위층에 로비를 한 결과 중국 등산연합회는 결국 그 산을 님스다이 팀에 개방했다. 하지만 시샤팡마는 그들이 기대했던 것처럼 식은 죽 먹기가 아니었다. 폭풍설과 눈과 바람과 눈사태가 온갖 심술을 부렸다. 마침내 밍마 데이비드와 겔젠 셰르파가 님스다이와 함께 시속 90킬로미터의 강풍이 부는 가운데 끝없는 정상 설원지대를 기다시피 하여 10월 29일 그 정상에 올랐다.

이제 마음을 놓은 님스다이는 정상에서 어머니 푸르나 쿠마리 푸르자Purna Kumari Purja에게 전화를 걸어 기쁜 소식을 알렸다.

가능한 프로젝트는 마침내 끝을 맺었다. 6개월, 6일, 8천 미터급 고봉 14개였다.

●●●●●●●

카트만두의 환호는 1953년의 에베레스트를 방불케 했다. 퍼레이드와 연설과 수상과 환영회가 이어졌다. 팀원들과 가족들간에도 감동적인 재회들이 있었고 끝없는 파티가 계속되었다. 누가 그들을 비난할 수 있을까? 한시름을 놓은 수치는 이렇게 말했다. "그새 흰머리가 많이 늘었습니다. … 롤러코스터를 탄 기분이었어요."

님스다이의 삶은 이전의 6개월 동안보다 훨씬 더 열광적이었다. 그는 전 세계를 다니며 수익성이 좋은 연설을 하고, 언론과 끝없이 인터뷰를 하고, 집의 담보 대출금을 갚고, 카트만두에 있는 어머니에게 집도 사드렸다. 하지만 안타깝게도 어머니는 입주를 얼마 앞두고 세상을 떠났다. 그는 가이드 사업을 하고 책을 쓰고 자신에 대한 영화도 만들었다.

모두가 들떴지만 비평을 서슴지 않는 사람들도 있었다. "특유의 쿨함으로, 그는 자신을 매우 특별한 원정등반 슈퍼스타 고객으로 만들었다."라고 스테파니 가이거Stephanie Geiger 기자가 논평했다. "니르말 푸르자는 의지력이야말로 산에서 거둘 수 있는 성공의 열쇠이며, 원하기만

하면 모든 걸 아주 쉽게 얻을 수 있다는 느낌을 준다. 그에게는 감사도 겸손도, 산에 대한 존경의 흔적도 없다. 대신, 하와이 서퍼들에게 인기 있는 샤카Shaka 제스처만 있다. … 모든 게 쿨하고, 모든 게 쉽다."

산악계 내에서 자신을 수없이 방어해야 했던 님스다이는 이탈리아 산악인 라인홀드 메스너를 비롯한 영향력 있는 인사들과 친구가 되었다. 메스너는 고산 등반의 접근법에 대해 '정당한 방식fair means'을 주장하면서, 과거에 산소 사용을 일관되게 비난했던 인물이었다. 그러나 그는 님스다이를 옹호했다. "전 그런 사람을 좋아합니다. 농담이 아니에요."라고 메스너는 말했다. "그를 정말 존경합니다."

님스다이는 분명 거만했다. 하지만 그가 많은 네팔 시민들에게 영향을 끼쳤다는 것 또한 부인할 수 없는 사실이다. 그들은 영감을 받고 힘을 얻었다. 님스다이는 가능한 프로젝트가 네팔 산악인들의 경력과 자신감을 키웠다고 주장했다. 마치 이름조차 없는 것처럼 자신의 셰르파 동료를 단순히 셰르파라고 부른 서양인의 역사적 습관에 그는 격분했다. "유령 취급을 했습니다." 이 부분에 있어서는 그가 옳았다.

님스다이의 인기가 올라가면서 네팔의 다른 산악인들의 공개 프로필들도 눈에 띄게 늘어났다. 그들은 사진과 블로그, 영상, 게시물을 통해 스스로를 홍보하는 데 더욱 자신감을 보였고 성공적이기도 했다. 님스다이는 스테판 포터Stephen Potter 기자에게 "결론적으로 말해, 우리(네팔 산악인들)는 까다로운 6천 미터급과 7천 미터급 봉우리에서 서양 친구들과 경쟁할 수는 없겠지만, 8천 미터급 봉우리는 우리의 집이자 놀이터입니다."라고 말했다. "우리보다 뛰어난 사람은 아무도 없습니다."

하지만 히말라얀 데이터베이스를 관리하는 독일 알피니스트 빌리 비에를링Billi Bierling에 따르면, 네팔 등반 공동체에는 보다 미묘한 차이가 있다고 한다. "국제적으로 뉴스거리가 되는 것은 고산에서 일어나는 사건입니다. 지금까지 얼마 동안 히말라야 등반 공동체 내의 젊은 세르파 등반가들이 인정을 받아왔습니다. 이제 국제 자격을 갖춘 네팔 산악 가이드들은 70명도 넘고, 점점 더 많은 네팔의 운영자들이 원정등반을 직접 꾸리고 있습니다." 따라서 이런 커다란 자부심이 생기게 된 건 님스다이 때문만이 아니라는 얘기다.

그는 이야기의 일부일 뿐이지 전부는 아니었다.

관대했던 순간들 중 하나에서 님스다이는 이렇게 언급했다. "그건 나의 프로젝트가 아니라 모두의 프로젝트였습니다. 시샤팡마로 들어가는 정치적 허가서를 받는 것에서부터 5-10파운드씩 기부하는 것까지, 어떤 형태로든 역할을 한 사람들이 많았습니다." 부인과 어머니, 팀원들, 스폰서들, 그리고 자신이 사용한 고정로프를 설치한 수많은 다른 산악인들의 지원은 말할 것도 없었다.

그럼, 앙코르 등반은 뭐가 될까요? 인터뷰를 하는 사람이 묻자 님스다이는 카메라를 정면으로 응시하며 이렇게 말했다. "기다려 보세요!"

17

롤왈링의 밍마 G

네팔의 알피니즘을 바꾸는 데 기여했다고
느낄 때까지 등산을 멈추지 않을 겁니다.

밍마 G 세르파 Mingma G Sherpa

지금은 초부체Chobutse로 알려진 이 산의 원래 이름은 캉타그리Kang Tagri이다. 네팔의 롤왈링 계곡 깊숙한 안쪽에 자리 잡은 6,686미터의 이 산을 아는 외부 산악인들은 많지 않다. 북쪽과 남쪽 산줄기는 바위와 얼음이 물결처럼 이어지고, 깎아지른 서벽이 대담하고 신비롭게 솟아있다. 밍마 G의 관심을 사로잡은 것은 아직 미등인 바로 그 벽이었다.

서벽은 밍마 G가 어렸을 때 살던 집에서 불과 2시간 떨어진 거리에 있었다. 그는 눈에 반사되는 황금빛에 눈길을 주기도 하고, 쪽빛 하늘에 선을 긋기도 하면서 그곳을 오랫동안 지켜보았다. 그는 그곳을 오르고 싶었다. 그것도 혼자서 새로운 루트로. 네팔 출신으로 그렇게 한 사람은 아무도 없었고 마을에도 좋을 것 같았다. "일단 등반을 시작하면 나는 살아남는 것에 초점을 둔다."라고 그는 『알피니스트』지에 글을 썼다.

밍마 G가 어떤 일에 집중하는 모습은 평범해 보이지는 않으며, 산에서 보낸 날들이 고스란히 새겨진 그의 얼굴에서는 뻣뻣한 긴 머리와 함께 강인함이 뿜어져 나온다. 심지어 새로 머리를 자르고 단정하게 빗질을 했을 때도 그의 시선은 여전히 강렬하다. 고정로프를 깔며 깊은 눈을 헤쳐 나갈 때든 기자회견을 할 때든 어디에서든 그는 존경을 받는다. 혀는 날카로우며 미소는 매력적이다.

2015년 10월 27일 밍마 G는 홀로 나섰다. 그의 계획을 아는 사람은 여동생뿐이었다. "어머니께는 감히 말씀도 못 드렸습니다."라고 그는 설명했다. "분명 말리실 테니까요."

새벽 3시, 로프 한 동을 배낭에 집어넣은 그는 또 한 동을 어깨에 메고 출발했다. 달이 밝아 벽이 잘 보였다. 갈라진 곳이 눈에 띄었고 홀드와 스탠스가 분명한 윤곽을 드러냈다. 꿈같은 여명 속에서 이뤄진 완벽한 등반이었으며, 동작도 쉽고 안정적이었다. 낙석이 발생했지만 모두 비껴 떨어졌다.

바위에서 눈이 덮인 얼음으로 넘어가자 크램폰이 수정 같은 얼음을 파고들었다. 마침내 종아리가 뻐근해진 그는 잠시 멈춰 쉴 수 있는 작은 턱을 만들었다. 그제야 산등성이 너머에서 여명이 밝아오고 있었다. 햇볕이 서벽에 닿으려면 몇 시간은 걸릴 것 같았다. 하지만 그때가 되자 몸이 따뜻해진 그는 마지막 몇 백 미터를 리드미컬하게 올라갔다. 13시간이 지난 후 그는 초부체의 평탄한 정상에 올라섰다. 그리고 오후의 늦은 햇살을 받으며 주위를 둘러싼 봉우리들을 감상했다.

하지만 하산을 시작하자마자 심한 화이트아웃에 앞이 보이지 않았다. 계속하기에는 너무 위험했기 때문에 눈구덩이를 파고 웅크리고 앉아 동상에 걸리지 않으려고 몸을 비비며 폭풍설이 물러가길 기다렸다. 그에게는 비박장비가 없었다.

밤새 폭풍설이 기승을 부렸다. 다음 날 아침 밍마 G는 카트만두에 있는 사촌에게 위성전화로 연락해 자신이 곤경에 빠진 것 같다고 알렸다. 몇 시간 후 구름이 약간 걷힌 틈을 타 다시 내려가기 시작했지만 안개에 휩싸이고 말았다. 로프 하강을 한 후 얼음 절벽을 구르다시피 내려간 그는 얕은 눈 위에 내려섰다. 그때 머리 위에서 눈사태가 미끄러지듯 덮쳐오자 그는 필사적으로 피난처를 찾았으며, 세락 아래의 작은 설동을 발견하고 그 안으로 기어들어갔다. 얼마 지나지 않아 그는 헬기가 롤왈링 계곡에 착륙하긴 했으나 안개 때문에 더 높이 올라갈 수 없다는 메시지를 받았다.

밍마 G는 설동을 넓혀 자리를 확보한 후 안개가 걷히기를 기다렸다. 밤이 되자 어머니가 전화를 걸어 제발 집으로 무사히 돌아오기만 하라고 울면서 간청했다.

다음 날 아침 8시 설동에서 나온 그는 하늘이 맑게 갠 것을 보고, 눈을 발로 쿵쿵 밟아 헬기가 착륙할 수 있는 장소를 만들고 지평선을 훑어보다 헬기의 요란한 소리를 들었다. 헬기는 임시 착륙장을 맴돌다 가볍게 내려앉았다. 밍마 G가 안으로 재빨리 올라타자 헬기는 계곡 아래로 날아갔으며, 그곳에서 그는 무모한 모험을 했다며 시끌벅적하게 야단을 치는 친구들에게 둘러싸였다.

그의 어머니는 안도했다. "남들이 실패한 산을 왜 올라가? … 네가 없으면 … 난 살아갈 이유가 없어." 밍마 G는 어머니에게나 형제자매에게나 사촌들에게나 유일한 존재였다. 아버지가 그해 초에 암으로 사망해 밍마 G는 모든 책임을 떠맡았기 때문이다.

죄책감에 휩싸인 그는 입을 굳게 다물었다. "어머니는 제가 산에 가는 것을 결코 원치 않으셨습니다."라고 그는 말했다. "항상 걱정하셨죠. … 하지만 아버지는 저를 자랑스러워하셨습니다." 밍마 G는 그 루트를 아버지의 이름을 따서 '도르지 루트Dorjee Route'라고 명명했다. "네팔인으로서는 첫 단독등반이었습니다. 아버지는 분명 자랑스러워하셨을 겁니다. 아버지는 에베레스트 정상에 오르길 무척 바라셨지만 그럴 기회가 없었습니다. 살아계셨다면, 자랑스러운 아들딸들과 함께 정상으로 모시고 갔을 겁니다."

⦙⦙⦙⦙⦙⦙⦙

밍마 G는 롤왈링 계곡의 4,100미터에 있는 라 마을에서 태어나고 자랐다. 반짝이는 봉우리들로 온통 둘러싸인 그곳에는 고산 목초지에 군데군데 돌집들이 흩어져 있다. 그의 공식적인 생년월일은 1986년 4월 14일이지만, 실제로 세상에 태어난 날은 이듬해 4월 28일이다. 롤왈링 계곡은 1987년이나 지금이나 거의 변한 게 없이 외지고 가난하고 신성하다. 베율Beyul(티베트문화에서 숨겨진 계곡)로 알려진 그곳은 힌두교도나 불교도 모두에게 신성한 산인 가우리샹카르의 남쪽 사면에 위치해 있다.

학자 프란세스 클라첼Frances Klatzel은 이렇게 말한다. "베율은 어떤 장소가 아니라 마음의 상태이다. … 베율은 우리 안의 베율, 즉 내면의 안식처인 차분하고 안정적인 마음의 상태를 발전시켜 앞으로의 도전에 대비할 수 있게 해준다." 롤왈링의 베율은 폭 1.5킬로미터에 길이 8킬로미터로, 삼면이 6천 미터급과 7천 미터급 고봉들로 둘러싸여 있다.

밍마 G의 조상들이 살아온 그 계곡에는 가장 낮은 3,000미터의 람딩Ramding, 중간에 있는 3,600미터의 베딩Beding, 그리고 4,100미터의 나Na라는 세 개의 마을이 있다. 나 위쪽으로는 야크 목초지와 바위와 얼음뿐이다. 계곡 위쪽으로는 초 롤파Tsho Rolpa라는 세계에서 가장 크고 깊은 빙하호수가 자리잡고 있다. 오늘날에는 기후변화로 빙하가 빠르게 녹아내려 물이 가득 차 있고 범람이 잦은데, 만약 호수가 무너지기라도 하면 계곡은 모두 물에 잠길 것이다.

방문자들은 롤왈링에서 도보로 하루 반나절 떨어진 곳까지 차를 타고 온 다음 나머지는 걸어서 올라와야 한다. 두말할 필요도 없이 이 특별한 장소 역시 인구가 줄어들고 있다. 85퍼센트가 카트만두로 떠났기 때문이다. 이 지역을 수년간 연구한 인류학자 재니스 새처러Janice Sacherer에 의하면, 지금 이곳의 대부분은 "늙고 가난하고 알코올 중독에 빠지고 무능력하며, 카트만두에 가까운 친척들조차 없는 사람들이다. 따라서 이들은 더 잃을 것도 없다"고 한다.

1870년경까지 롤왈링에는 사람들이 살지 않았고, 그때부터 티베트의 키롱 마을 사냥꾼들과 셰르파 가족들이 이곳으로 넘어와 처음에는 동굴 안이나 바위 밑에서 살기 시작했다. 새처러는 1970년대에 이 계곡의 노인들과 인터뷰를 하면서 그들의 조상이 불화와 빛과 세금에 시달려 계곡으로 도망쳐왔다는 사실을 알게 되었다. "초기 정착민들에게 롤왈링은 진정한 숨겨진 피난처였으며, 이러한 멋진 고립에 대해 그들은 셰르파

사회에서 가장 가난한 사람이 되는 대가를 치렀다."라고 그녀는 기록했다.

이 계곡에 처음 발을 들여놓은 서양인은 에드먼드 힐러리와 얼 리디포드Earle Riddiford였다. 그들은 1951년 에베레스트를 정찰한 후 타시 랍스타 고개를 넘어 빙하와 위험지대를 뚫고 이 지역으로 들어왔다. 1950년대에는 5,755미터의 고개를 넘어 소수의 다른 무리들이 유입되었고, 1959년 일본의 한 원정대가 이곳을 방문하면서 계곡의 현대역사를 바꿔놓았다.

일본 산악인들은 체링마캉리(가우리샹카르를 티베트인들과 셰르파들이 부르는 이름)를 등반하기 위해, 티베트로 향하는 전통적이지만 영구적으로 폐쇄된 무역 통로인 멘룽 라Menlung La를 불법으로 넘다가 강도를 당했다. 새처러는 "네팔 정부는 롤왈링이 멀리 떨어져 있어서 순찰을 할 수 없는 데다, 추가적이고 불법적인 국경 침입으로 인한 국제적 영향을 두려워한 나머지 계곡 전체를 봉쇄하기로 했다."라고 설명했다. 이 지역은 그녀가 민족지학적 현장조사를 위해 방문하기 직전인 1973년에서야 다시 개방되었다. 그녀는 이런 비정상적인 상황 덕분에 여전히 전통적인 삶을 살고 있는 셰르파 사회를 연구할 수 있었다. "수백 킬로미터나 짐을 지어 나르는 짐꾼 일을 했던 사람들은 가장 가난한 집 남자들이었고, 결과적으로 그들이 최고의 여행자가 되고 가장 흥미로운 이야기꾼들이 되었다."라고 그녀는 말했다. "반면 계곡에서 잘 사는 주민들은 외부세계에 대해 거의 알지 못한 채, 야크 떼와 함께 반경 20킬로미터 내에서 비교적 여유롭게 이곳저곳을 다니며 집에 틀어박혀 있었다."

타시 랍스타 고개에서 일하던 롤왈링의 젊은 포터들은 그들 공동체의 문화 중개인으로 빠르게 변신했다. 1970년대에 대담한 트레커 몇몇이 계곡에 잠입하기 시작했지만, 네팔 정부가 원정등반에 대한 허가를 제한하기 시작한 1980년대에 문이 다시 닫혔다. 롤왈링의 젊은 남성 세대에게 봄과 가을의 취업 이주는 자연스러운 삶의 방식이 되었고, 여성이 사회의 기반이 되었다. 네팔의 여느 농촌사회처럼 모계가정이 일반적이었지만, 이런 여성들에 대한 교육은 산의 높은 곳에서 가축을 키우느라 바쁜 그들에게는 사치에 불과했다.

여섯 자녀들 중 밍마 G는 위로 누나와 형, 아래로 세 여동생을 둔 중간이었다. 그는 진정한 산악인 혈통으로, 그의 삼촌은 에베레스트를 서로 다른 루트로 세 번이나 오른 데 이어 1997년에는 K2 정상에 발을 디딘 최초의 네팔인이었다. 밍마 G의 아버지 도르지 셰르파Dorjee Sherpa는 수입이 가장 좋은 롤왈링 가이드였다. 하지만 그는 결과적으로 1982년 에베레스트에서 일본 팀을 가이드 하던 중 동상으로 손가락 8개를 잃는 아픔을 겪었다. "대원 중 하나의 크램폰 끈이 풀어지자 아버지가 장갑을 벗고 다시 매주었습니다. 손가락이 몹시 시렸는데 나중에 8개를 동상으로 잃고 말았습니다." 그럼에도 그는 2012년까지 가이드 일을 계속했다.

어렸을 때 밍마 G와 그의 친구들은 마을의 노인들이 나누는 8천 미터급 고봉에 대한 모험담들에 귀를 기울이곤 했다. "우린 근처 바위에서 등반 놀이를 하며 유행가를 불렀습니다. '하르모 텐징 셰르팔레 차됴 히말 추추라'는 텐징 노르가이 셰르파의 에베레스트 초등에 관한 노래였습니다."라고 그는 회상했다.

열한 살이 되자 가족은 그를 카트만두에 있는 학교로 보냈다. "지금까지도 우리 계곡에는 좋은 학교도, 교통수단도, 병원도, 전기도, 인터넷도, 다른 현대적 시설도 없습니다."라고 그는 말했다. 그의 여동생 다와 푸티는 고향 학생들의 이런 현실을 강조했다. "정부 교사들은 거의 오지 않습니다. 온다 해도 고소 문제로 인해 보통 들쭉날쭉해요. 한두 달을 가르치다 말고 그냥 떠나버립니다."

1974년 롤왈링에 힐러리재단 학교가 문을 열었지만, 지역사회의 초창기 주요 구성원들은 세속적인 교육을 불신했다. 1970년대 후반에 그들의 영향력이 줄어들자 학교는 학생들로 넘쳐났다. 그러다 밍마 G가 어렸을 때인 1990년대에는 학생들 수가 줄어들었다. 현대 교육의 가치와 계곡에서의 낮은 교육 수준을 점차 인식하게 되면서 여유가 있는 롤왈링 집안들이 자녀를 카트만두에 있는 사립학교에 보내기 시작한 것이다. 힐러리의 학교는 문을 닫았고, 노르웨이인들이 후원한 새 건물은 학생들이 없어 텅 비어 있다.

밍마 G의 카트만두 공부는 시작이 좋지 않았다. "5학년 때 롤왈링을 떠났습니다. 하지만 카트만두에서는 영어를 잘 몰라 1학년으로 낙제했습니다."라고 그는 회상했다. "하지만 그곳도 제겐 무리였어요. 곧 저는 유치원으로, 결국은 놀이방까지 갔습니다. 거기서는 제가 입을 열기도 전에 아이들이 웃음을 터뜨렸습니다."

◦◦◦◦◦◦◦◦

고등학교를 졸업한 밍마 G는 일본 마나슬루 원정대에서 삼촌과 함께 포터로 일했다. "남자 친척들이 다 이 일을 해서 단지 호기심으로 합류했습니다."라고 그는 말했다. "저는 의사를 꿈꾸고 있어서 산악인이 되리라곤 생각지도 못했습니다."

그는 첫 등반에서 7,000미터를 넘은 다음 로체 남벽에서는 8,300미터까지 올라갔고, 이어 티베트 쪽에서 에베레스트 정상을 밟았다. 게다가 이 모든 걸 1년 만에 해냈다. "흥미롭고 행복한 직업이었습니다. 여행도 하고 친구들도 만나고 놀 수도 있었으니까요." 하지만 밍마 G가 학업을 완전히 포기했던 것은 아니었다. 그는 과학에서 시작해 상업으로 옮겨간 다음, 경영학으로 학사학위를 받고 대학을 졸업했다. 이름도 바꾸었다. 네팔에는 밍마가 많고, 걀제는 외국인들이 발음을 하기 쉽지 않기 때문에 단순하게 밍마 G로 정했다.

네팔의 전도유망한 가이드에게는 에베레스트가 일종의 티켓인 것 같았다. 그곳의 정상에 오르면 일자리가 생겼다. 밍마 G가 에베레스트에 올랐을 때 그는 겨우 스물한 살에 불과해 장밋빛 미래가 펼쳐지는 듯했다. 하지만 그는 더 큰 꿈을 품고 있었다.

국적에 관계없이 국제 공인 가이드가 되는 것은 멀고도 험난한 길이다. 국제산악가이드연맹(UIAGM)은 산악 가이드를 위한 국제 조직이다. 이곳은 전 세계적으로 직업을 규제하고 필수적인 지도 기준을 정하는데, 그 기준이 상당히 높아 대부분은 교육을 마치는 데 몇 년이 걸린다. 밍마 G는 2010년 네팔등산협회가 제공하는 기초 산악코스에 들어갔다. "산에서의 체력은 무척 강했지만, 등산에 대한 지식은 거의 없었습니다."라고 그는 말했다. "사실 등반 기술과 첨단 장비 사용법은 전혀 알지 못했습니다." 2년 후 그는 상급 훈련을 받고, 그로부터 또 1년 후 일련의 시험에 합격한 후에 산악 가이드 지망생Aspirant Mountain Guide 자격증을 땄다. 그리고 얼마 지나지 않아 11월 말에 팀을 이끌고 마운트 바몽고(6,400m)를 초등했는데, 인생에서 가장 힘든 등반들 중 하나였다. 이 등반은 추운 계절에 더 높은 산을 오르는 데 필요한 경험과 자신감을 확신에 가깝게 더해주었으며, 미래의 경력을 결정짓는 계기가 되기도 했다.

그의 다음 등반은 K2였으며, 그런 다음에는 셰르파들로만 초등을 이룬 6,257미터의 체키고Chekigo에서 팀을 이끌었다. 미디어의 관심을 끌지는 못했어도 그 등반은 네팔의 젊은 알피니스트들이 자국에서 초등하는 추세가 점점 더 늘어나고 있다는 신호였다.

그 후 그는 초부체 단독 초등에 나섰다. "아주 위험했던 그 등반은 저의 가장 큰 실수였습니다."라고 밍마 G는 나중에 털어놓았다. 히말라야 데이터베이스는 그 등반을 "네팔 셰르파가 해낸 최초의 기술적 등반"으로 인정했다.

훈련의 마지막 과정에 대한 준비가 끝났다고 확신한 밍마 G는 2016년 20일간의 국제산악가이드연맹의 가이드 코스에 등록했다. 모든 과정은 네팔의 롤왈링, 랑탕, 마낭 지역의 4,000미터 이상에서 진행되었다. 그는 시험에 통과했다.

이제 국제산악가이드연맹 가이드 자격증과 인상적인 등반 기록, 그리고 경영학 학사학위를 보유한 밍마 G가 자신의 가이드 회사인 '이매진네팔Imagine Nepal'을 설립한 것은 어찌 보면 당연한 수순이었다. 하지만 그는 고객의 요구에 따라 맹목적으로 8천 미터급 고봉의 정상까지 모시는 가이드가 아니다. 그는 고객에게 아부하지 않고 이끌어준다.

⦚⦚⦚⦚⦚⦚⦚

네팔 가이드의 대부분은 산을 무척 사랑하지만, 그에 못지않게 등반을 '재미'나 '개인적인 도전'이 아닌 '일'로 생각한다. 밍마 G도 이런 현실을 잘 알고 있다. 알피니즘의 오스카상으로 불리는 황금피켈상 수준의 어려운 등반을 하고 싶어도 그에게는 우선하는 책임이 있고 생계를 꾸려가야 한다. 그럼에도 불구하고 밍마 G는 개인 등반과 가이드 등반을 병행하는 몇 안 되는 네팔인 중 한 명이다.

밍마 G는 또한 네팔 산악인들을 옹호하는 데 앞장서는 애국자이기도 하다. 2021년 네팔 동료들과 함께 K2의 동계 초등을 해냈을 때, 역사에서 자신들의 정당한 지위를 확보하려는 그의 꿈이 실현되었다.

K2 등정 이후 밍마 G는 인기를 즐길 시간도 거의 없었다. 해야 할 일이 있었기 때문이다. 첫 번째는 에베레스트 이외의 히말라야에서 지

금까지 시도된 가장 상업적인 등반으로 산악 관련 미디어에 널리 보도된 안나푸르나 가이드 등반이었다. 그곳에서 그는 에베레스트로 갔고, 2012년 5월 21일 세 여동생을 이끌고 정상에 오르는 기쁨을 만끽했다. 니마 장무Nima Jangmu와 체링 남갸Tshering Namgya, 그리고 다와 푸티 Dawa Futi는 함께 에베레스트를 오른 최초의 세 자매가 되었고, 그들은 이 등정을 아버지에게 바쳤다.

당시 세 자매들은 이미 경험이 풍부한 산악인들이었다. 니마 장무는 에베레스트, 로체, 칸첸중가를 25일 만에 오르며 가장 빠른 여성 '트리플 헤더'를 기록했다. 다와 푸티는 아마다블람을 등정했고 등반 및 산악구조 과정을 몇 차례나 이수했다. 그리고 그들은 3인조가 되어 그 시즌 초에 로부체를 등정했다. 하지만 세 자매가 에베레스트 정상에 올랐다고? 이 기록은 그들의 삶을 바꿔 놓았다.

⁘⁘⁘⁘

밍마 G는 정확성에 집착하는 사람이다. 2021년 가을 그는 자신이 가이드 한 마나슬루 원정등반이 산악인들이 보통 도달하는 전위봉이 아니라, (등산역사가 에베르하르트 주르갈스키Eberhard Jurgalski 등에 의해 과거 여러 차례 확인된) '진짜 정상'에 올랐다고 발표했다. 그러자 산악인들을 비롯해 많은 사람들이 혼란스러워했는데 그도 그럴 것이 진짜 정상은 전위봉에서 보이지 않기 때문이다. 위에 있을 때는 전위봉이 가장 높은 지점처럼 보인다.

다른 회사의 마나슬루 고객인 잭슨 그로브스Jackson Groves는 자신과 다른 사람의 정상 등정 순간을 드론 영상으로 찍으며 축하했다. 그는 자신들이 서 있는 곳이 최고점이 아니라는 사실이 영상으로 드러나자 놀랐다. 진짜 정상은 커니스로 된 좁은 능선을 따라 더 올라가야 하는 곳에 있었다. 그 영상에는 또한 몇몇 산악인들이 아찔한 능선을 따라 한 걸음씩 마나슬루의 진짜 정상을 향해 올라가고 있는 장면도 포함돼 있었는데, 그 선두에 선 사람이 바로 밍마 G였다.

"일단 제가 정상에 마지막 앵커를 설치한 후 우리 팀이 (같은 방식으로) 한 명씩 올라왔다가 내려갔습니다."라고 그는 익스플로러스웹닷컴의 안젤라 베너비데스에게 설명했다. "우리에게는 로프가 한 동만 있었고, 앵커를 새로 설치해서 그들을 모두 함께 올리는 위험을 감수하고 싶지 않았습니다. 게다가 저는 눈에 박은 그 마지막 앵커를 끝까지 잡고 있어야 했습니다."

승리의 순간이었다. 하지만 밍마 G는 판도라 상자를 연 셈이 되고 말았다. 이제 얼마나 많은 가이드 고객들이 자신들이 진짜 정상에 오르지 못했다는 사실을 알게 될까? 얼마나 많은 산악인들이 14개 완등자들의 정상 등정 목록에서 하나를 빼야 한다고 주장할까? 님스다이조차도 8천 미터급 고봉 14개를 모두 올랐다고 정직하게 주장하려면 마나슬루나 다울라기리로 다시 돌아와야 할지 모른다. 6개월 동안 둘 중 어느 곳도 오르지 못했기 때문이다. 밍마 G와 히말라얀 데이터베이스 간의 오랜 논쟁 끝에 타협이 이루어졌다. 과거는 과거고 이전에 주장된 마나슬루 등정은 수정하지 않는 것으로 결정난 것이다. 하지만 히말라야 등정의 분명한 기준인 히말라얀 데이터베이스에 따르면, 앞으로 마나슬루 정상 등정을 주장하려면 밍마 G가 있었던 진짜 정상에 가야만 한다. "앞으로는 더 이상 어떤 변명도 할 수 없을 겁니다."라고 그는 만족스러운 듯이 말했다.

〰〰〰〰〰〰〰

오늘날의 롤왈링에서는 크게 변한 것이 없다. 오히려 계곡은 밍마 G의 어린 시절보다 훨씬 더 황량해졌다. 떠날 수 있는 사람들은 카트만두로, 또 해외로 모두 떠나고, 계곡 전체의 주민은 54명에 불과하다. 게다가 대부분이 밍마 G의 어머니처럼 노인들이다. 마을에는 여전히 학교도 보건소도 안정적인 전기도 없다. 해발고도가 평균 4,000미터로 생육기간이 짧아 농작물은 감자가 가장 잘 자란다. "우린 가끔 계곡으로 돌아갑니다. 2020년 봉쇄 기간에는 7개월이나 그곳에 있었습니다."라고 그의 여동생 다와 푸티가 말했다. "소와 양과 염소를 기르는 어머니를 돕기도 하고 밭에서 일도 하면서, 신나게 논 것이 기억납니다." 그녀의 설명은 다소 목가적으로 들린다. 그러나 그녀는 전기도 없고 인터넷도 없고 사회생활조차도 없다며 그곳의 단점을 지적했다. "생기를 되찾는 것도 좋지만 전 여기 도시를 더 좋아합니다."

팬데믹 봉쇄 기간 동안 밍마 G는 롤왈링으로 돌아와 어머니와 함께 시간을 보내고 등반도 했다. 그는 그곳이 네팔 내에서 빙벽등반과 암벽등반에 최적의 장소라는 확신을 굽히지 않았다. 또한 개발만 잘되면 알피니스트들에게는 흥미롭고 매력적인 장소가 될 것이라고도 했다. 쿰부 지역과 달리 롤왈링은 8천 미터급 고봉보다는 기술 등반에 강점이 있다. 그는 계곡에서 살며 일하며 등반과 트레킹을 하는, 그래서 롤왈링에 번영을 가져다주는 그런 공동체를 꿈꾼다. 그리고 언젠가는 그런 변화가 일어날 것이라고 확신하며, 그 일부가 되고자 하고 있다.

그러나 현재로서 밍마 G는 카트만두에서 동생들과 함께 지내며 사업을 하고, 미디어의 요청에 응하고, 고산 가이드를 하고 있다. 보통 그는 고객들을 봄 시즌에는 안나푸르나, 다울라기리, 에베레스트, 로체와 칸첸중가로, 여름에는 K2와 브로드피크로, 그리고 가을에는 마나슬루로 안내한다.

개인적으로 그는 보조 산소 없이 시샤팡마를 오르고 싶어 하는데, 그렇게 되면 무산소로 8천 미터급 고봉 14개를 모두 오르는 최초의 네팔인이 될 것이다. 그는 네팔의 더 많은 6천 미터급 봉우리를 새로운 루트로 초등할 계획도 가지고 있고 틈틈이 책도 쓰고 있다.

한마디로 밍마 G는 바쁘게 산다. 그는 자신은 물론이고 자신에게 의존하는 가족과 국가에 대한 책임감을 느낀다. 그는 히말라야 등반 공동체 내에서 자신의 위치를 이해하고 변화를 이끌어내고 싶어 하며 "우리 공동체를 자랑스럽게 만들고, 인간의 한계를 시험하고, 스스로를 더욱 발전시키도록 우리가 할 수 있는 일을 해야 한다고 생각합니다."라고 말했다. "셰르파와 산은 동의어입니다." 그는 미래에 대해 자신감과 희망을 가지고 있으며 그만큼 헌신적이다. "우리의 미래 세대는 우리보다 훨씬 나을 겁니다. 네팔의 알피니즘을 바꾸는 데 기여했다고 느낄 때까지 등산을 멈추지 않을 겁니다."

그는 분명 이미 그렇게 해오고 있다.

18

K2 동계 등반

K2 여신이 이번에는 우리를 받아주었습니다.

밍마 G 셰르파Mingma G Sherpa

여전히 동계 미등으로 남은 파키스탄 최고봉에 갑자기 사람들이 붐비기 시작했다. 거미줄 같은 고정로프, 끝없는 야망과 추진력, 전혀 다른 수준의 기술과 경험, 이 모두가 허리케인 같은 강풍과 극한의 추위에 직면해 있었다. '야만적인 산' K2의 동계 초등 가능성은 산악계뿐만 아니라 전 세계의 이목을 끌었다. 60여 명의 개인과 그들의 기술, 그들의 동기, 그들의 스타일, 그리고 그들이 감당하려는 엄청난 위험에 대한 추측이 난무했던 이 드라마는, 소셜 미디어를 동력으로 위험천만한 인간 체스 게임과 그리스 비극 사이를 넘나들었다.

2020년 12월 6일 베이스캠프에 가장 먼저 도착한 사람은 두 번째 동계 도전에 나선 아이슬란드 산악인 존 스노리John Snorri였다. 그와 함께 파키스탄 최고의 고산 산악인 알리 사드파라와 스물 한 살 난 그의 아들 사지드가 왔는데, 그들은 여름에 K2를 이미 오른 경험이 있었다. 세 사람은 곧 1캠프까지 고정로프를 설치하기 시작했다.

밍마 G가 다와 텐진 셰르파, 킬리 펨바 셰르파Kili Pemba Sherpa를 대동하고 다음으로 도착했다. 그는 팀을 간신히 꾸릴 수 있었다며, "두 파트너의 부인은 남편을 이런 산에, 더구나 겨울에 보내고 싶어 하지 않았습니다."라고 말했다. 자신들의 이름으로 이미 수십 번이나 원정등반을 한 경험이 있는 롤왈링 출신의 세 산악인은 동계 K2 도전이 만만치 않다는 사실을 너무나 잘 알고 있었다. 12월 18일 그들의 도착은 새롭고 흥미로운 사건의 신호탄이었다. 고객에 대한 책임에서 벗어난 독립적인 셰르파 팀이 K2 동계 초등을 시도한 것이다.

절기상 동계 시즌이 공식적으로 시작되는 12월 21일, 그들은 사드파라 팀이 설치한 고정로프를 타고 1캠프까지 빠른 속도로 올라갔다. 그리고 다음 날 2캠프까지 고정로프를 설치했다.

창 다와 셰르파가 이끄는 세븐서밋트렉스(SST) 팀이 21일부터 서서히 움직이기 시작했다. 지난 팬데믹 기간 동안 고객 부족으로 고전했던 카트만두의 SST 경영자들은 외국 산악인들에 대한 파키스탄의 입국 완화조치를 환영하면서, 이제 K2 동계 등반 희망자들에게 포터와 주방 팀, 그리고 셰르파 가이드 등이 완비된 대규모 상업원정대라는 특별한 기회를 제공하고 있었다. 네덜란드 산악인 아놀드 코스터Arnold Coster와 카탈로니아 알피니스트 세르히 밍고테Sergi Mingote는 등반 전략을 수정했다. SST의 접근방식은, 특히 고객 중 일부가 동계 경험이 거의, 혹은 전혀 없었기 때문에 고산 동계 알피니즘의 미래에 대한 산악인들의 활발한 논쟁을 불러일으켰다. 콜린 오브레이디Colin O'Brady 같은 고객은 고소 경험은 별로 없으면서도 자기 홍보에 능해 논란의 여지가 있는 모험가였다. 상업주의는 이제 산악활동에서 전통적으로 최고들만이 누리던 틈새시장, 즉 고산 동계 등반에까지 파고든 것 같았다. 이것은 미지의 세계에 대한 진정한 모험을 의미했던 1980년 에베레스트 동계 초등과는 극명한 대조를 이루었다.

SST의 고객이라고 해서 모두가 가이드 서비스를 원하지는 않았다는 사실은 주목할 만한 가치가 있다. 겨울에 낭가파르바트를 정상 100미터 아래까지 오르고, 여름에 K2를 무산소로 오른 이탈리아 알피니스트 타마라 룬제르도 원정등반에 합류했다. 그녀는 경험 많은 파트너인 루마니아인 알렉스 가반Alex Gavan과 함께 별도로 등반하면서 SST가 제공하는 텐트와 고정로프를 활용할 계획이었다. 폴란드의 막달레나 고슈코프스카Magdalena Gorzkowska 같은 사람들은 이전에 고산을 오른 적은 있었지만 동계는 처음이었다.

밍고테는 이렇게 경고했다. "위험을 감수하지 않고 겨울에 K2를 올라갈 수는 없다고 생각합니다. … 제가 신중하지 않은 편은 아니지만, 그러한 결단 없이는 오를 수 없는 산들이 있습니다. 정상을 선택할 때는 위험을 감수해야 합니다." 그의 말은 불길할 정도로 예언적이었다.

크리스마스 날 늦은 시간에 화려하게 도착한 사람은 님스다이였다. 그는 자신의 블로그에 예의 그 팡파레와 함께 이 등반을 "마지막으로 남은 그랑프리이며 불가능하다고 여겨지는 위업"이라고 표현하면서, 고소 등반의 베테랑 셰르파 5명을 데리고 왔다. 밍마 데이비드, 다와 템바, 펨 치리, 겔제 그리고 밍마 텐지가 그들이었다. 영국의 영화감독 샌드로 그로먼-헤이즈Sandro Gromen-Hayes가 그들의 모험 과정을 영상에 담을 계획이었다. 활력이 넘치는 님스다이는 K2 동계 초등을 해낸 다음 정상에서 패러글라이딩으로 내려오겠다는 의사를 밝혔다. "여러분, 게임이 시작되었습니다."라고 그는 트위터에 글을 올렸다. 캠프를 설치하고 통신 시스템을 구축하느라 베이스캠프에서 하루를 보낸 그의 팀은 곧장 위로 올라갔다. 그리고 사흘 후에는 2캠프에 도착했다.

그들만이 아니었다. 밍마 G와 그의 팀은 12월 28일 6,800미터에 2 캠프를 설치한 후 7,000미터까지 고정로프를 설치하기 시작했다. 29일 그들은 고소순응을 위해 캠프를 더 높이 옮겼지만 3캠프까지는 충분치 않은 900미터의 로프만 남아있었다. 그것은 문제이자 동시에 기회였다. 밍마 G는 님스다이에게 연락했다. 그리하여 12월 30일 두 팀은 서로 협력해가며 7,300미터까지 고정로프를 설치했다.

"우리는 잠깐 대화를 나누긴 했지만, 곧바로 님스 팀과 우리 팀이 하나의 목표를 위해 하나의 팀이 되었다. 모두 조국을 위해 등반하고 있었기 때문이다."라고 밍마 G는 기록했다.

"이전에는 함께 작업해 본 적이 없었습니다."라고 님스다이는 영국 작가 나탈리 베리Natalie Berry에게 설명했다. "하지만 밍마 G가 대단한 산악인이라는 건 알고 있었습니다. 솔직히 말해 우리 둘 사이에 경쟁의식은 거의 없었습니다." 님스다이 팀을 선두에서 이끈 밍마 데이비드에 따르면 경쟁의식이 '거의 없지는 않았다'고 한다. 크리스마스 날 베이스 캠프에 도착한 그가 제일 먼저 한 일은 협력에 대한 아이디어를 놓고 밍마 G와 이런저런 대화를 나눈 것이었다. "치열한 경쟁으로 나의 첫 번째 시도는 실패했습니다."라고 밍마 데이비드는 말했다. "하지만 진지해진 우리는 대화를 나누던 중 비전과 목적과 목표가 서로 일치한다는 것을 알 아차렸습니다."라고 님스다이가 설명했다. "(밍마 G는) 네팔의 등반 공 동체와 미래 세대를 위해 뭔가를 하고 싶어 했습니다. 더욱 중요한 건 이 기심이나 이견이 없었다는 겁니다. 그래서 함께 협력하기로 했습니다."

악천후로 베이스캠프에 있던 모두가 일주일도 넘게 발이 묶였다. 1월 10일 2캠프로 올라간 님스다이는 패러글라이딩 장비를 비롯한 모든 것이 강풍으로 흔적도 없이 사라졌다는 사실을 알게 되었다. 그들은 몹 시 좌절했지만 만약을 대비한 계획이 있었다. "우린 최악을 대비하고 최 상을 희망합니다."

모두가 일기예보를 주시했다. 평소처럼 그들은 각양각색이었다. 밍 마 G는 네팔의 기상캐스터를 이용한 반면, 님스다이와 알리 사드파라 팀 은 유럽의 전문가 정보를 따랐다. 알리 사드파라 팀은 날씨가 좋아질 때 까지 기다리기로 했지만, 님스다이와 밍마는 등반을 재개하기로 했다. 그들은 모두 10명으로 밍마 G 팀 3명, 님스다이 팀 6명, 그리고 SST의 소나 셰르파였다.

1월 12일 님스다이 일행은 2캠프까지 올라갔다. 밍마 G 팀은 1월 13 일까지 출발을 늦춘 후 7,000미터로 곧장 올라갔다. 그들은 위에서 필요 한 장비로 짐이 무거웠지만, 14일에 7,350미터의 3캠프에 도달한 다음 계속해서 고정로프 300미터를 추가로 설치했다. 15일 아침 밍마 G와 밍 마 데이비드, 밍미 텐지, 소나가 고정로프를 설치하며 4캠프로 올라갔다.

밍마 G는 그다음에 일어난 일을 이렇게 설명했다. "우린 여름에 하는 방식으로 4캠프까지 올라갔습니다." 하지만 그때는 여름이 아니었다. 그 지점에서는 밍마 G가 앞장서서 로프를 설치하고 다른 사람들이 그를 지원했다. 400미터의 로프를 설치해 4캠프 밑의 가파른 벽에 도달하자 문제가 발생했다. "건널 수 없을 정도로 넓은 크레바스를 만났습니다. … 오른쪽으로 가보아도 마찬가지였습니다. 조금 내려와 왼쪽으로 갔지만 역시 똑같았습니다. 그래서 우린 3캠프 바로 근처까지 곧장 내려왔습니다." 어쩔 수 없이 처음부터 다시 시작해야 해서 상황은 절망적이었다. 그날의 좋은 날씨를 이용해 그들은 4캠프까지 새로운 고정로프를 끈질기게 설치했다. 다행히 벌어진 크레바스 위로 세락이 무너져 임시 다리가 만들어졌다. 길을 뚫고 로프를 설치하느라 지친 밍마 G가 뒤로 빠지고 대신 밍마 텐지가 앞으로 나섰다.

오후 4시쯤 그들은 4캠프에 도착했다. 이제 그들 아래로는 고정로프가 완벽하게 설치되었다. "우리의 첫 반응은 '이제 동계 K2는 우리 거야.'라는 것이었습니다. 다음 날 정상에 갈 수 있다는 사실을 알고 우리는 서로를 껴안았습니다."라고 밍마 G는 말했다. 그들의 노력은 대단했다. 3캠프에서 4캠프까지는 보통 2-3시간이 걸린다. 그런데 그들은 무려 8시간이나 걸렸다. 하지만 그는 의기양양했다. "우린 내려가기 전에 우리의 행운과 힘든 작업에 대한 얘기를 조금 나눴습니다. 우리는 산에 있을 때면 안전하게 해달라고, 우릴 받아달라고 기도합니다. K2 여신이 이번에는 우리를 받아주었습니다." 3캠프로 재빨리 내려온 그들은 몇 시간이 지난 후 정상에 올라갈 준비를 했다. 1월 16일의 기상예보는 기대보다 훨씬 좋았다. 따라서 원래의 계획인 자정 출발 대신 새벽 1시에 출발하는 편이 더 좋을 것 같았다.

자정이 되자 3캠프가 바빠지기 시작했다. 스토브에 불을 붙이고, 물을 끓이고, 배낭의 내용물을 두세 번씩 확인하는 통상의 고된 작업을 한 후 그들은 고소 부츠를 신고 하나씩 텐트를 나섰다. 님스다이, 킬리, 다와 텐진, 소나, 다와 템바, 그리고 밍마 텐지가 먼저 출발했다. 밍마 G는 전날 작업으로 너무 지쳐 보조 산소 없이는 올라갈 수 없는 안타까운 상황에 맞닥뜨렸다. 낙담한 그는 자신의 산소 레귤레이터를 조절했지만 잘 맞지 않았다. 결국 여분을 하나 찾아낸 그는 그것을 쓰는 과정에서 손가락이 위험스러울 정도로 시렸다. 그가 마침내 출발할 준비가 되었을 때 다른 사람들은 이미 4캠프 가까이에 있었다. 밍마 G에게는 정상 등정의 조짐이 좋지 않았다.

그는 밍마 데이비드, 펨 치리, 겔제와 함께 3캠프를 출발했다. 2시간 후 4캠프에 도착한 그들은 너무도 차가운 바람에 깜짝 놀랐다. 밍마 G가 크레바스 건너편에 멈춰 서서 밍마 데이비드를 잠시 기다리는 동안, 그는 너무나 추운 나머지 돌아설까 말까 고민했다. "발가락을 잃을 것 같아서 거의 포기할 뻔했습니다."

그는 시계를 확인했다. 새벽 5시. 1시간만 지나면 태양이 지평선 위로 떠오를 것이었기 때문에 일단 동이 틀 때까지는 계속 올라가기로 했다. 바로 그때 따뜻한 첫 햇살이 느껴지면서 바람이 기적적으로 잦아들었다. 4명의 산악인들은 보틀넥으로 올라가기 전에 잠시 멈춰 서서 아침 햇살로 몸을 따뜻하게 덥혔다. 그러자 힘과 희망이 다시 살아났다.

먼저 출발한 사람들은 밍마 텐지가 앞장서서 보틀넥 위로 고정로프를 설치하고 있었다. 밍마 G 일행이 그들에게 올라가 크레바스 전에 마침내 따라잡았다. 님스다이는 그들에게 이렇게 강조했다. "우린 모두 공동의 자부심과 목표를 갖고 있어. 이건 네팔을 위한 거야." 정상 200미터 아래 작은 설원에 올라선 그들은 차를 마시기 위해 멈췄다. 잠시 휴식을 취한 후 밍마 텐지가 고정로프를 설치하며 앞장섰다. 정상까지는 여전히 4시간 정도 걸릴 것 같았다.

그들은 정상 10미터쯤 아래에 모여 정점을 향해 다 함께 올라갈 계획이었다. "360 고프로GoPro를 켠 다음 다 함께 올라가기 시작했습니다."라고 밍마 G가 말했다. "우린 국가를 부르며 정상으로 향했습니다. K2 정상은 세 번째였지만 이번엔 국가에 대한 자부심이 걸린 문제였습니다. … 짜릿한 순간이었습니다. 눈물이 나고 몸이 떨리고 소름이 돋았습니다. 우리가 그곳에 있었던 순간을 설명할 수 있는 사람은 아무도 없을 겁니다."

10명의 네팔 산악인들은 2021년 1월 16일 오후 4시 43분, 그곳 정상에 섰다. 역사적인 K2 동계 초등이 달성된 것이다.

정상을 향한 그들의 마지막 발걸음을 담은 영상이 전 세계로 전송되자 수많은 사람들이 환호했다. 멋진 장면이었다. 그들의 얼굴이 낮게 드리운 태양에 빛나고, 뒤로는 지표면의 만곡이 뚜렷이 펼쳐졌으며, 진홍색과 황금색 옷이 보석처럼 빛났다. 배경을 이룬 쪽빛 하늘은 장엄했다. 그들은 8,611미터까지 마지막 몇 걸음을 국가를 부르며 다 함께 걸어 올라갔다.

하지만 그 정상 장면이 완전히 즉석에서 나왔던 것은 아니었다. 훗날 밍마 데이비드는 안젤라 베너비데스에게 그날 베이스캠프와의 무전이 차단되었다고 털어놓았다. "우리의 방침은 개인이 정보를 제공하지 못하도록 접촉을 완전히 차단하는 것이었습니다. 우리는 성공 소식을 적절한 채널을 통해 전달하고자 했습니다. 마침내 정상에 오른 우리는 나중에 영국의 홍보팀을 통해 (뉴스 발표를) 했습니다."

님스다이는 그날 너무나 춥고 힘들어 동료들이 거의 돌아설 뻔한 순간들이 있었다고 인정했다. 10명 중 8명은 다양한 정도의 동상을 입었다. "토요일 밤이 얼마나 힘들었는지는 말로 다 표현할 수 없습니다. 그 등반은 셰르파들의 한계를 제대로 시험했습니다."라고 밍마 G는 말했다.

그 팀은 며칠에 걸쳐 베이스캠프로 내려갔고, 스카르두로 날아가서 간축하 행사들의 첫발을 내디뎠다. 전 세계가 그들과 함께 기뻐했다. 동계등반의 베테랑 알피니스트 시모네 모로는 이렇게 말했다. "수많은 산악인들을 도와주고, 수십 년 동안 스스로 등반을 해온 셰르파들이 오늘만큼은 역사에서 제대로 평가받아야 합니다."

하지만 네팔인들로만 이뤄진 K2 동계 초등의 기쁨은 곧 슬픔으로물들었다. 그들이 보틀넥을 힘들게 올라가고 있던 바로 그 순간, 1캠프에서 하산하던 세르히 밍코테가 추락했다. 룬제르는 이탈리아 기자 알레산드로 필리피니Alessandro Filippini에게 그 사고에 대해 이렇게 설명했다. "세르히가 추락했을 때 40미터 떨어진 곳에 있었습니다. 그에게 다가가기가 두려웠습니다. 그가 고통 받는 걸 보고 싶지 않았습니다. 대신그는 우리가 … 할 수 있는 모든 걸 다하는 1시간 동안 가쁜 숨을 내쉬었습니다. 우린 옆에서 손을 붙잡고 말을 건넸습니다. 시신 수습을 준비하는 데 4-5시간이 걸렸고, 그 후 셰르파들이 그의 시신을 베이스캠프로 운구했습니다." 베이스캠프에 있던 사람들은 삼삼오오 다시 텐트로 모여들어 슬픔을 나누면서 때를 기다렸다. 날씨가 한 번은 더 좋아질 것 같았다. 그들은 확신에 차 있었다. 1월 말이 되자 날씨가 잠깐 좋아졌다. 알리사드파라는 아들 사지드와 존 스노리와 함께 정상 도전에 나섰으나 강풍으로 돌아섰다. 그들은 더 기다렸다. 그때 좋은 소식이 날아들었다. 알리사드파라가 8천 미터급 고봉 14개를 완등하는 꿈을 이룰 수 있도록 지원해주겠다고 파키스탄 정부가 발표한 것이다. 마침내 알리와 파키스탄의모든 산악인들에게 승리의 순간이 다가왔다. 정부가 그들을 진지하게 대하기 시작한 것이다.

2월 초 사흘간 날씨가 좋아지자 사드파라 트리오를 비롯한 여러 산악인들이 산을 올라갔다. 2월 4일 저녁 3캠프가 복작거렸다. 마지막 정상 도전을 앞두고 휴식을 취하고자 여섯 명이 3인용 텐트에 몸을 쑤셔넣었다. 상황이 좋지 않았다. 영하 15도에서 쉬지도 못하고, 물도 제대로 못 마시고, 음식을 만들거나 먹을 공간조차 없었다. 몸이 좋지 않은 몇몇이 내려가고, 더 많은 사람들이 추위를 견디지 못하고 내려갔다. 하지만 알리와 사지드, 그리고 존과 칠레 알피니스트 후안 파블로 모르Juan Pablo Mohr는 위로 향했다.

그들의 계획은 2월 5일 3캠프에서 정상까지 곧장 치고 올라가는 것이었다. 6일 오후에는 바람이 시속 60킬로미터로 거세지고, 7,500미터 위에서는 시속 100킬로미터의 강풍이 불 것으로 예보되었다. 날씨가 좋은 날이 위험할 정도로 짧은 데다, 바람이 약하고 잠잠했던 1월 중순만큼 좋지도 않았다.

사지드는 그 이후의 일에 대해 스페인 기자 이삭 페르난데스Isaac Fernández에게 이렇게 설명했다.

밤 11시인가 12시에 올라가기 시작했습니다. … 8,200미터쯤의 보틀넥에서 … 산소가 없어서 그랬는지 제 상태가 좋지 않았습니다. (사지드와 그의 아버지는 보조 산소를 사용하지 않고 그 지점까지 올라갔다) 아버지는 저에게 고객(존 스노리)의 산소가 넉넉하니 그것을 사용하라고 말했습니다. 레귤레이터를 틀자 마스크가 잘 맞지 않는지 산소가 새기 시작했습니다. 그러자 아버지는 자신들은 계속 올라갈 테니 저더러 내려가라고 했습니다. 정오에 3캠프로 하산을 시작한 저는 오후 5시 그곳에 도착했습니다. 그리고 베이스캠프와 교신해 우리 팀의 동료들이 정상으로 향하는 중이며, 다음 날 함께 내려갈 것이라고 알렸습니다. 그들에게는 위성전화나 무전기가 없었습니다. 저는 차와 뜨거운 물을 만들어 놓고, 그들이 (텐트를) 발견할 수 있도록 불을 켜두었습니다. 그러곤 뜬눈으로 밤새 기다렸습니다. 아침에 베이스캠프로 무전해 아무도 내려오지 않았다고 알렸습니다. 그러자 대장이 저에게 제발 내려오라고, 날씨가 더 나빠진다고 말했습니다. 전 지쳐있었고, 그렇게 되면 큰일이었습니다. 그는 베이스캠프에서 구조팀을 올려 보내겠다고 말했습니다.

사지드가 기다리는 동안 불가리아 산악인 아타나스 스카토프Atanas Skatov가 3캠프에서 하산하던 중 추락 사망했다.

이제 사지드는 자신의 인생에서 가장 힘든 결정을 내려야 했다. 아버지를 기다려야 하나? 아니면, 내려가야 하나? 베이스캠프에서 그에게 내려오라고 자꾸 재촉하자 그는 홀로 하산하기 시작했다. SST 팀의 셰르파 둘이 그를 향해 올라왔다. 그와 동시에 스카토프의 시신을 운구하고, 동상에 걸린 산악인들을 베이스캠프에서 데려가고, 여전히 그 산에 있을 3명의 산악인을 공중에서 수색할 목적으로 헬기 두 대가 스카르두에서 이륙했다. 그 헬기들은 7,000미터까지 날아올라갔지만 아무것도 보이지 않았다. 사지드는 마침내 베이스캠프에 도착했다. 그는 신체적으로 온전했으나 정신적으로는 산산조각이 나 있었다.

다음 날 헬기 두 대가 더 나타났다. 실종된 세 사람의 흔적은 전혀 찾을 수 없었다. 구조대는 헬기가 찍어온 고해상도의 이미지를 분석했다. 두 번째 공중 수색이 훨씬 더 높은 곳까지 진행되었지만, 여전히 아무것도 찾을 수 없었다. 그래도 희망을 버리지 않은 알리 사드파라의 조카와 사촌, 임티아즈 후세인과 아크바르 알리가 수색에 나섰다. 하지만 2캠프에 도달했을 때 날씨가 나빠져 어쩔 수 없이 내려와야만 했다.

사지드는 K2를 떠나 스카르두로 날아갔다. 여전히 충격에서 벗어나지 못한 채 그는 직접 해명하라는 미디어의 공격을 받았다. "하산 중에 사고를 당한 게 틀림없습니다. 밤이 되자 바람이 더 거세지기 시작했으니까요."라고 사지드는 말했다. "그분들은 8,000미터에서 이틀 동안 있었습니다. 한겨울에 그 고도에서 말이죠. 살아계실 가능성은 전혀 없습니다." 그러면서 그는 (아마도) "정상에는 올랐을 겁니다."라고 덧붙였다. 그는 아버지의 시신을 계속해서 찾고 싶다는 희망을 내비쳤다. 그런 슬픔의 와중에도 그는 후안 파블로 모르와 존 스노리의 가족, 파키스탄 군인, 셰르파 원정대, 다른 산악인들, 그리고 미디어에 감사의 뜻을 표했다. 그런 다음 사지드는 기자회견장을 떠나 슬픔에 빠진 가족 곁으로 돌아갔다.

훗날 밍마 G는 알리 사드파라를 이렇게 추모했다. "놀라운 사람이었습니다. … 우리의 형제나 다름없었고, 매일같이 우리 캠프를 찾아왔습니다. K2에 대한 우리의 잠정적인 계획을 알고 있었지만, 그곳에서 그는 가이드 등반을 하고 있었습니다. 혼자였다면 분명 우리와 함께 K2 정상에 올라갔을 겁니다. 아직도 저는 그가 너무나 안타깝습니다."

⸭⸭⸭⸭⸭⸭⸭

2020-21년 K2 동계 등반 시즌은 기쁨과 자부심에 상실과 슬픔과 뒤섞인 채 막을 내렸다. 60여 명의 산악인이 꿈에 그리던 산에 도달해 일부는 후퇴했고 일부는 전진했다. 10명은 승리를 쟁취한 반면 5명은 목숨을 잃었다. 또다시 부인과 파트너, 아들과 딸은 '왜?'라고 물을 수밖에 없었다. 산악인들의 전문성, 힘과 결단력, 장비와 전술의 개선, 정확한 일기예보에도 불구하고 산은 더 작아지거나 더 쉬워지지 않는다. 산은 단지 상상할 수 없을 정도로 아름다운 바위와 얼음의 구조물일 뿐이다. 산은 자유

를 상징하고 상상력에 영감을 불어넣지만, 아주 짧은 시간 동안만 인간의 존재를 허용한다.

승리 팀은 곳곳에서 환영받았다. 스카르두, 이슬라마바드, 카트만두에서 리셉션과 퍼레이드와 포상과 연설과 파티와 기자회견이 벌어졌다. 하지만 유감스럽게도 다른 산악인들의 질투가 그 여파의 일부를 장식했으며, 다른 이들과 마찬가지로 밍마 G는 자신들의 성공을 방어해야했다. "성공하지 못하고 그냥 돌아온 일부 산악인들의 반응을 보면 슬프기도 하고 동시에 웃기기도 합니다. 그들은 네팔 셰르파들이 정상에 오른 후 로프를 끊어버렸을 수도 있고, 적절한 정보도 제공하지 않았고, 자신들의 계획을 비밀로 했다는 등 우리를 비난하고 있습니다." 언제나 직설적인 그는 이렇게 덧붙였다. "K2가 왜 '야만적인' 산이라고 불리는지, 1987-88년에 시도된 이후 왜 34년 동안 동계 초등이 이뤄지지 않았는지 기억하시나요?"

그는 네팔인들이 1월 12일과 13일에 단체로 산에 오르기 시작했을 때부터 그들은 멈출 계획이 전혀 없었다고 주장하면서, 그런 비난을 여우의 신포도에 불과하다고 일축했다. 그리고 고정로프를 불평하는 사람들에 대해서는 더욱 직설적으로 비판했다. "우린 1캠프까지 고정로프를 깐 아포 알리, 사지드, 존에게 감사합니다. 우리가 1캠프에서부터 정상까지 로프를 깔 때 우릴 돕겠다고 나선 산악인은 아무도 없었습니다. … 그리고 지금 그들은 우리가 고정로프를 깔고 돈이라도 받으려고 한 것처럼 뻔뻔스럽게 말하고 있습니다. 그들을 뭐라고 불러야 하나요? 기생충 산악인? 다른 사람의 작업(예를 들면 고정로프)에 돈도 내지 않는 사람들은 정상에 오르지 못하면 뻔뻔스럽게도 그들을 비난합니다."

그렇다면 네팔인들이 베이스캠프 사람들에게 루트를 비밀로 했고, 정보를 공유하지 않았다는 일부 K2 산악인들의 비난은 어떨까? 밍마 G

는 소나가 정상에 오른 후 2월 9일까지 베이스캠프에 머물러있었다고 지적했다. 도움이 될 만한 정보를 달라고 어느 누구라도 소나에게 요구한 적이 있었을까? "이번 겨울 K2에 몰려든 사람은 모두 초등을 노리고 있었습니다. 우리도 그랬으니까요."라고 밍마 G는 덧붙였다. "모두가 자신들만의 계획이 있었지만 그런 계획을 우리에게 공개한 사람은 아무도 없었습니다. 다른 스포츠에서와 마찬가지로, 우리도 우리의 계획을 밝히지 않았습니다." 그는 일기예보를 활용한 전략을 소개했다. 나쁜 날씨에 출발하고 좋은 날씨에 더 높은 곳에서 도박을 벌이지만, 소위 '정상 도전'은 곧 고정로프 작업을 의미하는 것이기도 하다는 것이다. 대부분의 정상 도전이 고소 작업자들에 의해 이미 설치된 로프를 타고 올라가기 때문에 이것은 중요한 차이점이었다. 이번에는 그들이 고소 작업자였다. 밍마 G는 둘 다 할 수 있는 건 네팔 팀뿐이었다며 이렇게 주장했다. "우리는 위험을 무릅쓰고 성공했습니다. … 월드컵 축구는 가장 인기 있는 스포츠입니다. 감독은 우승을 하기 위해 다른 팀의 선수가 아니라 자기 팀의 선수들과 전술과 계획을 공유합니다. 우리도 마찬가지였습니다. 우리가 성공한 반면 그들은 정상까지 고정로프가 깔려 있는데도 그러지 못했기 때문에 부러워하는 겁니다."

그들이 하산할 때 고정로프를 제거해서 뒤따를지도 모를 사람의 등반을 훨씬 더 어렵게 만들었다고 비난하는 사람들도 있었다. 밍마 G는 그런 생각을 비웃었다. "우린 정확히 오후 4시 43분에 정상에 올랐습니다. 그리고 완전히 지친 몸을 이끌고 정상 200미터 아래에서부터 헤드램프에 의존해 하산했습니다. 실수라도 하면 끝장날 판이었습니다. 점점 더 추워져서 가능한 빨리 하산하려고 했습니다. … 그런 상황에서 로프를 어떻게 제거할 수 있나요?"

산소통 문제를 놓고 또 다른 논쟁이 일어났다. 그 산을 겨울에 오르려는 이전의 모든 시도는 서양 산악인들에 의해 보조 산소 없이 이루어졌다. 과거라면 그런 중요한 등반에서 산소통을 사용할 수도 있었다. 그러나 지금은 21세기였다. 2003년 겨울 K2에서 7,650미터까지 올라간 전설적인 히말라야 알피니스트 데니스 우룹코는 보조 산소 사용에 대해서 언제나 직설적이었다. 그는 이를 단순한 '도핑'이 아니라 '강력한 도핑'이라고 불렀다. 그는 익스플로러스웹과의 인터뷰에서 이렇게 설명했다. "8천 미터급 고봉의 초등이 이뤄지던 시절 같으면 용서가 되겠지만 지금은 아닙니다. 다른 스포츠 당국에서는 도핑과 싸우고 있는데 산악계는 산소 도핑 선수들에게 박수를 친다는 사실은 충격적입니다. 제가 볼 때 이것은 비윤리적입니다. 이제 보조 산소는 목표를 너무 높게 잡은 약한 사람들이 사용하는 보충제일 뿐입니다. 그들은 성취를 모의실험하기 위해 가스를 사용합니다."

하지만 이 말에서 문화적 맥락이 빠진 게 있는지는 짚어볼 필요가 있다. 네팔 산악인들은 등반에서 보조 산소의 사용 여부의 차이를 충분히 알고 있으며, 일부는 경력에 무산소 등정을 추가하기도 한다. 하지만 그들은 전통적으로 8,000미터 위에서는 보조 산소를 사용하는데, 바로 작업을 하기 때문이다. 길을 뚫고, 고정로프를 설치하고, 캠프를 세우고, 고객을 가이드 한다. 밍마 G와 님스다이는 애초 K2 동계 등반을 보조 산소 없이 할 계획이었다. 하지만 상기한 바와 같이 밍마 G는 전날의 작업으로 몹시 지쳐있었다. 영상에서 님스다이는 보조 산소 없이 정상에 오르는 모습이었지만, 그 소식은 뒤늦게 알려졌다.

님스다이가 지휘하는 오케스트라에서 종종 악장 역할을 하는 밍마 데이비드는 문제의 그 지연에 대해 이렇게 밝혔다. "우린 그 '무산소' 등정에 대한 소식을 나중에 K2 등정에 관한 영화에서 발표할 계획이었습니다. 하지만 너무나 많은 논란에 휩싸이게 되어 며칠 후 세상에 알렸습니다."

님스다이는 의심을 풀기 위한 노력의 일환으로 "고소에 있어서는 유전적 혜택을 받은 것 같습니다."라고 설명했다. "물론 훈련도 도움이 됐습니다. 영국 특수부대는 세계에서 가장 혹독한 훈련체계를 갖고 있고, 전 최고 수준의 훈련을 받았습니다. 여기에 신체적 능력과 노력이 더해지면 무엇이든 할 수 있습니다." 우룹코는 그의 말을 전혀 믿지 않았다. "글쎄요, 그는 그렇게 얘기했지요. 하지만 전 그의 사진과 정상 영상을 보았습니다. K2 정상에서 보조 산소 없이 그렇게 하는 것은 불가능합니다. 무엇보다 산소를 쓰는 동료들과 보조를 맞춘다는 것은 불가능한 일입니다."

2020-21년 K2 동계 시즌의 온갖 의구심과 질투, 슬픔과 비극에도 불구하고, 그 등반은 여전히 네팔인들에게 자랑스러운 등대로 남아 있다. "K2는 동계에 미등으로 남은 유일한 8천 미터급 고봉이었습니다."라고 밍마 G는 말했다. "산과 같은 의미로 통하는 네팔 셰르파들이 8천 미터급 고봉을 동계 초등하지 않았다는 것은 우리에게 부끄러운 일이었습니다. 우리는 기회를 잡았지만 미래 세대에겐 그런 기회가 없을 겁니다. 우리가 하지 않았다면 아마 외국인들이 해냈을지도 모릅니다. 우리의 미래 세대는 초등 목록에 네팔인들이 들어있다는 걸 자랑스러워할 것입니다."

밍마 G가 조국을 진정으로 자랑스러워하는 것처럼 보인다면, 님스다이는 그만큼 자신을 자랑스러워하는 것 같다. 왜 2021년 이전에는 네팔인들이 K2를 겨울에 오르지 못했느냐는 토머스 푸에요Thomas Pueyo 기자의 질문에 그는 이렇게 대답했다. "제가 거기에 없었기 때문입니다!"

1년도 채 지나지 않아 사지드는 아버지를 찾으러 K2로 돌아왔다. 알리 사드파라, 존 스노리, 후안 파블로 모르가 실종된 후 그 산을 선회한 헬기 비행에서는 아무것도 찾아내지 못했었다. 그런 문제의 일부는 그들이 사용한 기술인 것 같았다. 낭가파르바트 루팔 벽의 6,000미터 근처에서 슬로베니아 알피니스트 토마쥬 휴마르Tomaž Humar를 구조한 경험이 있는 파키스탄의 유명한 헬기 조종사 라시드 울라 바이그Rashid Ullah Baig에 따르면, 스노리가 가민 인리치Garmin inReach 모바일 위성기구 대신 투라야Thuraya를 선택한 것이 불행의 시작이었다고 한다. 인리치였다면 버튼을 한 번만 눌러도 자신의 위치에 대해 실시간으로 신호를 보내기 때문에 불필요한 비행시간을 줄일 수 있었다는 것이고, 그랬다면 생명을 구할 수 있었을지도 모른다. "두 기구의 차이점은 이와 비슷합니다. 이슬라마바드에서 심장마비에 걸린 한 사람은 '도와주세요!'라고 부르고, 다른 사람은 위험에 처했다고 말하며 구글 지도로 자신의 현재 위치를 전송합니다."라고 라시드는 말했다. 그랬다면 정말 구조가 가능했을지 여부는 확인할 수 없지만, 그 사고가 믿기지 않는다는 듯 그는 고개를 떨궜다. "누구나 저절로 빠져드는 미소를 지닌 친구를 잃었습니다. 알리 사드파라는 영원히 잊지 못할 겁니다."

사지드는 사고의 원인을 알아내기로 결심했고 가장 좋은 방법을 잘 알고 있었다. 바로 걸어 올라가 수색하는 것이다. "너무나 힘들고 충격적인 경험이었습니다."라고 그는 말했다. "절망과 공포의 시간을 기억하고 싶진 않습니다. 저는 저 자신도 추스르고 가족도 위로해야 합니다. … 시간이 지나면서 힘과 이성을 되찾고 있습니다. 그리고 전 아버지 알리 사드파라와 존 스노리와 후안 프블로 모르의 시신을 찾아 수습하기로 결심했습니다. … 모두의 믿음에 따라, 가족과 저는 시신을 수습하고 제대로 된 의식을 거행하기 위해 모든 수단을 다 동원할 겁니다." 그는 캐나다 영화제작자 엘리아 사이칼리Elia Saikaly와 네팔 산악인 파상 카지Pasang Kaji와 함께 현장으로 떠났다. "우린 무슨 일이 일어났는지 알고 싶습니다. 더불어 그분들의 유품을 회수하기 위해 최선을 다할 겁니다."

출발하기 전 사지드의 기자회견은 가슴이 뭉클했다. 그는 아버지가 3캠프로 내려가라고 한 그 마지막 순간을 들려주었다. "그것이 아버지와의 마지막 대화였습니다."라고 사지드가 말했다. "그들에게 무슨 일이 일어났는지 모르겠습니다. 그래서 제가 여기 있는 거구요. 네 달 반이 지났습니다. 물론 살아계시진 않겠죠. 제가 알지 못하는 기술을 사용해서 멀리서 그들을 찾으려 애써주신 분들께 감사드립니다. 이젠 제 차례입니다. 그곳으로 돌아가 직접 확인해보고 싶습니다."

그는 가능성을 추측해보았다. 정상에 오르긴 했는데 그들 중 하나가 하산 도중 부상을 당했을지도 모른다. 악천후에 휘말렸을 수도 있다. 혹은 탈진했을지도 모른다. "하지만 막연한 추측은 도움이 되지 않습니다."라고 그는 말했다. "아버지는 지금 알라와 함께 계십니다. 아버지는 안전합니다. 저는 단지 의문을 풀고, 마지막 발자취를 따르고, 아버지가 무엇을 보았는지 알기 위해 갑니다. 아버지가 저에게 뒤따라 올라오라는 어떤 흔적을 남겼는지, 아버지가 저에게 알려주고 싶은 어떤 게 혹시라도 있는지 확인하기 위해서입니다." 언론의 끊임없는 관심을 견디면서 자신의 아버지를 앗아간 산으로 돌아갈 용기를 갖기 위해 이 젊은이가 받았을 트리우마와 스트레스, 슬픔과 자책을 상상하면 가슴이 아프다.

그는 이런 헌사로 기자회견을 마쳤다. "만약 아버지를 찾지 못하면, 제가 누구보다도 사랑했고, 제에게 등산을 가르쳐주었고, 비록 역사상 가장 위대한 파키스탄 산악인은 아닐지라도 지금까진 가장 위대한 사람이었던 아버지를 기리기 위해, 자랑스럽게 그의 위패를 길키 추모비에 안치하겠습니다."

사지드는 2021년 7월 26일 사이칼리와 파상 키지와 함께 K2를 등정했다. 하지만 그전에 그들은 자신들이 찾고 싶었던 것을 발견했다. 러시아 알피니스트 발렌틴 시파빈Valentyn Sypavin이 루트에 있던 세 시신의 위치를 알려준 것이다. 첫 번째는 보틀넥 아래였다. 혼자였는데, 확인해보니 후안 바블로 모르가 거의 확실했다. 시파빈은 그 위에서 시신 두 구를 더 찾아냈다. 알리 사드파라와 존 스노리였다. 시신들의 위치에 대한 그의 설명을 들어보면 그 둘은 하산 중이었고 그 와중에 어떤 문제가 발생했는데, 일반적인 상황이라면 쉽게 해결할 수도 있었겠지만 밤인 데다 심한 압박을 받고 완전히 지쳐서 불가능했을 것이라고 추측할 수 있다. 시신을 수습하기에는 너무 높은 곳이라서 사지드와 그의 팀은 사람들이 잘 다니지 않는 곳으로 옮겨 두었다.

베이스캠프로 내려온 사지드와 그의 파트너들은 길키 추모비를 찾았다. "K2 베이스캠프 바로 근처의 조그만 절벽에 있는 이곳은 이루지 못한 꿈의 거울로, 사랑하는 사람을 기리고 기억하는 장소입니다."라고 사이칼리는 페이스북에 글을 올렸다. 그는 사지드가 아버지에게 경의를 표하는 모습을 지켜보았다. 그곳에는 알리 사드파라의 위패와 함께 바로 전 동계 시즌의 다른 이들, 즉 아타나스 스카토프, 세르히 밍고테, 후안 파블로 모르 그리고 존 소니리의 것도 있었다. 그들은 모두 너무나 빨리 세상을 떠났다.

아버지에게 경의를 표하기 위해 최선을 다한 무하마드 알리 사드파라의 아들, 사지드 사드파라는 자신과 가족의 마음을 달래기 위해 고향으로 향하는 긴 여정에 들어갔다. 밍마 G는 이렇게 말했다. "사지드, 당신의 용기에 경의를 표합니다."

19

마오이스트의 출현

이젠 정말 아무것도 두렵지 않습니다.

다와 푸티 Dawa Futi

국가나 산악지대에 무관하게 가이드 일은 위험하다. 가이드는 그런 현실을 받아들일 수밖에 없지만, 대부분의 장소에서 그들의 등반 열정은 내재된 위험에 대한 우려를 넘어선다. 네팔과 파키스탄에서 이 직업에 종사하려는 동기는 여전히 주로 경제적 필요에 의해서이다. 지역 산악인들은 회사를 차리면서, 언제 누구를 가이드 해야 더 많은 통제권을 가질 수 있는지, 그래서 이익이 얼마나 남는지에 대한 이야기를 나눈다. 하지만 창업은 쉽지 않아서 다른 여느 분야에서와 마찬가지로 관료주의, 규정, 보험, 예상치 못한 비용 및 실패의 위험이 뒤따른다.

확실한 성공 스토리들도 있다. '세븐서밋트렉스'는 규모와 영향력이 폭발적으로 늘어났다. 님스다이의 '엘리트익스페드'는 큰 성공을 거뒀다. 밍마 G의 회사 '이매진네팔' 역시 유명하고 신뢰성도 높다. 다른 회사들도 아주 많다. 오늘날 네팔에 공식적으로 등록된 대략 2,000개의 모험 회사와 대행사는 적어도 현지인들이 부분적으로 소유하고 있거나 운영하고 있는데, 이는 외국인이 회사 지분을 49퍼센트 이상 소유하지 못하도록 규정한 네팔의 법률 때문이다.

그러나 이런 회사들은 이름만 유명한 게 아니며, 실제 이야기들의 상당수가 매일같이 이런 회사에서 일하는 젊은 가이드들에게서 나오고 있다.

⦙⦙⦙⦙⦙⦙⦙

롤왈링 계곡은 수십 명의 세계적인 산악인들을 배출했다. 하지만 그들 모두가 남성은 아니었다. 젊고 강하고 굳센 다와 양줌 세르파는 2024년 현재 국제산악가이드연맹의 가이드 자격증을 소지한 유일한 네팔 여성이다. 국제적인 이 기준은 그녀가 세계 어디에서든 가이드 할 수 있는 자격을 부여한다. K2를 비롯한 8천 미터급 고봉 여러 개를 오른 그녀는 네팔 소녀들의 롤 모델이다.

롤왈링의 다른 산악인들처럼 그녀의 시작은 초라했다. 1990년 한 농가에서 태어난 그녀는 나Na 마을에서 물을 길러 오고, 야크에게 먹일 풀을 베고, 감자를 캐며 어린 시절을 보냈다. 그녀의 집에는 수도도 전기도 없었다.

여섯 살 때 그녀는 학교를 다니기 위해 삼촌을 따라 카트만두로 갔다. 삼촌과 숙모가 이혼하자 고향으로 돌아온 그녀는 마을 아이들과 잘 어울리지 못했다. 그녀는 스위스 작가 루에디 바움가르트너Ruedi Baumgartner에게 이렇게 말했다. "그 애들은 절 피했습니다. 카트만두 옷이 너무 이상해 보였나 봅니다. 전 셰르파어를 잘 못했고, 그들은 네팔어를 거의 알지 못했습니다. … 처음에는 쓸모없는 딸이었던 것 같습니다. 이른 아침 어둠 속에서 불을 잘 피우지 못해 이웃집 아궁이에서 불씨를 얻어 와야 했을 때는 창피했습니다."

다와는 학교 교육을 더 이상 받지 못했다. 대신 그녀는 계절이 돌아올 때마다 남자들이 배낭을 꾸리고, 가족에게 작별을 고하고, 원정대에서 일하기 위해 계곡을 떠나고, 그로부터 몇 개월 후에 그들 대부분이 모험 이야기를 들려주고, 새 옷을 자랑하고, 돈을 벌어 돌아오는 모습을 부럽게 지켜보았다. 하지만 그녀는 자신도 그런 역할을 할 수 있다는 상상은 전혀 하지 못했다. 그녀는 소녀였기 때문이다.

마침내 지루하고 고된 일상에 진저리가 나고 도시의 밝은 불빛이 그리워진 그녀는, 열세 살이 되자 가출해 '롤왈링 스타일'을 따랐다. 트레킹을 하는 사람들의 포터가 되어 가파른 빙하로 뒤덮인 5,755미터의 타시 랍차 고개Tashi Lapcha Pass를 넘어 쿰부 계곡으로 향한 것이다. 6일 동안 30킬로그램의 짐을 지어 나른 그녀는 카트만두로 돌아갈 수 있을 만큼의 돈을 벌었다.

열다섯 살이 되었을 때 어머니가 세상을 떠나자 그녀의 인생은 다시 한번 바뀌었다. 슬픔을 못 이긴 아버지가 알코올 중독에 빠지는 바람에 다와는 계곡으로 돌아와 오빠를 도와 동생들을 보살폈다. "아버지가 술에 취해 집에 오면 우린 맞을까 봐 두려웠습니다."라고 그녀가 말했다. "아버지가 축제 때만 술을 마시는 다른 친구들이 너무 부러웠습니다!" 가계 수입을 보태기 위해 그녀는 몇 번 트레킹 가이드로 나섰고, 그 수입의 일부로 네팔등산협회가 후원하는 등산 코스에 등록했다. 42명의 학생 중 5명이 여성이었고, 열여덟 살의 다와는 그중 막내였다.

다와는 강하고 단단하고 야망이 있었다. 그녀는 곧 현지의 등산 과정보다 더 높은 목표를 세우고, 2012년 국제 가이드 프로그램을 위한 훈련의 첫 번째 과정에 등록했다. 그녀는 열심히 훈련했지만 떨어졌다. 낙심한 그녀는 친구 마야 셰르파Maya Sherpa를 찾아가 도움을 요청했다.

다와보다 조금 나이가 많은 마야는 이미 오랜 등산 경력이 있었지만, 딸을 낳은 후 몇 년 동안 일을 하지 않고 있었다. 산으로 몹시 돌아가고 싶었던 그녀는 다와에게 또 다른 여성 산악인인 쿰중 태생의 파상 라무 셰르파 아키타와 함께 셋이서 아주 엄청난 일을 하나 해보자고 제안했다. K2에 한번 올라가보지 않을래?

✦✦✦✦✦✦✦

파상 라무 셰르파 아키타는 어렸을 때부터 자신이 장차 산악인이 될 것 같다는 느낌을 받았다. 에베레스트를 네팔 여성 최초로 오른 사람과 이름이 같았기 때문이다. 1993년 4월 22일, 5명의 셰르파 팀(그중 3명이 롤왈링 출신)이 파상 라무 셰르파가 정상에 오를 수 있도록 도와주었다.

---

* 파상 라무 셰르파 아키타는 1984년생이고, 1993년 에베레스트에 오른 동명의 파상 라무는 1961년생이다. 1993년 4월 남봉에서 소남 체링과 파상 라무가 사망한 건 에베레

하산 중 거센 폭풍설이 닥치자, 롤왈링 출신으로 그녀를 돕던 소남 체링 Sonam Tshering이 그녀와 함께 남봉에서 오도 가도 못하게 되었다. 그리하여 그의 동생이 도움을 요청하러 내려갔지만 파상 라무와 소남 체링은 결국 죽고 말았다. 그 후 파상 라무는 네팔의 영웅이 된 반면 소남 체링은 조용히 잊혀졌다.

어린 파상 라무 셰르파 아키타는 그 모든 역사를 잘 알고 있었다. 그 후 2014년 많은 친구들이 에베레스트에서 눈사태로 죽자, 그녀는 K2에 도전하는 것에 대해 다시 생각하기 시작했다. 그녀는 물러서고 싶었으나 다와와 마야가 위로하고 격려했고, 결국 이들 셋은 2014년 7월 26일 K2에 올라 대단한 환호를 받았다.

이듬해 지진으로 네팔의 많은 지역이 파괴되었을 때 파상 라무는 가장 외딴 지역의 재건을 돕기 위해 8천 미터급 고봉 14개를 모두 오른다는 계획을 잠시 중단했다. 그리고 다른 젊은 여성들에게도 등반 훈련을 시작했다. "가부장적인 네팔 사회에서 여성이 아웃도어 산업에 진출할 기회는 거의 없습니다. 셰르파 여성인 저 역시 많은 도전에 직면합니다. … 따라서 여성들에게 등반과 가이드라는 아웃도어 세계에 대한 로드맵을 열어줄 수 있는, 그런 기술과 경험의 15일간 교육 프로그램을 마련하게 되어 영광으로 생각합니다."

다와는 K2에서 성공을 거두고 명성을 얻었다고 해서 전문가가 되겠

스트를 다섯 번이나 오른 소남 체링의 상태가 갑자기 안 좋아졌기 때문이었다. 네팔 여성 최초로 에베레스트에 오른 파상 라무는 사후에 동상에 세워지고 우표가 발행되는 등 국민적 영웅으로 추대되었다. 파상 라무의 1993년 에베레스트 등정을 다룬 영화 「파상—에베레스트의 그림자PASANG: IN THE SHADOW OF EVEREST」(감독: 낸스 스벤센Nancy Svendsen)가 2023년 울산울주산악영화제에서 상영되었다. 이때 방문한 그녀의 딸 다와 푸티에 따르면, 그 후 2023년까지 에베레스트 정상을 밟은 네팔 여성 산악인은 모두 65명이라고 한다.

다는 야망을 버리지는 않았다. 그녀는 자격증이 있는 산악 가이드가 되고 싶었다. 그리하여 훈련을 하고 암벽등반을 하고 빙벽등반 기술을 익히고 네팔의 보다 낮은 봉우리들을 올라 알파인 등반을 익혔다. 그녀는 2018년 12월에 끝낸 6,357미터의 랑둥과 같은 인상적인 알파인 스타일 초등을 여러 차례 해냈다. 그리고 나서 시험에도 합격했다. 또한 4년 후에는 국제 공인 산악 가이드 자격을 땄는데, 그녀는 이걸 자신의 가장 큰 업적으로 여긴다. 에베레스트와 마칼루를 등정하고 마나슬루와 안나푸르나를 무산소로 오른 이 여성은 노스페이스 후원을 받는 유일한 네팔 산악인이자 전 세계로 고객을 안내하는 가이드이며, 명품 시계 롤렉스의 홍보대사가 된다. 그녀는 순조롭게 나아갈 수 있도록 도와준 멘토들에게 공을 돌렸다. 오빠인 다와 걀제Dawa Gyalje와 데이비드 고틀리엡David Gottlieb, 그리고 미국 알피니스트 콘래드 앵커Conrad Anker 등이 바로 그들이다. 쿰부클라이밍센터(KCC)에서 그녀를 훈련시킨 앵커는 노스페이스에 소개도 시켜주었다.

마야는 산에 대한 자신의 열망을 지지해준 아버지에게 공을 돌리고 있다. 그들은 보통이 아니다. 그녀는 에베레스트 세 번, 칸첸중가 두 번을 포함해 8천 미터급 고봉을 일곱 차례나 올랐으며, 이제 14개 모두를 정조준하고 있다. 그렇다고 해서 위험을 간과하는 것은 아니다. 카트만두의 등반 미망인들을 충분히 알고 있기 때문이다. 하지만 그녀는 실용적이다. "저에게 무슨 일이 일어나도 딸에겐 아버지가 있고, 가족이 그 애를 돌봐줄 겁니다. … 사람들은 누군가를 그리며 평생 그냥 앉아서 울고 있지는 않습니다. 몇 년간은 슬퍼하겠지만 일상으로 서서히 돌아갑니다." 그녀는 8천 미터급 고봉 14개 완등이 네팔의 차세대 젊은 여성 산악인들에게 영감을 줄 것이라고 생각한다.

모든 사람은 현명한 지도자의 혜택을 받기 마련이어서 마야의 야망은 감탄할 만하다. 겔제 셰르파가 님스다이의 '가능한 프로젝트'에 초대받은 건 행운이었다. 쿰부에서 태어나고 자란 겔제는 하급 포터로 시작해 아이스폴 닥터라는 힘든 일을 끝내고 훨씬 덜 위험하다고 여겨지는 직업, 즉 8천 미터급 고봉으로의 고객 가이드로 옮겨갔다. 그는 님스다이와 함께 그중 8개를 오르고 나서 2021년 K2 동계 초등으로 마무리했다.

그 모든 전문적인 기술과 고된 작업에도 때로는 겔제가 님스다이에게 부당하게 가려지는 것처럼 보일지 모르지만, 그는 이에 동의하지 않는다. 그는 님스다이의 영화 「14좌 정복—불가능은 없다」에 자신의 이름이 나오는 것을 보고 눈물을 흘릴 정도로 감격했다. 개인적인 명성이 부족하다는 지적에 그는 이렇게 주장한다. "스스로를 잘 표현하지 못하는 게 우리의 약점입니다. 우리는 산만 오를 줄 압니다." 의사소통 능력을 향상시키기 위해 님스다이의 조언을 받아들인 겔제는 대중연설 교육에 등록했다.

그러나 대중연설이 겔제의 우선순위는 아니다. 당분간 그는 8천 미터급 고봉 14개를 완등하는 최연소 여성 산악인 경쟁에 뛰어든 영국인 아드리아나 브라운리Adriana Brownlee를 가이드 하는 일로 생계를 꾸려가야 한다. 최근 인스타그램에 게시된 글을 보면, 님스다이의 허세 중 일부는 겔제로부터 받은 영향 때문일지도 모른다. "그들은 우릴 보고 멋진 놈들이라고 하지만 전 세상에서 가장 '거친 놈'이 되고 싶습니다!"

◦◦◦◦◦◦◦

님스다이를 은인으로 여기지 않았을지도 모르지만, 텐지는 최고와 함께 훈련하는 행운을 가졌다. 구델의 라이 마을에서 태어난 텐지는 어린 시절 학교까지 편도만 1시간 반을 걸어 다녔다. "슬리퍼는 사치품이었고 운동화는 들어본 적도 없었습니다."라고 그는 말했다. 나이가 되자마자 그는 대학에 갈 돈을 벌기 위해 포터 일을 시작했는데, 초창기 시절 만난 사람 중 하나가 스위스의 전설적인 산악인 율리 스텍이었다. 텐지는 등반 경험이 거의 없었지만 빨랐다. 율리 스텍은 빠르기로 유명했으며, 그에게는 텐지가 이상적인 파트너였다. 그는 텐지를 가르쳐줄 수 있었고, 텐지는 그를 따라잡을 수 있었다. 그들은 함께 알프스에서 등반하고 에베레스트를 등정하고 유명한 촐라체 북벽을 올랐는데, 그 루트는 텐지의 기술력을 향상시킨, 대단히 어려운 곳이었다.

2017년 4월 29일 저녁 텐지는 에베레스트 베이스캠프에 있었다. 스텍과 텐지는 에베레스트-로체 횡단에 대비해 다음 날 아침 사우스콜까지 오르내리는 고소적응 훈련을 할 계획이었다. 그러나 텐지는 며칠 전 손가락에 동상을 입어 회복 중이었다. 2캠프에 있던 스텍이 문자를 보냈다. "텐지, 내일 고눕체로 고소적응 하러 갔다 올게. 저녁에 베이스캠프로 내려갈 거야. 그때 봐."

약간 놀라긴 했어만 텐지는 이렇게 대답했다. "혼자 가나요? 아니면 친구들이랑 함께 가나요?" 스텍으로부터는 더 이상 회신이 없었다.

다음 날 아침 여전히 베이스캠프에 있던 텐지는 2캠프의 친구로부터 전화를 받았다. 눕체 북벽을 혼자 오르던 사람이 거의 900미터를 추락하는 장면을 누군가가 목격했다는 것이다. 이상한 느낌이 든 텐지는 자세한 소식을 기다렸다. 그리고 곧 상황을 알게 되었는데, 친구이자 파트너이고, 멘토이자 스승인 율리 스텍이 그 북벽에서 웨스턴 쿰으로 추락해 죽었다는 것이었다.

텐지는 이제 네팔 최고의 알피니스트 중 하나이다. 그는 국제산악가이드연맹의 가이드이자 독립적인 산악인으로서, 모든 계절에 걸쳐 세르파들로만 구성된 원정대를 조직하면서 자신이 맡은 일을 성실하게 해나가고 있다. 그는 가이드로서든 독립적인 산악인으로서든 정체되기를 거부한다. "가볍고 빠른 걸 좋아합니다. … 8천 미터급 고봉을 알파인 스타일로 등반하고 싶습니다." 하지만 그는 스텍이 자신에 끼친 영향에 대해 분명하게 밝히고 있다. "오늘날 제가 이 자리에 있게 된 가장 중요한 이유는 의심할 여지없이 그의 지도 때문입니다. 그의 에너지와 전문성 덕분에 저는 국제산악가이드연맹 자격증을 딸 수 있었습니다. … 율리는 저에게 형제 같은 존재였습니다."

****

텐지는 8천 미터급 고봉을 가이드 한 돈으로 개인적인 등반 목표를 실현하는 젊은 네팔 산악인 공동체의 일원이다. 비슷한 전략을 가진 그의 친구들 중 하나로 비니Vinny로 알려진 비나야 말라Vinayak Malla가 있다. 안나푸르나 계곡 출신인 그는, 어린 시절 숲에서 놀며 가족을 위해 땔감을 모으고 가축에게 먹일 풀을 베는 일을 했다. "축구장이라든가 인공암장, 또는 조직적인 스포츠 같은 건 있지도 않았습니다."라고 그는 말했다.

그는 포터나 산악 가이드의 이야기보다 마을로 돌아온 육군 장교들의 영향을 더 많이 받았다. "내전을 벌이는 동안 게릴라들이 집집마다 돌아다니며 혁명을 도울 10대들을 차출했습니다. 가족은 저를 빼앗길까봐 즉시 카트만두로 보내 공부를 계속할 수 있게 해주었습니다." 대학을 졸업한 비니는 투자회사에서 인턴을 했지만 흥미를 느끼지 못하고 암벽등반을 시작했다. 등반은 그의 욕구를 더욱 자극했다. 그리하여 국제산악가이드연맹의 가이드뿐만 아니라 심사위원, 트레이너, 헬기 로프 구조 전문가 등의 자격을 취득하는 긴 과정에 돌입했다. 쿰부 이외 지역의 출신이라서 처음에는 '아웃사이더'처럼 여겨지기도 했던 그의 경력은 네팔 산악계에서 이례적이다.

율리 스텍의 시신을 발견한 사람이 바로 비니였다. 구름 한 점 없이 화창하게 갠 날에 그는 여러 명의 고객들을 데리고 1캠프에서 웨스턴 쿰으로 올라가고 있었다. 이른 아침 비니는 한 산악인이 눕체 사면을 홀로 오르는 모습을 목격했다. 조금 후 그는 추락을 연상케 하는 어떤 소리를 들었다. 하지만 시신에 다가가기 전까지는 자신이 본 사람이 누구인지 전혀 짐작하지도 못했다.

그는 즉시 스텍을 알아보고 베이스캠프에 있는 텐지에게 연락했다. 그리고 다른 가이드 몇몇과 함께 시신과 소지품을 1캠프로 옮겨 헬기로 이송할 수 있도록 했다. 레오 몬테조Leo Montejo가 눕체에서의 이 비극적인 사고를 예방할 수 있는 무언가를 스텍이 가져갈 수 있었을지 묻자 비니는 이렇게 말했다. "다른 어떤 것보다도 등반 파트너가 가장 소중하지 않을까요." 또한 그토록 노련한 알피니스트가 추락한 원인을 뭐라고 생각하느냐는 질문에는 "히말라야에 가본 적이 있다면 산의 높은 곳에서 푸른 양이라 불리는 바랄Bharal을 가끔 보셨을 겁니다. 그 녀석들은 눈표범으로부터 살아남기 위해 매우 민첩하고 빠릅니다. 하지만 가끔은 절벽에서 떨어지기도 하는데 그럴 때는 그만한 이유가 있습니다. 때로는 낙석으로 인해 떨어지고, 어쩌면 너무 빨리 내달렸을지도 모릅니다. 이유는 많습니다. 우리는 율리 스텍을 그런 바랄이라고 생각해야 합니다. 어느 때는 날라다녔지만 어느 날 예상치 못하게 떨어진 히말라야의 푸른 양 한 마리라구요."라고 대답했다.

비니는 (파트너와 함께 로프를 가지고) 등반을 계속하고 있다. 그는 8천 미터급 고봉으로 고객을 가이드 하는 일을 하지만 개인적 프로젝트는 그런 봉우리들의 노멀 루트가 아니다. "전 결단코 14 × 8,000미터 산악인이 아닙니다. 저의 취향과 강점은 기술 등반입니다."라고 그는 말했다.

〰〰〰〰

다와 걀제 셰르파도 네팔에서 가능한 초등을 생각하기 시작했을 때 비슷한 관점을 보였다. 롤왈링 태생으로 46번 이상이나 원정등반에 참가한 다와 걀제는 자신의 롤 모델이자 최고의 등반 파트너로 밍마 G를 꼽는다. 하지만 그와 팀을 이뤄 3일 만에 초등을 세 개나 해낸 놀라운 3부작의 파트너는 밍마 G가 아니었다. 대신 그와 함께한 사람들은 동료 가이드 니마 텐지 셰르파Nima Tenji Sherpa와 타시 셰르파였다. 그들 셋은 6,224미터의 라웅시야르Mt. Raungsiyar, 6,220미터의 랑닥Mt. Langdak, 그리고 6,152미터의 타카르-고 동봉Mt. Thakar Go East을 모두 알파인 스타일로 올랐다.

그들이 출발했을 때는 다와 걀제가 이미 로체 남벽의 동계 등반을 두 번이나 시도한 후였다. 2003년에는 8,000미터를 넘어섰고, 2006년에는 낙빙으로 손에 부상을 당해 어쩔 수 없이 하강해야 했는데, 그때 그는 하강기를 거의 조작조차 할 수 없었다. 그는 자신의 그런 동계 시도를 어떤 곳에도, 예를 들면 『아메리칸 알파인저널』이나 『알파인저널』 또는 『히말라얀저널』 같은 곳, 또는 히말라얀 데이터베이스에도 공식적으로 제출하지 않을 정도로 대수롭지 않게 생각했다. 혹독하게 추운 시즌에 무시무시한 벽에서 자신과 함께한 롤 모델 밍마 G와 마찬가지였다. 그런 인상적이고 위험한 노력에 쏟아부은 셰르파 산악인들에 대한 감사와 인정은 여전히 부족하다.

다와 걀제에게는 어떤 것도 중요치 않다. 그의 초등 3부작은 외국의 원정대를 위해서 한 일이 아니라 몇몇 네팔인들이 재미로 등반한 것이다. 미국 알피니스트 콘래드 앵커가 묘사한 바와 같이, 그들은 '직업에서 취미 활동'으로 네팔 등반 문화를 바꾸고 있다.

그러나 에베레스트를 30번이나 오른 유명한 셰르파 가이드, 카미 리타는 네팔에서의 등반 기회에 대해 구시대적 관점을 여전히 고수하고 있다. 2021년 네팔 기자 부산 다할Bhusan Dahal과의 인터뷰에서 그는 이렇게 밝혔다. "네팔에 대해 말하자면, 알파인 스타일로 오를 수 있는 산은 없습니다. … 제가 알기로 네팔에는 8천 미터급뿐만 아니라 5천-6천 미터급 봉우리들도 알파인 스타일로 올랐다는 기록은 없습니다. 그런 곳들은 고정로프를 따라 올라야만 합니다." 그와 다와 걀제가 커피 한 잔을 앞에 놓고 등반에 대한 얘기를 나눈다면 무척 흥미로울 것 같다.

◊◊◊◊◊◊◊

개인적인 등반을 열망하는 네팔 산악인들에게는 여전히 후원이 거의 없기 때문에, 가이드 일은 그들의 주요 수입원이다. 1년에 두세 번의 원정 등반으로 돈을 벌긴 해도 즐거운 등반을 할 여지는 많지 않다. 거의 모든 가이드들에게는 부양해야 할 가족이 있다. 많은 사람들이 에베레스트가 가이드 일을 하기에 가장 안전한 8천 미터급 고봉이라고 주장하지만, 일상적인 작업에서도 위험은 항상 존재한다.

국제산악가이드연맹 자격증의 가장 큰 이점 중 하나는, 이제 자격을 갖춘 네팔 가이드가 더 많은 권한과 자신을 갖고 고객에게 '아니오'라고 말할 수 있게 되었다는 것이다. 수많은 사고와 비극들이, 가이드를 포함한 모두가 하산을 간절히 원하는 상황에서 고객들이 정상을 고집하여 발생했다. 상게 셰르파Sange Sherpa의 경우가 그 끔찍한 일례다.

2017년 5월 17일 열여덟 살의 상게는 에베레스트의 8,440미터 '발코니' 위에서 SST의 한 고객과 함께 있었다. 경험이 많은 몇몇 셰르파들은 그 별난 사람을 '까다롭다'며 가이드를 거절했다. 하지만 고용주와 같은 지역의 작은 마을 출신인 상게는 경험은 없지만 힘이 넘치고 희망에 부푼 10대여서 기회를 놓치고 싶지 않았다. 고용주는 그에게 허락을 해주었다.

"모든 게 순조롭게 진행되고 있었지만 제 고객은 아주 느린 데다 여분의 산소를 많이 사용했습니다."라고 그는 말했다. "우린 정상 가까이에 있었습니다. … 저는 그 지점에서 산소를 사용하지 않아도 편안했기 때문에 제 산소통은 내려올 때 비상용으로 쓸 계획이었습니다." 그때 날씨가 급변했다. 고글을 통해 더 이상 앞을 볼 수 없게 된 상게는 고객에게 돌아가자고 했지만 고객은 거절했다. 그는 허가와 등반에 필요한 돈도 적게 냈는데도 정상을 원했다. "혼자서 내려올 수도 있었지만 그러지 않았습니다."라고 상게는 말했다. "그의 목숨도 제 목숨만큼 소중했으니까요."

정상에 올라가자 그 고객은 무턱대고 상게의 산소를 사용하기 시작했고 그의 몫은 전혀 남겨두지 않았다. 그들은 그 고도에서 곤경에 빠졌다. 현기증이 나고 앞이 잘 보이지 않고 자주 넘어졌다. 그들이 쉬려고 멈췄을 때 상게는 고객이 불러도 대답하지 못한다는 사실을 알게 되었다. 고객을 버려두고 싶은 마음이 없었던 상게는 8,700미터에서 함께 밤을 보냈다.

새벽 0시 30분 에베레스트 등반 팀이 정상을 향해 그들 옆을 지나갔다. "다행스럽게도 전 다른 산악인들의 시끄러운 소리에 정신을 차렸습니다. 그렇지 않았다면 그들은 제가 죽은 줄로 알았을 겁니다."라고 그는 말했다. "배도 고프고 목도 마르고 보온병도 얼었고, 아무리 발버둥 쳐도 손과 몸을 전혀 움직일 수 없었습니다. 양손은 감각이 없었어요. … 전 눈을 감았고, 그 순간 영원히 산의 일부가 될 수도 있었습니다. 아주 평화롭겠지요. 죽음이 손짓하고 있었습니다."

하지만 그날은 상게가 영원히 에베레스트의 일부가 되는 날이 아니었다. 많은 산악인들이 상게 옆을 지나갔지만 정해진 장비와 식량 탓에 그를 도와주지 못했다. 그때 앙 체링이 그 모습을 보고 놀라 멈춰 섰다. "우린 그에게 산소를 조금 주었습니다. 맥박을 재보니 어린애같이 약했습니다. 전 그를 내버려둘 수 없었어요." 위험천만하게도 셰르파들이 한 사람은 앞에서, 한 사람은 뒤에서, 그를 발코니로 끌어내렸다. 이동시킬 수 있는 조건이 좋아지자, 그들은 그를 고정로프가 있는 곳으로 데려갔다. "그를 끌어내릴 때 목소리가 들렸습니다. 그가 처음 내는 소리였어요."라고 앙 체링은 말했다. "그를 끌어내릴 때 재킷의 다운이 사방으로 날렸습니다." 그들은 그를 4캠프로 데리고 내려갔고, 그곳에서 의사 엘런 갤런트Ellen Gallant가 덱사메타손을 주사한 후 그를 최대한 진정시켰다. 그녀는 그가 그런 종류의 노출을 겪고 나서도 살 것으로는 기대하지 않았다. 마침내 그는 2캠프에서 카트만두로 후송되었다.

상게는 살아남았고 자신의 생환을 기적이라고 불렀다. 하지만 그 기적은 오랫동안 고통이 되기도 했다. 동상으로 모든 손가락을 잃었으며, 그와 더불어 산악 가이드가 되고 싶다는 꿈도 날아갔다. 회사나 네팔 정부는 그에게 어떤 지원도 하지 않았다. 하지만 상게의 이야기는 콜로라도 덴버에 사는 한 셰르파의 관심을 끌었으며, 그는 상게가 미국에서 치료를 더 받고 재활을 할 수 있도록 비용을 대주었다. 11번의 수술과 생명을 위협하는 감염과 '새로운 손'의 접합 이후에도 고객에 대한 상게의 진심어린 호소는 간단하다. "등반을 하는 동안 셰르파 가이드의 지시와 결정을 듣고 따라주세요. … 정상보다 생명과 가족이 더 귀하고 소중합니다. 에베레스트는 항상 그곳에 있습니다."

상계를 구조한 앙 체링은 어떤 일이 일어날 수 있는지 잘 알고 있었다. 수십 년 동안 가이드 일을 해온 그는 온갖 종류의 고객을 대하고 다양한 종류의 가이드 일을 했다. "고객은 경험 수준이 모두 다릅니다."라고 그는 말했다. "전 '돌아서자'라고 말할 수 있는 힘이 있지만 젊은 가이드의 경우 항상 용기 있게 나서진 못합니다." 그가 가장 우려하는 부분은 경험 있는 가이드들조차도 구조기술이 부족하다는 점이다. "그들은 고객을 올릴 수 있는 방법은 알지만 내릴 때도 꼭 그런 건 아닙니다. 정상으로 올려야 한다는 경제적 압박도 있습니다. 때로는 돌아서야 하는 데도 말이죠."

⁝⁝⁝⁝⁝⁝⁝

팡보체 출신의 가이드 산둑 타망Sanduk Tamang은 에베레스트에서 목숨을 잃은 아버지를 포함해 산악인들 사이에서 자랐다. 그는 스무 살이 되었을 때 에베레스트 원정대에 처음 참가했는데, 준비가 전혀 되어 있지 않았다. "전 강했습니다."라고 그는 말했다. "2캠프에서 4캠프까지 아홉 차례나 짐을 날랐을 정도로요. … (하지만) 어떻게 올라가는지, 장비는 어떻게 사용하는지 알지 못했습니다. 아무 생각이 없었습니다. 미친 짓이었죠." 첫 번째 원정등반에서 살아남은 산둑은 등반을 계속했고, 그럴 때마다 조금씩 배워가면서 일을 해나갔다. 부양할 가족은 있는데 교육을 받지 못한 그는 이 일이 아이들을 키우는 가장 좋은 방법이라고 생각했다.

2014년 그는 네팔인 16명의 생명을 앗아간 에베레스트 1캠프 근처의 끔찍한 눈사태에서 거의 목숨을 잃을 뻔했다. 그 후 그는 포르체에 있는 쿰부클라이밍센터(KCC)에 등록해 필수적인 기술과 눈사태 대응 훈련을 받았다. 그러고 나서 에베레스트를 남쪽과 북쪽에서 열두 번 올랐다. 그는 경험과 KCC 교육을 통해 잠재적으로 위험한 상황을 인식하고 피할 수 있는 충분한 자신감과, 지나치게 야심 찬 고객의 요구를 거절할 수 있는 권한을 가질 수 있었다.

●●●●●●●

네팔 타나훈Tanahun 지구의 구룽족인 프라카시 구룽은 대부분 고산에서 등반하고 가이드 일을 하는 엘리트 셰르파 집단에 속하지 않는다. 타나훈 출신으로 등반을 하는 사람은 많지 않다. 하지만 등반에 몰두하면서 교육까지 받은 프라카시는 등반 인생을 유지하기 위해서는 자신의 열정을 '전문화'할 필요가 있다는 것을 잘 알고 있다. 8천 미터급 고봉에서 일하고, 암벽등반을 가이드 하고, 네팔등산강사협회에서 번 돈을 들여 이제 그는 국제산악가이드연맹의 최고 자격증을 획득했다. "모두가 정상에 대해서만 얘기합니다. 전 안전에 중점을 둔 가이드가 되고 싶습니다. 그리고 네팔의 최고 강사 중 하나로 기억되고 싶습니다." 그는 네팔 가이드 사업의 민주화는 물론, 다양한 문화가 등장하고 있는 네팔 가이드 산업 현장에 뛰어든 최초의 구룽 산악인으로 기억될 것이다.

●●●●●●●

아비랄 라이는 국제산악가이드연맹 자격 획득에 필요한 훈련을 위해 적어도 25,000달러를 썼다. 아비랄은 솔로쿰부 출신이긴 해도 셰르파가 아니라 라이족 언어 집단에 속한다. 무클리 계곡에서 보낸 그의 어린 시절은 1996년부터 2006년까지 네팔을 황폐화시킨 마오이스트 내전으로 뜻밖에 중단되었다. 그 내전은 17,000명이 넘는 사망자와 무클리 마을 같은 네팔의 시골 대부분 지역에서 수십만 명의 피란민을 초래했다. "친구들이 모두 마오이스트가 되었습니다."라고 아비랄은 말했다. "그들은 저에게도 합류하라고 했지만 저는 원치 않았습니다." 아비랄은 어머니 몰래 좁쌀 1킬로그램과 50루피를 훔친 다음 지리Jiri로 도망쳐 그 문제를 해결했다. 당시 그는 열네 살이었다.

50루피로는 오래 버티지 못한 그는 포터로 일하기 시작했다. 그의 첫 번째 일은 35킬로그램의 소금과 쌀과 달dal을 지리에서 살레리로 지어 나르는 것이었다. 일주일간의 노동으로 그가 받은 돈은 지금의 5달러 정도에 해당하는 600루피였다. 마오이스트들이 그의 마을로 가는 모든 전화선을 끊어버리는 바람에 7개월 동안은 부모에게 연락조차 할 수 없었다. 그의 부모는 아들이 마오이스트가 되었다고 생각했다.

곧 아비랄은 지리에서 루클라까지 짐을 지어 나르는 일자리를 얻었다. 21일간의 노동의 대가로 그는 2,000루피를 받았다. 짐의 무게는 40-50킬로그램으로 아직 덜 자란 10대의 그에게는 무척 버거운 것이었다. 하지만 아비랄은 대박을 쳤다고 생각했다. 그러던 중 그는 루클라에서 외국인을 처음 목격하고, 그들의 짐을 지어 나르는 것이 힘이 덜 들면서도 수입이 더 낫다는 사실을 알게 되었다. "그게 더 쉬운 일처럼 보였습니다."라고 그는 말했다.

그러나 메라피크로 가는 힘든 여정으로 보낸 첫 시즌은 좋지 않았다. "좋은 신발이 없었습니다. 제 짐은 하루 275루피를 받는 30킬로그램이었는데, 나흘이 지나자 돌아가라는 말을 들었습니다. 신체적으로 감당할 수 없었기 때문이죠. 전 너무 어리고 작았습니다. 그들은 제가 따라올 수 없다며 퇴짜를 놓았습니다."

루클라로 돌아온 그는 잡일과 설거지, 집 청소, 주방 보조로 일하며 생계를 꾸려나갔다. 이 새싹 사업가는 외국인을 위해 짐을 나르거나 나무를 자르지 않을 때는 정글에서 깬 돌을 루클라의 건설 프로젝트 현장으로 날랐고, 마침내는 아일랜드피크의 베이스캠프에서 주방 보조로 일하게 되었다. "그때 처음으로 등산이란 걸 알았습니다. 정말 흥미로웠습니다. 어느 날은 가이드들이 자기들 장비를 써보라며 주어서 한번 사용해 보기도 했습니다. 그들은 저를 격려해주었어요."

그는 아일랜드피크에서 주방 일을 했지만 등반에 대한 호기심을 억누를 수 없었다. 마침내 2010년 봄, 가이드들이 산을 오르는 마지막 여정에 함께 가자고 제안했다. 그들은 그를 가이드도 해주었을 뿐만 아니라 훈련도 시켜주고, 산에서 잠재적인 경력을 쌓을 수 있도록 조언도 해주었다. 그 후 그는 9년간 25,000달러를 써서 국제적으로 인정받는 가이드가 되었다.

아비랄은 아일랜드피크에서 250번 이상 가이드를 했고 8천 미터급 고봉 여러 곳에서 일했으며, 2014년 에베레스트 눈사태에서 3분 차이로 간신히 피했다. "밤중에 우린 무거운 짐을 지고 베이스캠프에서 2캠프로 올라가고 있었습니다. 그런데 스노브리지가 무너지면서 정체가 발생했습니다. … 친구들은 주위에 둘러앉아 담배를 피웠습니다. … 전 텐트 폴을 어색하게 메고 있어서 어디에 내려놓을 수가 없었습니다. 그때 거기를 벗어나야 한다는 느낌이 급박하게 들었습니다." 거대한 얼음덩어리가 무너져 내리는 소리를 들었을 때 그는 기울어진 세락과 갈라진 크레바스가 있는 아이스폴의 가장 위험한 지역에 있었다. 주위에 있는 모든 사람이 기도를 했다. 얼마 지나지 않아 "아홉인가 열 명쯤 남은 우리는 시신을 꺼내기 바빴습니다. 제 앞뒤에 있던 친구들은 모두 죽었습니다."

쿰부 아이스폴에서 네팔인 16명의 목숨을 앗아간 2014년 눈사태는 예측이 거의 불가능한 객관적 위험이었다. 하지만 아비랄은 이제 좋아진 훈련 덕분에 '주관적' 사고는 자주 발생하지 않는다고 믿고 있다.

네팔과 파키스탄의 많은 사람들과 마찬가지로 그의 직업 선택은 교육과 직접적인 관련이 있다. "저는 지금 남동생과 두 여동생과 아내와 아들의 교육을 돕고 있습니다. 그러지 않으면 일이든 생활이든 할 수 있는 게 아무것도 없을 정도로 교육이 중요하기 때문이죠. 교육을 받았다면 전 아마도 가이드가 되진 않았을 겁니다! 너무나 힘든 일이니까요! 교육은 우리들의 격차를 메워주고 균형을 잡아줄 것입니다."

열네 살에 마오이스트들로 인해 마을을 탈출한 아비랄 라이는 지금 껏 잘 해나가고 있다. "제가 등산을 가장 사랑하는 이유는 아름다운 자연 때문입니다. 그런 곳에 가는 것은 신성한 일입니다."

　　　　　　　　　▪▪▪▪▪▪▪

네팔의 다른 산악인들은 생존을 위해 각자의 모델을 선택했다. 국제적인 가이드 자격증이 있는 텐징 셰르파Tenzeeng Sherpa는 영리한 사업가이 다. 2020년 팬데믹으로 네팔이 외국인 여행자들의 입국을 사실상 금지 하자, 그는 오히려 그 위기를 가이드 일에서 아웃도어 테크니컬 의류사 업으로 활용했다.

텐징과 그의 사업 파트너 파상 겔젠Pasang Gyeljen은 가이드여서 고 산에서 등반을 할 때 무엇이 필요한지를 잘 알고 있었다. 2020년 12월 이 되자 그들에게는 하드셀 재킷, 단열 바지, 가벼운 재킷, 트레킹 바지 등 25개의 다양한 제품이 마련되었다. "우리 옷은 대형 브랜드처럼 비싸 지 않습니다. 게다가 히말라야에서 필드테스트도 거쳤습니다."라고 텐 징은 말했다. 그들의 첫 번째 다운재킷은 카미 리타가 에베레스트를 25 번째로 올라갈 때 입었다. 두 번째 시제품은 2021년 카미 리타, 푸누루 Phunuru, 파상 라무 셰르파 아키타가 카타르의 아스마 알 타니Asma Al Thani 공주와 함께 마나슬루와 다울라기리를 올라갈 때 입었다. 텐징은 사업적 기반을 카트만두에 둔 반면, 해외에서 아웃도어 회사를 성공적으 로 이끌고 있는 네팔인들도 있다. 국제산악가이드연맹의 가이드 텐디 셰르파Tendi Sherpa와 데이비드 쉐퍼David Schaeffer의 아이디어인 '히말리 HIMALI'는 이제 많은 네팔 산악인들이 주주로 참여하고 있다.

그 외 네팔 산악인들이 산과 전통을 이어갈 수 있는 다른 유용하고 창의적인 방식들도 있다. 서른한 살의 텐징 걀젠 셰르파Tenzing Gyalzen Sherpa는 포르체 출신의 전기기술자이자 산악 가이드이며 IT 전문가인데, 그의 사무실 출근은 다른 사람들과 사뭇 다르다. 에베레스트의 8,810미터 지점에 있는 세계에서 가장 높은 기상관측소에서 일하기 때문이다. 그곳에서는 풍속과 풍향, 기온 변동과 강수량에 대한 고유하고 유용한 데이터를 제공한다. 이곳에서는 단기적으로는 산을 오르는 산악인의 안전을 향상시켜주지만, 더욱 중요하게는 히말라야 지역에 거주하는 5,300만 명을 위협하는 기후 위기에 과학자들이 대응할 수 있도록 정보를 제공하고 있다.

****

많은 사람들이 자신이 속한 지역사회에 어떤 식으로든 보답하고 싶어 한다. 그리고 그 최전선에는 당연히 세계적으로 인정받는 여성 셰르파 가이드이자 롤 모델인 다와 양줌Dawa Yangzum이 있다. 쿰부클라이밍센터에서 젊은 산악인들을 정기적으로 훈련시키는 그녀는, 2021년 가을 네팔의 젊은 여성 6명을 이끌고 자신의 고향 계곡 롤왈링에서 등반을 하기도 했다. 그녀는 그들을 적절한 원정등반으로 끌어들이기 전에 2년간 함께 훈련했다. 등반이 끝나고 나서 2주가 지난 후 그녀는 소셜 미디어에 글을 올렸다. "저의 지도를 받은 여성들이 산에서 기술적으로 능숙해지는 것을 보고 기뻤던 것도 사실입니다. 하지만 더 중요한 것은 그들이 정신적으로, 그리고 심리적으로 성장했다는 것입니다. 그들은 이제 수줍고 소심한 소녀들이 아니라 실제로 인생에서 다양한 모험을 추구할 준비가 되어 있는 듯한, 자신감 넘치는 젊은 여성이 되었습니다. 감정적이고 심리적인 이런 변화는 제가 미처 예상치 못한 것들이었습니다. 이제 저는 이것이 가장 중요한 변화라는 사실을 깨달았고, 이것이 제 노력의 가장 가치 있는 결과라고 생각합니다. 그리고 이런 변화를 만들어낼 기회가 있다는 것을 진정한 축복으로 느낍니다."

다와 양줌만 지역사회에 보답하는 건 아니다. 앙 체링 라마는 에베레스트 정상 바로 아래에서 상게 셰르파를 구조했다. 두 명의 등반 미망인에게는 에베레스트를 올라 자신감을 키울 수 있도록 영감을 주었고, 그런 다음 마약 중독에 빠진 한 친구에게도 똑같은 일을 했다.

왕다 셰르파Wangda Sherpa가 앙 체링을 처음 만난 것은 얼마 전 재활원에서 나와 길을 잃고 약해져 있을 때였다. "과거의 일은 이제 괜찮다고, 이제는 완전히 새로운 버전의 왕다가 될 수 있다고 말해주었습니다." 라고 그는 당시의 대화를 회상했다. 마침 앙 체링은 푸라 디키와 니마 도마를 훈련시키고 있었고, 안나푸르나로 가는 트레킹에 왕다를 포터로 고용했다. 자신의 역할을 무난히 해낸 왕다는 용기를 내서 부탁을 하나 했다.

"앙 체링, 에베레스트 원정등반의 일원이 될 수 있는 방법이 있을까요?"

앙 체링은 주저하지 않았다. "그렇다면 함께 가자. 산소통 몇 개와 등반장비 조금만 챙기면 되니까 별거 아냐."

기분이 좋아진 왕다는 정신을 차리고 훈련을 열심히 하겠다고 약속했다.

"하지만 먼저, 정상에 가게 되면 네가 거둔 성공으로 무언가를 하겠다는 약속을 해야 해. 거기서 긍정적인 무언가를 만들어내야 해."

왕다도, 두 미망인 푸라 디키와 니마 도마도 정상에 올랐다. 정상에서 그는 "마약 금지"라고 쓰인 배너를 펼쳐들었다. 그 후 그는 학교나 재활시설 같은 곳에서 자신의 경험을 전파하고 있다. "앙 체링은 저를 일으켜 세워서 능력 있고 가치 있는 사람이란 걸 깨닫게 해주려고 하늘에서 내려온 천사 같았습니다."라고 왕다는 말했다.

⫶⫶⫶⫶⫶⫶⫶

2013년 5월 19일 오전 7시 40분 사미나 바이그Samina Baig가 에베레스트 정상을 밟았을 때 그녀는 스물두 살이었다. 그곳을 오른 최초의 파키스탄 여성이자 최초의 이슬람 여성이라는 타이틀을 확보함으로써, 그녀는 대중들로 하여금 더 많은 것들을 기대하게 했다. 사미나의 오빠이자 트레이너인 미르자 알리 바이그Mirza Ali Baig는 이 역사적인 순간을 위해 여동생을 준비시킬 때부터 미래의 책임에 대해 사미나보다도 더 잘 알고 있었을 것이다. 사미나가 정상에서 최초로 떠올린 생각은 그녀도 자신의 역할을 잘 이해하고 있음을 보여준다. "교육을 받지 못하고, 자신이 하고 싶은 일을 하지 못하는 파키스탄 여성들이 생각났습니다." 심샬에서 태어난 사미나는 등반 공동체 속에서 자랐다. 미르자 알리는 여동생의 관심과 타고난 재능을 알아보았다. 그는 자신을 파키스탄 여성의 역량 강화를 위한 활동가라고 여기며, 남녀평등 촉진을 위해 모험 스포츠를 활용하고 있다. 사미나는 산에서 자신의 역량을 펼치면서 그 길에 앞장서고 있다.

에베레스트 등정 이후로 호화로운 리셉션, 끝없는 연설, 수상, 퍼레이드, 심지어는 파키스탄 총리와의 만남까지 이어졌다. 그리고 그녀는 항상 같은 질문, 즉 다음에는 뭐죠? 라는 질문을 받는다. 7대륙 최고봉을 오르기로 결심한 그녀는 에베레스트 등정 2년 후에 그걸 해냈고, 그 이유를 다음과 같이 분명하게 밝혔다. "단지 재미만을 위해서 등반하는 건 아닙니다. … 양성평등과 여성의 역량 강화를 강조하고 촉진하기 위해서이며 … 파키스탄에서 등반을 스포츠의 하나로 장려하기 위해서입니다."라고 그녀는 파키스탄 기자 압둘말리크 메르찬트Abdulmalik Merchant에게 말했다. "일단 양성평등과 여성의 역량 강화를 위해 산을 오르는 우리의 주요 목적을 달성하면, 저는 다른 젊은 여성들과도 함께 산을 오를 겁니다!"

스포츠에 참여하는 여성들이 늘고 있지만, 자기처럼 전문적으로 등반하기를 꿈꾸는 젊은 파키스탄 여성에 대한 인식과 지원을 높이기 위해 사미나가 해야 할 일은 여전히 많다. 하지만 그녀는 자신이 한 일을 인정받는 것과 8천 미터급 고봉 14개를 모두 오르는 계획에서 모두 눈부신 성공을 거두고 있다. 그녀는 이제 더 이상 오빠를 비롯한 다른 누군가의 그림자가 아니다.

파키스탄에서도 이제 등산이 인정받고 지원받기 시작했기 때문에 낙관할 수 있는 여지는 있다. 그러나 네팔에서와 마찬가지로 사람들의 인식은 8천 미터급 고봉 주위만 맴도는 경우가 많다. 14개를 모두 끝낸다는 계획을 순조롭게 해나가고 있는 시르바즈 칸은 파키스탄에서 잘 알려져 있다. 그는 거침없는 눈빛과 편안한 걸음걸이로 조용한 자신감을 풍긴다. 훈자 출신인 시르바즈는 2004년 9학년 여름방학을 K2 트레킹으로 보내면서 산에서의 경험을 처음 쌓기 시작했다. "베이스캠프에 도착했을 때 전 산과 자연에 푹 빠졌습니다."라고 그는 말했다. 시르바즈는 학업을 계속 이어갔지만 여름방학마다 발토로로 돌아와 원정대의 주방 보조로 일했다.

2014년에 처음 만난 밍마 G는 그에게 주방 일을 그만두라고 조언했다. "그는 매우 활동적인 데다 팀 내의 다른 누구보다도 걸음이 빨랐습니다." 라고 밍마 G는 관찰했다. "제가 하는 일과 저의 신체적 능력을 보더니 등산으로 전환하는 게 어떻겠냐고 했습니다."라고 시르바즈는 말했다. "2016년에 다시 오니 K2를 함께 오르자고 하더군요. 그 당시 저는 훈련을 많이 받지는 못했어도 외국인들은 물론이고 알리 사드파라, 알리 라자 사드파라, 파잘 알리 등 유명한 산악인들과 함께 일했습니다. 장비 사용법은 알고 있었지만 적절한 훈련을 받지 못해 경험이 적었습니다."

그래도 밍마 G는 깊은 인상을 받았다. "더 높은 곳에서조차 그는 저보다 강했습니다. 우린 그해에 K2 정상에 오르진 못했지만 그는 제 마음을 사로잡았습니다." 2017년 가을 시르바즈는 알리 사드파라, 밍마 G 등과 함께 낭가파르바트 정상을 밟았다. "저의 첫 번째 8천 미터급 고봉이었습니다."라고 그는 말했다. 시간 낭비 없이 그는 14개를 모두 오르겠다는 자신의 계획을 발표했다.* 그는 밍마 G의 고정로프 팀에서 일을 하면서도 열정을 불태우고 있다. "시르바즈 형제여, 네가 정말 자랑스러워."라고 밍마 G가 말했다. "너의 국가와 국민들은 너에 대해 자부심을 느낄 거야."

파키스탄 산악인들을 위해 새로운 지평을 열고 있는 시르바즈는 선구자들을 인정하고 존경한다. 그는 많은 봉우리에서 자신에게 등반을 가르쳐주고 함께 오른 알리 사드파라에게 2021년 봄 안나푸르나 등정을 바쳤다. 2021년 가을 다울라기리 정상은 K2 초등의 잊혀진 영웅, 아미르 메흐디에게 헌정했다. 그리고 2022년 마칼루 등정은 알리 라자 사드파라에게 바쳤다. "우리 세계에서 선생들의 선생이었던 그는 14개 전부를 10개월 만에 무산소로 완등할 수도 있었습니다." 그의 사망 소식을 들은 시르바즈는 이렇게 애도했다. "알리 라자, 저의 친구여. 제게 등반을 가르쳐주어서, 그리고 훨씬 더 중요하게는 어떻게 살아야 하는지 가

---

* 2024년 10월 기준으로 그는 시샤팡마만 남겨놓고 있다. (sirbaz.com 참조)

르쳐주어서 고맙습니다. … 제가 아포 알리 라자만큼 좋아하고 존경한 산악인은 이 세상에 거의 없습니다. 당신은 저의 우스타드ustaad*이자 친구이자 파트너였어요."

시르바즈는 등산역사에 그들의 이름을 부각시키기로 했다. 그의 여정은 개인적인 목표로 시작했지만 훨씬 더 크게 발전했다. "이제 훨씬 더 많은 것들이 연관되어서, 저는 저의 조국과 국민, 특히 파키스탄의 소외된 등반 공동체의 명예와 자부심을 얻기 위해 최선을 다하고 있습니다."라고 그는 말했다.

그는 조국의 젊은 산악인들에게 책임감을 느낀다. "앞날은 우리들의 것입니다. 우리는 미래 세대를 위해 더 나은 터전을 남겨놓도록 최선을 다할 겁니다. 보험이든 훈련이든 혹은 다른 어떤 것이든, 전 그들을 위해 일할 겁니다. 함께 일한다면, 우리의 등반 공동체는 멀리 갈 수 있습니다."

세로제 카시프Shehroze Kashif도 이에 동의한다. 그는 열일곱 살에 브로드피크를 올라 "더 브로드 보이The Broad Boy"로 알려지게 되었다. 호리호리한 체격에 큰 키, 아무렇게나 묶은 곱슬머리를 한 그는 8천 미터급 고봉 14개 완등이 자신에게는 행복의 열쇠라고 확신한다. 라호르 태생인 세로제는 아버지와 함께 6천 미터급 봉우리 몇 개를 올랐다. 2021년 그는 에베레스트와 K2를 오른 최연소 파키스탄인이 되었고, 이듬해에는 자신의 기록을 칸첸중가, 로체, 마칼루로 넓혔다. 그리고 이제 그는 파키스탄의 국민적 영웅이 되었다.

에베레스트 정상에 섰을 때 세로제는 스스로에 대해 자긍심을 느끼면서도 한편으로 또 한 명의 파키스탄 산악인을 마음속에 떠올렸다. 그

---

* 우스타드는 선생이라는 말이다.

는 몇 개월 전 K2에서 실종된 알리 사드파라에게 이런 말을 남기며 영상을 찍었다. "형제여, 이것은 당신을, 당신의 유산을, 당신의 추억을, 당신의 임무를 위한 것입니다. … 셰로제 카시프 혼자만이 아니라 파키스탄의 '우리' 모든 젊은 산악인들이 당신이 남긴 유산을 받들고, 당신을 위해, 당신의 꿈을 실현할 겁니다. … 인샬라!اللہ ان شاء!"

∎∎∎∎∎∎∎

셰로제 카시프, 시르바즈 칸, 사미나 바이그, 다와 텐징, 비나약 말라, 아비랄 라이, 산둑 타망, 다와 걀제, 텐지 셰르파, 겔제 셰르파, 다와 양줌. 이들은 모두 단순히 돈을 벌기 위한 등반보다는 그 이상의 것을 하고 싶어 하는 세대의 파키스탄과 네팔 출신 산악인들이다. 자신들의 성취를 자랑스러워하는 이들은 산을 열정적으로 오른다. 초등을 하든, 새로운 루트를 개척하든, 8천 미터급 고봉을 가이드 하든, 혹은 영감을 받기 위해 등반하든, 이들은 자신들이 무엇이든 할 수 있다는 것을 전 세계에 보여줄 준비가 되어있다.

Epilogue
빛과 그림자

산은 상호 존중을 가르쳐줍니다.

타시 셰르파Tashi Sherpa

히말라야는 눈부시게 아름다운 곳이다. 그곳은 경외심과 두려움을 모두 불러일으킨다. 하지만 장엄한 풍경에만 집중하다 보면 그 지역의 복잡성과 인간성을 간과하게 된다. 즉 우리는 우뚝 솟은 봉우리들의 그림자 속에 사는 사람들, 심샬이나 포르체, 나Na 등 여러 지역에 살면서 산이라는 구조물에 의해 삶이 결정되는 그 사람들에 대한 객관적 관점을 놓치게 된다.

히말라야의 거대한 봉우리들로 상상의 나래를 펼칠 때 흔히 떠올리는 이미지와 느끼는 감정들은 과거 서양인의 인식과 편견의 영향을 받은 것들이다. 외국의 탐험가와 산악인들은 모두, 우리가 그들의 업적을 축하하고 호기심과 용기에 감탄하는 동안, 자신들의 꿈과 열망을 통해 이런 산들에 대한 우리의 견해를 형성해왔다.

파키스탄과 네팔 산악인들에 대한 서양인들의 인식과 이해는 대단히 미흡하다. 님스다이는 "히말라야가 최초로 탐험되었을 때를 비롯해 우린 언제나 이곳에 있었지만 언론은 우리에게 일말의 관심도 없었습니다. 우리는 그림자 속에 있었고, 아무도 우리 얘기를 하지 않았습니다." 라고 주장했다. 서양 언론이 파키스탄과 네팔 산악인들의 업적을 광범위하게 다루지는 않았지만, 서양과 파키스탄 및 네팔의 일부 알피니스트와 기자, 그리고 작가들은 이 책 전반에 걸쳐 인용된 문구들을 포함해 일종의 역사적 기록으로 현지 산악인들에 대해 미묘한 언급을 해왔다. 여기서 미묘한 부분은 그런 이야기들을 일반 대중이 어떻게 받아들이고, 관련된 개인에게 어떤 영향을 미치는지 등에 대한 것이다. 지금은 많은 사람들이 락파 셰르파Lhakpa Sherpa라는 이름을 알고 있다. 에베레스트를 열 번이나 오른 그녀는 가장 성공적인 여성으로 기네스북에 오르기도 했다. 그러나 락파는 스폰서들이 관심을 끌기 위해 경쟁하는 유명 운동선수가 아니라 배우자 학대의 전 피해자로, 현재 미국 코네티컷주에서 최저임금을 받으며 일하고 있는 세 아이의 홀어머니이다. 심지어 차를 살 형편도 되지 않는다.

마칼루 지역의 발라카르카 마을에서 태어난 아이들에게는 출생증명서가 발급되지 않았기 때문에 그녀는 정확한 나이를 알지 못한다. 형제자매가 11명이어서 학교에 다닐 기회도 주어지지 않았다. 교육을 받지 못한 인터넷 이전 세대의 락파가 자신의 이야기를 세계무대에 소개하고, 10번의 에베레스트 등정에 상응하는 수준의 번영과 안정을 보장받기 위해서는 든든한 조력자가 필요했을 것이다.

⸙⸙⸙⸙⸙⸙⸙

8천 미터급 고봉들을 두 번 초등한 단 세 사람 중 하나인 걀젠 노르부 셰르파Gyalzen Norbu Sherpa의 경우는 어떤가? 나머지 둘인 헤르만 불 Hermann Buhl과 쿠르트 딤베르거Kurt Diemberger*는 세계적으로 유명한 전설적 산악인들이다. 하지만 1955년 두 번째 로프 팀으로 마칼루를 초등했고 1956년에는 마나슬루를 초등한 걀첸 노르부는 사실상 거의 알려지지 않았다.

유럽의 주요 원정대에 수없이 동행했고, 자신의 회고록『사힙들의 하인Servant of Sahibs』을 쓰기 위해 영어까지 배울 정도로 용기 있었던 라다키 탐험가 굴람 라술 갈완Ghulam Rassul Galwan은 지금까지도 거의 완전히 알려지지 않은 인물이다.

회고록을 통해 더 많은 대중에게 다가간 선구적 네팔 산악인으로 앙타르카Ang Tharkay와 텐징 노르가이가 있지만, 그 책들은 서양인 공동저자들과 함께 쓰여졌다. 그들은 있는 그대로를 전하고자 했겠지만, 글에는 선별과 해석의 여지가 포함돼 있다. 이 책이 캐나다 로키산맥에 사는 한 여성**의 시각으로 파키스탄과 네팔 산악인의 역사를 해석한 것처럼 말이다.

오늘날의 파키스탄과 네팔 출신 산악인 세대에게는 인터넷이라는 이점이 있다. 게다가 그들은 영어를 할 줄 아는 경우가 많아서 전 세계적으로 청중을 확보하고 있다. 님스다이는 조 빈들로스Joe Bindloss 기자에게 "우린 사람들에게 우리의 얘기를 직접 전할 수 있습니다. 우린 더 이상 그림자가 아닙니다."라고 말했다. 그들은 소셜 미디어와 국제적인 신

---

* 　1986년 K2에서 모두 13명이 사망한 소위 '블랙서머Black Summer' 재앙 때 그곳에 있었던 한국 산악인들과 깊은 인연을 맺은 쿠르트 딤베르거는 1957년에 브로드피크, 1960년에 다울라기리를 초등했다. 그는 2019년 울산울주세계산악영화제 세계산악문화상 수상자로 선정되어 한국을 방문했다. 한국에 소개된 그의 저서로는 『산의 비밀』 김영도 옮김(하루재클럽, 2019)이 있다.

** 　1950년생인 저자 버나데트 맥도널드는 캐나다 밴프에 살고 있다.

문 및 잡지에 자신들의 활동을 알리면서 여과되지 않은 자신들의 목소리를 세상에 내보내고 있다.

등반 공동체 내에는 파키스탄과 네팔의 현대 산악인들에 대해 어느 정도 우려의 목소리가 있는 것도 사실이다. 이들이 스스로를 홍보하고, 스폰서와 협력하고, 용감한 위업을 수행하는 자신들의 사진과 영상을 인스타그램 계정에 지속적으로 게시하고 있기 때문이다. 하지만 이것은 서양인들이 아주 오랫동안 다양한 방식으로 해온 일이며, 그러지 않으리라고 기대하는 건 시대에 뒤떨어진 낭만주의일 뿐이다. 히말라야 정상에 대한 소셜 미디어 소식들을 보면, 이제는 고객뿐만 아니라 모든 정상 등정자들의 이름을 거명하는 것이 일반적이라는 데 주목해야 한다. 그리고 뜻깊은 진전으로, 이전에 알려지지 않았던 아이스폴 닥터들과 고정로프 팀의 이름이 있는 게시물들도 또한 찾아볼 수 있다.

||||||||

쟌 모리스는 1953년 에베레스트 원정에 대해 『더 타임스』에 쓴 기사에서 미래에 대한 우려를 표명했다. "1953년 우리가 알고 있던 그 셰르파가 오래지 않아 명성과 재산과 외국의 혁신들로 사라져간 과거의 인물이 될 것 같아 두렵고, 그 전에 그들을 먼저 엿볼 수 있게 되어 다행이라 생각한다." 변화에 대한 이러한 두려움은 분명 식민주의적 태도에서 비롯된 것이다. 하지만 아무리 지각 있는 현대의 산악인과 독자들이라 하더라도, 8천 미터급 대형 등반들을 위해 디자인된 대형 다운재킷에 부착된 대형 로고들에도 불구하고, 여전히 등산을 개인적인 성취와 자기인식, 그리고 '순수' 알파인 스타일로 정의하려는 경향이 있다. 네팔과 파키스탄 산악인들에게 있어 등산은 조금 더 복잡한 문제이다. 그들은 스포츠에 대한 열정에도 이끌리지만 생계를 유지하고 지역사회의 다른 구성원을 돕는

등의 보다 실용적 차원에서도 동기부여를 받는다. 좋아하는 일을 하면서 돈을 받는 것이 종종 불순하거나 덜 존경스럽다고 여겨지는 것은 이상하고 조금은 위선적이다. 심샬 출신이건 롤왈링 출신이건 현지의 산악인들은 재정적인 안정과 명예, 그리고 무엇보다도 외부 세계로부터 받는 존경에 대해 기득권을 갖고 있기 때문이다.

1930년대 독일 원정대장 파울 바우어는 현지인들에게 돈이 동기부여가 되지 않는다고 주장했다. "이런 보티아들(티베트인들)과 셰르파들처럼 훌륭한 동료들은 … 보상을 넘어 순전히 윤리적인 동기와 고귀한 자연적 본능에서 비롯되는 신뢰와 열정으로, 절망적인 장소에서 우리를 끝까지 따라오는"이라고 그는 착각했다. 1930년대에 다르질링에 살던 이들 중 '윤리적 동기'나 '고귀한 자연적 본능'에 따라 몇 달 동안이나 가족의 곁을 기꺼이 떠나려 한 사람은 거의 없었다. 그들은 생계를 유지할 돈을 벌기 위해 그렇게 했던 것뿐이다. 역사상 가장 뛰어난 고소 산악인이라고 할 수 있는 푸르바 타시 셰르파Phurba Tashi Sherpa는 등반으로 번 돈으로 생계를 유지하는 것이 에베레스트 기록을 깨는 것보다 중요하다는 점을 분명히 했다. "많은 사람들이 기록을 깨기 위해 한 번 더 올라가야 한다고 말하지만, 저에게 그건 별 의미가 없습니다."라고 그는 앤드루 맥카스킬Andrew MacAskill 기자에게 설명했다. "지진 이후의 경력을 되돌아보면서 가장 실망스러운 부분은, 여전히 제가 미래에 대해 걱정하고 있다는 사실입니다." 황금피켈상을 받을 수 있는 등반을 하고 싶다고 말한 적이 있는 밍마 G 역시 먹고사는 문제를 외면할 수는 없다. 그리고 만약 그것이 고객을 8천 미터급 고봉의 정상으로 이끄는 자신의 회사 가이드들이 승리의 순간을 소셜 미디어에 올리는 것을 의미한다면, 그들은 그렇게 해야 할 것이다.

⁙⁙⁙⁙

앞서 살펴본 바와 같이 셰르파들은 서양인들과의 관계를 재정립하는 과정에서 상당한 이득을 얻었다. 옛날에는 외국 산악인들이 지시를 했고, 지시를 받고 짐을 옮기는 셰르파들은 몇 가지 기술을 배울지는 몰라도 하인 취급을 받는 포터에 불과했다. 당시에는 서양인들이 등산 기술이 뛰어나고 탐험을 하고자 하는 마음이 더 컸기 때문에 그것이 가능했다. 하지만 외국 산악인들은 일꾼들이 가파른 산 위로 무거운 짐을 지어 나르는 것보다 더 많은 일을 할 수 있다는 사실을 곧 알게 되었다. 그들은 누구보다도 빨리 고소에 적응할 수 있었다. 그들은 문화적 연락책이자 등반 파트너, 두려움 없는 구조대원이 될 수도 있었다. 그들은 높이 올라가고, 결국 높은 곳으로 이끌 수 있는 요령도 익힐 수 있었다.

오늘날은 상황이 거의 역전되어서 파키스탄과 네팔의 산악인들이 하나둘씩 빛의 세계로 나오고 있다. 일부는 고통스러울 정도로 천천히 기어 나오고 있고 갑자기 화려한 스포트라이트를 받는 사람들도 있는데, 후자의 경우 이는 그들에게 가혹한 경험이 될 수도 있다. 다와 양줌에게는 다음에 있을 대형 프로젝트에 대해 언론의 질문이 쇄도하고 있으며, 그녀는 심한 압박감을 느끼고 있다. 1년을 쉬고 싶다면 어떻게 될까? 개인적인 경력 때문만이 아니라, 그녀를 롤 모델로 여기는 네팔 소녀들의 기대 탓에 상승 궤도에서 벗어나기는 쉽지 않은 일이다.

1953년 텐징 노르가이에게 가해진 압박은 훨씬 더 심했다. 에베레스트 등정이 알려진 순간 그는 언론뿐 아니라 인도, 네팔, 티베트 정부로부터도 쫓기는 신세가 되었다. "지난 38년 동안 저의 국적에 대해 신경 쓴 사람은 아무도 없었습니다."라고 그는 말했다. "제가 인도인이든 네팔인이든 티베트인이든 그게 무슨 상관인가요? 전 셰르파이고 단순한 산악인입니다. 산에서 사는 사람, 히말라야에 사는 한 사람일 뿐입니다. 하지만 이제 모든 것들이 밀고 당기고 있었습니다. 저는 더 이상 한 사람이 아니라 줄에 매달린 꼭두각시에 불과했습니다."

님스다이는 세상이 가할 수 있는 어떤 압박도 견딜 수 있을 만큼 자신감에 차 있는 것 같다. 그는 자신의 명성을 즐길 줄 안다. 하지만 그는 텐징이 견뎌낸 수준의 압박은 경험하지 못했다. 몇 년 동안 텐징은 살아 있는 가장 유명한 인간이었다. 어떤 압박이었을까? 님스다이도 역시 이 질문에 대답해야만 한다. "다음은 무엇인가요?" 아주 빠른 시간에 8천 미터급 고봉 14개를 완등하고, K2 동계 초등을 해내고, 7대륙 최고봉을 끝내고, 계속 자신의 다른 기록들을 갱신해 온 그로서는 이제 우주로 가야할지도 모른다. 그리고 어디를 올라보라는 둥, 무산소로 하라는 둥 말들이 많을 것이다.

어느 시점이 되면 이 모든 남성과 여성들은 각자의 지역사회로 돌아가 이웃과 가족들과 다시 어울려야 한다. 인생이란 오직 '추구하는 자'를 위한 것만이 아니며 명성은 함정이 될 수 있다. 폴란드 알피니스트 보이테크 쿠르티카Voytek Kurtyka가 칭했듯 '별처럼 빛나는 운명'은 쌓인 만큼 빨리 사그라진다. 중독이 될 수도 있다. 혹은 캐나다 작가 앨리스 먼로 Alice Munro가 쓴 것처럼 다음과 같이 될 수도 있다. "명성을 얻기 위해서는 노력해야 하는데, 그런 다음에는 사과하기 위해 노력해야 한다. 명성을 얻은 사람은 비난도 받기 마련이다." 네팔 가이드 아비랄 라이는 이런 상황을 피하고 싶어한다. "전 모두가 아는 그런 사람이 아닙니다. 무대 뒤편에 있는 게 좋아요. 유명해지고 싶지도 않습니다."

사지드 사드파라 역시 이에 동의하겠지만, 알리 사드파라의 아들이자 산에(혹은 산 위에) 있는 것을 좋아하는 그로서는 주목을 피할 수 없다는 의무감을 느낀다. 알리의 추모비를 세우기 위해 2021년 여름 사지드와 함께 낭가파르바트 베이스캠프를 찾았을 때를 알렉스 치콘은 이렇게 회상했다. "그는 제게 알리의 고통스러운 영상을 보여주었습니다. 그 장면은 끔찍했습니다. 그리고 가슴 아픈 순간이었습니다. 사지드는 놀라울 정도로 침착하고 차분했습니다. … 은하수와 수많은 별들이 머리 위로 반짝이는 동안 우린 밤새도록 대화를 나누었습니다. 감동으로 가득 찬 아름다운 대화였어요." 놀라울 정도로 침착했을지 모르지만 아마 그의 마음은 처참하게 무너져 내렸을 것이다.

⫶⫶⫶⫶⫶

선구자들은 이 새로운 질서에 대해 어떻게 생각할까? 아미르 메흐디는 심샬 산악인들이 자신의 산인 K2 정상으로 외국인들을 이끌며 그에 걸맞은 보수를 받고 있다는 사실을 알면 자긍심을 느낄까? 고향의 젊은 남녀들이 등산 기술을 배우고 있다는 것은? 알리 사드파라가 지역과 국가적 명성을 초월해 세계의 등산 아이콘이 되었다는 걸 알면 어떻게 반응할까? 파상 라무 셰르파는 네팔 최초로 국제적인 여성 산악 가이드 자격증을 딴 다와 양줌에 대해 어떻게 생각할까? 네팔인들로만 구성된 팀이 K2 동계 초등을 해냈다는 사실을 알면 파상 키쿨리는 전율을 느낄까? 자신의 목숨을 앗아간 바로 그 산을 말이다. 2021년 봄 안나푸르나 근처에서 연출된 콩가 라인을 앙 타르카이는 어떻게 받아들일까?

산악계의 이런 선구자들은 자랑스러워할까? 부러워할까? 아니면 공포를 느낄까?

텐징 노르가이의 딸 펨 펨은 현지 산악인들에게 일어나고 있는 이런 변화를 예의주시하고 있다. 그녀와 여동생 니마는 1959년 초오유의 여성 도전을 포함해 과거에 고소 등반을 한 경험이 있었으며, 아버지의 반응이 어떨지 잘 알고 있었다. 2022년 세상을 떠나기 며칠 전 펨펨은 다음과 같은 이야기를 남겼다. "아버지라면 요즘 에베레스트를 둘러싸고 벌어지는 타마샤tamasha(흥행)에 대해 실망하셨겠지만 … 말년에 아버지는 에베레스트 등반이 국민들에게 어떤 역할을 하는지 깨닫게 되었습니다. 아버지는 야망이 있었지만 겸손하기도 했습니다. 굴복당하거나 짓밟힌 게 아니라 그냥 겸손하셨던 겁니다. 하지만 아버지는 오늘날의 산악인들이 아주 잘하고 있다는 사실을 알면 기뻐하실 겁니다. 그들은 결국 마땅히 받아야 할 존경을 받고 있는 셈이니까요."

명성과 돈, 그리고 눈부신 스포트라이트에는 모두 그것을 추구하는 사람들에게는 바로 보이지 않는 단점들이 있다. 하지만 존경에는 단점이 없다. 네팔과 파키스탄 출신의 산악인들은 마땅히 존경 받을 자격이 있으며, 그 존경은 충분히 축하할 만한 가치가 있다.

Acknowledgments
감사의 말

전 세계가 팬데믹에 시달리는 동안 책을 쓰는 건 마치 팬데믹 같은 경험이어서 새롭고 도전적이며, 때로는 외로운 일이었다. 신뢰할 수 있는 두 파트너인 사크라인 무하마드Saqlain Muhammad와 사리나 라이Sareena Rai가 없었다면, 아마도 이 책은 나오지 못했을 것이다. 사크라인과 나는 힘을 합해 파키스탄 산악인들에 대한 전체적인 인터뷰 스케줄을 잡았다. 일단 계획이 세워지자 그는 카라코람 전역에 흩어져 있는 산간마을들을 찾아다녔는데, 때로는 아주 거칠고 위험한 도로를 달리기도 했다. 온갖 종류의 지형과 날씨에도 불구하고, 그는 음성과 영상 저장 장비를 준비하여 나라 밖으로는 거의 알려지지 않은 파키스탄 산악인들의 이야기를 부지런히 기록했다. 그리고 우르두어와 시나어, 발트어로 된 그런 기록들을 글로 옮긴 다음 다시 영어로 번역했다. 사리나는, 나로서는 잘 알 수 없는 산악인과 그 가족들을 소개시켜주는 등 네팔 산악활동에 대한 자신의 광범위한 지식을 이 프로젝트에 활용했다. 그녀는 네팔의 카트만두에서 셰르파들과 인터뷰를 진행하고 그것을 영어로 번역해주었다. 나 역시 원격으로 인터뷰를 하긴 했지만 두 사람의 도움이야말로 이 책을 쓰는 데 결정적인 역할을 했으며, 이들에게는 말로 다 표현할 수 없는 감사의 마음을 전한다.

네팔과 파키스탄에서의 등산에 대해서는 전문적 지식과 문화적 이해를 오랜 기간 축적해온 사람들로부터 귀중한 조언을 받았다. 재니스 새처러, 파상 양지 셰르파, 프란세스 클라첼, 난디니 푸란다레, 이안 월, 빌리 비에를링, 리사 초걀, 줄리 락, 사에 A. 프리덴룬트, 스티브 스벤손, 조너선 웨스트어웨이, 그리고 녹메데미아 램투르 등 지혜를 나누어준 이들에게 깊은 감사를 표한다.

이 책을 위한 연구는 영원히 계속될 수도 있었겠지만 마감일이 정해져 있어 어느 시점에서는 끝을 내야 했다. 그 과정에서 도움을 준 소중한 친구들과 동료들에게 고마움을 전한다. 밥 A. 셸호우트 오베르틴, 리사 초걀, 이언 월, 나지르 사비르, 남걀 셰르파, 후돌프 포피에르, 에베레스하르트 주갈스키와 조너선 웨스트어웨이는 나에게 흥미로운 지점들과 때로는 모호한 방향들을 지적해주었다. 물론 이 책이 네팔과 파키스탄 산악인들의 역사를 모두 담아내지는 못했다. 나는 방대하고 복잡하고 인상적인 역사의 구체적인 사실을 이 한 권에 모두 집어넣기보다는 특정한 인물과 등반들에 집중하고자 했다. 따라서 중요한 등반과 인물이 이 책에 포함되지 않았다면 그것은 모두 나의 책임이다.

이 책의 상당 부분은 직접적인 인터뷰를 바탕으로 했다. 의지를 갖고 시간을 내어 이야기와 의견과 기억을 공유해준 다음 사람들에게 깊은 감사를 드린다. 무시타크 아흐메드, 파잘 알리, 무하마드 알리, 쿠드라트 알리, 로시 알리, 유수프 알리, 아잠 바이그, 미르자 알리 바이그, 라시드 울라 바이그, 샤힌 바이그, 아담 비엘레츠키, 빌 벅스턴, 더그 샤봇, 추림 돌마, 알리 두라니, 알레산드로 피리피니, 다미엔 길디, 프라카시 구룽,

피터 해킷, 앨 핸콕, 무하마드 하니프, 무하마드 하산, 체릴 홀먼, 탐 혼바인, 작은 후세인, 타키 후세, 케이티 이브스, 하산 잔, 스콧 존스턴, 압둘 조시, 작은 카림, 메하르빈 카림, 무하마드 카짐, 시르바즈 칸, 프란세스 클라첼, 앙 체링 라마, 푼조 라마, 푼조 장무 라마, 무하마드 알리 마출루, 비냐약 제이 말라, 리타 곰부 마르와, 시모네 모로, 아만다 파도안, 수라즈 파우달, 난디니 푸란다레, 니르말 푸르자, 수치 푸르자, 아비랄 라이, 빌코 반 루이엔, 하지 로시, 루이 루소, 나지르 사비르, 재니스 새처러, 알리 무사 사드파라, 알리 라자 사드파라, 디라와 후세인 사드파라, 하산 사드파라, 임티아즈 사드파라, 무하마드 샤리프 사드파라, 니산 사드파라, 사디크 사드파라, 사지드 사드파라, 사디크 사드파라, 사드파르비, 앙 도르제 셰르파, 체왕 장무 셰르파, 다와 푸티 셰르파, 다와 걀제 셰르파, 다와 셰르파, 다와 상게 셰르파, 다와 앙줌 셰르파, 푸라 디키 셰르파, 겔제 셰르파, 락파 리타 셰르파, 마야 셰르파, 밍마 G 셰르파, 남걀 셰르파, 파누루 셰르파, 파상 다와 셰르파, 파상 라무 셰르파 아키타, 파상 체링 셰르파, 파상 Y. 셰르파, 펨바 샤르와 셰르파, 페르템바 셰르파, PK 셰르파, 텐지 셰르파, 텐징 셰르파, 왕다 셰르파, 왕추 셰르파, 양지 도마 셰르파, 루크 스미스비크, 스티븐 스벤손, 산둑 타망, 주디 체링, 이언 월, 프레디 월킨슨과 피터 주커먼.

이 프로젝트에 아낌없이 사진을 제공해준 사람들에게도 고마움을 전한다. 이 책의 최종 원고에 채택되진 않았어도, 모든 사진 하나하나가 이 복잡하고 멋진 이야기를 이해하는 데 소중한 도움이 되었다. 샤힌 바이그, 크리스 보닝턴, 산드로 그로멘-헤이스, 잭슨 그로브스, 앨 핸콕, 우타 이브라히미, 이마니시 토시오, 시르바즈 칸, 가오 리, 비나약 말라, 시모네 모로, 사크라인 무하마드, 페터 밀리터, 나르말 프르자, 아비랄 라이 콜렉션, 루이 루소, 재니스 새처러, 알리 사드파라 콜렉션, 사지드 사드파라, 다와 푸티 셰르파, 밍마 G 셰르파, 파상 라무 셰르파 아키타, 그리고 독일산악회 자료실에도 감사의 뜻을 표한다.

진행 중인 원고를 먼저 읽어보는 일은 섬세한 작업이다. 나에게 민감하고 유익한 조언을 해준 케이트 로저스, 밥 A. 셸호우트 오베르틴, 빌리 비에클링, 스티브 스벤손, 조헨 헴렙, 이언 월과 필립 헨더슨에게 고맙다는 말을 전하고 싶다.

이 책을 쓰는 데 중요한 역할을 하며 영감을 주고받은 편집자들과 작업을 할 수 있어서 정말 운이 좋았다. 마르니 잭슨, 베스 주시노, 케이티 이브스, 그리고 메리 메츠. 함께 많은 작업을 했던 잭슨과 이브스와 메츠는 오랜 친구이자 글쓰기 동료였지만, 주시노와는 처음이었다. 모두 보물 같은 친구들이다. 마운티니어스북스의 전 팀원들에게도 감사를 표한다. 특히 불가능한 작업처럼 보였던 어느 날 나를 격려해주었던 케이트 로저스에게 고맙다는 말을 전하고 싶다.

그리고 마지막으로, 이 모든 과정에서 나를 지원해준 친구들에게도 고맙다는 말을 전해야 한다. 사실 책을 쓰는 동안 무릎이 좋지 않아 베개 위에 올려놓고 얼음찜질을 하며 침대에 누워 작업을 하기도 했다. 무엇보다도 먹을 것을 챙겨주고, 격려해주고, 찜질팩 안에 얼음을 계속 채워넣어준 나의 남편 앨런에게 깊은 감사를 표한다.

The Words of a Translator
옮긴이의 말

저자 맥도널드가 이 책을 쓰면서 처음에 작업 제목으로 잡은 건 "Out of the Shadows and Into the Light"였다. 그녀의 처음 의도대로 이 책은 화려하게 빛나는 등산역사의 그림자 속에서 낮은 임금과 열악한 환경, 부당한 대우에 처했던 파키스탄과 네팔 출신 산악인들이 쿨리와 포터에서 오늘날의 슈퍼스타로 진화하는 과정을 그린 이야기이다.

저자는 산악인으로서, 여성으로서, 어머니로서, 그리고 아내로서 그들 그림자 속의 또 다른 그림자도 따뜻하게 보듬는다. 뒤에 남겨진 등반 미망인과 어린 자식들. 그리하여 그들의 슬픔을 어루만지고, 그들이 다시 일어서는 과정도 따뜻하게 그려낸다.

우리 역시 등산역사의 승리자를 자처한 서양인이 쓴 보고서나 책에 주로 의존해왔다. 그리고 어쩌면 그 피해자가 되어 역사적 '균형감각'을 잃고 이미 수십 미터를 추락해있는지도 모른다. 아니, 다른 사람을 이야기할 것도 없다. 그런 사람이 바로 나였으니까. 나는 후배들 앞에서 자신 있게 말해왔다. "알아? 초등은 신인상같이 일생에 딱 한 번만 받을 수 있어. 초등을 두 번 한 사람이 둘이야. 한 사람은 죽었고 한 사람은 아직 살아있지. 헤르만 불은 1953년 낭가파르바트를 단독 초등했고, 1957년 브로드피크를 초등했어. 쿠르트 딤베르거는 1957년 브로드피크를 초등했고, 1960년 다울라기리를 초등했어." 하지만 이 책을 번역하다 보니 그건 커다란 잘못이었다. 한 사람이 더 있었다. 걀젠 노르부 셰르파. 그는 1955년 마칼루를 초등했고, 1956년 마나슬루를 초등했다. 나는 이 책 덕분에 잘못을 깨닫고 추락한 수십 미터를 다시 올라가 간신히 목숨을 건졌다. 그렇다면 이 책은 살기 위해서라도 꼭 읽어야 하는 산악인들의 필독서가 되는 셈이다. 지난 10여 년간 이 책을 포함해 모두 39권의 산서를 번역·윤문·감수해온 경험으로 보면, 산악인 '전공 필수과목'으로 학점 미취득시 졸업이 안 되는 책으로는 『Fallen Giants』 『수직의 순례자들』(또는 『캠프4』)과 바로 이 책을 들 수 있다.

2021년 1월 16일 10명의 네팔 산악인이 '마지막으로 남은 그랑프리' K2 동계 초등에 성공한 건 아주 잘된 일이었다. 이제껏 그림자에 가려져 있던 그들은 히말라야의 역사에서 한 자리를 차지할 자격이 충분히 있었다. 빛에 가려져 있던 그들의 활약은 너무나 대단했다.

알리 라자 사드파라는 8천 미터급 고봉을 모두 17번이나 등정했다. 니사르 후세인은 가셔브룸1봉을 2번, 가셔브룸2봉을 2번, 브로드피크를 2번, 낭가파르바트를 1번, 그리고 K2를 1번 올랐다. 2013년 스물두 살의 나이로 에베레스트에 오른 파키스탄 여성 산악인 사미나 바이그 역시 이슬람권을 포함한 모두의 편견을 깬 인물이다.

일단 에베레스트로 한정해 셰르파들을 살펴보면, 카미 리타 셰르파는 30번, 파상 다와 셰르파는 27번, 응기마 누루 셰르파는 24번, 아파 셰르파는 21번, 푸르바 타시 셰르파는 21번, 앙 도르지 셰르파는 20번, 도르지 걀젠 셰르파는 20번, 체왕 니마는 19번, 밍마 치리 셰르파는 19번으로 상위 10위 안에 드는 등정자가 공교롭게도 모두 셰르파들이다. 그런가 하면 바부 치리 셰르파는 에베레스트 정상에서 12시간을 보내고, 16시간 56분이라는 기록적인 속도로 오르기도 했다. 한편 푸르바 타시 셰르파는 8천 미터급 고봉을 34번 올랐고, 밍마 걀제 셰르파는 서른 살에 자이언트 14개를 모두 올랐으며, 락파 덴디는 10일 18시간 30분 만에 에베레스트를 세 번 연속 올랐고, 여성인 니마 장무 셰르파는 에베레스트와 로체와 칸첸중가를 25일 만에 올랐다.

그림자에 가려 빛으로 드러나지 않은 이들의 기록은 정말 대단하다.

저자 버나데트 맥도널드는 세계 산악문화에 보배 같은 존재이다. 번역 원고의 두 번째 교정 작업을 끝내고 그녀에게 이메일을 보냈다. "이런 역사를 총 정리해 쓸 적임자는 바로 당신이었습니다. 당신이 아니라면 누가 쓸 수 있나요? 좋은 책을 내주셔서 고맙습니다." 그녀의 요청에 따라 전 세계에서 이 책을 번역 출간하는 회사(또는 조직)는 네팔의 산악훈련센터에 얼마씩 기부를 했고, 하루재클럽도 500달러로 이에 동참했다. 그렇다면 우리 독자들은 좋은 책도 읽고 뜻있는 기부도 한 셈이다.

이 책에는 한국 산악인들이 많이 등장한다. 따라서 조심스러울 수밖에 없다. 물론 번역이니만큼 원서에 충실해야 한다. 그렇다 해도 가능하면 좋게 표현하려고 노력했다. 한국 산악인들과 관련해 번역에 어떤 실수가 있더라도 고의는 아니니 너그럽게 이해해줬으면 좋겠다.

최종 원고를 받은 2023년 10월 4일부터 번역 작업은 일사천리로 진행돼 40여 일 만에 초벌 번역을 끝냈다. 그만큼 재미있었다. 나는 주변 사람들에게 이렇게 말했다. "이 책을 통해 셰르파를 중심축에 놓고 히말라야 역사를 들여다보니 등산역사가 한눈에 훤하게 보여."

번역 작업에 정신적으로 몰두할 수 없는 위기의 순간 카톡 문자가 날아왔다. "형도 번역하시느라 수고가 많으십니다." 기특한 녀석! 그는

MZ 세대의 특출난 클라이머이며 외대산악회의 재학생 대장인 고혁준(20학번)이었다. 집중력을 되찾은 나는 그를 가상의 독자로 상정한 다음, 이제 등산에 막 입문한 그가 저자의 메시지를 잘 이해할 수 있도록 문장을 가다듬었다. 과연 그럴 수 있을까?

2024년 10월
김동수

Notes
인용

Author's Note — 지은이의 말

13 "연구하는 학자 샤에 프리덴룬트는 …"은 샤에 A. 프리덴룬트의 「상황에 따른 셰르파—에베레스트 산업의 인종, 종족 그리고 노동 지형Situationally Sherpa: Race, Ethnicity, and the Labour Geography of the Everest Industry」 [Journal of Cultural Geography 36, no. 1 (2019)]에서 인용

Prologue — 두 세기에 걸친 하나의 정상

18 "나의 꿈이자 유일하고도 …"는 밍마 걀제 셰르파의 「우리가 뭉치면 불가능이 없다—K2에 대한 나의 이야기When We Unite, Nothing Is Impossible: My Story on K2」 (Outdoorjournal.com, February 18, 2021)에서 인용

1 — 손가락 하나에 10루피

28 "피켈과 로프 사용법만 제대로 …"는 C. W. 루벤손C. W. Rubenson의 「1907년 카브루Kabru in 1907」 [Alpine Journal 24 (February 1908-November 1909): 310-321)에서 인용

28 "1911년에 다시 이곳을 찾은 켈라스는 …"과 관련해, 이 원정대는 7천 미터급 고봉의 알파인 스타일 초등을 고려했는데, 그 봉우리는 파우훈리Pauhunri(7,128m)였다.

31 "변덕스럽고 신경질적이며 신체적으로는 …"은 엘리자베스 노울턴의 『벌거벗은 산The Naked Mountain』에서 인용

32 "그는 눈물을 흘리며 심하게 흐느끼고 있었다. …"는 프랭크 스마이드의 『카메트 정복Kamet Conquered』에서 인용

36 "그날 오후 늦게 슈나이더와 아셴브레너는 …"과 관련해, 페터 아셴브레너나 프리츠 베흐톨드는 자신들의 공식 보고서에 스키를 타고 내려왔다는 사실을 언급하지 않았다. 그리고 독일산악회에도 그 당시 정상 도전에 스키를 가져갔다는 사진자료가 없다. 이에 대한 구체적 기술은 앙 체링에 따른 것으로, 다르질링 셰르파들 사이에서는 널리 알려진 이야기이다.

41 "훗날 앙 체링은 … 털어놓았다."는 『에베레스트의 사나이Man of Everest』에서 텐징 노르 가이가 제임스 램지 울먼에게 한 말이다.

42 "퉁 숭 부스티의 … 애도와 슬픔이 넘쳐흘렀지만 …"은 텐징 노르가이와 울먼의 책에서 인용

2 — 검은색의 얇은 지갑 — K2의 비극

49 "우리에게는 그다지 바람직한 유형의 셰르파는 아니었던 것 같다."는 H. W. 틸먼의 『난 다데비 등정The Ascent of Nanda Devi』에서 인용

50 "진지한 프로젝트에서 … 자격이 있는 유일한 사람"은 틸먼의 책에서 인용

51 "솔직히 말해 혼자 힘으로는 하산을 …"은 리처드 세일Richard Sale의 『K2 도전The Challenge of K2』에서 인용

52 "이토록 혹독한 기후에서 … 다른 인종은 없을 것이다."는 세일의 책에서 인용

53 "셰르파들은 … 성자에 가까운 사람들이다."는 에드 비에스터스Ed Viesturs와 데이비드 로버츠David Roberts가 공저한 『K2—세상에서 가장 위험한 산에서의 삶과 죽음K2: Life and Death on the World's Most Dangerous Mountain』에서 인용

53 "백만장자들의 탐험 행렬"은 찰스 S. 휴스턴Charles S. Houston과 로버트 H. 베이츠Robert H. Bates가 공저한 『5마일이나 높은 곳Five Miles High』에서 인용

53 "주인이 허락하면 … 꿈도 꾸지 못할 사치였다."는 휴스턴과 베이츠의 책에서 인용

59 "다행히 기온이 영상이어서 … 벙어리장갑을 벗곤 했다."와 관련해, 제2차 세계대전 이 전과 이후 오랫동안 이것은 고산에서 행해진 가장 어려운 등반이었다. 난이도가 대략 5.7과 5.9 사이는 되는 것 같았다.

64 "히말라야의 산은 … "은 1940년 5월 16일 조지 '조' 트렌치George 'Joe' Trench 중위가 클리포드 스미스Clifford Smith에게 쓴 편지에서 인용

65 "파상에겐 아무런 얘기도 들리지 않는 것 같았다. …"는 헤르베르트 티히의 『초오유Cho Oyu』에서 인용

67 "이야기란, 존재하는 여러 이야기들을 담아야 하고, … "는 케이티 이브스의 「행간의 의 미Between the Lines」[Alpinist 51 (Autumn 2015): II]에서 인용

3 — 다르질링의 호랑이들

70 "원정대 사람들은 우릴 … "은 앙 타르카이와 바질 P. 노턴Basil P. Norton이 공저한 『셰르 파—앙 타르카이 회고록Sherpa: The Memoir of Ang Tarkay』에서 인용. 이 장에서 앙 타르 카이와 관련된 모든 문장은 같은 책에서 인용

71 "눈이 하얗게 빛나는 …"은 세실 고드프리 롤링Cecil Godfrey Rawling의 『광대한 고원The Great Plateau』에서 인용

73 "포터들은 우리 원정대에 …"는 찰스 그랜빌 브루스Charles Granville Bruce의『1922년의 에베레스트 공략The Assault on Mountain Everest, 1992』에서 인용

73 "셰르파와 보티아들만 죽었다. …"는 T. H. 소머벨의『에베레스트 이후After Everest』에서 인용

73 "그들은 아주 잘해냈기 때문에 …"는 패트릭 프렌치Patrick French의『영허즈번드—제국의 위대한 마지막 탐험가Younghusband: The Last Great Imperial Adventurer』에서 인용

73 "이것은 모험이라기보다는 차라리 …"는 모리스 이서먼Maurice Isserman과 스튜어트 위버Stewart Weaver가 공저한『쓰러진 자이언츠Fallen Giants』에서 인용

77 "셰르파들에게는 약자가 성공할 수 있도록 돕는 …"은 셰리 오트너의『에베레스트에서의 삶과 죽음Life and Death on Mt. Everest』에서 인용

78 "행간을 잘 읽어야 한다. …"는 케이티 이브스의「행간의 의미」[Alpinist 51 (Autumn 2015): II]에서 인용

78 "이후 그는 나의 히말라야 여행을 …"은 에릭 십턴의『그 산에 대해Upon That Mountain』에서 인용

79 "셰르파들은 마님의 호텔 …"은 피터 스틸Peter Steele의『에릭 십턴Eric Shipton』에서 인용

4 — 현대 셰르파 가이드의 아버지

84 "준수한 외모와 공손한 태도에 … 말을 알아들을 수 없다는 사실이었습니다."는 앙 타르카이와 바질 P. 노턴이 공저한『셰르파—앙 타르카이 회고록』에서 인용. 이 장에서 앙 타르카이와 관련된 모든 문장은 같은 책에서 인용

87 "내일 아침 라슈날 사힙과 …"는 모리스 에르조그의『초등 안나푸르나Annapurna』에서 인용

88 "다르질링 셰르파 명단에는 … 사람은 29명에 불과했다."는 H. W. 토빈H. W. Tobin의「히말라야의 포터들Himalayan Porters」[Himalayan Journal 16 (1951): 121]에서 인용

89 "목표가 눈앞이었다. … '혼자서라도 계속 올라가.'"는 에르조그의 책에서 인용

91 "위에서 날 내려다보는 … 친절한 무관심이었을까?"는 에르조그의 책에서 인용

92 "새롭고 멋진 인생이 내 앞에 펼쳐졌다."는 데이비드 로버츠의『진정한 정상True Summit』에서 인용

93 "힐러리는 네팔의 영웅이지만 … 정말 너무한 거죠."는 데이비드 로버츠의 책에서 인용

94 "1939년 그를 마지막으로 보았을 때만 해도 …"는 에릭 십턴의『1951년 에베레스트 정찰The Mount Everest Reconnaissance Expedition 1951』에서 인용

95 "아버지는 단순하고 … 들어본 적이 없다."는 앙 타르카이와 바질 P. 노턴이 공저한『셰르파—앙 타르카이 회고록』의 후기에 다와 셰르파가 쓴 글에서 인용

95 "아버지는 말씀하시곤 했다. … 운이 좋은 사람이었다."는 다와 셰르파의 글에서 인용

5 ─ 최초의 슈퍼스타

98 "그는 너무 크고 … 거의 쓸모가 없었습니다."는 텐징 노르가이가 죽기 1년 전인 1985년 올인디아라디오쿠르세옹All India Radio Kurseong과 인터뷰에서 한 말이다. 락파 노르부 셰르파는 2021년 5월 28일 네팔타임스닷컴Nepaltimes.com과의 인터뷰에서 이렇게 말했다. "텐징이 인도인이든 네팔인이든 티베트인이든 그게 무슨 상관인가요?"

98 "난 발가락이 없어서 괜찮아. 넌 네 발가락을 살려야 해!"는 텐징 노르가이와 제임스 램지 울먼이 공저한 『에베레스트의 사나이』에서 인용. 이 장에서 텐징 노르가이와 관련된 모든 문장은 같은 책에서 인용

102 "100명의 신청자 중 … 텐징 보티아라 불렀다."는 에릭 십턴의 『전인미답의 세상That Untravelled World』에서 인용

104 "틸먼과 함께 황금빛 … 사실에 모두 슬퍼했다."는 이언 캐머런Ian Cameron의 『신들의 산 Mountains of the Gods』에서 인용

109 "이 유명한 사람을 … 산간 생활의 화신처럼 보였다."는 쟌 모리스의 『에베레스트 대관식 Coronation Everest』에서 인용

110 "기린처럼 이상하리만치 … 이상하게 어울리는 한 쌍"은 쟌 모리스가 에드 더글러스Ed Douglas의 『텐징─에베레스트의 영웅Tenzing: Hero of Everest』 서문에 쓴 글에서 인용

110 "텐징은 제우스 앞에서 … 생각하고 있었다."는 쟌 모리스의 『에베레스트 대관식』에서 인용

112-113 "그 작은 종족의 … 텐징의 손에 댔다."는 쟌 모리스의 『에베레스트 대관식』에서 인용

113 "6월 2일이었죠. … 텐징이 에베레스트를 올랐답니다!'"는 타시 텐징의 『텐징 노르가이 그리고 에베레스트의 셰르파들Tenzing Norgay and the Sherpas of Everest』에서 인용

114 "남편에게 줄 선물을 샀습니다."는 에드 더글러스의 『텐징─에베레스트의 영웅』에서 인용

116 "그는 명성의 대가를 … 존재에 대한 대가를 치르고 있다."는 제임스 램지 울먼이 『에베레스트의 사나이』 서문에서 텐징 노르가이가 자신에게 한 말이라고 밝혔다.

116 "내가 에베레스트를 올랐는데 … 일깨워줄 뿐이란다."는 잠링 텐징 노르가이와 브로턴 코번Broughton Coburn이 공저한 『텐징 노르가이─내 아버지의 영혼을 따라TENZING NORGAY from Touching My Father's Soul』에서 인용

6 ─ 잊혀진 영웅

120 "귀하의 팀에 … M. 아타-울라 올림"은 모하마드 아타-울라의 『두 세상의 시민』에서 인용

121 "미국인들은 모두 똑같이 움직였다. … 잠자리에 들었다."는 아타-울라의 책에서 인용

122 "그 사흘은 결코 … 되풀이하는 게 싫었다."는 아타-울라의 책에서 인용

122 "여긴 8캠프, 대령 나와라! … 조언이 필요하다."는 아타-울라의 책에서 인용

123 "베이스캠프 나와라. … 예, 해보겠습니다."는 찰리 S. 휴스턴과 로버트 H. 베이츠의 『K2-잔인한 산K2: Savage Mountain』에 나온 대화를 요약

124 "우리는 인내와 헌신의 … 하나가 되었다."는 아타-울라의 책에서 인용

124-125 "그것은 내가 이제껏 인간과 … "는 휴스턴과 베이츠의 책에서 인용

125 "그 지점에서 … 말할 수가 없었습니다."는 휴스턴과 베이츠의 책에서 인용

126 "우리는 낯선 사람으로 … 그곳을 떠났다."는 휴스턴과 베이츠의 책에서 인용

126 "활기 넘치고 열정적인 … 진심을 다해 도와주는 피노 갈로티"는 아타-울라의 책에서 인용

127 "그 사람은 훈자들 중에서도 … 유일한 인물이었습니다."는 보나티의 『내 생애의 산들 The Mountains of my Life』에서 인용

127-128 "미묘한 문제이긴 해도 … 진실이 담겨 있는 속임수였습니다."는 보나티의 책 89쪽에서 인용

130 "그 피켈은 아버지에게 … 생각나게 했을 겁니다."는 샤제브 질라니Shahzeb Jillani의 「아미르 메흐디—K2에서 얼어 죽도록 남겨지고 나서 잊혀진 사람Amir Mehdi: Left out to Freeze on K2 and Forgotten」(BBC.com, August 7, 2014)에서 인용

7 ─ 알라가 아니라 작은 카림

136 "대원들은 우리가 … 거만하고 냉정한 사람들인가."는 갤런 로웰Gallen Rowell의 『산신들의 접견실에서In the Throne Room of the Mountain Gods』에서 인용

139 "산은 나의 영혼입니다. … 산은 순례자에게 진정한 행복을 선사합니다."는 그레이엄 짐머만Graham Zimmerman의 「야생을 거닐며Through the Field」[Alpinist 51 (Autumn 2015): 83]에서 인용

139 "발이 화끈거렸습니다."는 야살 무님의 「알리 사드파라의 트레이너 파키스탄인 최초로 K2를 오르다Ali Sadpara's Trainer was the First Pakistani to Summit K2」(Samaaenglish.tv, February 18, 2021)에서 인용

140 "카라코람의 안방이라고 … 궁금하긴 했었습니다."는 소냐 레흐만의 「인터뷰—고산과 국토의 열정에 관한 파키스탄 최고의 산악인Interview: Pakistan's Premier Mountaineer on His Passion for Heights and Homeland」(Asiasociety.org, April 29, 2013)에서 인용

142 "그다음 45분 동안 … 대장의 말은 듣지 않는다고 저는 말했습니다."는 리처드 세일의 『K2 도전』에서 인용

142 "베이스캠프를 호출한 … 기도를 올렸습니다."는 나지르 사비르의 「서쪽 능선에서 맞이한 새벽Dawn on the West Ridge」[Alpinist 38(Spring 2012):51]에서 인용

143 "어떻게 보면 편집증에 … 밀어 올리는 것 같았습니다."는 레흐만의 책에서 인용

145 "그때부터 뛰어난 가이드와 고소포터가 되고 싶었습니다."는 오바이드 우르 레흐만 압

바시의 「모험—작은 카림에 대한 믿을 수 없는 이야기들Adventure: The Incredible Tales of Little Karim」(Dawn.com, June 22, 2014)에서 인용

145 "한 무리의 산악인들이 … 처음 본 순간이었습니다."는 샤비르 미르의 「작은 카림의 특별한 인생The extraordinary Life of Little Karim」(Express Tribune.Abbasi)에서 인용

146 "덩치 큰 영국인 남자(보닝턴)의 … K2 원정대의 일원이 되었다"는 압바시의 글에서 인용

146 "영국 팀과의 등반은 … 모든 문이 열렸습니다."는 압바시의 글에서 인용

146 "알라가 아니라 작은 카림이야."는 이언 웰스테드의 「작은 카림은 어떻게 등산의 영웅과 전설이 되었나What Makes a Climbing Hero and the Legendary Little Karim」(Gripped. com, March 3, 2021)에서 인용

148 "후세의 작은 카림을 만나 … 제 분수를 깨달았습니다."는 웰스테드의 글에서 인용

8 — 전환점

152 "그의 제안을 받아들였을 때 … 저도 묻지 않습니다."는 카필 비싯의 「산을 사랑한 사람The Mountain Lover」[Alpinist 78 (Summer 2022): 57]에서 인용

154 "전쟁의 지루함, … 아주 엄밀하게 비교됩니다."는 지미 로버츠의 「히말라야 오디세이The Himalayan Odyssey」[Nepaltimes.com, September 12, 2020(Parts of Blog entry originally posted in 1997)]에서 인용

154 "1950년부터 1964년까지 네팔은 등반과 탐험의 황금기였습니다."는 지미 로버츠의 글에서 인용

155-156 "지미 로버츠의 '마운틴트래블네팔' … 프랑스 가이드를 연상시켰다."는 크리스 보닝턴의 『에베레스트 남서벽Everest South West Face』에서 인용

156 "셰르파 하나가 가족과 헤어지는 … 무사히 돌아올 수 있다면 얼마나 좋을까."는 크리스 보닝턴의 『에베레스트 그 고난의 길Everest the Hard Way』에서 인용

157 "매 단계마다 페르템바와 … 짜증나게 한 적도 있었다."는 크리스 보닝턴의 『에베레스트 그 고난의 길』에서 인용

158 "페르템바, 시청자들에게 한 마디 해주시겠습니까?"는 크리스 보닝턴의 『에베레스트 그 고난의 길』에서 인용

160 "그가 죽은 지 몇 년이 지나도록 … 결코 충분하지 않습니다."는 비싯의 책에서 인용

160 "죽을 때 아무것도 … 사람을 돕는 일에 자부심을 느낍니다."는 비싯의 책에서 인용

9 — 바벨탑

166 "주위에서 가장 안전하고 … 산악인 중 한 사람"은 피터 주커먼과 아만다 파도안의 『하늘에 묻히다Buried in the Sky』에서 인용

166 "카림과 제한은 친동생이나 … 그들로 하여금 반복해서 오르게 했습니다."는 주커먼과 파도안의 책에서 인용

167 "남편을 말렸습니다. … 간곡히 빌었습니다."는 주커먼과 파도안의 책에서 인용

171 "우리는 유연해질 필요가 있습니다. … 그래야 체력을 항상 유지할 수 있습니다."는 프레디 윌킨슨의 『천 개의 정상을 가진 산One Mountain Thousand Summits』에서 인용

172 "부당했죠. … 셰르파들은 우릴 그렇게 대하지 않았어요."는 주커먼과 파도안의 책에서 인용

179 "우린 죽어도 함께 죽는 거야."는 윌킨슨의 책에서 인용

180 "무슨 일이야? … 무전기 켜봐."는 윌킨슨의 책에서 인용

182 "가슴이 찢어졌습니다."는 주커먼과 파도안의 책에서 인용

182 "빌코 반 루이엔은 … 붕대로 감긴 주먹을 휘둘렀다."는 주커먼과 파도안의 책에서 인용

185 "주요 언론은 … 서양인들의 생명이 달려 있었거든요."는 주커먼과 파도안의 책에서 인용

185 "내 반쪽이 떨어져나갔습니다. … 느껴지는 거지요."는 주커먼과 파도안의 책에서 인용

10 ― 기쁨과 슬픔이 동시에 찾아온 날

188 "들리는 바에 따르면 … 하산을 시작했다고 한다."는 안젤라 베너비데스의 「브로드피크―구조와 김홍빈의 치명적인 추락에 관한 새로운 보고Broad Peak: New Reports on the Rescue and Kim's Fatal Fall」(Explorersweb.com, July, 21, 2021)에서 인용

189 "여성 한 명을 구조하고 … 그냥 지나쳐 가버렸다."는 간형우 기자의 「실종된 한국 산악인을 그냥 지나친 사람들을 러시아 산악인이 비난Russian Mountaineer Accuses Climbers of Passing by Missing Korean Mountaineer」(Koreaherald.com, July 25, 2021)에서 인용

196-197 "피범벅이 되어 붕대를 감은 채 … 젊은이들을 보자 소름이 돋았다."는 스티브 스벤손의 『카라코람Karakoram』에서 인용

199 "여기에는 언제 돌아서야 할지 아는 것도 포함되어 있습니다."는 캄란 알리의 「샤힌 바이그―구조 전문가Shaheen Baig: The Rescuer」(Kamranonbike.com, December 22, 2020)에서 인용

11 ― 동계 등반의 고수, 사드파라 산악인들

210 "2인용 작은 텐트 … '내가 대체 여기서 뭘 하는 거지?'였다."는 로베르트 심차크의 「2011년 2월 18일의 브로드피크Broad Peak 18. 02. 2011」(Karakoramclimb.com, February 20, 2011)에서 인용

210 "우린 겨우 찾아낸 … "은 심차크의 책에서 인용

212 "겨울의 카라코람은 … 영하 60도는 추상일 뿐입니다."는 도미니크 슈체파인스키

Dominik Szczepański의 『눈썹까지 얼어붙는 곳Spod Zamarzniętych Powiek』에서 인용 (폴란드어 번역은 줄리아 풀비츠키Julia Pulwicki)

215 "물론 그는 (HAP들이 그렇듯) 돈을 벌기 위해 … 그는 G I 을 아주 잘 알고 있습니다." 는 「니사르 후세인」(Altitudepakistan.blogspot.com, December 31, 2012)에서 인용

216 "새벽 3시쯤 출발할 겁니다. 오후에 정상에 오른다면 좋겠습니다."는 게르프리드 괴칠의 『영원으로 향하는 길Supren für die Ewigkeit』에서 인용 (독일어 번역은 헴렙Hemmleb)

12 — 얼음의 전사들

221 "4캠프를 떠나 마지막 … 아무도 보이지 않았다."는 버나데트 맥도널드의 『WINTER 8000』에서 인용

222 "알리는 최선을 다했다. … 동지애는 더욱 깊어졌다."는 알렉스 치콘의 『벌거벗은 산— 낭가파르바트 동계 초등La Montaña Desnuda: Primera Ascensión Invernal al Nanga Parba』 에서 인용 (스페인어 번역은 래리 릴루에Larry Lilue)

223 "킨스호퍼 쿨르와르를 어느 정도 올라가니"와 관련해, 비록 덜 알려지긴 했어도 킨스호퍼 쿨르와르는 1962년 이 루트를 처음 올라간 후 하산 도중 사망한 지기 뢰브Sigi Löw의 이름을 따 '뢰브 쿨르와르'로 불리기도 한다.

224-225 "기대에 부푼 그 순간이 … 바람에 맞서서 말이죠."는 치콘의 책에서 인용

225 "우리가 정상에 거의 다다랐을 … 우리를 떠나지 않을 겁니다.'"는 치콘의 책에서 인용

227 "그런데 알리, 20분 전에 … 눈사태를 왜 이제야 털어놔?"는 치콘의 책에서 인용

228 "처음에는 절반의 진실만 얘기했고, … 파키스탄은 자원이 많은 나라니까요."는 라힐 아드난의 「무하마드 알라 사드파라와의 인터뷰(2편)—동계 등반과 낭가파르바트 동계 초등Winter Climbing and First Winter Ascent of Nanga Parbat」(Explorersweb.com, March 8, 2016)에서 인용

13 — 에베레스트는 하루 일거리

234 "(25번째는) 즐거웠습니다. … 한두 번이 아니었습니다."는 부산 다할의 인터뷰 「전설과 이야기하다Legends Talk」(Episode 5, August 12, 2021, video)에서 인용

236 "외국인들은 제가 술 마시는 것을 … 잘 알기 때문이죠."는 디팍 타파의 「신분이 올라간 앙 리타Upwardly Mobile Ang Rita」(Himalmag.com, September 1, 1996)에서 인용

236 "앙 리타 셰르파가 영어를 … 세계적인 유명인사가 되었을 것이다."는 타파의 책에서 인용

237 "상업 원정대가 거의 없던 … 그것이 저에게 도움이 되었습니다."는 마크 패터슨의 「락파 리타 셰르파」(Episode 189 of Finding Your Summit(podcast), February 5, 2021)에서 인용

241 "훗날, 캐나다 산악인 로저 마샬이 … "는 로저 마샬의 「에베레스트의 왕The King of Everest」(Backpacker Magazine, May 1986)에서 인용

241 "그 후에도 등반을 왜 계속했는지 …"는 마샬의 책에서 인용

242 "마치 시험 보는 것 같았습니다."는 에드 더글러스의 「바부 치리 셰르파」(Guardian, May 3, 2001)에서 인용

242 "폐와 가슴이 꽤나 강한 … 아이디어를 많이 듣곤 합니다."는 조시 센스Josh Sens의 「텐트 제조자들이 기억하는 '대장' 산악인Tent-Makers Remember 'King' Climber」(SFgate.com, May 11, 2001)에서 인용

14 — 고산은 좋은 비즈니스

246 "로프 설치는 민감하고 어려운 … 엄중히 경고했습니다."는 「에베레스트 소동—어느 셰르파의 이야기The Everest Brawl: A Sherpa's Tale」(Outsideonline.com, August 13, 2013)에서 인용

246-247 "대장이 체면을 구긴 것 같았습니다. … 그들 옆까지 올라갔으니까요."는 팀 네빌의 「에베레스트 소동—율리 스텍의 이야기Brawl on Everest: Ueli Steck's Story」 (Outsideonline.com, August 2, 2013)에서 인용

247-248 "그렉은 상황이 … 화가 정말 많이 나 있어.'라고 말했습니다."는 네빌의 책에서 인용

248 "추위를 피하기 위해 셰르파들은 … 저도 그러니까요."는 아디카리의 책에서 인용

248 "거짓말입니다. … 그들이 지금 살아있을까요?"는 아디카리의 책에서 인용

248 "인생에서 정말 사랑하는 … 그 상황을 이해할 시간이 좀 필요합니다."는 네빌의 책에서 인용

248-249 "우리의 말을 들으려는 기자나 블로거는 … 우리와 대화를 나누려 하지 않았습니다."는 아디카리의 책에서 인용

249 "셰르파들과 외국 산악인들 … 언제든 다시 일어날 겁니다."는 아디카리의 책에서 인용

249 "아직 끝나지 않았습니다. … 긴장감이 느껴지니까요."는 네빌의 책에서 인용

249-250 "지난 봄 에베레스트에서 일어난 … 이미지에서 벗어날 때가 있다."는 타시 셰르파의 「에베레스트 새치기 사건Everest Interrupted」[Alpinist 47 (Summer 2014): 90]에서 인용

251 "히말라야 등반은 원래도 … 그들의 욕망이 만들어낸 규칙이다."는 셰리 오트너의 『에베레스트에서의 삶과 죽음』에서 인용

252 "에베레스트 등반은 이제 … 서양인들을 쫓아내고 싶어 합니다."는 네빌의 책에서 인용

256 "이 전략에는 기적이 필요한 것이 아니라, … 충분한 산소가 필요합니다."는 안젤라 베너비데스의 「안나푸르나, 8천 미터급 고봉에 대한 새로운 비즈니스 모델Annapurna, the

New 8,000m Business Model」(Exploresrsweb.com, April 25, 2021)에서 인용

259 "남체바자르는 도로가 없어도 … 필사적이다."는 에드 더글러스의 『히말라야Himalaya』 에서 인용

259 "가족들은 생존에 필요한 … 결코 만만치 않다."는 파상 양지의 「은유로서의 산—다각 적 세계관의 미래Mountain as Metaphor: A Future of Multiple Worldviews」[Alpinist 75 (Autumn 2021): 49]에서 인용

259-260 "정상에 올라가는 도중 … 도덕적으로는 비인간적입니다."는 안젤라 베너비데스 의 「에베레스트—코로나가 만연한 가운데서도 정상 등정 감행Everest: COVID Parties and Summit Pushes」(Explorersweb.com, May 16, 2021)에서 인용

263 "지금은 여름에나 겨울에나 … 셰르파들이 가이드를 하고 있다."와 관련해, 2022년 7월 22일 140명 이상이 K2 정상에 발을 디뎠는데, 그들 중 거의 모든 사람이 네팔 출신 셰 르파의 가이드를 받았다.

15 — 빈자리

266 "중세의 요새 공격이 … 하지만 그곳에는 언제나 위험이 존재한다."는 크리스 보닝턴의 『에베레스트 그 고난의 길』에서 인용

278 "내년의 모습을 그려보자면, … 조금 더 가까이 다가갈 것이다."는 제미마 디키 셰르파의 「세 개의 봄Three Springs」(Alpinist.com, April 25, 2014)에서 인용

16 — 님스다이 효과

282 "니르말은 자서전 『불가능은 없다Beyond Possible』에서"에 대해, 이 장에서 니르말 '님스 다이' 푸르자와 관련된 모든 문장은 같은 책에서 인용

282 "글쎄요, 자연스럽게 … 날 테스트해보면 어떨까요?"는 스티븐 포터Stephen Potter의 「8천 미터급 고봉 등정을 역동적으로 바꾸고 싶었습니다'에 대한 님스 푸르자와의 Q&AI wanted to Completely Change the Dynamic on 8,000-Meter Peak's: A Q&A with Nims Purja」(Climbing.com, November 25, 2021)에서 인용

286 "전 그냥 이렇게 말했습니다. … 잘 맞아떨어져야 했습니다."는 포터의 글에서 인용

287 "돈을 마련하느라 1년을 … 거의 다 썼습니다."는 포터의 글에서 인용

289 "다른 고객들에게 했던 것처럼, … 텐트를 쳤습니다."는 「게스만 타망—주방담당에서 엘리트 가이드가 되기까지의 길고도 험한 길Gesman Tamang: The Long, Hard Path from Cook to Elite Guide」(Explorersweb.com, August 31, 2022)에서 인용

297 "그새 흰머리가 많이 늘었습니다. … 롤러코스터를 탄 기분이에요."는 토르킬 존스 Torquil Jones의 『14좌 정복—불가능은 없다14Peaks: Nothing Is Impossible』에서 인용

297-298 "특유의 쿨함으로, 그는 … 모든 게 쿨하고, 모든 게 쉽다."는 스테파니 가이

거의 「'8천 미터급 고봉의 슈퍼스타' 니르말 푸르자—이 네팔 산악인은 얼마나 멋진가?Nirmal Purja, the 'Superstar of the Eight-Thousanders': How Cool Is the Nepalese Mountaineer Really?」(독일어판 Nzz.ch, December 17, 2012)에서 인용

298 "결론적으로 말해, 우리(네팔 산악인들)는 … 아무도 없습니다."는 포터의 글에서 인용

298-299 "국제적으로 뉴스거리가 되는 … 원정등반을 직접 꾸리고 있습니다."는 「네팔 산악인 히말라야를 되찾다The Nepali Mountaineer Reclaiming the Himalaya」(Lonelyplanet. com. April 9, 2021)에서 인용

17 — 롤왈링의 밍마 G

302 "일단 등반을 시작하면 나는 살아남는 것에 초점을 둔다."는 밍마 갤제 셰르파의 「충분한 가치Full Value」[Alpinist 53 (Spring 2016): 93]에서 인용. 이 장에서 밍마 갤제 셰르파와 관련된 모든 문장은 같은 글에서 인용

305 "비율은 어떤 장소가 … 도전에 대비할 수 있게 해준다."는 「히말라야에 숨어있는 파라다이스 계곡들The Himalaya's Hidden 'Paradise Valleys'」(BBC.com, August 30, 2022)에서 인용

305 "늙고 가난하고 알코올 중독에 빠지고, … 이들은 더 잃을 것도 없다"는 「초 롤파, GLOFS 그리고 롤왈링 계곡의 셰르파들—간략한 인류학적 견해Tsho Rolpa, GLOFS, and the Sherpas of Rowaling Valley: A Brief Anthropological Perspective」(Mountain Hazards, Mountain Tourism e-conference, November 15, 2006)에서 인용

305-306 "초기 정착민들에게 롤왈링은 … 대가를 치렀다."는 재니스 새처러의 『롤왈링—네팔에 있는 불교도들의 비밀스러운 계곡Rowaling: A Sacred Buddhist Valley in Nepal』 중 라나 P. B. 싱Rana P. B. Singh에 대해 쓴 「성스러운 풍경과 순례제도Sacredscapes and Pilgrimage Systems」(153-174쪽)에서 인용

306 "네팔 정부는 롤왈링이 … 계곡 전체를 봉쇄하기로 했다."는 재니스 새처러의 『롤왈링—네팔에 있는 불교도들의 비밀스러운 계곡』에서 인용

306 "수백 킬로미터나 짐을 지어 나르는 … 틀어박혀 있었다."는 루에디 바움가르트너의 『야크와 예티에 작별을 고해야 하나?Farewell to Yak and Yeti?』에서 인용

307 "지금까지도 우리 계곡에는 … 다른 현대적 시설도 없습니다."는 안젤라 베너비데스의 「밍마 G 셰르파—왕이 되기로 한 졸개Mingma G Sherpa: The Pawn Who Chose to Be a King」(Alpinemag.com, November 9, 2021)에서 인용

308 "5학년 때 롤왈링을 떠났습니다. … 웃음을 터뜨렸습니다."는 바움가르트너의 책에서 인용

309-310 "아주 위험했던 그 등반은 나의 가장 큰 실수였습니다."는 「밍마 G 셰르파—왕이 되기로 한 졸개」에서 인용

312 "일단 제가 정상에 마지막 ⋯ 끝까지 잡고 있어야 했습니다."는 안젤라 베너비데스의 「마나슬루에 대한 밍마 G와의 인터뷰—'앞으로는 핑계가 안 돼'Interview with Mingma G about Manaslu: 'No Excuses in the Future'」(Explorersweb.com, October 14, 2021)에서 인용

312 "앞으로는 더 이상 어떤 변명도 할 수 없을 겁니다."는 베너비데스의 「밍마 G와의 인터뷰」에서 인용

18 — K2 동계 등반

319-320 "위험을 감수하지 않고 ⋯ 감수해야 합니다."는 페드로 길Pedro Gil의 「K2 동계 등반. 이틀째. 세르히 밍코테와의 인터뷰 '나는 위험을 감수하는 산악인'Winter Expedition to K2. Day 2. Interview with Sergi Mingote: 'I Am a Risk-Taker Mountaineer'」(Mundo-geo.es/expediciones-extremas, December 20, 2020)에서 인용

320 "우리는 잠깐 대화를 나누긴 했지만, ⋯ 등반하고 있었기 때문이다."는 밍마 걀제 셰르파의 「우리가 뭉치면 불가능이 없다—K2에 대한 나의 이야기」(Outdoorjournal.com, February 18, 2021)에서 인용

321 "치열한 경쟁으로 나의 첫 번째 시도는 실패했습니다."는 안젤라 베너비데스의 「K2 동계 등반에 대한 밍마 데이비드 셰르파Mingma David Sherpa on Winter K2」(Explorersweb.com, November 29, 2021)에서 인용

321 "하지만 진지해진 우리는 ⋯ 그래서 함께 협력하기로 했습니다."는 나탈리 베리의 「구술에 의한 K2 동계 등반 역사An Oral History of Winter K2」[Himalayan Jouranl 76 (2021): 21]에서 인용

324 "우리의 방침은 ⋯ (뉴스 발표를) 했습니다."는 베너비데스의 「K2 동계 등반에 대한 밍마 데이비드 셰르파」에서 인용

324 "토요일 밤이 얼마나 ⋯ 제대로 시험했습니다."는 조 빈들로스Joe Bindloss의 「네팔 산악인 히말라야를 되찾다」에서 인용

325 "세르히가 추락했을 때 ⋯ 그의 시신을 베이스캠프로 운구했습니다."는 「타마라의 감정과 생각Tamara's Emotions and Thoughts」(Alpinstiemontagne.gazzerta.it, February 27, 2021)에서 인용 (이탈리아어 번역은 필리피니)

326-327 "밤 11시인가 12시에 ⋯ 올려 보내겠다고 말했습니다."는 이삭 페르난데스의 「K2 동계 등반에 대한 사지드 알리의 경험Sajid Ali's Experience on Winter K2」(스페인어판 Desnivel.com, February 25, 2021)에서 인용

328 "하산 중에 사고를 당한 게 ⋯ 정상에는 올랐을 겁니다."는 「K2—사지드가 입을 열다K2: Sajid Speaks」(Explorersweb.com, February 7, 2021)에서 인용

331 "전설적인 히말라야 알피니스트 데니스 우룹코"는 안젤라 베너비데스의 「데니스 우룹코

독점 인터뷰—님스와 산소 사용 그리고 동계 등반 규칙Exclusive Interview: Denis Urubko on Nims, O2, and the Rules of Winter」(Explorersweb.com, February 18, 2022)에서 인용

332 "우린 그 '무산소' 등정에 … 며칠 후 세상에 알렸습니다."는 베너비데스의 「K2 동계 등반에 대한 밍마 데이비드 셰르파」에서 인용

332 "고소에 있어서는 유전적 … 무엇이든 할 수 있습니다."는 빈들로스의 책에서 인용

332 "글쎄요, 그는 그렇게 얘기했지요. … 불가능한 일입니다."는 베너비데스의 「데니스 우룹코 독점 인터뷰」에서 인용

332 "왜 2021년 이전에는 네팔인들이 … 거기에 없었기 때문입니다!"는 토머스 푸에요의 「세계적인 산악인 니르말 푸르자와 만나다Meeting Nirmal Purja, Universal Mountaineer」 (Alpinemag.com) 참조

333-334 "너무나 힘들고 충격적인 … 다 동원할 겁니다."는 안젤라 베너비데스의 「K2로 돌아간 사지드 사드파라 그리고 그곳에서 일어난 일Sajid Sadpara on His Return to K2 and What Happened Up There」(Explorersweb.com, June 25, 2021)에서 인용

334 "우린 무슨 일이 일어났는지 … 최선을 다할 겁니다."는 베너비데스의 책에서 인용

334 "그것이 아버지와의 마지막 … 돌아가 직접 확인해보고 싶습니다."는 「K2로 돌아간 사지드 사드파라 그리고 그곳에서 일어난 일」에서 인용

19 ― 마오이스트의 출현

339 "그 애들은 절 피했습니다. … 얻어 와야 할 때는 창피했습니다."는 루에디 바움가르트너의 『야크와 예티에게 작별을 고해야 하나?』에서 인용

340 "아버지가 술에 취해 … 다른 친구들이 너무 부러웠습니다!"는 바움가르트너의 책에서 인용

342 "저에게 무슨 일이 일어나도 … 일상으로 서서히 돌아갑니다."는 프란세스 클라첼의 『대단한 꿈—셰르파 여성의 K2 등반Daring Dream: Sherpa Women Climbing K2』에서 인용

346 "다른 어떤 것보다도 … 가장 소중하지 않을까요."는 레오 몬테조의 「율리 스텍이 눕체에서 추락한 날 무슨 일이 일어났던 걸까?What Really Happened on the Day That Ueli Steck Fell from Nuptse?」(Wicis-sports.blogspot.com, June 21, 2017)에서 인용

346 "히말라야에 가본 적이 있다면 … 푸른 양 한 마리라구요."는 몬테조의 글에서 인용

358 "교육을 받지 못하고, … 파키스탄 여성들이 생각났습니다."는 「에베레스트를 정복해 파키스탄 여성들에게 영감을 준 여성 산악인 이스마일리Female Ismaili Mountaineer Conquers Everest as an Inspiration to the Women of Pakistan」(The.ismaili, June 21, 2013)에서 인용

358-359 "단지 재미만을 위해서 … 산을 오를 겁니다."는 압둘말리크 메르찬트의 「사미

나 바이그와 미르자 알리가 시메르그와 이야기를 나누다Samina Baig and Mirza Ali in Conversation with the Simerg」(Simerg.com, April 29, 2014)에서 인용

Epilogue — 빛과 그림자

366 "히말라야가 최초로 … 아무도 우리 얘기를 하지 않았습니다."는 조 빈들로스의 「네팔 산악인 히말라야를 되찾다」(Lonelyplanet.com. April 9, 2021)에서 인용

367 "우린 사람들에게 … 더 이상 그림자가 아닙니다."는 빈들로스의 책에서 인용

368 "1953년 우리가 알고 있던 … 먼저 엿볼 수 있게 되어 다행이라 생각한다."는 잔 모리스의 『에베레스트 대관식』에서 인용

369 "이런 보티아들(티베트인들)과 … 우리를 끝까지 따라오는"은 파울 바우어의 『히말라야 캠페인—세계에서 두 번째로 높은 칸첸중가에 도전한 독일인Himalayan Campaign: The German Attack on Kangchenjunga, the Second Highest Mountain in the World』에서 인용 (독일어 번역은 줌너 오스틴Sumner Austin)

369 "많은 사람들이 기록을 … 걱정하고 있다는 사실입니다."는 앤드루 맥카스킬의 「지진 이후의 네팔 산악인들 몰락에 직면, 에베레스트 산업에 닥친 봉쇄Nepal Climbers Face Ruin after Quake, Blockade Hits Everest Industry」(Reuters.com, December 20, 2015)에서 인용

370-371 "지난 38년 동안 … 매달린 꼭두각시에 불과했습니다."는 『에베레스트의 사나이』에서 텐징 노르가이가 제임스 램지 울먼에게 한 말이다.

371 "명성을 얻기 위해서는 … 비난도 받기 마련이다."는 앨리스 먼로의 『나의 최고 이야기들 My Best Stories』에서 인용

372 "그는 제게 알리의 고통스러운 … 가득 찬 아름다운 대화였어요."는 알렉스 치콘의 『벌거벗은 산—낭가파르바트 동계 초등』에서 인용 (스페인어 번역은 래리 릴루에)

Select Bibliography and Sources
참고문헌

이 책을 집필하는 데는 고산에서의 파키스탄과 네팔 산악인들 이야기를 기록한 작가, 기자, 역사학자, 산악인들의 역할이 매우 컸다. 그들의 작업은 이 책에 필요한 조사를 하는 데 매우 귀중한 자료가 되어주었다. 다행히 이미 출판된 다양한 자료에 접근할 수 있었지만, 가장 중요한 출처들 중 상당수가 아래 목록에서 빠져 있다. 이 책을 쓰는 동안 수백 건의 인터뷰가 진행되었는데, 대부분이 영어였지만 우르두어와 네팔어, 셰르파어, 시나어, 발트어는 나의 두 소중한 파트너인 파키스탄의 사크라인 무하마드와 네팔의 사리나 라이 도움 덕분에 가능했다. 그들은 나를 대신해 많은 인터뷰를 진행했을 뿐만 아니라, 이를 녹음하고 옮겨 적고 번역했다. 따라서 인터뷰 상황에서 뉘앙스나 함축된 의미, 혹은 유머 등을 놓칠 수 있는 위험이 늘 존재했지만, 사크라인과 사리나의 세심한 배려와 관심, 그리고 인터뷰에 응한 모든 이들의 놀라운 관대함 덕분에 이 책에 담긴 직접적인 이야기와 의견, 그리고 기억은 내가 가장 존경해마지 않는 그 작가들의 진정한 표현이라고 확신한다.

책

Ata-Ullah, Mohammad. *Citizen of Two Worlds*. New York: Harper & Brothers, 1960.

Band, George. *Everest: Fifty Years on Top of the World*. London: HarperCollins, 2003.

Bauer, Paul. *Himalayan Campaign: The German Attack on Kangchenjunga, the Second Highest Mountain in the World*. Translated by Sumner Austin. Oxford, UK: Basil Blackwell, 1937.

Baumgartner, Ruedi. *Farewell to Yak and Yeti?* Kathmandu: Vajra Books, 2015.

Bielecki, Adam, and Dominik Szczepański. *Spod Zamarzniętych Powiek* [Under frozen eyelids]. Warsaw: Agora, 2017.

Blum, Arlene. *Annapurna: A Woman's Place*. San Francisco: Sierra Club Books, 1980.

Bonatti, Walter. *The Mountains of My Life*. London: Penguin Classics, 1996.

Bonington, Chris. *Ascent*. London: Simon & Schuster, 2017.

———. *Everest South West Face*. London: Penguin Books, 1975.

———. *Everest the Hard Way*. London: Arrow Books, 1977.

Bowley, Graham. *No Way Down: Life and Death on K2*. London: Viking, 2010.

Bruce, Charles Granville. *The Assault on Mount Everest, 1922.* New York: Longmans, Green, 1923.

Cameron, Ian. *Mountains of the Gods.* New York: Facts On File Publication, 1984.

Douglas, Ed. *Himalaya.* London: The Bodley Head, 2020.

———. *Tenzing: Hero of Everest.* With an introduction by Jan Morris. Washington, DC: National Geographic, 2003.

French, Patrick. *Younghusband: The Last Great Imperial Adventurer.* New York: HarperCollins, 1995.

Galwan, Ghulam Rassul. *Servant of Sahibs.* Cambridge, UK: W. Heffer & Sons, 1924.

Hemmleb, Jochen. *Gerfried Göschl: Spuren für die Ewigkeit* [Gerfried Göschl: Tracks for Eternity]. Vienna: EGOTH—Verlag, 2014.

Herzog, Maurice. *Annapurna.* London: Jonathan Cape, 1952.

Holzel, Tom, and Audrey Salkeld. *The Mystery of Mallory & Irvine.* London: Pimlico, 1996.

Horrell, Mark. *Sherpa Hospitality as a Cure for Frostbite.* N.p.: Mountain Footsteps Press, 2022.

Houston, Charles S., and Robert H. Bates. *Five Miles High.* New York: Lyons Press, 1939.

———. *K2: The Savage Mountain.* New York: First Adventure Library Edition, 1994.

Isserman, Maurice, and Stewart Weaver. *Fallen Giants.* New Haven, CT: Yale University Press, 2008.

Jordan, Jennifer. *The Last Man on the Mountain.* New York: W. W. Norton, 2010.

Kauffman, Andrew J., and William L. Putnam. *K2: The 1939 Tragedy.* Seattle: Mountaineers Books, 1992.

Klatzel, Frances. *Daring to Dream: Sherpa Women Climbing K2.* As told by Dawa Yangzum Sherpa, Maya Sherpa, and Pasang Lhamu Sherpa Akita. Kathmandu: Mera Publications Pvt. Ltd., 2020.

Knowlton, Elizabeth. *The Naked Mountain.* New York: G. P. Putnam's Sons, 1934.

Lhamo, Rinchen. *We Tibetans.* London: Seeley Service, 1926.

McDonald, Bernadette. *Brotherhood of the Rope.* Seattle: Mountaineers Books, 2007.

———. *I'll Call You in Kathmandu.* Seattle: Mountaineers Books, 2005.

———. *Winter 8000.* Seattle: Mountaineers Books, 2020.

Moro, Simone. *The Call of the Ice.* Translated by Monica Meneghetti. Seattle: Mountaineers Books, 2014.

Morris, Jan. *Coronation Everest.* London: Faber and Faber, 2003.

Munro, Alice. *My Best Stories.* Toronto: Penguin Random House, 2009.

Neale, Jonathan. *Tigers of the Snow.* New York: Thomas Dunne Books / St. Martin's Press, 2002.

Norgay, Jamling Tenzing, with Broughton Coburn. *Touching My Father's Soul.* San Francisco: HarperCollins, 2001.

Norgay, Tenzing, as told to James Ramsey Ullman. *Man of Everest*. London: The
    Reprint Society, 1956.
Ortner, Sherry. *Life and Death on Mt. Everest*. Princeton, NJ: Princeton University
    Press, 1999.
Perrin, Jim. *Shipton & Tilman*. London: Hutchinson, 2013.
Purja, Nimsdai. *Beyond Possible*. London: Hodder & Stoughton, 2020.
Rawling, Cecil Godfrey. *The Great Plateau*. London: E. Arnold, 1905.
Roberts, David. *Limits of the Known*. New York: W. W. Norton, 2018.
———. *True Summit*. New York: Simon & Schuster, 2000.
Rowell, Galen. *In the Throne Room of the Mountain Gods*. San Francisco: Sierra Club
    Books, 1986.
Sale, Richard. *Broad Peak*. Hildersley, UK: Carreg, 2004.
———. *The Challenge of K2*. Barnsley, UK: Pen & Sword Discovery, 2011.
Schoening, Pete. *K2 1953*. Kenmore, WA: Estate of Peter K. Schoening, 2004.
Sherpa, Pasang Tshering. *Sherpa: The Ultimate Mountaineers*. Kathmandu: Hello
    Himalayan Homes, 2016.
Shipton, Eric. *Mount Everest Reconnaissance Expedition 1951*. London: Diadem
    Books, 1985.
———. *That Untravelled World*. Seattle: Mountaineers Books, 2015.
———. *Upon That Mountain*. London: Diadem Books, 1985.
Smythe, Frank. *Kamet Conquered*. London: Victor Gollancz, 1932.
Somervell, T. H. *After Everest*. London: Hodder & Stoughton, 1936.
Steck, Ueli, with Karin Steinbach. *My Life in Climbing*. Translated by Billi Bierling.
    Seattle: Mountaineers Books, 2018.
Steele, Peter. *Eric Shipton: Everest and Beyond*. Seattle: Mountaineers Books, 1998.
Swenson, Steve. *Karakoram*. Seattle: Mountaineers Books, 2017.
Tenzing, Tashi. *Tenzing Norgay and the Sherpas of Everest*. Camden, ME: Ragged
    Mountain Press, 2001.
Tharkay, Ang, with Basil P. Norton. *Sherpa: The Memoir of Ang Tharkay*. With an
    afterword by Dawa Sherpa. Seattle: Mountaineers Books, 2016.
Tichy, Herbert. *Cho Oyu*. London: Methuen, 1957.
Tilman, H. W. *The Ascent of Nanda Devi*. London: Diadem Books, 1983.
Txikon, Alex. *La Montaña Desnuda: Primera Ascensión Invernal al Nanga Parbat*
    [The Naked Mountain: First winter ascent of Nanga Parbat]. Bilbao: Sua Edizioak,
    2021.
Viesturs, Ed, with David Roberts. *K2: Life and Death on the World's Most Dangerous
    Mountain*. New York: Broadway Books, 2009.
Wilkinson, Freddie. *One Mountain Thousand Summits*. New York: New American
    Library, 2010.
Zuckerman, Peter, and Amanda Padoan. *Buried in the Sky*. New York: W. W. Norton,
    2012.

언론, 논문, 챕터, 신문, 잡지

Berry, Natalie. "An Oral History of Winter K2." *Himalayan Journal* 76 (2021): 204–220.

Bisht, Kapil. "The Mountain Lover." *Alpinist* 78 (Summer 2022): 54–71.

Douglas, Ed. "Babu Chhiri Sherpa." *Guardian*, May 3, 2001.

———. "The Mirror Cracked." *Alpinist* 51 (Autumn 2015): 87–91.

Frydenlund, Shae A. "Situationally Sherpa: Race, Ethnicity, and the Labour Geography of the Everest Industry." *Journal of Cultural Geography* 36, no. 1 (2019): 1–22.

Ives, Katie. "Between the Lines." *Alpinist* 51 (Autumn 2015): 11–12.

MacDiarmid, Campbell. "Who Carries the Load." *Alpinist* 42 (Spring 2013): 93–96.

Marshall, Roger. "The King of Everest." *Backpacker Magazine*, May 1986, 26–33.

Oh, Young Hoon. "Sherpa Intercultural Experiences in Himalayan Mountaineering: A Pragmatic Phenomenological Perspective." UC Riverside Electronic Theses and Dissertations, 2016.

Oppitz, Michael. "Myths and Facts: Reconsidering Some Data Concerning the Clan History of the Sherpa." *Kailash—Journal of Himalayan Studies* 2, no. 1 and 2 (1974): 121–31.

Rak, Julie. "Mediation, Then and Now: Ang Tharkay's *Sherpa* and *Memoires d'un Sherpa*." *Primerjalna Književnost* 45, no. 3 (2022): 125–44.

Rubenson, C. W. "Kabru in 1907." *Alpine Journal* 24 (February 1908–November 1909): 310–21.

Sabir, Nazir. "Dawn on the West Ridge." *Alpinist* 38 (Spring 2012): 50–51.

Sacherer, Janice. "The Recent Social and Economic Impact of Tourism on a Remote Sherpa Community." In *Asian Highland Societies in Anthropological Perspective*, edited by Christoph von Fürer-Haimendorf. New Delhi: Sterling; Atlantic Highlands, NJ: Humanities Press, 1981.

———. "Rolwaling: A Sacred Buddhist Valley in Nepal." In *Sacredscapes and Pilgrimage Systems*, edited by Rana P. B. Singh, 153–74. Planet Earth & Cultural Understanding Series, no. 7. New Dehli: Shubhi Publications, 2011.

———. "The Sherpas of Rolwaling: A Hundred Years of Economic Change." In *Himalaya: Écologie-Ethnologie*. Paris: Éditions du Centre Nationale de la Recherche Scientifique, 1977.

———. "Sherpas of the Rolwaling Valley: Human Adaptation to a Harsh Mountain Environment." Special issue on Nepal, *Objets et Mondes: La Revue du Musée de l'Homme* 14, no. 4 (1974): 317–24.

———. "Tsho Rolpa, GLOFS, and the Sherpas of Rolwaling Valley: A Brief Anthropological Perspective." Mountain Hazards, Mountain Tourism e-conference, November 15, 2006.

Sherpa, Jemima Diki. "Two Thoughts." *Alpinist* 47 (Summer 2014): 90.

Sherpa, Mingma Gyalje. "Full Value." *Alpinist* 53 (Spring 2016): 91–94.

Sherpa, Nima Tenji. "Yak Boy to IFMGA Guide." *Alpinist* 74 (Summer 2021): 30–36.

Sherpa, Pasang Yangjee. "Community and Resilience among Sherpas in the Post-Earthquake Everest Region." *HIMALAYA* 37, no.2 (December 2017): 103–12.

———. "Mountain As Metaphor: A Future of Multiple Worldviews." *Alpinist* 75 (Autumn 2021): 49–50.

Sherpa, Tashi. "Everest Interrupted." *Alpinist* 47 (Summer 2014): 89–94.

———. "From Rolwaling to Denali." *Alpinist* 61 (Spring 2018): 37–42.

Tobin, H. W. "Himalayan Porters." *Himalayan Journal* 16 (1951): 121.

Unsoeld, Willi. "Masherbrum—1960." *American Alpine Journal*, 1961.

Ward, Michael. "The Great Angtharkay: A Tribute." *The Alpine Journal* 101 (1996): 182–86.

Zimmerman, Graham. "Through the Field." *Alpinist* 53 (Spring 2016): 74–83.

영상

Adhikari, Rojita, and Sreya Banerjee. "The Widows of Everest." *101 East*. Qatar: Al Jazeera. Aired July 15, 2021.

Carpenter, Sue, and Belmaya Nepali. *I Am Belmaya*. London: Dartmouth Films, 2021.

Chapman, Bev, and Mele Mason. *Nawang Gombu: Heart of a Tiger*. Omaha: Mason Video, 2012.

Crowell, Cira, and Kyle Ruddick. *Dream Mountain*. InLightWorks Productions, 2021.

de Gerlache, Henri. *Les regards de Sagarmatha*. Levallois-Perret, France: AlloCiné, 2003.

Else, Richard, James Lamb, and Meg Wicks. *Sherpas Speak*. Dunkeld, Scotland: The Little Sherpa Foundation, 2019.

Jones, Torquil. *14 Peaks: Nothing Is Impossible*. London and New York: Noah Media Group and Little Monster Films, 2021.

Lassche, Geertjan, and Jangmu Sherpa. "Schone Bergen" [Clean mountains]. *2DocKort*. The Netherlands: 2Doc, Nederlandse Publieke Omroep, 2022.

Lee, Iara. *K2 and the Invisible Footmen*. USA/Pakistan: Caipirinha Productions, 2015.

Peedom, Jennifer. *Sherpa*. London and Sydney: Arrow International Media and Felix Media, 2015.

Ryan, Nick. *The Summit*. Dublin: Image Now Films, 2012.

Sharif, Jawad. *Beyond the Heights*. Wembley Park, UK: Karakorum Films, 2015.

Svendsen, Nancy. *Pasang: In the Shadow of Everest*. Ross, CA: Follow Your Dream Foundation, 2022.

온라인

Abbasi, Obaid Ur Rehman. "Adventure: The Incredible Tales of Little Karim." www. dawn.com, June 22, 2014.

Adhikari, Deepak. "The Everest Brawl: A Sherpa's Tale." www.outsideonline.com, August 13, 2013.

Adnan, Raheel. "Interview with Muhammad Ali Sadpara (Part-2): Winter Climbing and First Winter Ascent of Nanga Parbat." https://explorersweb.com, March 8, 2016.

Altitudepakistan.blogspot.com. "Nisar Hussain." December 31, 2012.

Benavides, Angela. "Annapurna, the New 8,000m Business Model." https:// explorersweb.com, April 25, 2021.

———. "Broad Peak: New Reports on the Rescue and Kim's Fatal Fall." https:// explorersweb.com, July 21, 2021.

———. "Everest: COVID Parties and Summit Pushes." https://explorersweb.com, May 16, 2021.

———. "Exclusive Interview: Denis Urubko on Nims, O2, and the Rules of Winter," https://explorersweb.com, February 18, 2022.

———. "Gesman Tamang: The Long, Hard Path from Cook to Elite Guide." https:// explorersweb.com, August 31, 2022.

———. "Interview with Mingma G about Manaslu: ' No Excuses in the Future.' " https://explorersweb.com, October 14, 2021.

———. "Mingma David Sherpa on Winter K2." https://explorersweb.com, November 29, 2021.

———. "Mingma G. Sherpa: The Pawn Who Chose to Be a King." https://alpinemag. com, November 9, 2021.

———. "Sajid Sadpara on His Return to K2 and What Happened Up There." https:// explorersweb.com, June 25, 2021.

Bindloss, Joe. "The Nepali Mountaineer Reclaiming the Himalaya." www.lonelyplanet. com, April 9, 2021.

Butler, Stuart. "The Himalaya's Hidden 'Paradise Valleys.' " www.bbc.com, August 30, 2022.

Fernández, Isaac. "Sajid Ali's Experience on Winter K2." [In Spanish.] www.desnivel. com, February 25, 2021.

Filippini, Alessandro. "Tamara's Emotions and Thoughts." [In Italian.] https:// alpinistiemontagne.gazzetta.it, February 27, 2021.

Geiger, Stephanie. "Nirmal Purja, the 'Superstar of the Eight-Thousanders': How Cool Is the Nepalese Mountaineer Really?" [In German.] www.nzz.ch/reisen, December 17, 2021.

Gil, Pedro. "Winter Expedition to K2. Day 2. Interview with Sergi Mingote: 'I Am a Risk-Taker Mountaineer.' " [In Spanish.] www.mundo-geo.es/expediciones-extremas, December 20, 2020.

Jillani, Shahzeb. "Amir Mehdi: Left Out to Freeze on K2 and Forgotten." www.bbc. com, August 7, 2014.

Kan, Hyeong-woo. "Russian Mountaineer Accuses Climbers of Passing by Missing Korean Mountaineer." www.koreaherald.com, July 25, 2021.

Kobalenko, Jerry. "K2: Sajid Speaks." https://explorersweb.com, February 7, 2021.

MacAskill, Andrew. "Nepal Climbers Face Ruin after Quake, Blockade Hits Everest Industry." www.reuters.com, December 20, 2015.

McKerrow, Bob. "Ang Tharkay—the Father of Modern Sherpa Climbers." https:// bobmckerrow.blogspot.com, September 12, 2010.

Merchant, Abdulmalik. "Samina Baig and Mirza Ali in Conversation with Simerg." https://simerg.com, April 29, 2014.

Mir, Shabbir. "The Extraordinary Life of Little Karim." https://tribune.com.pk, February 8, 2020.

Montejo, Leo. "What Really Happened on the Day That Ueli Steck Fell from Nuptse?" https://wicis-sports.blogspot.com, June 21, 2017.

Munim, Yasal. "Ali Sadpara's Trainer Was the First Pakistani to Summit K2." www. samaaenglish.tv, February 18, 2021.

Neville, Tim. "Brawl on Everest: Ueli Steck's Story." www.outsideonline.com, May 2, 2013.

Pakistan-explorer.com. "Interview with Gerfried Goschl: Leader of the Gasherbrum-1 Winter Expedition." January 31, 2012.

Pattison, Mark. "Lakpa Rita Sherpa." Episode 189 of Finding Your Summit (podcast). Audio, 36:04. www.markpattisonnfl.com, February 5, 2021.

Potter, Steven. " 'I Wanted to Completely Change the Dynamic on 8,000-Meter Peaks': A Q&A with Nims Purja." www.climbing.com, November 25, 2021.

Prasain, Sangam. " 'My Body Was Freezing. I Told My Teammates I Couldn't Move.' " https://kathmandupost.com, January 20, 2021.

Pueyo, Thomas. "Meeting Nirmal Purja, Universal Mountaineer." https://alpinemag. com, February 8, 2022.

Rehman, Sonya. "Interview: Pakistan's Premier Mountaineer on His Passion for Heights and Homeland." https://asiasociety.org, April 29, 2013.

Roberts, Jimmy. "The Himalayan Odyssey." www.nepalitimes.com, September 12, 2020. (Parts of blog entry originally posted in 1997.)

Sens, Josh. "Tent-Makers Remember 'King' Climber." www.sfgate.com, May 11, 2001.

Sherpa, Jemima Diki. "Three Springs." www.alpinist.com, April 25, 2014.

Sherpa, Lhakpa Norbu. "Was Tenzing a Tibetan, Nepali, or Indian? It Does Not Matter." www.nepalitimes.com, May 28, 2021.

Sherpa, Mingma Gyalje. "When We Unite, Nothing Is Impossible: My Story on K2." Outdoor Journal, February 18, 2021. www.outdoorjournal.com/featured/when-we-unite-nothing-is-impossible-my-story-on-k2/.

Szymczak, Robert. "Broad Peak 18.02.2011." https://karakorumclimb.wordpress.com, February 20, 2011.

Tahir, Nabil. "Shehroze Kashif: In Pursuit of the Tallest Peaks." www.redbull.com/pk-en/, June 9, 2021.

Thapa, Deepak. "Upwardly Mobile Ang Rita." www.himalmag.com, September 1, 1996.

The.ismaili. "Female Ismaili Mountaineer Conquers Everest as an Inspiration to the Women of Pakistan." June 21, 2013.

Welsted, Ian. "What Makes a Climbing Hero and the Legendary Little Karim." https://gripped.com, March 3, 2021.

Index
찾아보기

셰르파족과 발티족, 그리고 고산에서 승리를 거둔
현지 산악인들에 대한 이야기

떠오르는 히말라야의 영웅들

초판 1쇄 발행 2025년 4월 2일

지은이 버나데트 맥도널드Bernadette McDonald
옮긴이 김동수

펴낸이 변기태
펴낸곳 하루재 클럽
주소 (우) 06524 서울특별시 서초구 나루터로 15길 6(잠원동) 신사 제2빌딩 702호
전화 02-521-0067
팩스 02-565-3586
이메일 haroojaeclub@naver.com
출판등록 제2011-000120호(2011년 4월 11일)

편집 권아영
디자인 장선숙

ISBN 979-11-90644-16-7 03990

* 책값은 뒤표지에 있습니다.